普通高等教育工程造价类专业融媒体新形态系列教材

工程项目管理
第 2 版

主　编　项　勇　王　辉　卢立宇
副主编　徐姣姣　雷雨桐　喻琬琴
参　编　陈泽友　陈胜明　严雪丹　舒　靓
主　审　任　宏

机械工业出版社

本书在第1版的基础上，根据现行的相关标准、规范、条例、政策法规以及行业发展对相关内容进行了更新，根据教学需求、用户反馈的问题对部分内容进行了优化，并有机融入了课程思政元素，内容与时俱进。

本书充分与工程管理相关执业资格考试相结合，注重理论性、实用性和可操作性，注重对学生理解能力的培养。全书共14章，分别为工程项目管理绪论、工程项目建设程序与全寿命周期一体化管理、工程项目前期策划与管理规划、工程项目范围管理与系统分析、工程项目组织管理与采购模式、工程项目施工成本控制、工程项目进度管理、建设工程项目质量控制、工程项目合同管理、工程项目风险管理、建设工程职业健康安全与环境管理、工程项目应急管理、工程项目信息管理与BIM技术、工程项目智慧建造管理。书中难点和重点辅之以案例进行分析说明，方便学生理解。

本书章前附有"本章重点内容""本章学习目标"，章后附有"思考题"或"思考题与练习题"以及"二维码形式客观题"（见封四说明）。

本书可作为高等院校工程管理、工程造价、土木工程、房地产开发与管理等专业的教学用书，也可作为注册建造师、造价工程师等执业资格考试的复习参考书，同时也可作为工程项目管理相关从业人员的自学、培训、进修用参考书。

在实际教学过程中可根据专业特性和专业课程体系，进行适当调整。

本书配套教学资源丰富，如习题参考答案、模拟试卷和参考答案、教学大纲、PPT电子课件、典型案例等。选用本书作为教材的教师，可登录机械工业出版社教育服务网（www.cmpedu.com）注册后下载。

图书在版编目（CIP）数据

工程项目管理 / 项勇，王辉，卢立宇主编 . —2 版 . —北京：机械工业出版社，2022.8（2025.6重印）

普通高等教育工程造价类专业融媒体新形态系列教材

ISBN 978-7-111-71004-2

Ⅰ.①工⋯ Ⅱ.①项⋯ ②王⋯ ③卢⋯ Ⅲ.①工程项目管理-高等学校-教材 Ⅳ.①F284

中国版本图书馆CIP数据核字（2022）第103362号

机械工业出版社（北京市百万庄大街22号　邮政编码100037）

策划编辑：刘　涛		责任编辑：刘　涛　王　芳	
责任校对：张　征　王　延		封面设计：马精明	
责任印制：单爱军			

河北鑫兆源印刷有限公司印刷

2025年6月第2版第6次印刷

184mm×260mm・22.5印张・558千字

标准书号：ISBN 978-7-111-71004-2

定价：68.00元

电话服务	网络服务
客服电话：010-88361066	机　工　官　网：www.cmpbook.com
010-88379833	机　工　官　博：weibo.com/cmp1952
010-68326294	金　　书　　网：www.golden-book.com
封底无防伪标均为盗版	机工教育服务网：www.cmpedu.com

前言

近年来,我国建筑业持续快速发展,产业规模不断扩大,建造能力不断增强,2019 年,我国建筑业实现增加值 70904 亿元,比上年增长 5.6%,占国内生产总值的 7.16%,有力支撑了国民经济持续健康发展。建筑工业化、数字化、智能化的升级,进一步提升了建筑业发展的质量和效益。然而,我国建筑业在高速发展的同时仍然面临着风险大、发展质量不高、管理相对粗放、结构不合理、企业核心竞争力不突出等行业困境。

在我国经济已由高速增长阶段转向高质量发展阶段,以及进入新常态的背景下,自 2018 年以来,住房和城乡建设部联合相关部门针对建筑市场的可持续性发展和规范化工程项目建设过程中的管理行为,陆续出台了一系列文件、制度和规范,如 2018 年实施的《建设工程项目管理规范》和《建设项目工程总承包管理规范》《工程建设施工企业质量管理规范》《装配式建筑评价标准》,2019 年 12 月实施的《建筑节能工程施工质量验收标准》,2020 年实施的《突发重大疫情防控期间建设工程施工现场管理规范》《建设项目工程总承包合同(示范文本)》,2021 年 1 月实施的《建设工程管理过程质量行为导则》等,对不同主体的工程项目管理产生了不同程度的影响,为规范工程项目管理和提高管理水平起到了促进作用。

《工程项目管理》第 1 版自 2017 年 7 月出版以后,面对从国家层面到行业层面颁布的各种规范等,部分内容已经不再适用。为了紧跟我国建筑行业管理规范和合同条件的新变化,本次修订删除了过时的、无效的内容,根据新的规范制度、条例进行了补充和修改。本书内容紧密结合工程项目建设中的新规范、新制度、新合同条件,并对其在工程项目建设过程中的应用进行讲解,辅以简单的案例进行说明,便于学生理解。书中的内容和案例,紧密结合当前建筑行业中的各种问题,如合同问题、质量问题、安全问题、纠纷处理问题等进行分析,内容紧扣实践,既便于理解,也能使学生了解项目建设过程中实际存在的问题和利用相关知识分析实际问题。

全书大纲由西华大学项勇教授和四川工商学院建筑工程学院喻琬琴提出。各章内容编写分工为:第 1 章、第 2 章和第 3 章由徐姣姣和严雪丹负责编写,第 4 章和第 5 章由陈泽友负责编写,第 6 章和第 7 章由项勇和舒靓负责编写,第 8 章由项勇和雷雨桐负责编写,第 9 章和第 10 章由王辉和喻琬琴负责编写,第 11 章和第 12 章由卢立宇负责编写,第 13 章和第 14 章由陈胜明负责编写。全书的统稿和整理、校对工作由严雪丹、雷雨桐和舒靓负责,课后思考题参考答案的整理和校对由陈胜明、卢立宇和陈泽友负责。课程对应的习题集及相应的答案整理核对由徐姣姣、卢立宇和喻琬琴负责。

重庆大学任宏教授担任本书主审,任教授对本书提出了许多宝贵意见,在此表示衷心感谢!

在本书的编写过程中,重庆大学向鹏成教授、南昌大学陈为民教授、沈阳大学王舜教授、西华大学舒波教授等对本书的修改提出了很多宝贵的意见。在此对以上各位同事、朋友及学者表示衷心感谢。

由于编者水平有限，书中难免会有缺点、纰漏和不足之处，恳请读者批评指正，以便再版时修改、完善。

项勇

西华大学建筑与土木工程学院

目录

前言
第1章 工程项目管理绪论 ··· 1
    本章重点内容 ··· 1
    本章学习目标 ··· 1
    1.1 工程项目与工程项目管理 ·· 1
    1.2 建设工程项目管理的背景和发展趋势 ····························· 6
    1.3 工程项目管理参与主体的目标和任务 ····························· 8
    思考题 ··· 12
    二维码形式客观题 ·· 13

第2章 工程项目建设程序与全寿命周期一体化管理 ················· 14
    本章重点内容 ·· 14
    本章学习目标 ·· 14
    2.1 工程项目建设程序 ·· 14
    2.2 工程项目生命周期及一体化管理 ································· 20
    思考题 ··· 28
    二维码形式客观题 ·· 29

第3章 工程项目前期策划与管理规划 ····································· 30
    本章重点内容 ·· 30
    本章学习目标 ·· 30
    3.1 工程项目前期策划 ·· 30
    3.2 工程项目管理规划 ·· 41
    3.3 项目管理配套策划 ·· 44
    3.4 施工项目管理实施规划 ·· 45
    思考题 ··· 47
    二维码形式客观题 ·· 47

第4章 工程项目范围管理与系统分析 ····································· 48
    本章重点内容 ·· 48
    本章学习目标 ·· 48
    4.1 工程项目范围的确定与管理 ······································· 48
    4.2 工程项目目标系统分析 ·· 53
    思考题 ··· 64
    二维码形式客观题 ·· 65

第5章 工程项目组织管理与采购模式 ····································· 66
    本章重点内容 ·· 66

  本章学习目标 …………………………………………………………………………… 66
  5.1 工程项目组织管理 ……………………………………………………………… 66
  5.2 建设工程项目采购模式 ………………………………………………………… 74
  思考题 ………………………………………………………………………………… 80
  二维码形式客观题 …………………………………………………………………… 81

第6章 工程项目施工成本控制 ………………………………………………… 82

  本章重点内容 ………………………………………………………………………… 82
  本章学习目标 ………………………………………………………………………… 82
  6.1 施工成本管理的任务与措施 …………………………………………………… 82
  6.2 施工成本计划 …………………………………………………………………… 86
  6.3 施工成本控制 …………………………………………………………………… 92
  6.4 施工成本分析 …………………………………………………………………… 106
  思考题与练习题 ……………………………………………………………………… 115
  二维码形式客观题 …………………………………………………………………… 116

第7章 工程项目进度管理 ……………………………………………………… 117

  本章重点内容 ………………………………………………………………………… 117
  本章学习目标 ………………………………………………………………………… 117
  7.1 工程项目进度控制、进度计划系统与总目标论证 …………………………… 117
  7.2 工程项目进度计划编制 ………………………………………………………… 121
  7.3 工程项目进度优化 ……………………………………………………………… 125
  7.4 工程项目进度实施计划中的监测与调整 ……………………………………… 128
  7.5 建设工程项目进度控制的措施 ………………………………………………… 144
  思考题与练习题 ……………………………………………………………………… 145
  二维码形式客观题 …………………………………………………………………… 150

第8章 建设工程项目质量控制 ………………………………………………… 151

  本章重点内容 ………………………………………………………………………… 151
  本章学习目标 ………………………………………………………………………… 151
  8.1 建设工程项目质量控制的内涵 ………………………………………………… 151
  8.2 建设工程项目质量控制体系 …………………………………………………… 161
  8.3 建设工程项目施工质量控制 …………………………………………………… 165
  8.4 建设工程项目施工质量验收 …………………………………………………… 177
  8.5 施工质量不合格的处理 ………………………………………………………… 182
  8.6 数理统计方法在工程质量管理中的应用 ……………………………………… 187
  8.7 建设工程项目质量的政府监督 ………………………………………………… 192
  思考题与练习题 ……………………………………………………………………… 195
  二维码形式客观题 …………………………………………………………………… 197

第9章 工程项目合同管理 ……………………………………………………… 198

  本章重点内容 ………………………………………………………………………… 198
  本章学习目标 ………………………………………………………………………… 198
  9.1 合同的谈判与签约 ……………………………………………………………… 198
  9.2 工程施工合同及专业分包中的权利义务 ……………………………………… 200

9.3 工程总承包合同的权利义务 ………………………………………… 211
9.4 建设工程施工合同风险管理、工程保险和工程担保 ………………… 220
9.5 建设工程施工合同实施 ………………………………………………… 226
9.6 建设工程索赔 …………………………………………………………… 232
思考题与练习题 ……………………………………………………………… 239
二维码形式客观题 …………………………………………………………… 243

第10章 工程项目风险管理 …………………………………………………… 244
本章重点内容 ………………………………………………………………… 244
本章学习目标 ………………………………………………………………… 244
10.1 工程项目风险管理概述 ……………………………………………… 244
10.2 工程项目决策阶段的风险管理 ……………………………………… 247
10.3 项目准备阶段的风险管理 …………………………………………… 251
10.4 工程项目施工阶段的风险管理 ……………………………………… 255
思考题 ………………………………………………………………………… 263
二维码形式客观题 …………………………………………………………… 264

第11章 建设工程职业健康安全与环境管理 ………………………………… 265
本章重点内容 ………………………………………………………………… 265
本章学习目标 ………………………………………………………………… 265
11.1 职业健康安全管理体系与环境管理体系 …………………………… 265
11.2 建设工程安全生产管理 ……………………………………………… 274
11.3 职业健康安全事故的分类和处理 …………………………………… 288
11.4 建设工程施工现场职业健康安全与环境管理的要求 ……………… 291
思考题与练习题 ……………………………………………………………… 298
二维码形式客观题 …………………………………………………………… 300

第12章 工程项目应急管理 …………………………………………………… 301
本章重点内容 ………………………………………………………………… 301
本章学习目标 ………………………………………………………………… 301
12.1 建设工程生产安全事故应急预案 …………………………………… 301
12.2 建设工程项目生产安全事故应急管理 ……………………………… 306
12.3 突发重大疫情防控期间建设工程施工现场管理 …………………… 310
思考题 ………………………………………………………………………… 316
二维码形式客观题 …………………………………………………………… 316

第13章 工程项目信息管理与BIM技术 ……………………………………… 317
本章重点内容 ………………………………………………………………… 317
本章学习目标 ………………………………………………………………… 317
13.1 建设工程项目信息与信息管理 ……………………………………… 317
13.2 建设工程管理信息化及建设工程项目管理信息系统 ……………… 322
13.3 BIM技术下的工程项目信息管理 …………………………………… 330
思考题 ………………………………………………………………………… 335
二维码形式客观题 …………………………………………………………… 335

第14章 工程项目智慧建造管理 ·············· 336
　本章重点内容 ·············· 336
　本章学习目标 ·············· 336
　14.1 智慧建造相关技术 ·············· 336
　14.2 不同智慧建造方式下的工程项目管理创新 ·············· 340
　思考题 ·············· 351
　二维码形式客观题 ·············· 351
参考文献 ·············· 352

第 1 章 工程项目管理绪论

本章重点内容

工程施工项目的概念;建设工程管理的内涵和任务;业主方项目管理的目标和任务;项目总承包方项目管理的目标和任务;施工方项目管理的目标和任务。

本章学习目标

掌握工程项目和工程项目管理的概念;熟悉项目参与各方的目标和任务;了解我国建设工程项目管理的发展。通过本章学习,认知工程项目管理的发展沿革,明白科学技术是推动行业转型升级的主要动力,形成科学的发展观。

1.1 工程项目与工程项目管理

1.1.1 项目与工程项目

1. 项目及其特征

项目是由一组有起止时间、相互协调的受控活动所组成的特定过程,该过程要达到符合规定要求的标准,包括时间、成本和资源的约束条件。

项目具有以下共同特征:

(1) 特定性。特定性即单一性或者一次性,是项目最主要的特征。每个项目均有自己的形成和履行过程,有目标和相应的内容,有开始和结束时间。

(2) 明确的目标和约束条件。项目目标有成果性目标和约束性目标。成果性目标是指项目应达到的功能性要求;约束性目标是项目的时间、成本和资源等约束条件。约束条件是项目成果性目标完成的前提。

(3) 特定的生命期。任何项目都有其产生时间、发展时间和结束时间,在不同阶段都有特定的任务、程序和工作内容。如项目的生命期包括项目建议书、可行性研究、设计工作、建设准备工作、施工、交工验收、运行维护。

(4) 作为管理对象的整体性。一个项目是一个整体管理对象,在按其需要配置生产要素时，必须以总体效益的提高为标准，做到数量、质量、结构的整体化。另外，项目中的一切活动都相关，并构成一个整体。

（5）不可逆性。项目按照一定程序进行，其过程不可逆转，失败后不可挽回，因而项目风险较大，与批量生产过程有着本质区别。

2. 项目分类

项目种类应当按照其最终成果或者专业特征为标志进行划分，包括：投资项目、科学研究项目、开发项目、工程项目、航天项目、维修项目、咨询项目和IT项目。分类的目的是为了有针对性地进行管理，以提高完成任务的效果水平。

一般情况下，项目可分为工程项目和非工程项目。工程项目是项目中数量最大的一类，既可按专业分为建筑工程、公路工程、水电工程等，又可按管理者的不同分为建设项目、咨询项目和施工项目等。

3. 工程项目

（1）工程项目的定义。工程项目是指投资建设领域中的项目，即为某种特定目的而进行的投资建设并含有一定建筑或建筑安装工程的项目。

（2）工程项目的特征。

1）唯一性。世界上没有相同的两个工程项目。即使建筑外形相同，地点、时间、地质、水文、结构、功能等也有差别。

2）一次性。每个工程项目都有明确的起点和终点。当一个工程项目的目标已经实现，或者明确该目标不需要或者不可能实现时，该项目已经达到其终点。

3）目标的明确性。工程项目具有明确的目标，用于某种特定的目的。

4）实施条件的约束性。工程项目都是在一定的资源约束条件下实施的，会受到资金、技术、人员、法律等方面的约束。而项目经理总是在这些约束条件下，寻求经济效益、社会效益、工期、质量、成本和项目目标的平衡。

5）建设周期长。现代工程项目中大型、超大型项目越来越多，一个工程项目要建成往往需要几年，有的甚至更长。

6）不确定性因素多。由于建设周期较长，建设过程中可能会涉及来自技术、市场、人员等多方面不确定性因素的变化。随着工程技术复杂程度增加和项目规模的日益扩大，工程项目的不确定性因素日益增多。

4. 工程施工项目

工程施工项目是施工企业自施工承包投标开始到保修期满为止的全过程中完成的项目，施工项目具有以下特征：

1）是建设项目或其中的单项工程或单位工程的施工任务。

2）是以建筑企业为管理主体的。

3）范围是由工程施工合同界定的。

从上述可知，只有单位工程、单项工程和建设项目的施工任务，才称得上工程施工项目。由于分部分项工程的结果不是施工企业的最终产品，故不能称作工程施工项目，而是工程施工项目的组成部分。

1.1.2 项目管理与工程项目管理

1. 项目管理

根据美国项目管理协会（PMI）制定的项目管理知识体系指南（PMBOK）中的描述，项目管理包括以下10方面内容：项目综合管理、项目范围管理、项目时间管理、项目成本管理、项目质量管理、项目人力资源管理、项目沟通与信息管理、项目风险管理、项目采购管理、项目相关者管理。

现代项目管理按照其特征，可归纳为技术方法层、系统方法层和哲理层三个层次。技术方法层主要是一些相对独立的技术和方法；系统方法层强调的是一种综合集成型方法和技术的有机集合；哲理层强调的是一种思想、一种理念。三个层次上不同知识相互包含，即技术方法是系统方法的基础，而哲理又是系统方法的灵魂。

项目管理是指依靠项目团队的努力，在项目全过程中，通过科学的管理方法在各种约束条件下达到特定的目的。该定义包括以下几方面的含义：

1）强调项目管理是一个连续性的过程，在项目生命周期内对项目进行全过程的动态管理，实现最佳的运行状态。

2）强调方法的科学性。在项目管理工具方法体系中体现了多学科的知识与技能的融合。强调项目管理的"软"技术和"硬"技术相结合，如方案比较法、资金时间价值、工作分解结构、里程碑计划、沟通技巧、组织机构的科学性等。

3）强调团队精神在项目管理中的重要性。现代项目的复杂性增强、市场环境变化迅速等特点，要求项目组织机构必须形成团队，共同努力，这样才能实现管理目标。

2. 工程项目管理

工程项目管理的本质是工程建设者运用系统工程的观点、理论和方法，对工程建设进行全过程、全方位和全面的管理，实现生产要素在工程项目上的优化配置，为用户提供优质产品。它是一门综合学科，有较强的应用性和发展潜力。

因为工程项目的管理者分别是建设单位、设计单位、施工企业和工程咨询（监理）企业，所以对应的管理分别是建设项目管理、工程设计项目管理、工程施工项目管理和工程咨询（监理）项目管理。

（1）建设项目管理。建设项目管理是站在项目法人（建设单位、业主）立场对项目建设进行的综合性管理工作，也称为业主方的项目管理。业主方项目管理是通过一定的组织形式，采取各种措施、方法，对投资建设一个项目的所有工作系统的实施过程进行计划、协调、监督、控制和总结评价，以达到保证建设项目质量、缩短工期、提高投资效益的目的。广义的建设项目管理包括投资决策的有关管理工作，狭义的建设项目管理只包括项目立项以后至交付使用的全过程管理。

（2）工程设计项目管理。工程设计项目管理是由设计单位自身对参与的建设项目设计阶段的工作进行管理，也称为设计方的项目管理。设计单位通过工程设计项目管理，进行质量管理、进度管理、投资管理，对拟建工程的实施在技术上和经济上进行全面而详尽的安排，引进先进技术和科研成果，形成设计图纸和说明书以供实施，并在实施过程中进行监督和验收。工程设计项目管理包括以下阶段：设计投标、签订设计合同、设计条件准备、设计计划、设计实施阶段目标控制、设计文件验收与归档、设计工作总结，建设实施中的设计控制与监督、竣工验收。工程设计项目管理不再局限于设计阶段,而是延伸到了施工阶段和竣工验收阶段。

(3) 工程施工项目管理。

1) 工程施工项目的管理主体是工程施工企业,包括施工总承包商和分包商,故其对项目的管理也称为施工方的项目管理。建设单位和设计单位都不进行工程施工项目管理。由建设单位或监理单位进行的工程项目管理中涉及的施工阶段管理仍属建设项目管理。

2) 工程施工项目管理的对象是工程施工项目。工程施工项目管理的周期包括工程投标、签订工程项目施工合同、施工准备、施工、交工验收及用后服务等。工程施工项目管理的任务包括进度管理、质量管理、成本管理、安全管理、环境管理、合同管理、资源管理、信息管理、沟通管理、风险管理、组织协调等。

工程施工项目的特点给工程施工项目管理带来了特殊性,主要是:生产活动与市场交易活动同时进行;先有交易活动,后有"产成品"(竣工项目);买卖双方都投入生产管理,生产活动涉及复杂的经济关系、技术关系、法律关系、行政关系和人际关系等。以上特点使工程施工项目管理中的组织协调工作艰难、复杂、多变,必须通过强化组织协调的方法才能保证施工顺利进行。主要强化方法是:优选项目经理,建立调度机构,配备称职的调度人员,努力使调度工作科学化、信息化,建立起动态的控制体系。

工程施工项目管理与建设项目管理在管理主体、管理任务、管理内容和管理范围方面都不同:

第一,建设项目管理的管理主体是建设单位或受其委托的建设工程项目管理企业,工程施工项目管理的管理主体是施工企业。

第二,建设项目管理的任务是取得符合要求、能发挥应有效益的固定资产,工程施工项目管理的任务是把项目施工做好并取得利润。

第三,建设项目管理的内容涉及投资周转和建设的全过程的管理,而工程施工项目管理的内容涉及从投标开始到回访保修为止的全部生产组织管理。

第四,建设项目管理的范围是一个建设项目,是由可行性研究报告确定的所有工程;而工程施工项目管理的范围是由工程施工合同约定的承包范围,是建设项目或单项工程或单位工程施工过程的管理。

(4) 工程咨询(监理)项目管理。工程咨询项目是由咨询单位进行中介服务的工程项目。咨询单位是中介组织,它具有相应的专业服务知识与能力,可以接受建设单位的委托进行项目管理,也就是进行智力服务。咨询单位的智力服务,可以提高工程项目管理水平,并作为政府、市场和企业之间的联系纽带。在市场经济体制中,由咨询单位进行工程项目管理和监理已经形成了一种国际惯例。

工程监理项目是由监理企业进行管理的项目。一般是监理企业受建设单位的委托,签订监理委托合同,为建设单位进行建设项目管理。监理企业也是中介组织,是依法成立的专业化、高智能型的组织,具有服务性、科学性与公正性,按照有关监理法规进行项目管理。监理企业是一种特殊的工程咨询机构。它受建设单位的委托,对设计和施工单位在承包活动中的行为和责权利进行必要的协调与约束,对建设项目进行投资管理、进度管理、质量管理、合同管理、信息管理与组织协调。

1.1.3 建设工程管理的内涵和任务

1. 建设工程管理的内涵

建设工程项目的全寿命周期包括项目的决策阶段、实施阶段和使用阶段（或称运营阶段、运行阶段）。从项目建设意图的酝酿开始，调查研究、编写和报批项目建议书、编制和报批项目的可行性研究等项目前期的组织、管理、经济和技术方面的论证都属于项目决策阶段的工作。项目立项（立项批准）是项目决策的标志。决策阶段管理工作的主要任务是确定项目的定义，一般包括如下内容：

1) 确定项目实施的组织。
2) 确定和落实建设地点。
3) 确定建设任务和建设原则。
4) 确定和落实项目建设的资金。
5) 确定建设项目的投资目标、进度目标和质量目标等。

"建设工程管理"（Professional Management in Construction）作为一个专业术语，其内涵涉及工程项目全过程（工程项目全寿命）的管理，如图1-1所示，包括：

1) 决策阶段的管理，即DM（Development Management，尚没有统一的中文术语，可译为项目前期的开发管理）。
2) 实施阶段的管理，即项目管理（Project Management，PM）。
3) 使用阶段的管理，即设施管理（Facility Management，FM）。

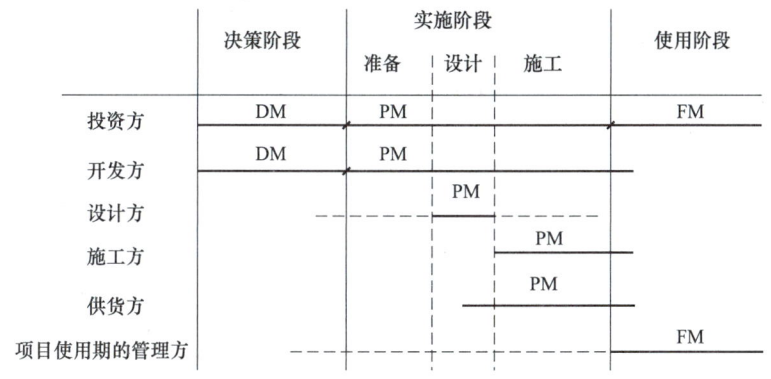

图1-1 DM、PM和FM

国际设施管理协会（IFMA）所确定的设施管理的含义，如图1-2所示，它包括物业资产管理和物业运行管理，这与我国物业管理的概念尚有差异。

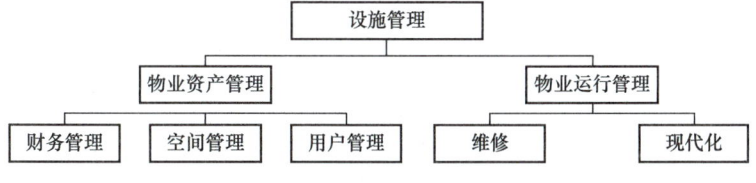

图1-2 IFMA确定的设施管理

"建设工程管理"涉及参与工程项目的各个方面对工程的管理,包括投资方、开发方、设计方、施工方、供货方和项目使用期的管理方的管理。建设工程管理的内涵如图1-3所示。

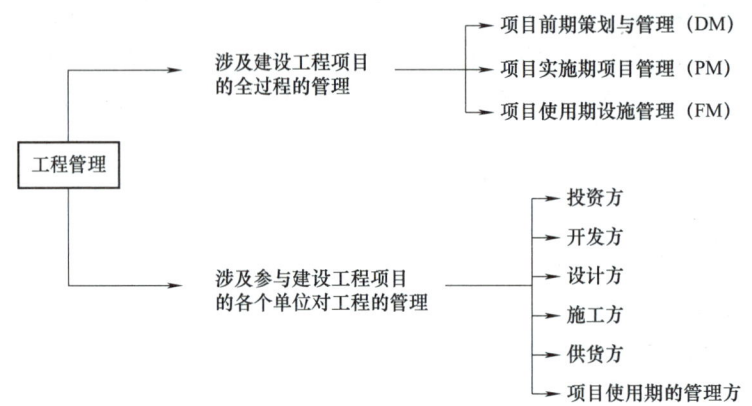

图1-3 建设工程管理的内涵

2. 建设工程管理的任务

工程项目管理是建设工程管理中的一个组成部分,工程项目管理的工作仅限于在项目实施期的工作,而正如前述,建设工程管理则涉及项目全寿命周期。

建设工程管理工作是一种增值服务工作,其核心任务是为工程的建设和使用增值,如图1-4所示。

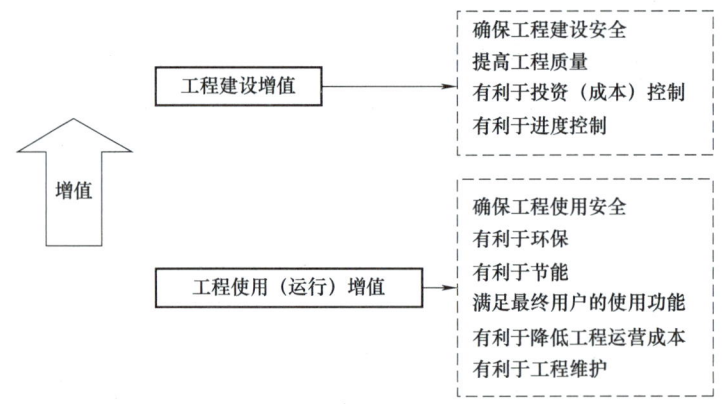

图1-4 建设工程管理的增值

1.2 建设工程项目管理的背景和发展趋势

1. 建设工程项目管理的国内外背景

(1)建设工程项目管理的国内背景。

1)我国从20世纪80年代初期开始引进建设工程项目管理的概念,世界银行和一些国际金融机构要求接受贷款的业主方应用项目管理的思想、组织、方法和手段组织实施建设工程项目。

2）我国于 1983 年由国家计划委员会提出推行项目前期项目经理负责制。

3）我国于 1988 年开始推行建设工程监理制度。

4）1995 年建设部颁发了《建筑施工企业项目经理资质管理办法》，推行项目经理负责制。

5）为了加强建设工程项目总承包与施工管理，保证工程质量和施工安全，根据《中华人民共和国建筑法》（简称《建筑法》）和《建设工程质量管理条例》的有关规定，原人事部、建设部决定对建设工程项目总承包及施工管理的专业技术人员实行建造师执业资格制度。2002 年原人事部和建设部颁布了人发〔2002〕111 号《建造师执业资格制度暂行规定》的通知。

6）2003 年建设部发出《关于建筑业企业项目经理资质管理制度向建造师执业资格制度过渡有关问题的通知》（建市〔2003〕86 号）。

7）"鼓励具有工程勘察、设计、施工、监理资质的企业，通过建立与工程项目管理业务相适应的组织机构、项目管理体系，充实项目管理专业人员，按照有关资质管理规定在其资质等级许可的工程项目范围内开展相应的工程项目管理业务。"（引自建设部《关于培育发展工程总承包和工程项目管理企业的指导意见》，建市〔2003〕30 号）。

8）为了适应投资建设项目管理的需要，经原人事部、国家发展和改革委员会研究决定，对投资建设项目高层专业管理人员实行职业水平认证制度。2004 年原人事部与国家发展和改革委员会颁布了国人部发〔2004〕110 号《关于印发〈投资建设项目管理师职业水平认证制度暂行规定〉和〈投资建设项目管理师职业水平考试实施办法〉的通知》。根据《国务院关于取消一批职业资格许可和认定事项的决定》，2016 年起全国投资项目管理师资格许可和认定事项予以取消。

9）2006 年 6 月发布了《建设工程项目管理规范》（GB/T 50326—2006），该标准于 2017 年 5 月修订（GB/T 50326—2017）。

由以上可知，我国的建设工程项目管理在行政管理上权责更加分明，相关制度越来越规范和完善，为工程项目管理领域的高质量发展提供了良好的外部环境。

（2）建设工程项目管理的国外背景。

1）在 20 世纪 60 年代末期和 70 年代初期，工业发达国家开始将项目管理的理论和方法应用于建设工程领域，并于 20 世纪 70 年代中期前后在大学开设了与工程管理相关的专业。

2）项目管理的应用首先在业主方的工程管理中，而后逐步在承包方、设计方和供货方中得到推广。

3）于 20 世纪 70 年代中期前后兴起了项目管理咨询服务，项目管理咨询公司的主要服务对象是业主，但它也服务于承包方、设计方和供货方。

4）国际咨询工程师联合会（FIDIC）于 1980 年颁布了《业主方与项目管理咨询公司的项目管理合同条件》（FIDIC IGRA 80PM）。该文本明确了代表业主方利益的项目管理方的地位、作用、任务和责任。

5）在许多国家项目管理由专业人士担任。如建造师可以在业主方、承包方、设计方和供货方从事项目管理工作，也可以在教育、科研和政府等部门从事与项目管理有关的工作。建造师的业务范围并不限于在项目实施阶段的工程项目管理工作，还包括项目决策阶段的管理和项目使用阶段的物业管理（设施管理）工作。

2. 建设工程项目管理的发展趋势

1) 项目管理作为一门学科，50 多年来在不断发展，传统的项目管理（Project Management）是该学科的第一代，第二代是项目集管理（Program Management），第三代是项目组合管理（Portfolio Management），第四代是变更管理（Change Management）。美国项目管理协会（PMI）的《项目管理知识体系指南（PMBOK 指南）》第四版对有关概念做了如下解释：

项目集：一组相互关联且被协调管理的项目。协调管理是为了获得对单个项目分别管理所无法实现的利益和控制。项目集中可能包括各单个项目范围之外的相关工作。

项目集管理：对项目集进行统一协调管理，以实现项目集的战略目标和利益。

项目组合：为有效管理、实现战略业务目标而组合在一起的项目、项目集和其他工作。项目组合中的项目或项目集不一定彼此依赖或有直接关系。

项目组合管理：为了实现特定的战略业务目标，对一个或多个项目组合进行的集中管理，包括识别、排序、管理和控制项目、项目集和其他有关工作。

2017 年 9 月发布的《项目管理知识体系指南（PMBOK 指南）》第六版提出项目经理应具备四种技能：项目管理技术、领导力、商业管理技能和战略管理技能。

《项目管理知识体系指南（PMBOK 指南）》的第七版将是基于原则的标准，而不是前几版基于流程的标准。基于原则的标准可以描述执行活动最有效的方式。

2) 将项目决策阶段的开发管理（Development Management，DM）、实施阶段的项目管理（Project Management，PM）和使用阶段的设施管理（Facility Management，FM）集成为项目全寿命管理（Lifecycle Management）。

3) 在项目管理中应用信息技术，包括项目管理信息系统（Project Management Information System，PMIS）和项目信息门户（Project Information Portal，PIP），即业主和项目各参与方在互联网平台上进行工程管理等。

由此可知，建设工程项目管理未来的发展是在科学技术支撑条件下的综合性发展，科学技术逐渐成为工程项目管理领域可持续发展的重要支撑条件。

1.3 工程项目管理参与主体的目标和任务

项目的实施阶段包括设计前的准备阶段、设计阶段、施工阶段、动用前准备阶段和保修阶段（也称保修期），如图 1-5 所示。招标投标工作分散在设计前的准备阶段、设计阶段和施工阶段中进行，因此一般不单独列为招标投标阶段。项目实施阶段管理的主要任务是通过管理使项目的目标得以实现。

建设工程项目管理的时间范畴是建设工程项目的实施阶段。《建设工程项目管理规范》（GB/T 50326—2017）对建设工程项目管理做了如下的解释："运用系统的理论和方法，对建设工程项目进行的计划、组织、指挥、协调和控制等专业化活动，简称为项目管理。"

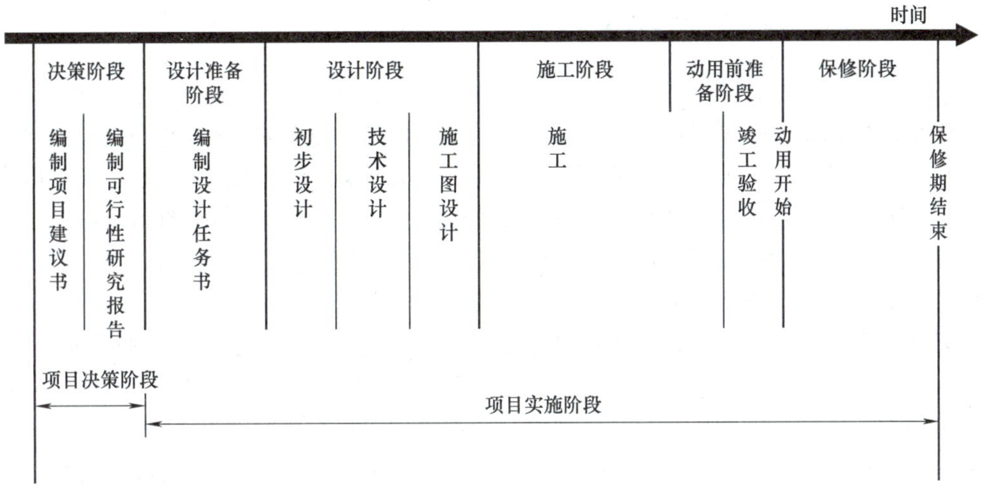

图 1-5 建设工程项目的实施阶段的组成

建设工程项目管理的内涵是：自项目开始至项目完成，通过项目策划（Project Planning）和项目控制（Project Control），以使项目的费用目标、进度目标和质量目标得以实现。该定义的有关字段的含义如下：

1)"自项目开始至项目完成"指的是项目的实施阶段。
2)"项目策划"指的是目标控制前的一系列筹划和准备工作。
3)"费用目标"对业主而言是投资目标，对施工方而言是成本目标。

由于项目管理的核心任务是项目的目标控制，因此按项目管理学的基本理论，没有明确目标的建设工程不是项目管理的对象。在工程实践意义上，如果一个建设工程没有明确的投资目标、没有明确的进度目标和没有明确的质量目标，就没有必要进行管理，也无法进行定量的目标控制。

一个建设工程项目往往由许多参与单位承担不同的建设任务和管理任务（如勘察、土建设计、工艺设计、工程施工、设备安装、工程监理、建设物资供应、业主方管理、政府主管部门的管理和监督等），各参与单位的工作性质、工作任务和利益不尽相同，因此就形成了代表不同利益方的项目管理。由于业主方是建设工程项目实施过程（生产过程）的总集成者——人力资源、物质资源和知识的集成，业主方也是建设工程项目生产过程的总组织者，因此对于一个建设工程项目而言，业主方的项目管理往往是该项目的项目管理的核心。

按建设工程项目不同参与方的工作性质和组织特征划分，项目管理有如下几种类型：

1）业主方的项目管理（如投资方和开发方的项目管理，或由工程管理咨询公司提供的代表业主方利益的项目管理服务）。
2）设计方的项目管理。
3）施工方的项目管理（施工总承包方、施工总承包管理方和分包方的项目管理）。
4）建设物资供货方的项目管理（材料和设备供应方的项目管理）。
5）建设项目总承包（或称建设项目工程总承包）方的项目管理，如设计和施工任务综合的承包，或设计、采购和施工任务综合的承包（简称 EPC 承包）的项目管理等。

1.3.1 业主方项目管理的目标和任务

业主方项目管理服务于业主的利益,其目标包括项目的投资目标、进度目标和质量目标。其中投资目标指的是项目的总投资目标。进度目标指的是项目动用的时间目标,也即项目交付使用的时间目标,如工厂建成可以投入生产、道路建成可以通车、办公楼可以启用、旅馆可以开业的时间目标等。项目的质量目标不仅涉及施工的质量,还包括设计质量、材料质量、设备质量和影响项目运行或运营的环境质量等。质量目标包括满足相应的技术规范和技术标准的规定,以及满足业主方相应的质量要求。

项目的投资目标、进度目标和质量目标之间既有矛盾的一面,也有统一的一面,它们之间的关系是对立统一的关系。要加快进度往往需要增加投资,欲提高质量往往也需要增加投资,过度地缩短进度会影响质量目标的实现,这都表现了目标之间关系矛盾的一面;但通过有效的管理,在不增加投资的前提下,也可缩短工期和提高工程质量,这反映了目标之间关系统一的一面。

业主方的项目管理工作涉及项目实施阶段的全过程,即在设计前的准备阶段、设计阶段、施工阶段、动用前准备阶段和保修期分别进行安全管理、投资控制、进度控制、质量控制、合同管理、信息管理、组织和协调工作。业主方项目管理的任务见表1-1。

表 1-1 业主方项目管理的任务

	设计前的准备阶段	设计阶段	施工阶段	动用前准备阶段	保修期
安全管理					
投资控制					
进度控制					
质量控制					
合同管理					
信息管理					
组织和协调工作					

表1-1有7行和5列,构成业主方35分块项目管理的任务,其中安全管理是项目管理中最重要的任务,因为安全管理关系到人身的健康与安全,而投资控制、进度控制、质量控制和合同管理等则主要涉及物质的利益。

1.3.2 设计方和供货方项目管理的目标和任务

1. 设计方项目管理的目标和任务

设计方作为项目建设的一个参与方,其项目管理主要服务于项目的整体利益和设计方本身的利益。由于项目的投资目标能否得以实现与设计工作密切相关,因此,设计方项目管理的目标包括设计的成本目标、设计的进度目标、设计的质量目标及项目的投资目标。

设计方的项目管理工作主要在设计阶段进行,也涉及设计前的准备阶段、施工阶段、动用前准备阶段和保修期。设计方项目管理的任务包括:与设计工作有关的安全管理;设计成本控制和与设计工作有关的工程造价控制；设计进度控制；设计质量控制；设计合同管理；设计信息管理；与设计工作有关的组织和协调。

2. 供货方项目管理的目标和任务

供货方作为项目建设的一个参与方，其项目管理主要服务于项目的整体利益和供货方本身的利益，其项目管理的目标包括供货方的成本目标、供货的进度目标和供货的质量目标。

供货方的项目管理工作主要在施工阶段进行，但它也涉及设计准备阶段、设计阶段、动用前准备阶段和保修期。供货方项目管理的主要任务包括：供货安全管理、供货方的成本控制、供货的进度控制、供货的质量控制、供货合同管理、供货信息管理、与供货有关的组织与协调。

1.3.3 项目总承包方项目管理的目标和任务

1. 项目总承包方项目管理的目标

由于项目总承包方（或称建设项目工程总承包方，或简称工程总承包方）是受业主方的委托而承担工程建设任务，项目总承包方必须树立服务观念，为项目建设服务，为业主提供建设服务。另外，合同也规定了项目总承包方的任务和义务，因此，项目总承包方作为项目建设的一个重要参与方，其项目管理主要服务于项目的整体利益和项目总承包方本身的利益，其项目管理的目标应符合合同的要求，包括：

1）工程建设的安全管理目标。
2）项目的总投资目标和项目总承包方的成本目标（前者是业主方的总投资目标，后者是项目总承包方本身的成本目标）。
3）项目总承包方的进度目标。
4）项目总承包方的质量目标。

项目总承包方项目管理工作涉及项目实施阶段的全过程，即设计前的准备阶段、设计阶段、施工阶段、动用前准备阶段和保修期。

2. 项目总承包方项目管理的任务

参考《建设项目工程总承包方管理规范》（GB/T 50358—2017）的规定，项目总承包方的管理工作涉及：项目设计管理、项目采购管理、项目施工管理、项目试运行管理和项目收尾等。

其中属于项目总承包方项目管理的主要任务包括：项目风险管理，项目进度管理，项目质量管理，项目费用管理，项目安全、职业健康与环境管理，项目资源管理，项目沟通与信息管理，项目合同管理等。

1.3.4 施工方项目管理的目标和任务

1. 施工方项目管理的目标

由于施工方是受业主方的委托承担工程建设任务，施工方必须树立服务观念，为项目建设服务，为业主方提供建设服务；另外，合同也规定了施工方的任务和义务，因此施工方作为项目建设的一个重要参与方，其项目管理不仅应服务于施工方本身的利益，也必须服务于项目的整体利益。项目的整体利益和施工方本身的利益是对立统一关系，两者有其统一的一面,也有其矛盾的一面。

施工方项目管理的目标应符合合同的要求,它包括:施工的安全管理目标;施工的成本目标;施工的进度目标;施工的质量目标。

如果采用工程施工总承包或工程施工总承包管理模式,施工总承包方或施工总承包管理方必须按工程合同规定的工期目标和质量目标完成建设任务。而施工总承包方或施工总承包管理方的成本目标是由施工企业根据其生产和经营的情况自行确定的。分包方则必须按工程分包合同规定的工期目标和质量目标完成建设任务,分包方的成本目标是该施工企业内部自行确定的。

按国际工程的惯例,当采用指定分包商时,不论指定分包商与施工总承包方,或与施工总承包管理方,或与业主方签订合同,由于指定分包商合同在签约前必须得到施工总承包方或施工总承包管理方的认可,因此,施工总承包方或施工总承包管理方应对合同规定的工期目标和质量目标负责。

2. 施工方项目管理的任务

施工方项目管理的任务包括:施工安全管理、施工成本控制、施工进度控制、施工质量控制、施工合同管理、施工信息管理、与施工有关的组织与协调等。

施工方的项目管理工作主要在施工阶段进行,但由于设计阶段和施工阶段在时间上往往是交叉的,因此,施工方的项目管理工作也会涉及设计阶段。在动用前准备阶段和保修期,施工合同尚未终止,在这期间,还有可能出现涉及工程安全、费用、质量、合同和信息等方面的问题,因此,施工方的项目管理也涉及动用前准备阶段和保修期。

20世纪80年代末和90年代初,我国的大中型建设项目引进了为业主方服务(或称代表业主利益)的工程项目管理的咨询服务,这属于业主方项目管理的范畴。在国际上,工程项目管理咨询公司不仅为业主方提供服务,也向施工方、设计方和建设物资供应方提供服务。因此,不能认为施工方的项目管理只是施工企业对项目的管理。施工企业委托工程项目管理咨询公司对项目管理的某个方面提供的咨询服务也属于施工方项目管理的范畴。

综上所述:工程项目管理的参与主体较多,各自存在不同的目标和任务,通过管理实现工程项目的预期目标,需要各参与主体相互配合,相互协作,信息共享,形成一个高效的合作团队,通过项目价值最大化而完成自身的任务和实现自身的目标。

思 考 题

1. 什么是项目?简述其特征。
2. 什么是工程项目?简述其特征。
3. 什么是工程施工项目?简述其特征。
4. 什么是项目管理?其具体含义是什么?
5. 简述工程施工项目管理的特征。
6. 简述工程施工项目管理与建设工程项目管理的区别。
7. 建设工程项目的全寿命周期包括哪些阶段?决策阶段管理工作有哪些?
8. 简述建设工程项目管理的内涵。
9. 简述按建设工程项目不同参与方的工作性质和组织特征划分的类型。

10. 简述业主方项目管理的目标和任务。
11. 简述设计方和供货方项目管理的目标和任务。
12. 简述项目总承包方项目管理的目标和任务。
13. 简述施工方项目管理的目标和任务。

二维码形式客观题

手机微信扫描二维码，可自行做客观题，提交后可查看答案。

第 2 章
工程项目建设程序与全寿命周期一体化管理

> **本章重点内容**
>
> 政府资金投资的项目建设程序；建设项目全寿命周期一体化管理模式的项目运作流程。

> **本章学习目标**
>
> 掌握政府投资项目建设程序，熟悉项目全寿命周期一体化管理。通过本章学习，认识到工程项目建设必须遵从其特有的步骤才能实现工程项目的预期目标；认识到在工程项目的管理工作中，需要从项目整体角度出发，集合项目的信息、阶段和主体优势实现综合性管理。

2.1 工程项目建设程序

工程项目建设程序是指工程项目从策划、选择、评估、决策、设计、施工到竣工验收、交付使用和投入生产的整个建设过程中，各项工作必须遵循的先后工作次序，是遵循工程项目生命周期运行规律建立的管理程序。

不管是政府投资项目还是企业投资项目，不管是国内的项目还是国外的项目，都在推行或者是自觉执行项目基本建设程序。我国在 1951 年 3 月由中财委颁布了《基本建设工作程序暂行办法》，规定所有建设项目都必须按照基本建设程序管理规定进行。此后，随着项目管理实践经验的积累，我国项目建设程序管理制度得到了不断发展和完善。到目前，总体上包括三个阶段的管理制度。

一是项目前期工作阶段。项目单位需要组织编制项目建议书、进行可行性研究、开展勘察设计和施工前期准备等工作。政府主管部门依法对项目基本建设程序执行情况进行审查。其中：对政府投资项目，主要进行项目建议书审批批复、可研审批批复、初步设计及概算审批批复、项目选址及规划许可、项目用地预审及批准、项目环境影响评价审批、项目节能评估和审查、施工许可证或者开工报告批复等；对企业投资项目，主要进行项目核准（或备案）审查、项目资金申请报告审查、项目选址及规划许可、项目用地预审及批准、环境影响评价审批、项目节能评估和审查、施工许可或者开工报告批复等。

二是项目建设实施阶段。项目单位要按照项目前期审核批复内容及要求，依法组织项目建设实施，并加强工程质量和安全管理。

三是项目竣工投产阶段。项目单位依法组织项目竣工验收并加强项目运营管理。政府主管部门进行项目竣工验收备案管理、积极推行政府投资项目后评价制度。

按照现行的项目基本建设程序管理规定，项目基本建设程序管理可分为两类：一类是政府投资项目的基本建设程序管理（审批制）；一类是企事业单位投资项目的基本建设程序管理（核准制、备案制）。两类项目基本建设程序基本一致，但政府主管部门管理的重点和具体要求有所区别，所以项目基本建设程序管理的第一步就是要分清项目是政府投资项目还是企事业单位投资项目。

2.1.1 政府资金投资的项目建设程序

工程项目建设基本程序主要分为前期工作阶段、工程项目实施阶段、工程项目竣工验收与后评价阶段。

1. 前期工作阶段

（1）项目建议书阶段。项目建议书是要求建设某一具体项目的建议文件，是基本建设程序中最初阶段的工作，是投资决策前对拟建的轮廓设想。项目建议书的主要作用是为了推荐一个拟进行功能建设项目的初步说明，论述建设的必要性、条件的可行性和获利的可能性，以确定是否进行下一步工作。

项目单位递交项目建议书及相关文件资料向发展改革部门申请立项批复。各级发展改革部门按权限审查，对符合要求的做出立项批复。需要注意的是：根据项目的不同特点和实际情况，项目审批部门可以简化项目立项批复程序，对项目建议书和可行性研究报告进行合并审批。

（2）可行性研究阶段。项目建议书批准后，应当编制可行性研究报告。项目可行性研究报告应由取得相应资质的工程咨询机构编制。可行性研究报告应当对项目在技术和经济上是否必要、合理、可行，以及社会效益、节能和资源综合利用、生态环境影响等进行全面分析论证，落实各项建设和运行保障条件，按有关规定取得相关单位的许可、承诺、证明或者评估意见。

项目单位递交项目可行性研究报告及相关文件资料向发展改革部门申请批复。报批可行性研究报告时，须提供以下文件：项目建议书批准文件、经批准的环境影响评价报告、国土资源和规划部门出具的意见、资金证明（银行贷款承诺）及规定应提交的其他文件。可行性研究报告经批准后，不得随意修改和变更。如果在建设规模、产品方案、建设地点、主要协作关系等方面确需变动以及突破控制数时，应经原批准机关同意。经批准的可行性研究报告是确定建设项目进行初步设计的依据。

（3）前期阶段其他程序要素。

1）环境影响评价报告。在编写项目建议书后，项目单位委托相关单位写环境影响评价报告书，按照《中华人民共和国环境影响评价法》《建设项目环境保护管理条例》等向环保部门申请批准手续。

2）用地规划许可证。项目单位缴纳基础设施配套费，按照《中华人民共和国城乡规划法》，向规划部门申请办理用地规划许可证。

3)办理供地手续。根据国土资源部令第 27 号《建设项目用地预审管理办法》,需人民政府或有批准权的发展改革等部门审批的建设项目,项目用地预审手续由该人民政府的自然资源管理部门受理。同时,建设项目还应依法取得国有土地使用证书(或国有土地划拨决定书或有权机关批准的建设用地批准文件)。

4)水土保持方案审批。委托有资质的公司做出水土保持方案,并由自然资源部门召集相关专家进行方案评审,提出各种意见后进行修改并上报等待批复。

(4)初步设计阶段。可行性研究报告经批准后,项目单位应当选择具有相应资质的设计单位,依照批准的可行性研究报告进行初步设计。初步设计应明确各单项工程或者单位工程的建设内容、建设规模、建设标准、设计概算、用地规模、主要材料、设备规格和技术参数等,并达到国家规定深度。初步设计文件应附有批准的可行性研究报告、选址意见、资源报告,以及气象、水文、工程地质等基础资料,规划、自然资源、环保等相关部门的批准文件及相关协议文件或认可手续。

项目单位递交项目初步设计及相关文件资料向各行业建设行政主管部门申请初步设计批复。各级建设行政主管部门会同发展改革部门、相关行业主管部门按权限审查,对符合要求的做出批复。

根据《政府投资条例》,项目审批部门在审核项目初步设计概算时,应当组织有关机构进行评审后核定。经审核的初步设计概算应作为控制投资的依据。概算应当包括国家规定的项目建设所需费用。概算总投资超过可行性研究报告审定的估算总投资 10% 的,或建设单位、建设性质、建设地点、建设规模、工艺技术方案发生重大变更的,应按规定报原可行性研究报告审批部门批准。

2. 工程项目实施阶段

(1)施工准备阶段。

1)施工图审查。项目单位将施工图报送建设行政主管部门,由行政建设主管部门认定的施工图审查机构按照有关法律、法规,对施工图涉及公共利益、公众安全和工程建设结构安全、强制性标准、规范的执行情况等内容进行审查。施工图审查的内容主要包括:建筑物的稳定性、安全性审查,包括地基基础和主体结构体系是否安全、可靠;是否符合消防、节能、环保、抗震、卫生、人防等有关强制性标准、规范;施工图是否达到规定的深度要求;是否损害公众利益等。

2)建设工程规划许可证。依据《中华人民共和国城乡规划法》,项目单位携带相关资料到规划部门办理建设工程规划许可证。"建设工程规划许可证"是建设工程办理"建设工程施工许可证",进行规划验线和验收,房屋产权登记等的法定要件。

3)招投标管理。依据《中华人民共和国招标投标法》《中华人民共和国招标投标法实施条例》《工程建设项目招标范围和规模标准规定》等法律法规,政府资金建设项目招投标应向发展改革部门提出招投标事项核准申请,按照发展改革部门核准要求由项目单位自行组织或委托代理机构组织项目招标投标活动。

政府资金建设项目应当确定招标管理机构,按照拟定招标计划,高效、公正地组织招标活动。招标管理机构应委托具有相应资质的公司编制招标文件,确定合理的招标方案,发布招标信息或投标邀请函,有序地组织答疑、开标、评标、定标、合同的签订工作,并做好招标资料的收集、整理、归档、保存工作。

4）建设工程质量监督手续。根据《中华人民共和国建筑法》《建设工程质量管理条例》，凡在中华人民共和国境内从事建设工程的新建、扩建、改建等有关活动，建设单位在办理施工许可证或开工报告前，应按国家有关规定办理工程质量监督手续。国务院建设行政主管部门对全国的建设工程质量实施统一监督管理。县级以上地方人民政府建设行政主管部门对本行政区域内的建设工程质量实施监督管理。

（2）项目实施阶段。

1）建筑工程施工许可证。根据《中华人民共和国建筑法》《建筑工程施工许可管理办法》等法律法规，我国施行建筑工程施工许可证制度。按照国务院规定的权限和程序批准开工报告的建筑工程，不再领取施工许可证。

2）建设项目的实施。建设实施阶段是根据设计图进行建筑安装施工。建设项目经批准新开工建设，项目即进入了建设实施阶段。施工前认真做好图纸会审工作、编制施工图预算、施工组织设计，明确投资、进度、质量的控制要求；施工中按照施工图施工，严格执行施工验收规范，确保工程质量。另外，生产准备也归属于建设项目实施，其主要内容有：招收和培训人员、生产组织准备、生产技术准备和生产物资的准备等。

3. 工程项目竣工验收与后评价阶段

（1）竣工验收阶段。项目建成后必须按照国家有关规定进行严格的竣工验收，由验收人员签字负责。竣工验收合格后，方可交付使用。

建设项目全部工程完工并基本符合验收条件后，应在一年内办理竣工验收手续（行业有规定者除外）。办理竣工验收确有困难者，经项目主管部门批准，可以适当延长期限，延长期一般不得超过一年。

（2）项目后评价阶段。通过项目后评价，建设单位可以对项目活动实践进行检查和总结，确定项目预期的目标是否达到，项目或规划是否合理有效，项目的主要效益指标是否实现，从而找到项目成功失败的原因。项目后评价主要包括项目效益后评价和项目管理后评价。

2.1.2 社会资金投资的项目建设程序

社会资金投资建设的项目类型较多，如基础设施建设项目、市政设施建设项目和房地产开发项目等。从目前建设数量和建设规模上，社会资金投资以房地产开发项目居多，因此，此部分内容以房地产开发项目为例进行简单阐述。

1. 项目立项与可研

开发项目第一步工作是立项，即取得的政府主管部门（发展改革部门）对项目的批准文件。此阶段房地产商向发展改革部门报送项目建议书，取得批准项目建议书的批复，编制可行性研究报告报发展改革部门审批获准，列入当年度固定资产投资计划（国家发展改革部门已取消了立项制度，实行备案制）。

有行政主管部门的开发商，由主管行政部门转报项目立项申报资料；无行政主管部门的开发商，直接报市管理办公室，由其转报市发展改革部门。纳入土地收购出让的项目，开发商在取得开发土地使用权后，凭《中标确认书》或《拍卖成交确认书》和《国有土地使用权出让合同》，与其他申报材料一起上报。

发展改革部门收到申报资料后，对符合条件的，予以批复。属上级发展改革部门审批权限内的项目，由其负责转报。

2. 土地使用权的取得

（1）国有土地使用权手续的办理。对于划拨用地，开发商向所属地区自然资源管理部门提出申请并报送相关资料。凡各类经营性用地（含建设），均必须以招标、拍卖或者挂牌方式获取。

（2）土地确权登记手续的办理。开发商向所属地区自然资源管理部门提出土地登记申请，主管部门对受理的宗地进行权属调查和地籍测量，对土地登记申请人、宗地自然状况、土地权属状况进行全面审核。对批准的土地登记进行登记卡装簿，土地权利人领取证书。通过招标、拍卖或者挂牌出让的土地均为熟地，即做好三通一平的用地，开发商可直接利用地块进行开发建设。

（3）建设拆迁临时用地许可证的取得。开发商向所属地区自然资源管理部门提交用地申请及相关申报资料（建设用地规划许可证、建设工程设计规划要求通知书及附图等），经审查，符合条件的在 7 个工作日内核发建设拆迁临时用地许可证。

（4）拆迁手续的办理。开发商持拆迁申请书、项目立项批文、建设用地规划许可证及附图、附件、国有土地使用证、建设拆迁临时用地许可证、拆迁补偿、安置资金证明、拆迁计划和拆迁方案等资料向所属地区拆迁办申请。

审查部门审查申请，并于规定时间内做出是否准予拆迁立项的决定；批准拆迁立项的，拆迁人应自批准立项之日起 3 日内办理委托拆迁或自行拆迁备案手续，缴纳拆迁管理费；拆迁立项批准之日起 5 日内，核发"房屋拆迁许可证"。主要工作内容包括：确定拆迁范围，发布拆迁公告，进行户口登记、房屋勘测等拆迁准备工作；拆迁机构与被拆迁单位签订拆迁协议；实施拆迁，核发拆迁验收证明，取得"拆迁验收合格证"；征地办、拆迁办、规划部门现场测量定线，核定用地范围、拆迁面积。

3. 项目规划程序

（1）建设用地规划许可证的取得。开发商持所需材料向规划部门提出申请；规划部门现场勘察，审查、核对相关规划，15 个工作日内给予答复。对符合城市规划的申请，签发《建设用地规划许可通知书》，开发商凭此向自然资源部门申请办理建设用地计划批准手续；对于需制定详细规划的，在 7 个工作日内签发《规划设计要求通知书》。

（2）建设工程设计招投标程序。招标人或其代理机构按规定提交申报材料（包括计划批文、设计规划要求通知书、设计任务书等）；填报《工程设计招标投标申报表》；发展改革部门审核项目情况及招标条件，登记备案。住房城乡建设、交通运输、铁道、水利等部门，按照规定的职责分工对招标投标活动实施现场监督。中标方案确定后，招标人提交招投标情况报告，签发《工程设计招标投标意见书》。应注意的事项：招标方式应遵循我国的招投标相关法律法规和实施条例。

（3）施工图设计消防审批。开发商领取并填报《建筑工程设计防火审核申报表》《自动消防设施设计防火审核申报表》或《建筑内部装修设计防火审核申报表》，并将申报表连同设计图向市公安消防部门送审，办理建筑消防设计审批手续。公安消防部门自收到图纸资料之日起，一般工程 10 个工作日内，国家、省重点工程 20 个工作日内审核完毕。

（4）施工图设计质量审查。开发商领取、填报《开发商报审施工图设计文件登录表》，将登录表连同施工图及其他申报资料送勘察设计质量监督站进行技术性审查，并出具审查意见；建设主管部门根据技术性审查报告核发《施工图设计文件审查批准书》。所属地区建设工程勘察设计质量监督站自收到图纸资料,并缴纳设计质量审查费用之日起,15个工作日内,提出图纸审查意见。

(5) 地下人防工程设计与审查。对于开发项目涉及地下人防工程的,开发商应将其设计工作委托具有相应资质的设计单位来承担,达到人防保护等级,并办理人防结建手续证明,则无须再缴纳人防易地建设费。

(6) 建设工程规划许可证的办理。开发商持申报书面申请、地形图和已批准的详细规划材料向规划部门提出申请办理《建设工程设计规划要求通知书》;规划部门审核后出具《建设工程设计方案规划审查意见书》。

开发商补充《建设工程规划许可证申报表》、建筑工程总平面图(加盖工程设计单位证书专用章)、建筑和结构施工图的主要部分、室外工程平面图、当年年度投资计划、有关部门的审核手续。已取得建设用地规划许可证的,须附土地使用权批准文件。涉及房屋拆迁的,须附拆迁验收证明。按规定由专业主管部门审查的,应附其书面审查意见等资料,领取、填报《建设工程规划许可证申报表》,并将申报表连同施工图及其他申报资料送规划部门办理审批手续。

4. 工程建设程序

(1) 项目报建。开发商到项目管辖区域的建设行政主管部门领取报建申请表,根据投资计划填写清楚并加盖单位公章。持投资计划及申请表报建设行政主管部门,取得"工程建设项目报建证"。

(2) 建设工程施工、监理招投标。开发商委托招标代理公司或开发商自有的招标部门,进行建设工程施工和监理招标。招标结束后按照《中华人民共和国招标投标法》的有关规定,在招标办登记备案。备案资料包括招标情况说明、开发商的招标文件、中标单位的投标文件、评标的原始记录、中标通知书。

(3) 造价、劳保、质量监督、交易信息手续。造价、劳保、质量监督、交易信息手续在建筑有形市场中仅须交纳费用即可。办结时限为1个工作日。

(4) 建筑工程施工许可证的办理。开发商领取、填报《建设工程施工许可申请表》《工程质量责任卡》《质监委托书》,将三表连同报建证、发改部门立项批文、住建部门建设工程设计规划要求通知书及附图、施工合同备案登记表、质监委托书、监理合同鉴证、施工单位安全报监书、总包单位中标通知书、建筑工程质量责任卡、施工许可申请表等申报资料送住建部门窗口办理审批手续;交纳墙体材料节能费和散装水泥保证金后,领取施工许可证。

建设单位可以根据施工条件的准备情况,就整个建设工程项目申请施工许可;也可以就建设工程项目中的一个或多个单项工程分别申请施工许可。建设工程项目分期建设的,建设单位可以按期分别申请施工许可。

5. 经营程序

(1) 房屋预售许可证的取得。我国实行商品房预售制度,开发商应当向市、县房地产管理部门办理预售登记手续,取得"商品房预售许可证"。开发商持商品房预售申报表、土地使用权证书、资金投入比例,并已确定施工进度和竣工交付日期的证明材料、开发资质等级证书和开发经营许可证、工程施工合同、预售商品房分层平面图等资料向项目所在地拆迁办申请,拆迁办收到申请后3日内对申请材料进行初审,并进行现场查勘。初审和现场查勘合格的,办理预售许可。

（2）房屋权属证书的取得。工程竣工验收合格后，即可办理新建房屋确权登记手续。开发商到房屋所在地区住房保障和房屋管理局（简称房管局）填写房产登记申请书，提供营业执照或法人代码证、土地使用权证、建设用地规划许可证、建设工程规划许可证、建设工程施工许可证、建设工程（质量）竣工验收证明、房屋平面图等资料进行登记。房管局对申报资料进行初审，并委托测绘中心到现场勘测丈量、绘制平面图。符合登记要求的，将全部资料一式两份、图纸一式三份报房屋产权登记中心审批签发房屋权属证书。房屋产权登记中心委托房管局将权属证书发给开发商。

（3）住宅质量保证书与住宅使用说明书。开发商在商品房交付时，应当向购买人提供《住宅质量保证书》和《住宅使用说明书》。《住宅质量保证书》用于明确开发商应承担的保修责任，《住宅使用说明书》的作用是向业主提示合理使用住房的注意事项。

综上所述，不管是政府资金投资的项目还是社会资金投资的项目，均需要经过决策、准备、实施和验收交付使用基本环节，这是根据工程项目的影响程度和产品特性所决定，任何一个投资主体或者建设主体都不能违背此程序。

2.2 工程项目生命周期及一体化管理

2.2.1 工程项目全寿命周期管理系统的提出

开发管理（Development Management，DM）、代表业主利益的项目管理（Project Management，PM）通常是在项目不同阶段进行的，各个阶段之间虽有密切的联系，但都是独立的管理过程。如果项目参与各方只顾自身利益，而忽略了项目的总目标，将导致许多难以克服的弊端。

工程项目全寿命周期管理模式将3个相互独立的管理过程 DM、PM 和 FM 通过集成化和统一化形成一个新的管理系统，如图2-1所示。集成化主要是指在管理理念、管理思想、

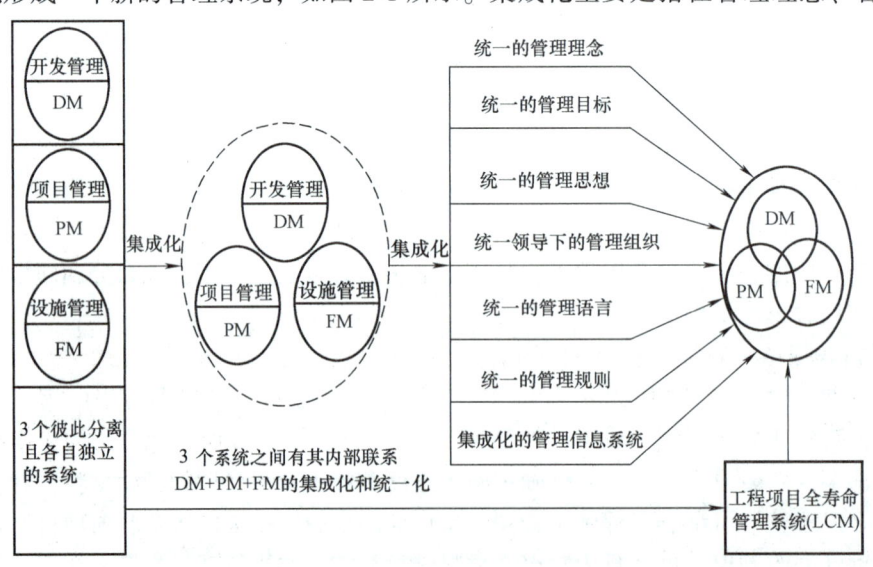

图2-1 工程项目全寿命周期管理系统

管理目标、管理组织、管理方法和管理手段等方面的有机集成,并不是3个独立子系统的简单叠加。而统一化是指管理语言和管理规则的统一,以及管理信息系统的集成化。工程项目全寿命管理的目标是项目全过程的目标,它不仅要反映建设期的目标,还要反映项目运营期的目标,是两种目标的有机统一。

2.2.2 工程项目全寿命周期的定义

1. 项目生命期

项目的不同阶段大多是按顺序完成的,但在某些情况下也会以交叠的方式出现。项目阶段划分的数量和必要性以及每个阶段所需的管理方法,取决于项目的规模、复杂程度和潜在影响。把项目划分为合理的阶段进行决策控制有助于项目成功实施,这些项目阶段总称为项目生命期,如图2-2所示。

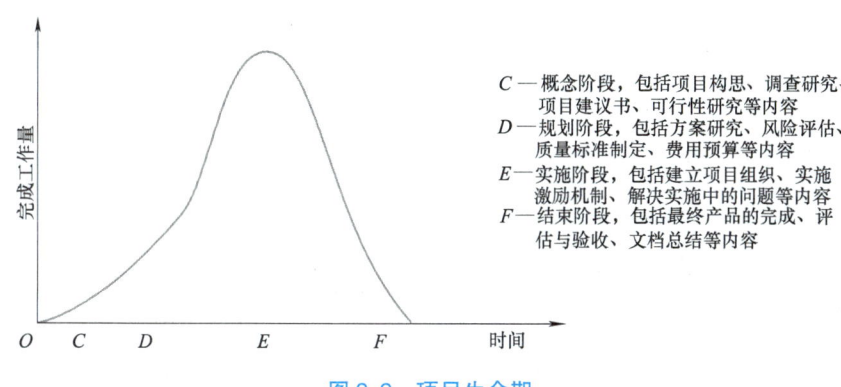

图2-2 项目生命期

2. 建设工程项目全寿命周期

(1)我国建筑业对建设工程项目生命期的定义。建设工程项目的生命期包括项目的决策阶段、实施阶段和使用阶段,如图2-3所示。

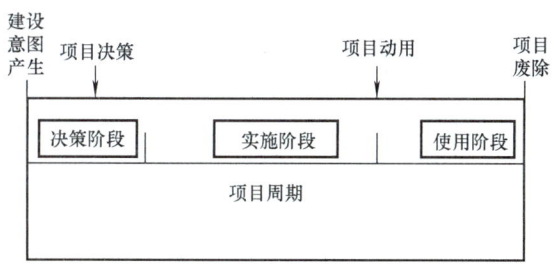

图2-3 我国建筑业对建设工程项目的生命期划分

(2)国际标准化组织(ISO)对建设工程项目生命周期的定义。建设工程项目生命周期划分为建造阶段、使用阶段和废除阶段,其中建造阶段又进一步细分为准备、设计和施工三个子阶段,如图2-4所示。

(3)英国皇家特许建造学会(CIOB)对工程项目建设程序的划分。英国皇家特许建造学会对工程项目建设程序划分的流程如图2-5所示。

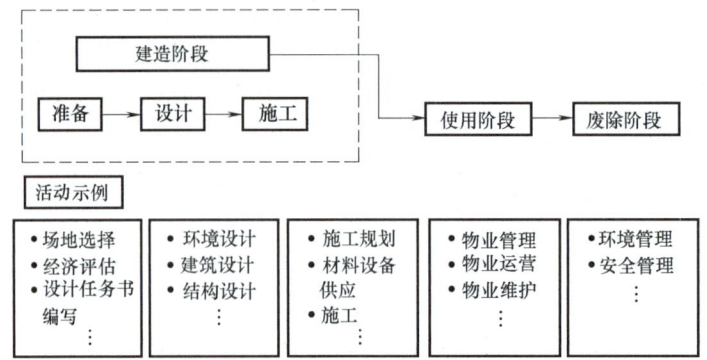

图 2-4　ISO 对建设工程项目生命周期的阶段划分

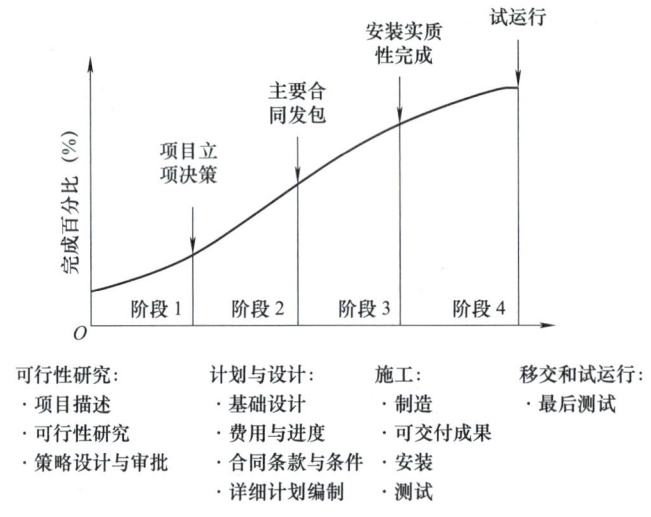

图 2-5　CIOB 对工程项目建设程序划分的流程

2.2.3　建设工程项目全寿命周期一体化管理（PLMT）模型

1. 建设工程项目全寿命周期一体化管理（PLMT）的必要性

第一，从工程项目建设的阶段性角度。传统建设管理模式中，决策、设计、施工和试运行四个阶段在目标、服务内容、服务时间等方面都相对分离，但项目管理的项目过程组之间并不是离散的、一次性事件，而是相互重叠，跨越阶段相互影响和相互作用的。它们互相关联、密切配合，互为前提和后果。相互分离的管理模式不利于项目目标的实现。例如，在项目全寿命周期的不同阶段，对项目费用的影响不同。大量的实践表明，一旦项目设计完成，项目费用目标只有 15% 左右的影响空间。Wooten（1982）认为，现场劳动生产率每提高 10%，仅影响合同总价的 1%，他还指出要想获得较好的可施工性就要及早考虑施工过程的需要。Gray（1983）发现，采用传统的设计—招标—施工的方式，会限制节约工程造价的可能性。这就要求全寿命周期的四个阶段打破服务时间、服务内容上的界限，通过相互渗透，特别是施工阶段向设计阶段渗透，试运行阶段向决策阶段、设计阶段渗透，充分发挥四个阶段的综合优势，建立全寿命周期过程一体化系统框架。

第二，从建设工程项目各参与方一体化角度。建设工程项目在整个寿命周期内涉及的参与方众多，各参与方为相同的建设工程项目组织在一起、彼此依赖，存在着业务关联、信息沟通和交流。但各参与方管理的目标、方式与手段，管理的范围、内容和侧重点都存在着不同，项目实施过程中各职能部门和参与方之间的利益分歧往往促使个体利益凌驾于项目总体目标之上，使大量的费用、时间和精力被消耗在各种工作界面上；各实施主体只注重个别作业的效率提升、在某个阶段显示各自的专业优势，忽视整个项目的使命；同时，它们之间并不存在直接的沟通关系，造成建设工程项目参与各方在信息沟通和组织协调上的巨大困难，导致发包方对建设工程项目的管理缺乏整体性，成为发包方满意度下降的根源。随着项目进行过程中和各实施主体参与和执行的重叠越来越多，要在全寿命周期发挥项目各参与方的综合优势，使仅负责项目生命周期中某一阶段或某一项工作的各方有机会、有动力参与其他方的工作，促进相关各方的交流和合作，就必须实现各参与方的一体化。

第三，从项目管理内容一体化角度。项目管理的具体内容很细、很复杂，按照美国项目管理协会（PMI）的知识体系，项目管理内容包括如下几个方面：

1）范围管理：界定项目范围，并在此基础进行管理。由立项、范围规划编制、范围核实和范围变更控制组成。

2）时间管理：确保项目按规定时间完成。由工作定义、排序、持续时间估算、编制进度规划和进度控制组成。

3）成本管理：确保在批准的预算内完成任务。由编制资源规划、成本估算、成本预算和成本控制组成。

4）质量管理：确保建设工程项目将满足所执行的标准需要。由编制质量规划、建立质量体系和质量控制组成。

5）人力资源：使参加项目的人员得到最有效的使用。由组建项目经理部、开发个人及项目组的技能组成。

6）沟通管理：确保建设工程项目信息恰当的收集、分发。由编制沟通规划、执行报告和行政管理收尾组成。

7）采购管理：从执行组织的外部获得货物或服务。由编制采购规划、编制询价规划、询价、供应商选择、合同管理和合同收尾组成。

8）风险管理：风险的识别、分析和应对。由风险识别、风险量化、制定风险应对措施和风险应对控制组成。

9）综合管理：使各个项目要素能够恰如其分的协调。由制定项目规划、项目规划执行和整体变更控制组成。

需要强调的是，这些内容之间是相互联系、相互制约、具有内在规律的。在项目的实施过程中，各方面的内容均会直接或间接地影响项目的成功，任何一个内容的变化均会对项目的其他内容产生影响。相互影响和关联效应的存在就要求在项目管理过程中充分、有效地协调与整合，开展项目管理内容一体化，只有这样，才能达到对项目进行综合管理与控制的目的。

第四，从工程项目管理目标一体化的角度。项目各参与方的需求总是不同的，各自的目标往往存在冲突；项目的各个目标相互制约，往往会有矛盾。例如，质量、费用、进度三者在项目全寿命周期的不同阶段有不同的权重：质量是项目初始阶段主要考虑的目标，费用是项目实施阶段主要控制的对象,而进度往往在项目终止阶段显示出迫切性。只有对互相冲突、矛盾的需求和目标加以权衡,才能寻求各方面都可能接受、感到满意的结果,这就要求必须实现项目目标的一体化。

综上所述,只有将项目全寿命周期、项目各参与方和项目管理内容作为 PLMT 模式的三个维度,不将其视为三个孤立的问题,充分考虑互相影响、互相促进的辩证联系,各参与方从全局观点出发,以整体为着眼点,以项目整体利益最大化为目标,通过实现建设工程项目各环节和层面的一体化,才能真正实现其项目管理的综合效益,达到整体大于部分之和的目的。

2. 建设工程项目全寿命周期一体化管理(PLMT)三维概念模型

1969 年,美国系统工程学者霍尔提出的三维结构体系是解决规模较大、结构复杂、因素众多的大型复杂工程组织与管理问题的思想方法,其核心内容是最优化。借鉴霍尔的三维模型,提出以项目全寿命周期、项目各参与方和项目管理内容为维度的 PLMT 三维概念模型,如图 2-6 所示。

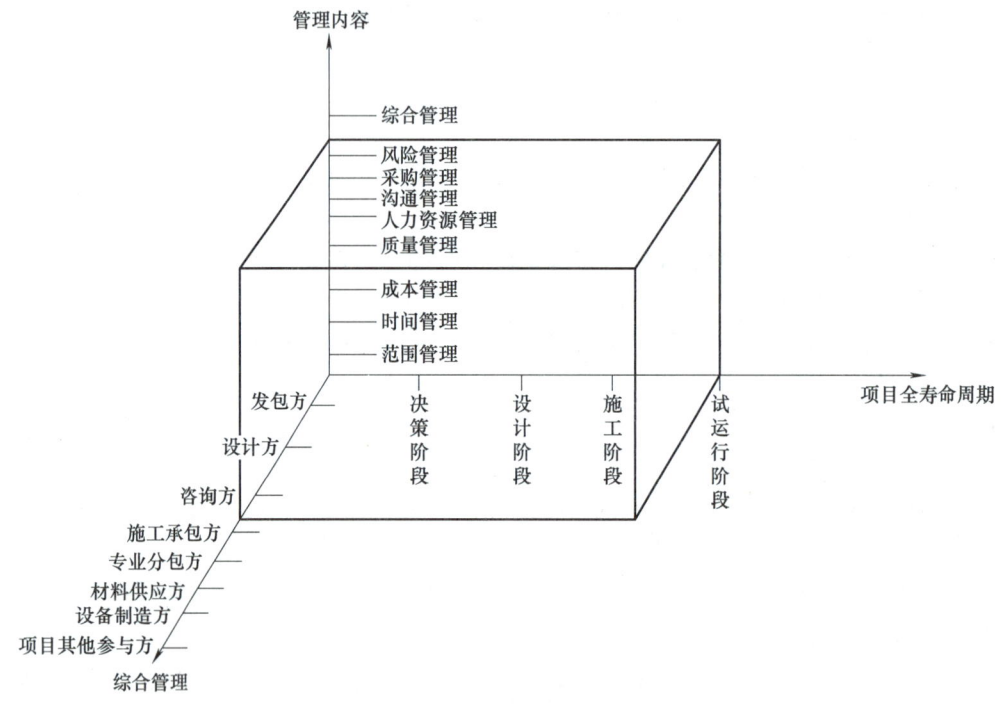

图 2-6 PLMT 三维概念模型

3. 建设工程项目全寿命周期一体化管理(PLMT)模式的特点

(1)整体性。PLMT 模式下由项目主任负责,从决策阶段开始充分考虑建设工程项目的整个寿命周期,从全局出发,围绕项目的整体目标进行管理和控制。

(2)共享性。该模式的共享性体现为各参与方信息的共享。信息的共享是指以信息集成为基础,利用计算机网络等辅助工具通过信息一体化平台实现不同管理过程之间的信息传递和数据共享。

(3)协调性。该模式的协调性是指各参与方和管理过程的一体化。实现不同阶段不同参与方的管理人员服务于一体，方便协调和沟通，达到及时动态调整和控制的效果。

（4）并行性。传统项目管理模式为串行，前一阶段的工作未完，后一阶段的工作就无法展开。而该模式的管理过程是并行的，在决策、设计阶段考虑实施、试运行阶段的需求，减少真正的实施（试运行）阶段对设计阶段（实施阶段）的更改反馈。

4. 建设工程项目全寿命周期一体化管理（PLMT）模式的内涵

建设工程项目全寿命周期一体化管理模式是指从各主要实施方中分别选出一至两名专家（或负责人）与一体化项目管理组（Integrated Project Management，IPMT）一起组成全寿命周期一体化项目管理组，在项目的策划、设计、施工过程中充分考虑试运行的情况，将全寿命周期中各主要参与方、各管理内容、各环节有机结合起来，实现组织、资源、目标、责任、利益等一体化，实现相关参与方之间的有效沟通和信息共享，向发包方和其他受益者提供价值最大化的项目产品。

全寿命周期一体化项目管理组是 PLMT 模式的实现机构，是组织、控制和协调的核心，确保各参与者之间顺利进行信息交换和协调，保障项目目标的实现。在该团队中，各参与方的负责人可以直接与相关的参与方进行公开的交流和协商，共同讨论项目相关部分的执行方案。

一体化主要表现在三个方面：第一，发包方和项目管理方的一体化；第二，设计方、供应方、施工方等所有实施方的一体化；第三，项目所有参与方、所有过程、所有管理内容的一体化。其中，项目管理方处于承上启下的位置，对上与发包方组成 IPMT，对下可与各实施方形成长期的合作伙伴关系，以项目伙伴理念和项目协作理念来处理和解决问题。该模式示意图如图 2-7 所示。

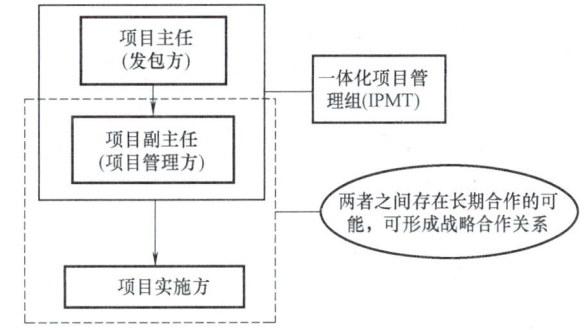

图 2-7 PLMT 模式示意图

PLMT 的核心在于项目的整体优化控制和集成化管理，强调项目利益高于一切，着眼于建设工程项目全局，从实现项目管理的高效化、参与方的一体化出发，强调全寿命周期中组织、过程、目标、责任体系的连续性和一致性，构建一种柔性化的项目管理机制，使参与各方在共同目标下彼此认同、相互理解、有效沟通、相互配合形成一个和谐的超越传统组织边界的项目团队。通过建立信息一体化平台和各过程合理衔接，实现信息和重要资源的共享。体现了资源的优化配置，遵循了项目实施的客观规律，符合投资主体对项目管理的新需求，将成为国内外大型复杂项目建设管理的一种先进模式。

2.2.4 建设工程项目全寿命周期一体化管理模式的项目运作流程

1. 决策阶段项目运作流程

项目管理方为主要责任和协调方，负责收集来自发包方、行政主管部门、设计方、市场、客户等的信息，并及时对收集的信息进行分析、处理，及时将信息处理情况反馈给发包方和设计方；发包方根据自身资金实力、核心竞争力等情况，综合考虑，确定最优方案后，项目管理公司对最优方案进行细化和论证，征求设计方意见，同时及时对各种信息进行分析和整理,并将处理过程和结果经相关参与方确认。决策阶段项目运作流程如图2-8所示。

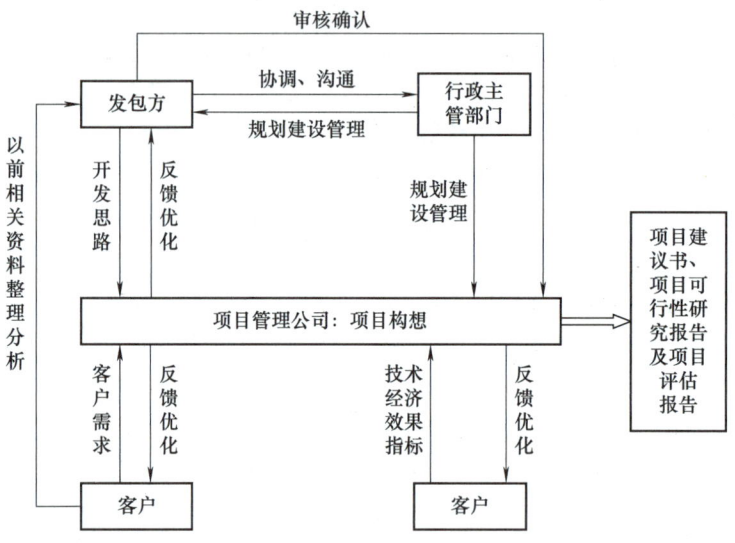

图2-8 决策阶段项目运作流程图

2. 设计阶段项目运作流程

设计方为主要协调人,以可行性研究报告、概念设计、规划要求为主要设计依据,确定符合规划的设计方案,获得发包方的初步认可后,组织发包方、项目管理方、施工方、试运行方对设计方案进行讨论。各参与方从项目建设的技术可行性、经济性、实用性等方面对设计方案提出修改意见并反馈给设计方。设计方及时对意见进行研究,并将结果提交给发包方。发包方在综合权衡后给出具体意见,由设计方按照发包方的意见进行设计调整,并将调整结果反馈给各参与方。经反复讨论和反馈形成一致意见后确认并执行,同时将处理过程和结果提交信息集成中心。设计阶段项目运作流程如图2-9所示。

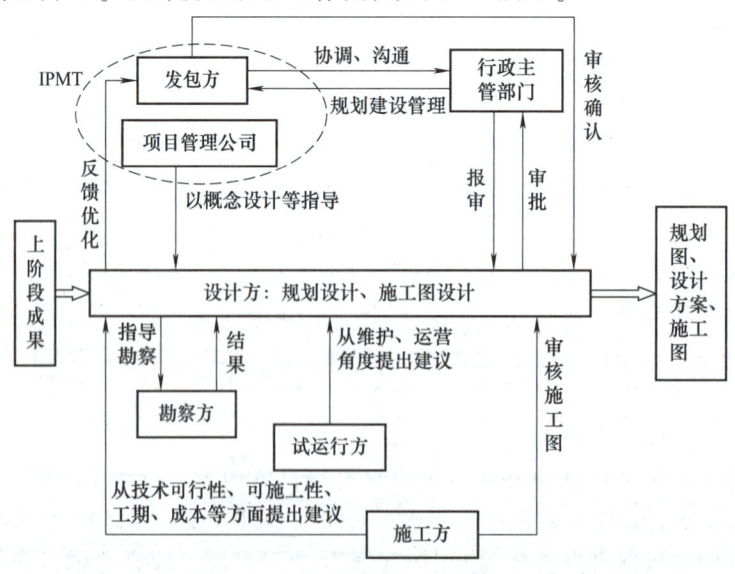

图2-9 设计阶段项目运作流程

3. 施工阶段项目运作流程

施工方为主要协调人，按照审核后确认的施工图进行施工。施工过程中，施工方负责收集各实施方的信息，并及时反馈信息，由发包方、设计方综合考虑后给出具体处理意见并由施工方向相关参与方进行反馈并反复讨论，在形成一致意见后执行。施工阶段项目运作流程如图 2-10 所示。

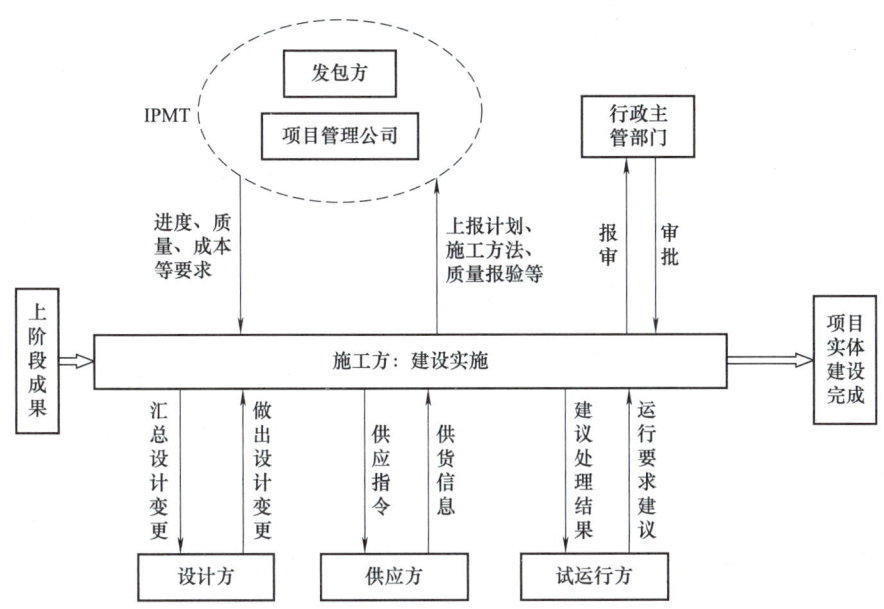

图 2-10　施工阶段项目运作流程

4. 试运行阶段项目运作流程

在试运行和物业管理阶段，试运行方为主要协调人，负责收集设计、施工等过程的资料，根据项目建设完成后的实际情况和项目前几个阶段的相关信息，结合维修、物业管理情况进行管理后评价。工程完工后，由发包方、试运行方、客户对工程进行验收，对不符合验收条件的，由施工方进行整改，直到验收合格后才能交付使用。试运行阶段项目运作流程如图 2-11 所示。

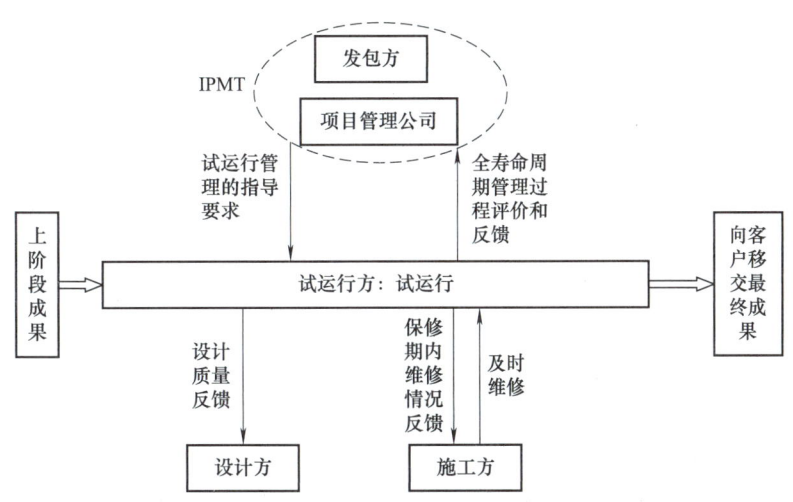

图 2-11　试运行阶段项目运作流程

2.2.5 建设工程项目全寿命周期一体化管理价值分析

1. 对于建设工程项目目标的管理价值

（1）工程进度。有利于提高效率，缩短设计时间，使项目管理方进行更多的全寿命的进度分析；减少因图纸误差带来的进度延误。主要原因在于多专业协同设计加快了设计进度和信息共享，使项目实施方得到最新版本的图纸。

（2）工程造价。降低项目参与各方的交易和沟通成本；使前期决策更加科学，减少决策、设计阶段的投资失误。主要原因在于发包方和项目管理方之间由单纯合同关系变为伙伴关系，项目管理方与项目实施方是长期的合作伙伴关系，降低了交易费用，减少了沟通成本；信息在项目各参与方之间共享，提高了决策的科学性和准确性。

（3）工程质量。项目控制更加有力；设计的可施工性、可操作性、可维修性增加。主要原因在于发包方可以获得更准确和合理的建设信息，得到准确的项目控制信息；促进设计与施工的深度交叉，利于节能环保目标的实现。

2. 对于发包方角度的管理价值

（1）项目的控制权。仅投入少量人员就可保证对项目的控制，不必考虑项目完成后人员的再上岗与分流问题。主要原因在于发挥项目管理承包方人员长期积累的管理经验，又不失去对项目的决策控制权。

（2）投入。不必一次投入太大，把主要精力放在自身的核心业务上。主要原因在于：可以直接使用管理承包方先进的项目管理工具、设施；可以把项目管理的日常工作交给专业项目管理承包方。

（3）获得的服务质量。提高自身队伍的业务素质和管理水平，使决策更加透明、科学，更好地把握项目建设的方向；保证项目决策的系统性和项目目标的可行性；达到项目定义、设计、采购、施工的最优效果。主要原因在于发包方参与人员可以从项目管理承包方处得到项目管理体系化知识和经验；主要参与各方尽早参与项目的决策，为项目的决策及实施提供建议和意见。

3. 对于项目管理方角度的管理价值

有利于项目管理目标的实现。主要原因在于进行全寿命周期管理，有效避免了界面损失；避免了非专业机构和非专业人员管理项目的状况。

4. 对于其他参与方角度的管理价值

达到资源及特长的最优配置。主要原因在于只负责项目全寿命周期中某阶段或某项工作的各方有机会有动力参与其他方的工作，促进相关各方的交流和合作。

思 考 题

1. 什么是工程项目建设程序？我国工程项目建设程序包括哪几个阶段？
2. 简述政府资金投资的项目前期工作阶段的基本内容。
3. 简述社会资金投资项目的工程建设程序。
4. 什么是项目生命期？简述我国建筑业对建设工程项目生命期的定义。
5. 从建设工程项目各参与方角度简述实施全寿命周期一体化管理的必要性。

6. 简述建设工程项目全寿命周期一体化管理模式的特点。
7. 简述建设工程项目全寿命周期一体化管理模式在决策阶段的运作流程。
8. 简述建设工程项目全寿命周期一体化管理模式对项目目标的价值管理。

二维码形式客观题

手机微信扫描二维码，可自行做客观题，提交后可查看答案。

第 3 章 工程项目前期策划与管理规划

> **本章重点内容**
>
> 工程项目目标设定与方案策划；工程项目前期论证；工程项目管理规划大纲；施工项目管理实施规划。

> **本章学习目标**
>
> 掌握工程项目目标设定与方案策划、前期论证；熟悉项目管理规划与实施规划。通过本章学习，认识到在项目决策和论证环节，项目的社会性目标、环境生态目标是高于项目的管理目标；认识到对待问题应该从整体视角进行分析，形成顾全大局的价值观。

3.1 工程项目前期策划

3.1.1 工程项目策划工作及构思

1. 工程项目的前期策划工作

前期策划阶段主要指项目构思到项目批准正式立项，即概念阶段。在该阶段主要是上层系统（如国家、职能部门、地方、企业），从全局和战略的角度研究和分析问题，主要是上层管理者的工作，同时又有许多项目管理工作。

（1）工程项目前期策划的主要工作。工程项目的前期策划必须按照系统方法分步骤进行，如图 3-1 所示。

1）项目构思的产生和选择。项目构思是对项目机会的寻求，是为了解决上层系统（如国家、职能部门、地方、企业）的困难和问题，或为了满足上层系统的需要，或为了实现上层组织的战略目标和计划等。

2）项目目标设计和项目定义。通过对上层系统的情况和存在问题的进一步研究，提出项目的目标因素，进而构成项目目标系统，通过对目标的书面说明形成项目定义。该阶段包括的工作有：①环境调查和问题研究；②项目目标设计；③项目定义和总体方案策划；④提出项目建议书。

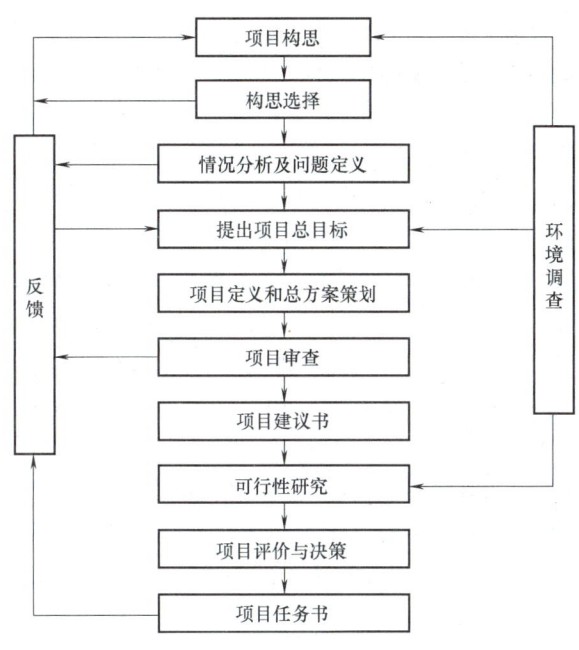

图 3-1 项目前期策划过程

3)可行性研究。可行性研究即对项目总目标和总体实施方案进行全面的技术经济论证,它是项目前期决策阶段最重要的工作。

4)评价和决策。在可行性研究的基础上,对项目进行财务评价、国民经济评价和环境影响评价等。根据可行性研究和评价的结果,由上层组织对项目立项做出最后决策。

(2)项目前期策划工作的重要作用。项目的前期策划工作主要是识别项目需求,确定项目方向,对项目做出决策,是项目的孕育阶段。前期策划不仅对工程建设过程、运行状况和使用寿命起着决定性作用,而且对项目的上层系统有着极其重要的影响。

1)项目构思和项目目标是确立项目的方向。项目的前期费用投入较少,前期策划对工程寿命期的影响最大,稍有失误就会造成无法正常运行、产品没有市场或者不被市场接受、运行费用高、项目目标无法实现等后果,甚至会导致项目失败。图 3-2 所示说明了前期各项工作的重要性。

2)项目构思和项目目标影响全局。工程建设必须符合上层系统的需要,解决上层系统存在的问题。如果建设一个项目,其结果不能解决上层系统的问题,或不能为上层系统所接受,则会成为上层系统的包袱,给上层系统带来历史性的影响。工程项目的失败不仅会导致经济损失,也会带来社会问题,导致环境破坏。

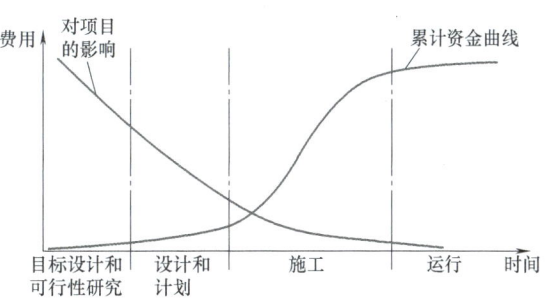

图 3-2 项目累计投资和影响对比

2. 工程项目的构思

(1)构思的产生。任何工程项目都是从构思开始,不同的项目和不同的项目参加者,其项目构思的起因不同,可能有:

1）通过市场研究发现新的投资机会、有利的投资地点和投资领域。
2）解决上层系统运行存在的问题或困难。
3）实现上层组织的发展战略。
4）通过工程信息寻求项目业务机会。
5）通过生产要素的合理组合，产生项目机会。
6）其他，如企业资产重组、资本运作、变革、创新都会产生项目机会。

（2）项目构思的选择。在实际社会环境中，上层系统的问题和需求很多，由此产生的项目机会也多。人们可以通过许多途径和方法（即项目或非项目手段）达到目的，不可能将每一个构思都付诸更深入的研究，必须淘汰明显不现实或没有实用价值的构思。同时，由于资源的限制，一般只能选择少数几个有价值和可能实现的构思进行更深入的研究和优化。一般可从如下几方面把握：

1）上层系统问题和需求的现实性，即上层系统的问题和需要是实质性的，而不是表象性的，同时预测通过采用工程项目手段可以顺利地解决这些问题、满足这些需求。
2）考虑到环境的制约，充分利用资源和外部条件。
3）充分发挥自身既有的长处，运用自己的竞争优势，或在项目中实现合作，形成各方竞争优势的最佳组合。

3.1.2 工程项目目标设定与方案策划

1. 工程项目目标设计

（1）目标管理方法。目标是对预期结果的描述，往往通过分析在项目过程中遇到的新问题和新情况，对项目中间成果进行分析、判断、审查，探索新的解决办法，做出决策，从而逐渐明确并不断修改目标，最终获得一个结果，这个结果可能是成功的、一般的或不成功的，甚至可能是新的成果或意外的收获。对这类项目必须加强变更管理，做好阶段性决策和阶段计划工作。工程项目必须采用严格的目标管理方法，主要体现在如下方面：

1）在项目实施前必须确定明确的总目标，精心优化和论证，将其贯彻在整个实施过程中，作为可行性研究、设计和计划、施工、竣工验收和项目后评价的依据；通常不允许在项目实施中仍存在目标的不确定性和对目标做过多的修改。
2）项目目标设计必须按系统工作方法有步骤地进行。通常在项目前期进行项目总体目标设计，建立项目目标系统的总体框架，再采用系统方法将总目标分解成子目标和可执行目标。更具体、详细、完整的目标设计在可行性研究阶段以及在设计和计划阶段中进行。
3）目标系统必须包括项目实施和运行的所有主要方面，并能够分解落实到各阶段和项目组织的各个层次上。将目标管理同职能管理高度结合，使目标与组织任务、组织结构相联系，建立自上而下、由整体到分部的目标控制体系，并加强对项目组织各层次目标完成情况的考核和业绩评价。
4）将项目目标落实到项目各阶段，项目目标作为可行性研究的尺度，经过论证和批准后作为项目技术设计和计划、实施控制的依据，最后又作为项目后评价的标准。
5）在项目管理中推行目标管理存在许多问题，主要表现在：①项目前期要求设计完整的、科学的目标系统是十分困难的；②项目批准后，在工程项目目标的执行中对于刚性目标不能随意改动、修改或者放弃；③在目标管理过程中，人们常常注重近期的局部目标；④影响项目目标实现的因素很多。这些问题体现了工程项目管理自身的矛盾性，使项目早期目标系统的合理性和科学性受到限制。

（2）环境调查。

1）环境调查的内容。

① 项目相关者，特别是用户、项目所属的企业（业主）、投资者、承包商等组织的状况，如项目产品的用户需求、项目所属企业状况、工程承包企业和供应商的基本情况等。

② 社会政治环境，如政治局面的稳定性，有无社会动乱、政权变更、种族矛盾和冲突，有无宗教、文化、社会集团利益的冲突。一个国家政治稳定程度对工程项目各方面都会产生影响，而这个风险常常难以预测和控制，直接关系到工程项目的成败。

③ 社会经济环境，主要体现为社会的发展状况；国民经济计划安排、工业布局及经济结构，国家的财政状况，国家及社会建设的资金来源，市场情况。

④ 法律环境，主要体现为工程建设和运行受工程所在地法律的制约和保护，法制的健全性和执法的严肃性，与项目有关的各项法律和法规的主要内容等。

⑤ 自然条件，主要体现为可以供工程项目使用的各种自然资源蕴藏情况，对工程有影响的自然地理状况，气候情况等。

⑥ 技术因素，即与工程项目相关的技术标准、规范、技术能力和发展水平，解决工程施工和运行问题技术方面的可能性。

⑦ 项目周围基础设施、场地交通运输、通信状况，主要体现为场地周围的生活及配套设施，现场及周围可供使用的临时设施，现场周围公用事业状况，通往现场的运输状况，各种通信条件、能力及价格等。

2）环境调查的方法。工程项目的环境调查可以通过各种途径获得信息：

① 新闻媒介，如报纸、杂志、专业文章、电视和新闻发布会。

② 专业渠道，如学会、商会、研究会的资料，或委托咨询公司做专题调查。

③ 派人实地考察、调查。

④ 通过业务代理人调查。

⑤ 向侨胞、同行、合作者、朋友调查。

⑥ 专家调查法，即采用德尔菲法，通过专家小组或专家调查表调查。

⑦ 直接询问，特别是对市场价格信息可以直接向供应商、分包商询价等。

3）环境调查的要求。

① 详细程度。业主在批准立项前，承包商在投标阶段，如果调查太细太广泛而结果项目不能被批准，或未中标，则损失太大；但如果因调查不细或不全面而造成决策失误或报价失误，则要承担经济损失。一般在立项前调查比较宏观的和总体的情况，而在立项后设计、计划中所做的调查必须具体和详细。

② 侧重点。不同的管理者所需资料不同，业主、投资者、施工单位、设计单位环境的调查内容、范围和深度都不尽相同。例如，投资者注重项目产品或服务的市场、投资风险；估价师比较注重资源市场价格、通货膨胀；工程师注重自然条件和技术条件。

③ 系统性。环境调查和分析应全面、系统，应按系统工作方法有步骤地进行。在开始调查前，首先必须对调查的内容进行系统分析，以确定调查的整个体系。一些大型工程公司

和项目管理公司针对不同类型的项目，建立标准完整的环境调查内容框架，将项目环境系统结构化，使调查工作程序化、规范化，不会遗漏应该调查的内容。

④ 客观性。实事求是，尽可能量化，用数据说话，要注意"软信息"的调查。

⑤ 前瞻性。由于工程建设和运行是未来的事，所以环境调查不仅着眼于历史资料和现状，还应对今后发展趋向做出预测和初步评价。同时，在项目实施过程中必须关注环境变化以及对项目的影响。

（3）问题的定义。经过环境调查可以从中认识和导出上层系统的问题，并对问题进行定义和说明。项目构思所提出的主要问题和需求主要表现为上层系统的症状，问题定义是目标设计的诊断阶段，进一步明确问题的原因、背景和界限，从中可以确定项目的目标和任务。

对问题的定义必须从上层系统全局角度出发，并抓住问题核心。问题定义的步骤为：

1）对上层系统问题进行罗列、结构化，即上层系统有多少大问题，一个大问题又可分为几个小问题。

2）采用因果关系分析法对原因进行分析，将症状与背景、起因联系在一起。

3）分析问题将来发展的可能性和对上层系统的影响。

（4）提出目标因素。

1）目标因素的来源。

项目的目标因素通常由如下几方面决定：

① 问题的定义，以及如何解决提出的问题。

② 有些边界条件的限制也形成项目的目标因素，如资源限制、法律制约、工程项目相关者（如投资者、项目周边组织）的要求等。

③ 对于为完成上层组织战略目标和计划的项目，许多目标因素是由上层组织设置的，上层组织战略目标和计划的分解可直接形成项目的目标因素。

问题的多样性和复杂性，以及项目边界条件的多方面约束，造成了目标因素的多样性和复杂性。

2）常见的目标因素。

① 问题解决的程度，包括工程建成后所实现的功能，所达到的运行状态。例如，项目产品市场占有份额，项目产品年产量或年增加量，拟达到的服务标准或产品质量标准等。

② 与建设项目相关的目标，包括：工程规模、经济性目标、项目时间目标、工程的技术标准和技术水平。

③ 其他，如由法律或项目相关者要求产生的目标因素：生态环境保护的要求；职业健康保护程度、事故的防止和工程安全性要求；提高自动化、机械化水平，节约能源程度或资源的循环利用水平，对企业发展能力的影响、用户满意程度、对企业形象的影响等。

3）各目标因素指标的初步确定。目标因素必须定量化，能用时间、成本（费用、利润）、产品数量和特性指标来表示，且尽可能明确，以便能进一步地进行量化分析、对比和评价。在此仅对各目标因素指标进行初步定位。确定目标因素指标应注意如下几点：

① 应在环境调查和问题定义的基础上，真实反映上层系统的问题和需要。

② 切合实际，实事求是，经过努力能够实现。

③ 目标因素指标的科学性和可行性，并非在项目初期就可以达到。在目标系统优化、

可行性研究、设计和计划中，还需要对它们做进一步分析、对比和优化。

④ 目标因素指标要有一定的可变性和弹性，应考虑到环境的不确定性和风险因素、有利和不利条件，设定一定的变动范围。在进一步的研究论证（如目标系统分析、可行性研究、设计）中可以根据具体情况进行适当的调整。

⑤ 工程项目的目标因素必须重视时间限定。

⑥ 项目目标是通过对问题的解决而最佳地满足上层系统和相关各方对项目的需要，许多目标因素都是由项目相关各方提出的。

⑦ 目标因素指标还可以采用相似情况（项目）比较法、指标（参数）计算法、费用/效用分析法、头脑风暴法和价值工程等方法确定。

⑧ 其他因素，如投资额的大小、建设期和回收期的长短、项目对全局（如企业经营战略、企业形象）的影响等。

（5）目标系统的建立。

1）目标系统结构。按照目标因素的性质可对其进行分类、归纳、排序和结构化，并对它们的指标进行分析、对比、评价，构成一个协调的目标系统。

工程项目目标系统必须具有完备性和协调性，有最佳的结构，通常分为如下 3 个层次，如图 3-3 所示。

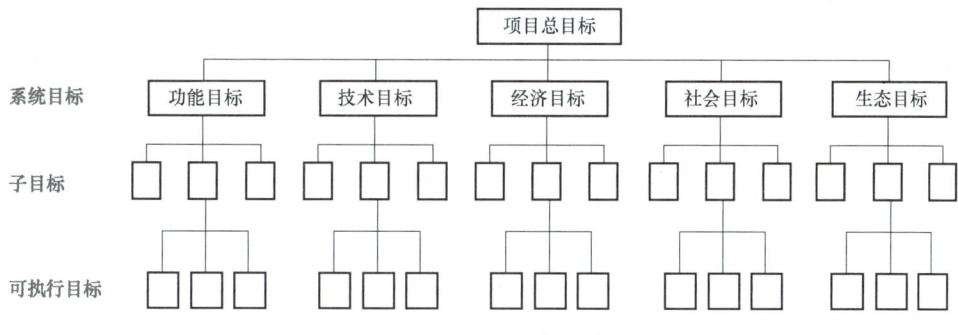

图 3-3　工程项目目标系统图

① 系统目标。系统目标由项目上层系统决定，对整个工程项目具有普遍的适用性和影响。系统目标通常可以分为：

功能目标，即工程建成后所达到的总体功能。

技术目标，即对工程总体的技术标准的要求或限定。

经济目标，如总投资、投资回报率等。

社会目标，如对国家或地区发展的影响，对其他产业的影响等。

生态目标，如环境目标、对污染的治理程度等。

② 子目标。系统目标需要由子目标来支持。子目标通常由系统目标导出或分解得到，或是由子目标自主成立的目标因素，或是对系统目标的补充，或是边界条件对系统目标的约束。例如生态目标可以分解为废水、废气、废渣的排放标准，绿化标准，生态保护标准。

子目标宜适用于对某一个方面，或一个工程子系统的要求，可用于确定子项目的范围。

③ 可执行目标。子目标可再分解为可执行目标。可执行目标以及更细的目标因素，一

般在可行性研究以及技术设计和计划中形成、扩展、解释、定量化，逐渐转变为与设计、实施相关的任务。例如，为达到废水排放标准所应具备的废水处理装置规模、标准、处理过程、技术等均属于可执行目标。这些目标因素决定了工程的详细构成，常与工程技术设计或实施方案相联系。

因此，目标遗漏常常会造成工程系统的缺陷，如缺少一些必需的子系统。

2) 目标因素的分类。

① 按性质，目标因素可以分为强制性目标和期望目标。

强制性目标，即必须满足的目标因素，通常包括法律和法规的限制、政府规定和强制性技术规范等，例如环境保护法规定的排放标准、事故的预防措施、技术规范所规定的系统的完备性和安全性等。

期望目标，即尽可能满足的，有一定弹性范围的目标因素，例如总投资、投资收益率、就业人数等。

② 按表达方式，目标因素又可以分为定量目标和定性目标。

定量目标，即能用数字表达的目标因素，它们常常又是可考核的目标，如工程规模、投资回报率、总投资等。

定性目标，即不能用数字表达的目标因素，是难以考核的目标，如改善企业或地方形象、改善投资环境、提高用户满意度等。

3) 目标因素之间的争执。诸多目标因素之间存在复杂的关系，最常见的是目标因素之间存在争执，例如环境保护标准和投资收益率、自动化水平和就业人数、技术标准与总投资等。

目标因素之间的争执通常包括以下几种情况：

① 强制性目标与期望目标发生冲突时，则首先必须满足强制性目标的要求。

② 强制性目标因素之间存在争执，即若不能保证两个强制性目标均能实现，则可能有两种处理：

判定这个项目构思是不可行的，应重新构思，或重新进行环境调查。

消除某一个强制性目标，或将它降为期望目标。

③ 期望目标因素间的争执，可分为以下两种情况：

如果定量目标因素之间存在争执，则可采用优化的办法，追求技术经济指标最有利（如收益最大、成本最低、投资回收期最短）的解决方案。

定性目标因素的争执可通过确定优先级（或定义权重），寻求它们之间的妥协和平衡。有时可以通过定义权重将定性的目标转化为定量的目标并进行优化。

④ 在目标系统中，系统目标优先于子目标，子目标优先于可执行目标。

解决目标因素的争执是一个反复的过程。通常在目标系统设计时不能完全排除目标之间的争执，有些争执还有待于在可行性研究、技术设计和计划中，通过对各目标因素进行更进一步的分析、对比、修改、增删和调整来解决。

4) 目标系统设计的几个问题。

① 项目目标系统应注重项目社会价值、历史价值，体现综合性和系统性，而不能仅顾及经济指标。

② 由于许多目标因素是项目相关者各方提出，或为考虑相关者利益设置的，所以很多

目标争执实质上又是不同群体的利益争执。

项目相关者之间的利益存在很大矛盾，在项目目标系统设计中必须承认和照顾到项目相关不同群体和集团的利益，体现利益的平衡。

项目目标中最重要的是满足用户、投资者和其他相关者明确和隐含需要。其利益（或要求）权重较大，应优先考虑。当项目产品或服务的用户与其他相关者的需求发生矛盾时，应首先考虑满足用户的需求，考虑用户的利益和心理需要。

③ 在实际工作中，有许多项目涉及的各参与方的部门人员参与项目的前期策划工作，则可能将部门的利益和期望带入项目目标中，进而容易造成子目标与总目标相背离，所以应防止部门利益与整体利益的冲突而导致项目目标因素的冲突。

④ 在目标设计阶段尽管没有项目管理小组和项目经理，但项目管理工作确实是一项复杂的管理工作，需要大量的信息和各学科专业知识，应防止盲目性，避免思维僵化和思维定式。

对于大型项目，应在有广泛代表性的基础上构建工作小组负责项目管理工作，小组成员包括目标系统设计的组织和管理人员、市场分析诊断人员、与项目相关的实施技术和产品开发人员等；同时，吸引上层组织部门（如法律、合同、财务、经营、后勤、人事和现场管理等部门）人员围绕在项目的周围，形成一个外围圈子，以实现广泛咨询，倾听各方面意见。

⑤ 在确定工程项目的功能目标时，会出现预测的市场需求与经济生产规模相矛盾。供需矛盾存在于许多工程项目中，这样的问题常常不易圆满地解决。对一个有发展前景同时又是风险型的工程项目，特别是投资回收期较长的项目，最好分阶段实施。例如，第一期先建设较小规模的工程，然后通过第二期、第三期追加投资扩大生产规模。对近期目标进行详细设计、研究，远期目标则通过战略计划（长期计划）来安排。

⑥ 在项目前期策划中应注意上层系统的问题、目标和项目之间的联系与区别。例如，问题是某两地之间交通拥挤，随着社会和经济的发展越来越严重；目标是解决交通拥挤问题，达到每天40000辆车的通行量，通行速度120km/h；形成项目是两地之间高速公路的建设。

2. 工程项目总方案策划

（1）提出项目总体方案。目标设计的重点是针对工程使用期的状况（工程建成以后运行阶段）的效果，如产品产量、市场占有份额、实现利润率等而进行。项目的任务是提供达到工程使用期状况必要的设施，例如提高生产能力就需要建设具备该生产能力的工厂或购置相应的生产设施。在可行性研究之前必须提出实现项目总目标与总体功能要求的总体方案或总的实施计划，以作为可行性研究的依据。其中包括：

1）项目产品或服务的市场定位。

2）工程总的功能定位和主要部分的功能分解、总的产品技术方案。

3）建筑总面积，工程总布局，总体建设方案，实施总阶段划分，总融资方案，设计、实施、运行方面的组织策略。

4）工程经济、安全、高效率运行的条件和过程，建设和运行中环境保护和工作保护方案等。

在此应有多方案的建议，而方案的选择在可行性研究中进行。

(2) 项目的审查和选择。

1) 项目审查。对项目定义必须进行评价和审查，主要是风险评价、目标决策、目标设计价值评价，以及对目标设计过程的审查，而具体的方案论证和评价在可行性研究中进行。

对一般常见的工程项目，必须审查如下内容：

① 问题的定义。问题的定义包括：项目的名称，总目标的介绍，和其他项目的界限和联系，目标优先级及边界约束条件，时间和财务条件。

② 目标系统和目标因素的价值评价。价值评价包括：项目的起因和可信度，前提条件、基础和边界条件；目标和费用（效用）关系研究；目标因素的可实现性和变更的可能性，应分析因时间推移、市场竞争、技术进步和经济发展等对各个目标的影响；确定在可行性研究中需要研究的各个问题和变量；对风险的界定，如环境风险出现的概率，避免风险的策略；如果预计项目中有高度危险性及不确定性的部分，应提出要求做更为深入的专题分析；项目目标与企业战略目标的关系，项目系统目标与子目标，短期目标与长期目标之间的协调性。

③ 对项目构思、环境和问题的调查和分析、目标设计过程和结果的审查。

④ 项目的初步评价。初步评价包括：项目问题的现实性和项目产品市场的可行性；财务的可能性、融资的可行性；项目相关者的影响，设计、实施、运行方面的组织和承担能力；可能的最终费用、最终投资；项目实施的限制条件，如法律、法规、相关者目标和利益的争执；环境保护和劳动保护措施；其他影响，如实施中出现疏忽或时间推迟，对其他项目的影响。

2) 项目选择。

① 通过项目能够最有效地解决上层系统的问题，满足上层系统的需要。对于提供产品或服务的项目，应着眼于有良好的市场前景，如市场占有份额、投资回报等。

② 使项目符合上层组织的战略，以项目对战略的贡献作为选择尺度，例如对竞争优势、长期目标、市场份额、利润规模等的影响，可以详细并全面地评价项目对战略的贡献，有时企业可通过项目达到一个新的战略高度。

③ 使企业的现有资源和优势得到最充分的利用。企业必须考虑自己筹建项目的能力，特别是财务能力。现在企业常常通过合作（如合资、合伙、国际融资等）建设大型的、特大型的且自身力所难及的项目，这具有重大的战略意义。要考虑各方面优势在项目上的优化组合，取得各方面都有利的成果。

④ 通过风险分析选择成就（如收益）期望值大的项目。

(3) 提出项目建议书，准备可行性研究。

1) 项目建议书是对项目任务、目标系统和项目定义的说明和细化，同时作为后继可行性研究、技术设计和计划的依据，将项目目标转变成具体工程建设任务。

2) 提出要求，确定责任者。项目建议书是项目目标设计人员与可行性研究人员，以及设计人员沟通的文件，若选择责任人，则通过责任书约定。

3) 项目建议书必须包括项目可行性研究、设计和计划、实施所必需的信息、总体方针和说明。

前述的项目目标设计及项目定义过程如图3-4所示。

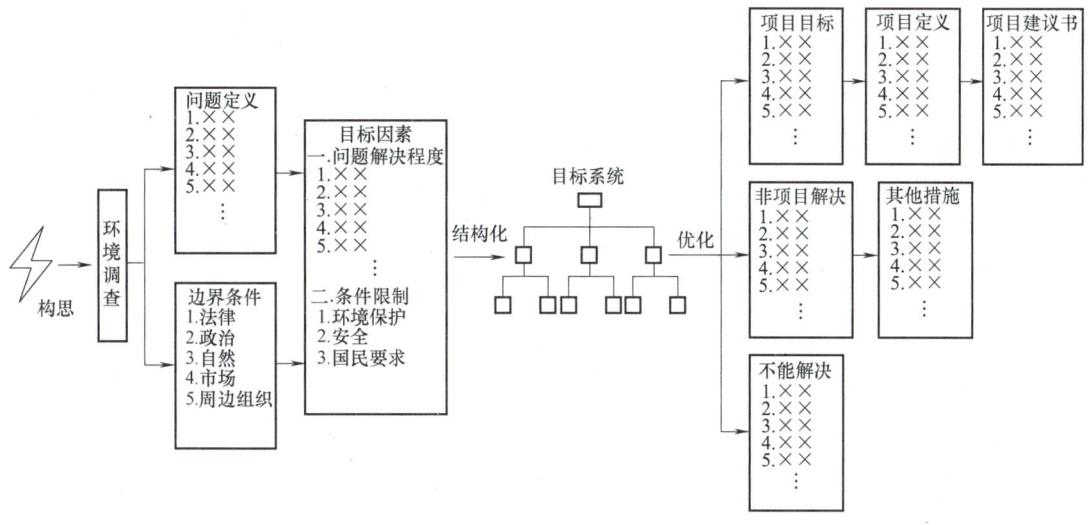

图 3-4　项目目标设计及项目定义过程

3.1.3　工程项目前期论证

1. 可行性研究前的工作

可行性研究作为项目的一个重要阶段，它不仅起到细化项目目标、承上启下的作用，而且其研究报告是项目决策的重要依据，在项目立项后又作为设计和计划的依据，在项目结束后又作为项目后评价的依据，所以它是项目全过程中最关键的一步。只有正确的、符合实际的可行性研究，才可能有正确的决策。可行性研究前，除了做好前述项目目标设计等工作外，还要完成如下工作：

1) 任命负责人。大型工程项目进入可行性研究阶段，相关的项目管理工作很多，必须有专人负责联系工作，做各种计划和安排，协调各部门工作，做文件管理等。

2) 成立研究小组或委托研究任务。如果企业自己组织人员做研究则必须有专门的研究专家小组，对大型项目可以委托咨询公司完成这项工作，必须与洽谈商签咨询合同。

3) 指定工作圈子。无论是自己组织还是委托任务，在项目前期都常常需要上层组织许多部门配合，如提供信息、资料，提出意见、建议和要求等，需要建立一个工作圈子。

4) 明确研究深度和广度要求，确定研究报告的内容。这是对研究者提出的任务。

5) 确定可行性研究开始和结束的时间，安排工作计划。这与项目规模，研究的深度、广度、复杂程度以及项目的紧迫程度等因素有关。

2. 可行性研究的步骤和内容

(1) 可行性研究的步骤。将项目前期策划工作按照研究重点和深度的不同分为：

1) 一般机会研究。在项目的构思形成后进行一般机会研究，目的是在上层系统中寻求合适的项目机会，确定项目的方向和发展领域，以做进一步的研究。其研究重点是上层系统（如国家、职能部门、地方、企业）的问题和战略，以寻求可行的项目机会。

2) 特定项目机会研究。在确定项目方向和领域后，主要研究项目的市场、外部环境、项目发起者（参加者）的状况，提出项目的总方案构想。

3）初步可行性研究，是对项目的初步选择、估计和计划，要解决的问题有：工程建设的必要性，工程建设所需要的时间、人力和物力资源，资金和资金的来源，项目财务上的可行性，经济上的合理性。

4）详细可行性研究，是对项目的市场、生产能力、地点选择、工程建设的过程和进度的安排、经营的资源投入、投资与成本估算、资金的需求和来源渠道等做更深入的研究。

（2）可行性研究的内容。

1）总论：项目背景、项目概况、项目启动过程、已完成的调查和研究工作的成果、项目实施要点、问题与建议。

2）市场研究：产品市场供应预测、产品市场需求预测、产品目标市场分析、价格现状与预测、市场竞争力分析、市场风险。

3）环境和资源条件研究（指资源开发项目）：资源储存条件、可利用量、开发价值等。

4）建设方面的研究，包括建设规模、产品方案、场址选择、工程和辅助工程范围、工艺技术方案、设备方案和工程实施方案、项目实施进度。

5）工程运行方面的研究，包括主要材料、燃料供应、运行组织机构与人力资源配置、运行费用。

6）健康、安全和环境保护方面的研究，包括：①环境影响评价，如场址环境条件、工程建设和运行对环境的影响、环境保护措施方案、环境保护投资、环境影响评价；②节能和节水措施；③劳动安全卫生与消防，如危害因素和危害程度、安全措施方案、消防设施。

7）投资估算：投资估算依据、建设投资估算、流动资金估算、投资估算表。

8）融资方案：资本金筹措、债务资金筹措、融资方案分析。

9）财务评价：项目财务评价、不确定性分析、财务评价结论。

10）国民经济评价：影子价格及通用参数选取、效益费用范围调整、效益费用数值调整、国民经济效益费用流量表、国民经济评价指标、国民经济评价结论。

11）社会评价：项目对社会的影响分析、项目与所在地互适性分析、社会风险分析、社会评价结论。

12）风险分析：项目主要风险因素识别、风险程度分析、防范和降低风险对策。

13）研究结论与建议：推荐方案的总体描述、推荐方案的优缺点描述、主要对比方案、结论与建议。

14）附图、附表、附件。

（3）可行性研究报告编制要求。

1）报告能充分反映项目可行性研究工作的成果，内容齐全，结论明确，数据准确，论据充分，满足决策者定方案、定项目的要求。

2）报告选用主要设备的规格、参数能满足预订货的要求。

3）报告中的重大技术、经济方案，应有两个以上方案的比选。

4）报告中确定的主要工程技术数据，应能满足项目初步设计的要求。

5）报告构造的融资方案，能满足银行等金融部门信贷决策的需要。

6）报告中应反映在可行性研究过程中出现的某些方案的重大分歧及未被采纳的理由，以供委托单位与投资者权衡利弊进行决策。

7）报告应附有评估、决策（审批）所必需的合同、协议、意向书、政府批件等。

3. 工程项目的评价

项目评价是对可行性研究报告的全面评价,有时还包括对项目前期策划工作过程的评价。项目评价是项目决策的依据,对立项后筹措资金、设计和计划以及防范风险有重要作用。

项目评价主要围绕市场需求、工程技术、经济、生态、社会等方面,对拟实施项目在技术上的先进性、可行性,经济上的合理性和盈利状况以及实施上的可能性和风险进行全面科学的综合分析。评价内容通常与可行性研究内容相对应。

1) 市场评价。这是核心问题,包括项目产品和服务的市场前景。
2) 项目与企业概况评价,项目承办者和合作者优劣势分析。
3) 产品结构、工艺方案、技术和设备方案、生产规模(或生产能力)评价。
4) 工程建设的必要性、工程建设规模和工程标准评价。
5) 项目需要资源、原材料、燃料及公用设施条件评价。
6) 项目外部环境,如建厂条件和厂址方案及服务设施评价。
7) 项目实施进度、实施组织与经营管理评价。
8) 人力资源、劳动定员和人员培训计划评价。
9) 投资估算、现金流量及资金筹措评价。
10) 项目的财务效益评价。
11) 国民经济效益评价。
12) 社会效益评价。
13) 环境保护评价。
14) 项目风险评价。
15) 其他。

3.2 工程项目管理规划

3.2.1 工程项目管理规划的理解

1. 工程项目管理规划概念

从管理学的角度定义,项目管理规划是对工程项目全过程中的各种管理职能、各种管理过程以及各种管理要素进行完整的、全面的总体计划。它从总体上和宏观上对如下方面进行了分析和描述:①为什么要进行项目管理;②项目管理需要做什么工作;③怎样进行项目管理;④谁做项目管理的哪方面的工作;⑤什么时候做哪些项目管理工作;⑥项目的总投资;⑦项目的总进度。

项目管理规划作为指导项目管理工作的纲领性文件,应对项目管理的目标、依据、内容、组织、资源、方法、程序和控制措施进行确定。它对项目管理的各项工作进行综合性的、完整性的、全面的总体规划。

2. 工程项目管理规划分类

(1) 按编制目的的不同分类。

1) 项目管理规划大纲。项目管理规划大纲是项目管理工作中具有战略性、全局性和宏观性的指导文件，作为投标人的项目管理总体构想或项目管理宏观方案，指导项目投标和签订合同。由组织的管理层或组织委托的项目管理单位编制，其目的是满足战略上、总体控制上和经营上的需要。

2）项目管理实施规划。项目管理实施规划是项目管理规划大纲的具体化和深化，作为项目经理部实施项目管理的依据，具有作业性和可操作性。由项目经理组织编制，除对项目管理规划大纲进行细化外，还可根据需要补充更具体的内容。

（2）按项目管理组织分类。

1）建设工程项目管理规划涉及项目整个实施阶段，它属于发包方项目管理的范畴。如果采用建设项目工程总承包的模式，发包方也可委托建设项目工程总承包方编制建设工程项目管理规划。

2）建设项目的其他参与单位为进行其项目管理也需要编制项目管理规划。只涉及项目实施的某一方面，体现一个方面的利益，可分为设计方项目管理规划、施工方项目管理规划和供货方项目管理规划。

3. 工程项目管理规划目的与作用

工程项目管理规划的目的是确定项目管理的目标、依据、内容、组织、资源、方法、程序和控制措施，以保证实施项目管理的项目成功进行。

从管理学对规划的定义看，规划实质上就是计划，所以规划的作用就是计划的作用。与传统的计划不同，项目管理规划的范围更大、综合性更强，所以它有更为特殊的作用。

4. 工程项目管理规划的要求

项目管理规划作为项目管理的一个重要工作，在项目立项后（如对建设项目在可行性研究批准后）编制。由于项目的特殊性和项目管理规划的独特作用，它应符合如下特殊的要求：

1）管理规划是为保证实现项目管理总目标而做的各种安排。首先必须详细地分析项目总目标，弄清总任务。如果对目标和任务理解有误，或不完全，必然会导致项目管理规划的失误。

2）符合实际。管理规划要有可行性，不能纸上谈兵，应讲究实事求是。符合实际主要体现在符合环境条件、项目本身的客观规律性，反映项目管理相关各方的实际情况，全面性几个方面。

3）规划内容更具有完备性和系统性。由于项目管理对项目实施和运营的重要作用，项目管理规划的内容十分广泛，应包括项目管理中涉及的各方面的问题。

4）项目管理规划应是集成化的，规划所涉及的各项工作之间应有很好的接口。项目管理规划的体系应反映规划编制的基础工作、规划包括的各项工作，以及规划编制完成后的相关工作之间的系统联系，主要包括：

① 各个相关计划的先后次序和工作过程关系。

② 各相关计划之间的信息流程关系。

③ 计划相关的各个职能部门之间的协调关系。

④ 项目各参加者（如业主、承包商、供应商、设计单位等）之间的协调关系。

⑤ 由于规划过程又是资源分配的过程，为了保证规划的可行性，人们还必须注意项目管理规划与项目规划、企业计划的协调。

5）管理规划要有弹性，必须留有余地。项目管理规划在执行中由于受到以下方面的干扰需要改变。

① 由于市场变化、环境变化、气候的影响，原目标和规划内容可能不符合实际，必须做调整。

② 投资者的情况的变化，如新的主意、新的要求。

③ 其他方面的干扰，如政府部门的干预、新的法律的颁布。

④ 可能存在计划、设计考虑不周、错误或矛盾，造成工程量的增加和减少、方案的变更，以及由于工程质量不合格而引起返工。

6）规划中必须包括相应的风险分析的内容，对可能发生的困难、问题和干扰加以预计，并提出预防措施。

3.2.2 工程项目管理规划大纲

1. 工程项目管理规划大纲的性质及作用

（1）工程项目管理规划大纲的性质。项目管理规划大纲应是项目管理工作中具有战略性、全局性和宏观性的指导文件。

战略性——主要是指其内容高屋建瓴，具有原则性和长效性的指导作用。

全局性——主要是指它所考虑的是项目管理的整体，不是某一部分或局部，而是全过程。

宏观性——主要是指该规划涉及的都是重要的、关键的、范围大的，而不是微观的。

（2）工程项目管理规划大纲的作用。

1）对项目管理的全过程进行规划，为全过程的项目管理提出方向和纲领。

2）作为承揽业务、编制投标文件的依据。

3）作为中标后签订合同的依据。

4）作为编制项目管理实施规划的依据。

5）发包方的建设工程项目管理规划对各相关单位的项目管理规划起指导作用。

2. 编制项目管理规划大纲应遵循的步骤

1）明确项目需求和项目管理范围。

2）确定项目管理目标。

3）分析项目实施条件，进行项目工作结构分解。

4）确定项目管理组织模式、组织结构和职责分工。

5）规定项目管理措施。

6）编制项目资源计划。

7）报送审批。

3. 项目管理规划大纲编制依据及内容

（1）项目管理规划大纲编制依据。

1）项目文件、相关法律法规和标准。

2）类似项目经验资料。

3）实施条件调查资料。

（2）项目管理规划大纲内容。
1）项目概况。
2）项目范围管理。
3）项目管理目标。
4）项目管理组织。
5）项目采购与投标管理。
6）项目进度管理。
7）项目质量管理。
8）项目成本管理。
9）项目安全生产管理。
10）绿色建造与环境管理。
11）项目资源管理。
12）项目信息管理。
13）项目沟通与相关方管理。
14）项目风险管理。
15）项目收尾管理。
（3）项目管理规划大纲文件内容。
1）项目管理目标和职责规定。
2）项目管理程序和方法要求。
3）项目管理资源的提供和安排。

3.3 项目管理配套策划

项目管理配套策划应是与项目管理规划相关联的项目管理策划过程。组织应将项目管理配套策划作为项目管理规划的支撑措施纳入项目管理策划过程。

1. 项目管理配套策划的依据及内容

项目管理配套策划依据应包括下列内容：①项目管理制度；②项目管理规划；③实施过程需求；④相关风险程度。

项目管理配套策划应包括下列内容：①确定项目管理规划的编制人员、方法选择、时间安排；②安排项目管理规划各项规定的具体落实途径；③明确可能影响项目管理实施绩效的风险应对措施。

项目管理机构应确保项目管理配套策划过程满足项目管理的需求，并应符合下列规定：①界定项目管理配套策划的范围、内容、职责和权利；②规定项目管理配套策划的授权、批准和监督范围；③确定项目管理配套策划的风险应对措施；④总结评价项目管理配套策划水平。

2. 组织应建立下列保证项目管理配套策划有效性的基础工作过程

1）积累以往项目管理经验。
2）制定有关消耗定额。
3）编制项目基础设施配置参数。
4）建立工作说明书和实施操作标准。
5）规定项目实施的专项条件。

6）配置专用软件。
7）建立项目信息数据库。
8）进行项目团队建设。

3.4 施工项目管理实施规划

1. 项目管理实施规划的特点

项目管理实施规划应以项目管理规划大纲的总体构想和决策意图为指导，具体规定各项管理业务的目标要求、职责分工和管理办法，把履行合同和落实项目管理目标责任书的任务贯彻在实施规划中，是项目管理人员的行为指南。

1）项目管理实施规划是项目实施过程的管理依据。它对整个项目管理过程提出管理目标，又为实现目标做出管理规划，对项目管理取得成功有重要意义。

2）项目管理实施规划具有实施性。实施性是指它可以作为实施阶段项目管理实际操作的依据和工作目标。

3）项目管理实施规划追求管理效率和良好效果。项目管理实施规划可以起到提高管理效率的作用。因为管理过程中事先有策划，过程中有办法及制度，目标明确，安排得当，措施得力，必然会提高效率。

2. 项目管理实施规划的性质和作用

（1）项目管理实施规划的性质。项目管理实施规划应以项目管理规划大纲的总体构想和决策意图为指导，具体规定各项管理业务的要求、方法，它是项目管理人员的行为指南，是项目管理规划大纲的细化，应具有操作性，由项目经理组织编制。

（2）项目管理实施规划的作用。

1）执行并细化项目管理规划大纲。
2）指导项目的过程管理。
3）将项目管理目标责任书落实到项目经理部，形成规划性文件。
4）为项目经理指导项目管理提供依据。
5）项目管理实施规划是项目管理的重要档案资料，为后续工程提供借鉴。

3. 项目管理实施规划的编制程序及要求

（1）项目管理实施规划的编制程序。

1）五个环节。
① 了解项目相关各方的要求。
② 分析项目条件和环境。
③ 熟悉相关的法规和文件。
④ 组织编制。
⑤ 履行报批手续。

2）七个编制步骤。
① 工程施工合同和施工条件分析。
② 确定项目管理实施规划的目录及框架。
③ 分工编写。项目管理实施规划必须按照专业和管理职能分别由项目管理部的各部门（或各职能人员）编写，有时需要企业管理层的一些职能部门参与。

④ 汇总协调。由项目经理协调上述各部门（人员）的编写工作，给予指导，最后由项目经理指定人员汇总编写内容，形成初稿。

⑤ 统一审查。组织管理层进行审查，并在执行过程中进行监督和跟踪。

⑥ 修改定稿。由原编写人修改，由汇总人定稿。

⑦ 报批。由项目经理部报给组织的领导，由组织领导批准施工项目管理实施规划。

（2）项目管理实施规划编制的要求。

① 在组织管理层的领导下由项目经理组织编写。

② 项目管理实施规划应反映从获得招标文件到签订合同、项目实施启动过程中经营战略、策略等的变化。对项目管理规划大纲有重大的或原则性的修改，应报请企业批准。

③ 为了满足项目实施的需求，应尽量细化，尽可能利用图表表示。

4. 施工项目管理实施规划的编制依据

施工项目管理实施规划可依据下列资料编制：

1）施工项目管理规划大纲。

2）施工项目管理目标责任书。

3）施工合同及相关文件。

4）施工项目经理部的管理水平。

5）施工项目经理部掌握的有关信息。

其中，最主要的是施工项目管理规划大纲，应保持两者的一致性和连贯性。

5. 施工项目管理实施规划的编制内容

（1）工程概况。主要包括：①工程特点；②建设地点特征；③施工条件；④项目管理的特点及总体要求。

（2）施工部署。主要包括：①该项目的质量、进度、成本及安全总目标；②拟定投入的最高人数和平均人数；③分包规划、劳动力规划、材料供应规划、机械设备供应规划；④施工程序；⑤项目管理总体安排，包括组织、制度、控制、协调、总结分析与考核。

（3）施工方案。主要包括：①施工流向和施工顺序；②施工段划分；③施工方法和施工项目机械选择；④安全施工设计；⑤环境保护内容及方法。

（4）施工进度计划。如果是建设项目施工，应编制施工总进度计划；如果是单项工程或单位工程施工，应编制单位工程施工进度计划。它们的内容均按有关规定确定。

（5）资源供应计划。主要包括：①劳动力供应计划；②主要材料和周转材料供应计划；③机械设备供应计划；④预制品订货和供应计划；⑤大型工具、器具供应计划。

（6）施工准备工作计划。主要包括：①施工准备工作组织及时间安排；②技术准备；③施工现场准备；④作业队伍和管理人员的组织准备；⑤物资准备；⑥资金准备。

（7）施工平面图。主要包括：①施工平面图说明，应有设计依据、说明、使用说明；②施工平面图，应有拟建工程各种临时设施，施工设施及图例；③施工平面图管理规划。

（8）施工技术组织措施。主要包括：①保证质量目标的措施；②保证进度目标的措施；③保证安全目标的措施；④保证成本目标的措施；⑤季节施工的措施；⑥保护环境的措施；⑦文明施工措施。

上述各项施工技术组织计划均包括技术措施、组织措施、经济措施及合同措施。

（9）施工项目风险管理规划。主要包括：①风险因素识别一览表；②风险可能出现的概率及损失值估计；③风险管理重点；④风险防范对策；⑤风险管理责任。

（10）技术经济指标的计算与分析。

1）技术经济指标：总工期；分部工程及单位工程达到的质量标准，单项工程和建设项目的质量水平；总造价和总成本，单位工程造价和成本，成本降低率；总用工量，平均人数，高峰人数，劳动力不均衡系数，单位面积（产值）的用工；主要材料消耗量及节约量；主要大型机械使用数量，台班量及利用率。

2）对以上指标的水平高低做出分析和评价。

3）针对实施难点提出对策。

6. 施工项目管理实施规划管理

在项目管理实施规划管理过程中应符合下列要求：①施工项目经理组织编制完成项目管理实施规划文件，签字后报工程部、安全部会签和分管经理审批，公司基建技改项目工程还需报资产部会签；②如监理工程师对施工项目管理实施规划持有不同意见，可协商后由项目经理主持修改；③在项目管理实施规划实施前应按专业和各子项目进行交流，并落实执行责任。

思 考 题

1. 什么是工程项目策划工作？包括哪几个步骤？
2. 简述项目构思产生的原因。
3. 如何进行项目构思的选择？
4. 工程项目目标设计时，环境调查的内容包括哪些？
5. 简述工程项目目标系统的层次。
6. 当工程项目目标因素之间产生争执时，应该如何处理？
7. 简述工程项目的可行性研究步骤。
8. 什么是工程项目管理规划？简述其作用。
9. 简述工程项目管理规划的基本要求。
10. 简述工程项目管理规划大纲的性质及作用。
11. 简述编制项目管理规划大纲应遵循的步骤。
12. 什么是项目管理配套策划？简述其包括的主要内容。
13. 什么是施工项目管理实施规划？简述其特点。
14. 简述项目管理实施规划的性质和作用。
15. 简述施工项目管理实施规划的内容。

二维码形式客观题

手机微信扫描二维码，可自行做客观题，提交后可查看答案。

第 4 章 工程项目范围管理与系统分析

> \本章重点内容\
>
> 工程项目范围确定的过程；工程项目范围管理；工程项目工作分解结构（WBS）；工程项目系统界面分析。

> \本章学习目标\
>
> 熟悉工程范围确定过程；掌握项目范围管理和工作分解结构；熟悉项目系统界面分析。通过本章学习，培养在工程项目实践管理中的计划制定和执行能力，培养分析问题和解决问题的系统性思维。

4.1 工程项目范围的确定与管理

4.1.1 工程项目范围的理解

1. 产品范围与项目范围

产品范围（Product-Scope），是指某项产品、服务或成果所具有的特性和功能。

项目范围（Project-Scope），是指为交付具有规定特性与功能的产品、服务或成果而必须完成的工作，即项目就是做什么，如何做，才能交付该产品。

通常产品范围的定义就是对产品要求的度量，而项目范围的定义落实在一系列要做的工作上。两种范围定义立足不同的角度，结合的结果即是经过项目的工作，最终交付一个或一系列满足特定要求的产品和服务。

项目范围的定义要以其组成的所有产品的范围定义为基础，但又不限于产品范围，它还包括为实现这些产品范围内的工作必须要做的管理工作（进度管理等）。

若一个产品的范围很大，只是将其中的一小部分作为项目，则项目范围与产品范围就是交叉关系。

产品范围的完成是对照产品要求进行衡量。项目范围的完成是对照项目计划进行衡量。两种范围应该很好地结合起来，以确保项目所做的工作能够取得规定的产品。

工程项目范围，是指工程项目各过程的活动总和，或指组织为了成功完成工程项目，并实现工程项目各项目标，所必须完成的各项活动。

所谓"必须"完成的各项活动，是指不完成这些活动工程项目就无法完成；所谓"全部"活动，是指工程项目的范围包括完成该工程项目要进行的所有活动，不可缺少或遗漏。

2. 工程项目范围确定的依据

1）项目目标的定义和批准的文件（项目建议书、可研报告、项目任务书）。

2）项目产品描述文件（功能描述文件、规划文件、设计文件、相关规范、可交付成果清单）。

3）环境调查资料（法律法规、设计和施工规范、现场条件、周边组织要求）。

4）项目的其他限制条件和制约因素（预算、资源、时间的限制）。

5）已建项目相关历史资料，同类项目经验教训。

3. 项目范围管理的内容

《项目管理知识体系指南》（PMBOK 指南）第三版将项目范围管理的内容描述如下：

范围规划——制定项目范围管理计划，记载如何确定核实与控制项目范围，以及如何制定与定义工作分解结构（WBS）。

范围定义——制定详细的项目范围说明书，作为将来项目决策的根据。范围定义就是把项目的主要可交付成果划分为较小的、更易管理的单元。项目范围的定义要以其组成的所有产品的范围定义为基础，这也是一个由一般到具体层层深入的过程。制作工作分解结构，将项目大的可交付成果与项目工作划分为较小和更易管理的组成部分。

范围核实——正式验收已经完成的项目可交付成果。

范围控制——控制项目范围的变更。

项目管理知识领域如图 4-1 所示。

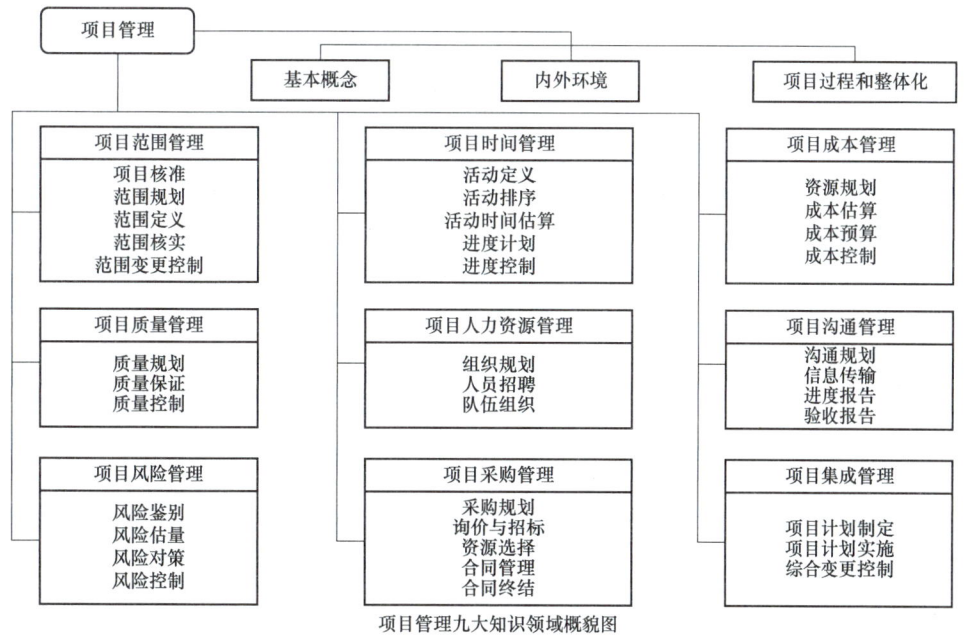

图 4-1 项目管理知识领域

4.1.2 工程项目范围确定的过程

1. 工程项目范围确定的因素

1）项目目标的分析。
2）项目环境的调查与限制条件分析。
3）项目可交付成果的范围和项目范围的确定。
4）对项目进行结构分解工作。
5）项目单元的定义。
6）项目单元之间界面的分析，包括界限的划分与定义逻辑关系的分析，实施顺序安排。

工程项目范围确定的过程如图4-2所示。

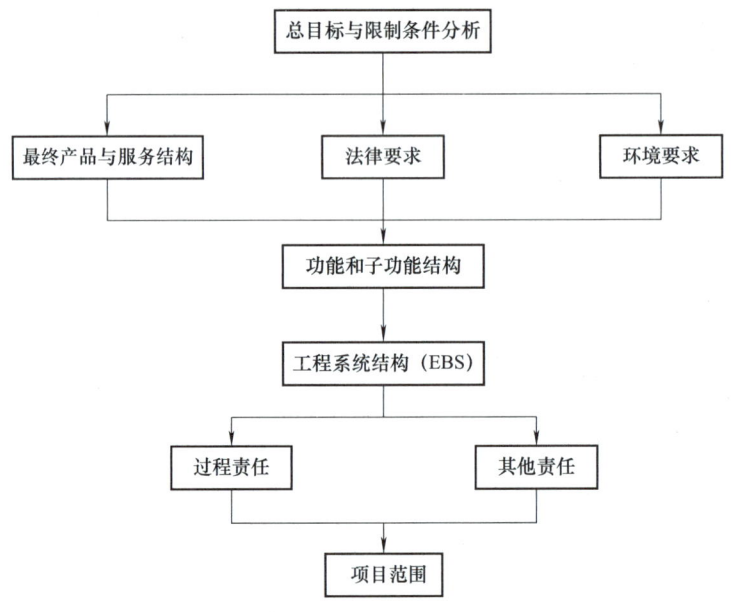

图 4-2 工程项目范围确定的过程

2. 工程项目范围的确定

确定工程项目范围，其结果需要编写正式的项目范围说明书，包括详细的辅助内容以及范围管理计划。

工程项目范围说明书，是项目组织与项目业主（客户）之间对项目的工作内容达成共识的基础，用来对项目范围达成共同的理解，并确认这样的理解，并以此作为将来项目管理的基础。

项目范围管理计划，描述如何管理项目的范围。

项目经理应当与项目的主要利益相关者共同编制项目范围说明书，客户应当在范围说明书上签字，以表示对项目范围的同意与认可。

3. 工程项目范围说明书的内容

项目范围说明书是一个要发布的文件，应该包括以下3个方面的内容。

1）项目的合理性说明：解释为什么要进行这一项目。

2）项目目标：确定项目成功所必须满足的某些数量标准。

3）项目可交付成果：一份主要的、具有归纳性层次的产品清单，这些产品完全、满意的交付标志着项目的完成。

4. 项目范围说明书的作用

1）形成项目的基本框架。使项目相关人能系统地分析项目的关键问题及项目形成中的相互作用要素，能就项目的基本内容和结构达成一致。

2）产生项目有关文件格式的注释，用来指导项目有关文件的产生。

3）形成项目结果核对清单。项目结果核对清单作为项目评估的一个工具，在项目终止以后或项目最终报告完成以前使用，作为评价项目成败的依据。

4）可以作为项目整个寿命周期中监督和评价项目实施情况的背景文件，作为有关项目计划的基础。

5. 项目范围定义的内容

项目范围的定义主要从项目需求的识别和项目需求的表达两个方面来阐述。

（1）项目需求的识别。项目范围的定义来源于项目的需求，不能全面正确地理解项目需求和其内在含义，或者不能正确地阐述表达它，项目管理必将迷失方向。把项目需求从开始的不确定，到逐步进化出清晰的框架，直至最终获得正确的理解，是项目管理一个至关重要的环节。

（2）项目需求的表达。

1）让提出需求的人尽可能清楚地表达出来。

2）针对需求的真实性、可行性、重要性和影响向客户提出问题，从不同的角度理解需求。

3）从技术和方法的角度对项目做必要的研究，更好地处理需求。

4）根据以上三步得出的结论，尽可能清楚地描述项目需求。

5）客户确认项目管理人员的需求认识是否反映了项目真实需求，根据客户意见做适当修改。

6. 项目范围定义的依据

项目范围定义要进一步以项目许可证、项目组织过程资产、项目制约因素及假设前提为依据，同时充分运用在项目范围规划中所形成的项目范围说明书和项目范围管理计划。除此之外，还应依据以下几个方面的内容：①其他计划成果；②历史资料；③批准的变更请求。

项目范围定义的工具和技术：

1）工作分解结构样板。

2）分解：①识别项目的主要组成部分；②确定每一组成部分是否分解得足够详细，以便可以对其进行费用和时间的估算；③确定可交付成果的构成要素；④核对分解是否正确。

7. 项目范围定义的结果

1）范围基准。

2）请求的变更。

3）项目范围管理计划更新。

4.1.3 工程项目范围管理

项目范围管理包括保证项目所有需要完成的工作，以及顺利完成项目所需要的所有过程。它主要涉及定义与控制项目应该包括和不应该包括的内容。《项目管理知识体系指南》（PMBOK 指南）中项目范围管理如图 4-3 所示。

1. 编制范围管理计划（Scope Planning）

范围管理计划是用以描述团队如何定义项目范围、如何制定详细的范围说明书、如何定义和编制 WBS 以及如何验证和控制范围。

输入：①项目章程；②项目范围说明书（初步）；③组织过程资产；④环境和组织因素；⑤项目管理计划。

工具与技术：①专家判断；②模板、表格和标准。

输出：范围管理计划。

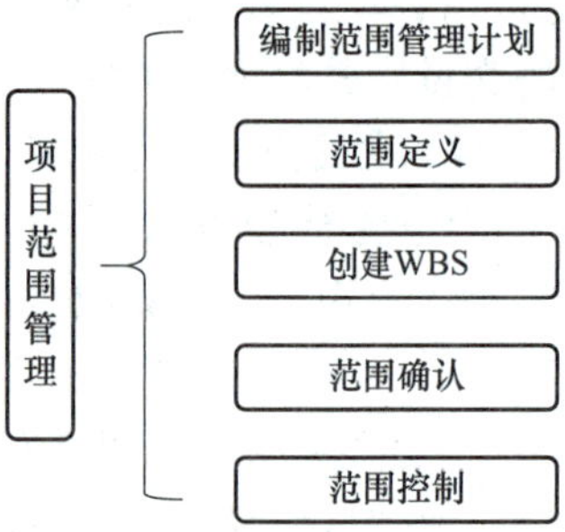

图 4-3 PMBOK 指南中项目范围的管理

2. 范围定义（Scope Definition）

制定项目和产品详细描述的过程，并把结果写进详细的项目范围说明书中。

输入：①项目章程；②项目范围说明书（初步）；③组织过程资产；④范围管理计划。

工具与技术：①专家判断法；②产品分析；③备选方案识别；④项目相关人分析。

输出：①项目范围说明书（详细）；②范围管理计划（更新）；③变更申请。

3. 创建 WBS（Work Breakdown Structure）

WBS（工作分解结构）是把项目可交付成果和项目工作分解成较小的、更易于管理的组成部分的过程。未列入 WBS 的工作将排除在项目范围之外。

输入：①项目范围说明书（详细）；②范围管理计划；③组织过程资产。

工具与技术：①分解；②WBS 模板；③WBS 编码设计；④滚动波式计划。

输出：①WBS 及其字典；②WBS；③范围基准；④项目范围说明书（更新）；⑤项目管理计划（更新）。

4. 范围确认（Scope Verification）

范围确认是项目相关人（发起人、客户和顾客等）正式接受已完成的项目范围的过程。范围确认需要审查可交付成果和工作结果，以确保都已正确圆满地完成。

输入：①项目范围管理计划；②项目范围说明书；③WBS 和 WBS 字典；④确认的可交付成果。

工具与技术：检查。

输出：①已接受的交付物；②变更请求；③推荐的纠正措施。

5. 范围控制

范围控制（Scope Control）是监督项目和产品的范围状态、管理范围基准变更的过程。

输入：①项目范围说明书；②WBS 和 WBS 字典；③绩效报告；④工作绩效信息；⑤范围管理计划；⑥批准的变更申请。

工具与技术：①偏差分析；②重新制定计划；③变更控制系统；④配置管理系统。

输出：①范围说明书（更新）；②WBS 和 WBS 字典（更新）；③变更请求；④项目管理计划（更新）；⑤范围基线（更新）；⑥组织过程资产（更新）；⑦批准的纠正措施。

范围控制应当全过程地与其他控制过程结合，如进度控制、成本控制、质量控制等。

6. 项目范围管理的目的

1）确定应完成的工程活动内容，以便做出详细定义和计划。

2）确保在预定的项目范围内有计划地、完整地进行项目的实施和管理工作（便于项目实施控制)。

3) 确保项目各项活动满足项目范围定义的要求。
4) 为进一步确定项目费用、时间和资源计划做准备。
5) 划定项目责任，方便对各项目任务承担者进行监督、考核和评价。

4.2 工程项目目标系统分析

4.2.1 工程项目常用的系统分析过程和方法

1. 工程项目系统特点

"系统"一词的定义很多，人们通常引用的且比较通俗易懂的是："系统是由若干个相互作用和相互依赖的要素组合而成，且有特定功能的整体。"与前面的项目定义相比较，它们是非常相近的，任何工程项目都是一个系统，具有鲜明的系统特征。按照系统理论，工程项目具有如下系统特点：

(1) 结合性。任何工程项目系统都是由许多互相联系、互相影响、互相依赖的要素组合起来的，不管从哪个角度分析项目系统，如组织系统、行为系统、对象系统、目标系统等，都可以按结构分析方法进行多级、多层次分解，得到子单元（或要素），并可以对子单元进行描述和定义。这是项目管理方法使用的前提。

(2) 相关性。相关性即各个子单元之间互相联系、互相影响，共同作用，构成一个严密的、有机的整体。项目的各个系统单元之间、项目各系统与环境系统之间都存在复杂的联系与界面。

(3) 目的性。工程项目有明确的目标，这个目标贯穿于项目全过程和项目实施的各个方面。由于项目目标因素的多样性，工程项目属于多目标系统。

(4) 开放性。任何工程项目都是在一定的社会历史阶段、一定的时间和空间中存在的。在项目的全过程中，工程项目系统作为环境系统的一个子系统，与环境系统的其他方面有着各种联系，有直接的信息、材料、能源、资金的交换。

(5) 动态性。项目的各个系统在项目过程中都显示出动态特性，例如，整个项目是一个动态的渐进的过程；在项目实施过程中，由于业主要求和环境的变化，必须相应地修改目标，修改技术设计，调整实施过程，修改项目范围；项目组织成员随相关项目任务的开始和结束，进入和退出项目。

(6) 不确定性。现代工程项目都包含着许多风险，因外界经济、政治、法律及自然等因素的变化造成对项目的外部干扰，使项目的目标和实施过程有很大的不确定性。

2. 项目系统分析的作用

按系统工作程序，在具体的项目工作，如设计、计划和实施开始之前必须对这个系统做分析，确定它的构成及系统单元之间的内在联系。这属于项目系统分析的工作。

项目系统分析是项目管理的基础工作，也是项目管理最有力的工具。实践证明，对于一个大型复杂的项目，如果没有科学的项目系统分析，或分析的结果得不到很好的利用，则不可能有高水平的项目管理，因为项目的设计、计划和控制不可能以整个笼统的项目为对象，必须考虑各部分、各专业工程和具体的工程活动。在实际工程中，人们常常容易遗忘或疏忽一些项目所必需的工程和工作，导致项目设计和计划的失误。项目实施过程中频繁的变更，实施计划被打乱，功能不全和质量缺陷，激烈的合同争执，都可能导致整个项目的失败。

3. 项目系统分析过程

对于不同种类、性质和规模的项目，从不同的系统角度看，其分析方法和思路虽有很大的差别，但分析过程却很相近。一般经过如下几个步骤：

1）对项目的系统总目标和总任务进行全面研究，以划定整个项目的系统范围。

2）采用系统分解方法，将项目系统按照一定规则自上而下、由粗到细地进行分解。

① 分析项目系统的主要组成部分，将项目系统范围分解成有独立性且范围明确的子部分（单元）。

② 研究并确定每个子部分的特点、结构规则和构成，再分解到下层的系统单元。

③ 汇集各层次项目系统单元，按系统规则将项目系统单元分组，初步构成项目系统分解结构图。项目的系统结构一般是树状图形，它反映了项目系统的基本结构框架。

④ 分析评价各层次的分解结果的正确性、完整性，分解的程度是否必要且充分，是否遵循项目系统结构分解的原则。

⑤ 最终确定项目系统分解结构图，并建立项目系统编码规则，对分解结果进行编码。

3）系统单元联系（界面）分析，包括界限的划分与定义、逻辑关系的分析，实施顺序安排。通过界面分析，将全部项目单元还原成一个有机的整体。这是进行网络分析、项目组织设计、项目管理工作流程设计、沟通管理的基础工作。

4）项目系统说明。通过设计文件、计划文件、合同文件和项目工作结构分解表等对项目各层次的单元进行说明，赋予项目系统单元具体的实质性内容。

项目系统分析是一个渐进的过程，它随着项目目标设计、规划、详细设计和计划工作的进展而逐渐细化。

4. 项目系统分解方法

系统分解是将复杂的管理对象进行分解，以观察其内部结构和联系，是工程项目系统分析最重要的工作，也是项目管理最基本的方法之一。常用的项目系统分解方法有结构化分解方法和过程化分解方法。

（1）结构化分解方法。任何项目系统都有它的结构，都可以进行结构分解，分解的结果通常为树形结构图。工程项目中最常用的系统分解结构如下：

1）目标系统可以分解成系统目标、子目标、可执行目标，得到目标分解结构（OBS）。

2）工程的技术系统可以按照一定的规则分解成功能区间和专业要素。

3）项目的总成本可以分解为各成本要素，形成成本分解结构。

4）此外还有环境系统结构、组织分解结构、工作分解结构、资源分解结构、合同分解结构、风险分解结构等。

（2）过程化分解方法。项目由许多活动组成，活动的有机组合形成过程。过程还可以分为许多互相依赖的子过程或阶段。在项目管理中，可以从如下几个角度进行过程分解：

1）项目实施过程分解。根据系统寿命周期原理，把工程项目科学地分为若干发展阶段，如前期策划、设计和计划、施工、建设过程结束等阶段，每一个阶段还可以进一步分解成工作过程。

不同的项目实施过程会有些差别，例如某国将武器研制项目分为七大阶段：任务需求评估、初步可行性研究、可行性研究、项目决策、计划与研制、生产以及使用等阶段。相邻两个阶段之间有一个决策点和正式评审程序。同样每个阶段又可分解为许多工作过程。

2）管理工作过程分解。项目管理各项工作在项目实施过程中形成一定的工作过程。

① 项目管理系统按照职能分解为进度管理、成本（投资）管理、质量管理、合同管理等。每种管理职能都可以分解为相应的预测、决策、计划、实施控制、反馈等工作。

② 项目管理按照阶段可以分解为计划过程、实施控制过程等。项目管理系统过程描述了项目管理工作的基本逻辑关系，是管理系统设计的重要组成部分，是项目信息系统设计的基础。

③ 事务性管理工作分解。在项目实施过程中还有各种申报和批准的过程、招标投标过程等。

3）专业工作的实施过程分解。如一个房屋基础工程的施工可以分解为挖土、做垫层、扎钢筋、浇捣混凝土等工作。这种分解对工作包内工序（或更细的工程活动）的安排和构造工作包的子网络是十分重要的。

项目管理实质上就是对过程的管理，过程分解对项目管理者是十分重要的。

4.2.2　工程系统分解结构（EBS）

工程是在一定空间上的技术系统，它具有一定的功能，通过它的运行生产最终产品，或提供服务。对工程系统的结构分解，是假设工程已经建成，对它进行系统分解。

工程系统范围通常可以从两个角度定义：

1）工程的空间范围，如建设工程的红线范围。例如沪宁高速公路的总体功能是为上海和南京两地间的车辆运输提供通道，它在两地之间延伸，占据着一定的土地空间。

2）工程系统的结构框架，即工程系统构成。一个工程由许多分部组成，可以按照系统方法进行结构分解，工程系统由一些功能面和专业工程要素构成（见图4-4），都可以被称为工程子系统。

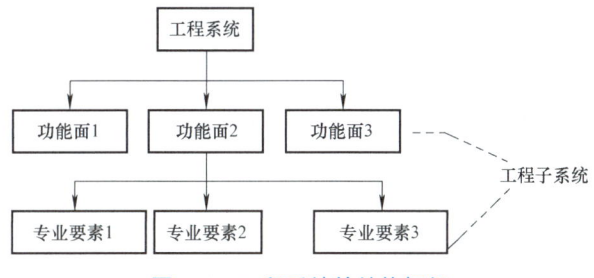

图 4-4　工程系统的结构框架

1. 功能面

（1）功能面的定义。功能是工程建成后应具有的作用，它与工程的用途有关，常常是在一定的平面和空间上起作用，所以有时又被称为"功能面"。

一个工程系统通常是由许多"功能面"组合起来的综合体。工程的总功能以及工程的运行是所属的各个功能面综合作用的结果。最常见的是一个工程系统由许多单体建筑组成，每个单体建筑在总系统中提供一定的使用（生产）功能。

例如，一座工厂由车间、办公楼、仓库和生活区等构成；一条高速公路由道路、服务区、收费区、绿化区、桥梁等构成；一个校区由教学楼、图书馆、宿舍楼、实验楼、体育馆和办公楼等单体建筑物组成。

对功能面的分析、分解、综合、说明是工程规划、设计的重要工作。通常在工程设计前应将项目总功能目标逐步分解成各个部分的局部功能目标，再做功能面目录，详细说明功能的特征，如面积和技术的（如建筑、结构、装备）要求、物理的（如采光、通风）要求等。

对一个复杂的工程，功能还可能分为子功能。

（2）常见的工程系统的功能面分解方法。

1）按产品结构进行分解。如果项目目标是建设一个生产一定产品的工厂，则可以将它按生产（或提供、加工）的一定的中间产品或服务分解成各子项（分厂或生产体系）。

例如，新建一个汽车制造厂，可将整个工程分解成发动机、轮胎、壳体、底盘、组装、油漆等分厂以及办公区、库房（或停车场）等几个大区。

这类似于我国的单项工程，有时它们本身就是一个自成体系的独立的工程。在这一层次的分解中要注意产品生产流程方向和产品生产过程的系列组合。

2）按平面或空间位置进行分解。如一个分厂可以按几何形体分解成几个建筑物（车间、仓库、办公室），一条道路可以分为几个区段。

一个车间或一栋建筑物还可以分解为多个功能面（或子功能面），但这里的功能是在局部被定义的，例如，一个车间厂房可能要划分为生产区和服务区，如油漆、冲压、装配、运输、办公、供应等区域。

2. 专业工程要素

（1）专业工程要素的概念。每个功能面（每栋建筑）是由许多有一定专业特点的工程要素构成的，这些工程要素具有明显的专业特征，一般不能独立存在，必须通过系统集成共同组合成功能面。例如，学校教学楼提供教学功能，它包括建筑、结构、给水排水、电力、消防、通风系统、通信等专业工程要素。又如一个办公楼可以分解为建筑、结构、供电、供排、通信、环卫、交通（如电梯）、办公设备等专业工程要素。

但是对于大型工程项目，在整个工程中起作用的属于多功能面上统一的专业工程要素，常常可以作为独立的功能对待，例如地铁工程中的控制系统、通信系统、闭路电视系统等。

（2）专业工程要素的形态。专业工程要素有不同的形态：有的是实体系统，如结构、给水排水系统、通风系统等；有的是软件系统，如智能化系统、自动控制系统、信号系统、运行管理系统等。在现代工程中，软件系统工程也是工程技术系统的一个重要组成部分，它发挥着越来越重要的作用。

（3）专业工程子要素。有些专业工程要素进一步细分为专业工程子要素。例如，厂房结构可分解为基础、柱、墙体、屋顶及饰面等；供排系统可以分为给排水系统、供暖系统、通风系统等。

（4）专业工程子系统。将一个工程的所有专业要素提取出来，就得到该工程所包含的专业工程子系统，如地铁工程包括40多个专业工程子系统。随着科学技术的发展和人们对工程功能要求的提高，将会有新的专业工程子系统出现。

同类工程（如南京地铁和北京地铁、不同学校的校园）的功能区形态和布置差异可能很大，但它们是由相同或相似的专业工程子系统构成。

专业工程子系统的分解对高等院校中的工程专业设置、工程设计、施工和供应企业分类，甚至工程设计专业小组和施工专业班组的划分都有很大的影响。

工程技术系统结构分解与我国过去常用的分解方法是相似的，即一个工程可以分解为许多单项工程，单项工程分解为单位工程，进一步还可以分解为分部工程、分项工程。

4.2.3 工程项目工作分解结构（WBS）

1. 工程项目工作分解结构的概念

项目是由许多互相联系、互相影响和互相依赖的活动组成的行为系统。按系统工作程序，对这个系统进行分解，将项目范围规定的全部工作分解为较小的、便于管理的独立活动。通过定义这些活动的费用、进度和质量，以及它们之间的内在联系，将完成这些活动的责任赋予相应的部门和人员，建立明确的责任体系，达到控制整个项目的目的。这项工作的结果称为工作分解结构，即 WBS（Work Breakdown Structure）。

项目工作分解结构既定义了项目的全部工作范围，又描述了项目的系统结构。通常列入项目工作分解结构中的工作即属于本项目的工作范围，反之则不属于本项目的工作范围。

2. 工程项目工作分解结构的作用

工程项目工作结构分解是项目管理的基础工作，结构分解文件是项目管理的中心文件，是对项目进行观察、设计、计划、目标和责任分解、成本核算、质量控制、信息管理、组织管理的工作对象。它又被称为"计划前的计划"或"设计前的设计"。工程项目工作分解结构为工程项目后期计划、设计、标段划分做好前期准备，项目规模越大，技术越复杂，越显示出该项工作的重要性，该项工作被称为"项目管理最得力的有用的工具和方法"。

工程项目工作分解结构的基本作用有：

1）保证项目工作结构的系统性和完整性。分解结果应包括项目的所有工作，不能有遗漏，从而保证项目的设计、计划和控制的完整性。这是项目工作结构分解最基本的要求。

2）通过工作分解结构，使项目的形象透明，使人们对项目范围和组成一目了然。使项目管理者，甚至不懂项目管理的业主、投资者也能方便地观察、了解和控制项目全过程。

3）作为工程项目的工期计划、成本和费用估计的依据，有利于资源分配。

4）用于建立项目目标保证体系。工作分解结构能将项目实施过程、项目成果和项目组织有机地结合在一起，是进行项目任务承发包、建立项目组织、落实组织责任的依据，所以项目工作分解结构图对项目组织形式具有规定性。

5）将项目质量、工期、成本（投资）目标分解到各项目单元，这样可以对项目单元进行详细设计，确定实施方案，做各种计划和风险分析，对实施进行控制，对完成状况进行评价。

6）作为项目报告系统的对象，是进行各部门、各专业协调的手段。项目工作分解结构和编码在项目中可以充当共同的信息交换语言。项目中的大量信息如资源使用、进度报告、成本开支账单、过程质量、变更、会谈纪要，都可以以项目单元为对象进行收集、分类和沟通。

工程项目工作分解结构的作用如图4-5所示。

3. 工程项目工作分解结构的结果

项目工作分解结构是项目管理中一项十分困难的工作，专业性很强，显示了不同种类工程的专业特点。它的科学性和实用性主要依靠项目管理者的经验和技能，分解结果的优劣也很难评价，只有在项目的设计、计划和实施控制过程中才能体现出来。项目工作分解结构的结果通常包括以下两种。

（1）树形结构图。常见的工程项目的树形结构如图4-6所示。

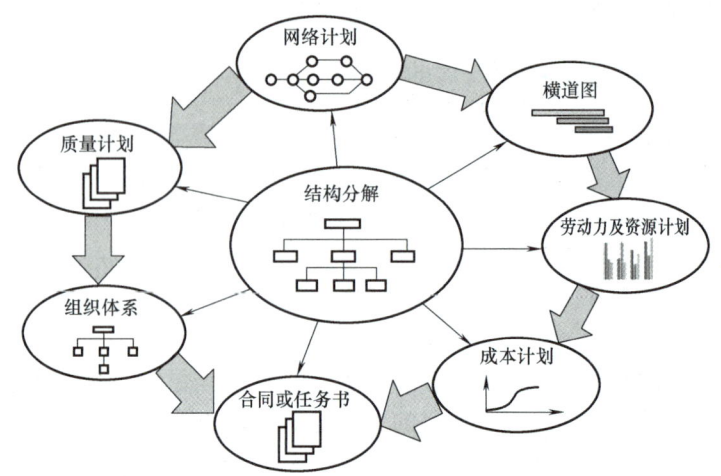

图 4-5 工程项目工作分解结构的作用图

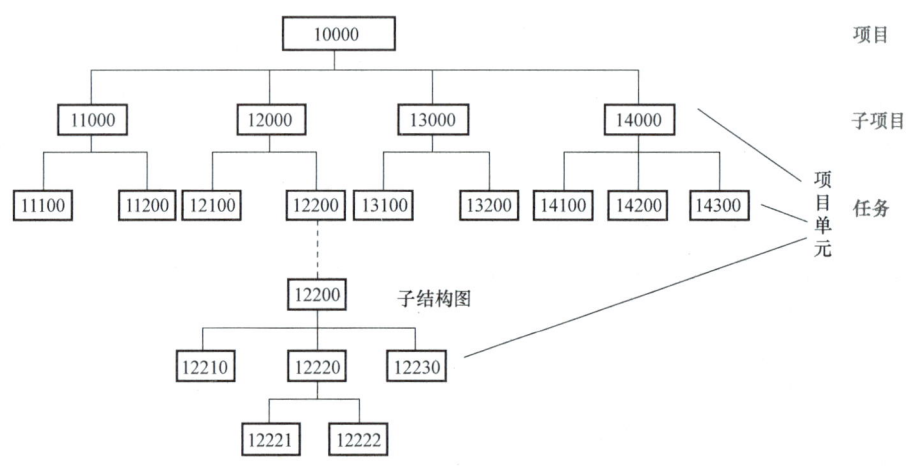

图 4-6 常见的工程项目树形结构图

项目工作结构图表达了项目总体的结构框架。结构图中各层次的命名（技术术语）也各不相同，许多文献中常用"项目""子项目""任务（概括性工作）""子任务""工作包（工作细目）""活动"等表示项目工作结构图上不同层次的名称。图中的单元（不分层次，无论是在总项目的结构图中还是在子结构图中）又统一被称为项目单元或工程活动。

（2）项目工作分解结构表（项目活动清单）。将项目工作结构图用表格来表示则为项目工作分解结构表，它既是项目工作任务分配表，又是项目范围说明书。它的结构类似于计算机文件的目录路径。例如上面的项目工作结构图可以用一个简单的项目工作分解结构表来表示（见表4-1）。活动清单内容全面，包括项目将要进行的所有活动。

工作，分解结构表中包含了这些工作的编码、名称、范围定义或工作说明以及可交付成果描述、负责单位、开始和完成日期、必要的资源、成本估算、合同信息、质量要求等内容。

表 4-1 ××项目工作分解结构表（项目活动清单）

编　码	活动名称	负责人（单位）	预算成本	计划工期	…
10000					
11000					
11100					
11200					
12000					
12100					
12200					
12210					
13000					
14000					

4. 工程项目工作分解结构方法

工程项目工作分解结构是在工程系统分解结构（EBS）基础上进行的，是将工程项目的实施过程按照一定的规则分解为若干个项目单元（实施活动）。

整个工程系统、每一个功能面或专业工程子系统必然都经过项目实施的全过程，通过项目实施活动逐渐由概念形成工程实体，因此可以按照过程化方法进行分解。

项目工作分解结构的实际工程应用表明，对大型工程项目一般在项目的早期就应进行结构分解，它是一个渐进的过程。首先，按照设计任务书或方案设计文件进行工程系统的结构分解，得到工程系统分解结构图，它是对工程项目做进一步设计和计划的依据。在按照实施过程做进一步的分解时，必须考虑项目实施、项目管理及各阶段的工作策略，所以项目的实施方式（承发包模式和管理模式）对项目工作分解结构有很大的影响。

常见的建设工程项目按照具体的实施过程可以分解为以下工作内容。

（1）设计和计划。在对设计和计划工作进一步分解时，必须在系统的基础上考虑设计工作的实施策略，包括：

1）按照设计阶段划分，可分为初步设计、技术设计、施工图设计等工作。

2）不同的专业工程子系统可能还有不同的设计工作的委托方式。

3）按照设计工作的管理模式，可分为设计监理和设计审查（有时将它归入"项目管理"中），对大型和特大型工程项目（如城市地铁），可能还要分不同标段的设计。

（2）招标投标。在对招标投标工作进行进一步分解时，必须在工程系统的基础上考虑整个工程的分标策略，包括工程功能区标段的划分，设计、采购、施工、项目管理（包括咨询、监理）的分标方式等。

（3）实施准备。对实施准备工作做进一步分解，必须在工程系统的基础上考虑整个工程实施准备工作（如现场准备、技术准备、设备材料的供应采购订货和制造）内容划分和实施准备工作责任归属（如业主责任、承包商责任）。

（4）施工。施工阶段进一步分解的子结构与工程系统结构有很大相似性，即在图4-7中"施工"单元下的分解在很大程度上就是工程系统的分解。有时要考虑如下问题：

1）工程施工承发包方式，如是采用设计施工总承包，还是采用分阶段分专业（土建、机械和电气安装、装饰工程）平行承包。

2）在工程施工中功能区标段的划分。

3）工程是分阶段实施，还是一次性全面实施。

4）有时还要考虑按照专业工作的内容分解。例如，对基础工程的施工，可以分解为打桩、挖土、基础混凝土工程、回填土等工程活动。

5）对施工承包商，其项目任务是完成施工合同，施工项目范围由承包合同限定，则承包合同工作分解结构就是承包工程项目工作分解结构。

（5）试生产（验收）。试生产（验收）的进一步分解通常考虑两个方面：

1）生产的准备工作安排，如生产的原材料准备、操作人员培训、管理人员培训、运行管理系统建立等。

2）工程验收的模式和验收工作的划分，如是否分阶段、分专业系统验收。

（6）对项目管理工作的分解。项目管理是工程项目的工作任务之一，因此在工作分解结构（WBS）图中必须有"项目管理"工作单元。项目管理工作包括项目的咨询工作、监理工作等。这些工作若有不同的安排，则有不同的分解方法。在工程项目工作分解结构图中一般可以分为项目阶段的管理，或不同的项目管理承担者（如投资咨询、造价咨询、招标代理、施工监理等）的工作。

（7）工程项目工作分解结构示例。如某项目包括一栋楼和楼外工程建设，项目工作分解结构图如图4-7所示。

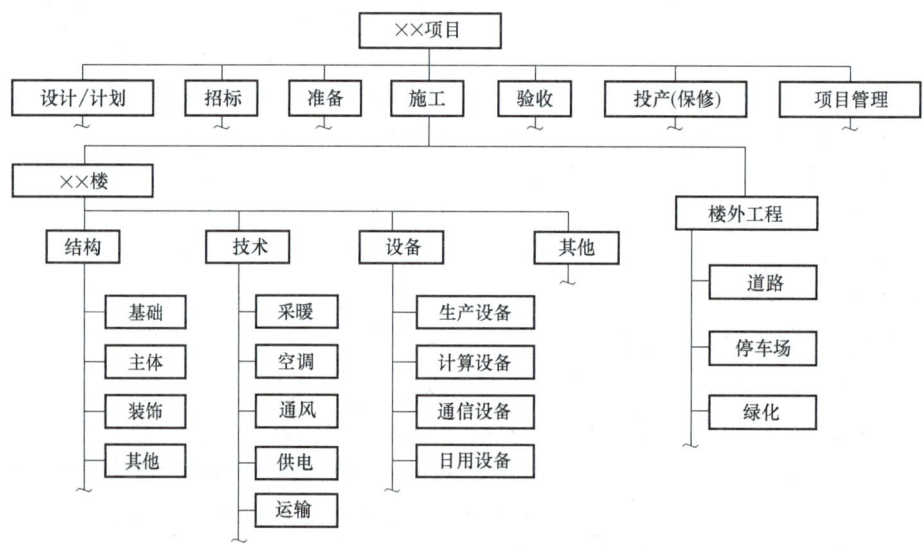

图4-7 某办公楼工程项目工作分解结构图

5. 工程项目工作分解结构编码设计

对每个项目单元进行编码是现代化信息处理的要求。为了便于计算机数据处理，在项目初期，项目管理者应进行编码设计，建立整个项目统一的编码体系，确定编码规则和方法，并在整个项目中使用。这是项目管理规范化的基本要求，也是项目管理系统集成的前提条件。

通过给每个项目单元以唯一的不重复的数字或字母标识，使它们互相区别。编码能够标识项目单元的特征，使人们以及计算机可以方便地"读出"这个项目单元的信息，如属于哪个项目、功能区（子项目）、专业工程要素和实施阶段等。在项目管理过程中网络分析、成本管理以及数据的储存、分析、统计，均依靠编码识别。编码设计对整个项目的计划、控制和管理系统的正常运行都很关键。

6. 工程项目工作分解结构的基本原则

工程项目工作分解结构工作非常重要，但人们常常由于缺少经验和科学方法，导致分解时不系统不科学，分解后不重视或不能充分利用分解的结果。这往往是项目计划失误、实施失控的重要原因。目前对工程项目尚无统一的普遍适用的分解方法和规则，它常常受到管理者的工作经验和管理水平的影响和制约。在项目工作分解结构过程中应注意如下基本原则。

1）应在各层次上保持项目内容上的完整性，分解结果代表项目的范围和组成部分，它应包括项目的所有工作，不能有遗漏，要不断地检查项目工作分解结构（WBS）的完整性。

2）一个项目单元只能从属于某一个上层单元，不能同时交叉属于两个上层单元。如果发生这种情况，则可能是上层分解时界面不清楚导致的。

3）由一个上层单元分解得到的几个下层项目单元应有相同的性质。

4）项目单元应能区分不同的责任者和不同的工作内容，应有较高的整体性和独立性，单元之间的工作责任界面应尽可能小而明确。这样能方便进行项目目标和责任的分解和落实，能方便地进行成果评价和责任的分析。如果无法划定责任者，如必须由两个人（或部门）共同负责，则必须清楚说明双方的责任界限。

项目工作分解结构应适应组织管理的需要。由于工程项目的任务经常是通过合同委托的，而每个合同又是独立的，所以项目工作分解结构应适应项目的承包方式和合同结构。

5）由于项目工作分解结构是为项目的计划和实施控制服务的，是计划和控制的主要对象，所以它还应符合项目计划和目标控制的需要，体现在：

① 分解后的各个项目单元应该有可管理、可度量和相对独立的可交付成果，能方便地应用工期、质量、成本、合同、信息等管理方法和手段。

通常，持续时间、信息、组织责任、成本责任、成本核算要能落实到最低层次的项目单元，否则该层次的分解价值就不大。

② 有利于提高项目的物流、工作流、资金流和信息流的效率和质量。

③ 应符合工程的特点，注意功能之间的有机组合和工作任务的合理归属。

6）项目工作分解结构应有一定的弹性，应能方便地扩展项目的范围、内容和变更项目的结构。在项目实施中设计变更、计划修改以及工程范围的扩大和缩小是难免的。分解结构若无弹性，则一个微小的变更就可能对结构图产生较大的影响，甚至导致一个新的分解版本或一套新的计划的出现。在此，项目编码体系设计的科学性很重要。

7）要求适当的详细程度。对一个项目进行结构分解，究竟要达到什么样的详细程度比较适合，例如分解到多少层次、分解到多少个工作包比较适合，对此很难定量地规定。

① 如果项目工作分解层次和单元过少，则项目单元上的任务和信息容量太大，难以具体地、精细地设计、计划和控制，则失去分解的意义。如最低层次的工作包上的成本（价格）量太大、工期太长，则很难进行精确的控制。

② 项目工作分解较细，能够提高计划和控制的能力。但如果分解得过细，层次与单元太多，结构图、表将极为复杂，则会产生如下问题：

A. 项目工作分解结构失去弹性，机动灵活性较小，项目调整的余地较小，或变更的影

B. 给计划工作带来困难，计划费用增加。例如网络的节点、工作包说明表大量增加。

如果计划必须十分细致，这使得计划不可行。同时，将基层的执行者（工作包责任人）的工作细节都做了详细的规定，这会束缚执行者工作的灵活性和创造力。

C. 项目管理中的信息处理量会成倍增加。每个项目单元都是信息管理的对象，项目工作分解结构图中每增加一个单元，工程中就要增加许多相关的图表文件和管理工作量，则相应的管理费用会大幅度增加，从而降低管理工作效率。

D. 有的项目管理者主观上想把项目工作分解得很细，但难以实现。项目工作结构分解是专业性很强的工作，任何项目单元都是由它的任务承担者完成的，所以在项目系统分析过程中，应吸引项目相关任务承担者参与结构分解工作，听取他们的意见，吸取他们的经验。这样不仅能保证分解的科学性和实用性，而且能够使他们理解和接受分解结果。

E. 造成项目组织跨度太大和（或）组织层次太多。

③ 通常确定工作分解结构的详细程度要综合考虑如下几方面因素：

A. 项目承担者的角色。项目工作分解结构与项目管理者所处的层次和所负责的工作范围有关。

不同的项目参加者对结构分解有不同的要求，如业主要求按项目任务书进行总体的全面的分解，即以整个项目为对象，将项目的全过程、全部空间、所有专业均纳入分解范围，但常常比较粗略，一般在计划和控制中主要抓住上面几个层次。在业主的总项目工作结构分解中，一个承包商所完成的项目任务（合同）可能仅作为一个项目单元。

而承包商的任务是完成合同规定的全部工程内容，要具体地组织施工，他必须对合同所规定的承包范围进行分解，而且分解得较细。而对工作包的继续分解通常由工程小组或分包商完成。

B. 工程的规模和复杂程度。大型复杂的工程项目的分解层次和单元较多；反之，小型简单项目则较少。

C. 风险程度。对风险程度较大的项目或项目单元（如子项目、任务等），如使用新技术、新工艺，在特殊环境内实施等，则分解得较细。这样就能详细周密地计划，可以透彻地分析风险。而对于风险较小的，常规性的，技术上已经成熟的项目可以分解得较粗些。

D. 承（分）包商或工程小组的数量。项目单元要区分不同的实施者，特别在最低层次的工作包上。如果专业化分工较细，承（分）包商数量较多，则项目单元也应分解得较细，承包方式对项目工作分解结构有很大的影响。

E. 项目实施的不同阶段。一般在可行性研究阶段就开始项目工作分解结构，随着项目的进程逐渐由粗到细，由上而下，不断细化。虽有不同的版本，但它们应前后连贯，保持稳定性。

F. 管理者要求。各层次管理者（特别是上层管理者）对项目计划和实施报告的结构、详细程度和深度有要求，如果项目成本、工期、质量报告要求详细则应分解得较细些。

4.2.4　工程项目系统界面分析

1. 界面的概念

工程项目系统分解是将一个项目分解成各自独立的项目单元，通过结构图对项目进行静态描述。但项目是一个有机的整体，是一个动态的过程，系统的功能是通过系统单元之间的互相作用、互相联系、互相影响实现的。各类项目单元之间存在着复杂的关系，即它们之间存在着界面。系统单元之间界面的划分和联系分析是项目系统分析的重要内容。

在工程项目中界面作为项目的系统特性具有十分广泛的意义，项目的各类系统，如目标系统、技术系统、行为系统、组织系统等，它们的内部系统单元之间，各类系统之间，以及各个系统与环境之间都存在界面。例如：

（1）目标系统的界面。目标因素之间在性质上、范围上互相区别，但它们之间又互相影响：有的有相互依存性，如产品的销售量与利润之间；而有的目标因素之间存在冲突，如环境保护标准的提高会导致投资利润率的下降。

（2）技术系统的界面。

1）工程系统单元在技术上的联系最明显的是专业上的依傍和制约关系，例如土建和建筑之间，土建、建筑和工艺、设备、水、电、暖、通风各个专业之间。

2）工程子系统是在一定的空间上存在并起作用的，必然存在空间上的联系。各个功能面之间、各个专业工程子系统之间都存在技术上的区别与复杂的联系。它们共同构成一个有序的工程技术系统。例如按照生产流程安排车间、仓库、办公楼等的位置，使工程运行有序、效率高、费用省。

技术系统界面的划分对工程项目工作结构分解和合理分标的影响很大，涉及合同界面划分及界面上工作责任的归属。

（3）行为系统的界面。行为系统的界面最主要的是工程活动之间的逻辑关系，通过对逻辑关系的安排将静态的项目工作结构转化成一个动态的整体过程，最终以网络的形式描述项目。

在项目阶段的界面上（如由可行性研究到设计、由设计到招标、由招标到施工，由施工到运行的过渡），各种管理工作，如计划、组织、指挥及控制最为活跃，也最重要。里程碑事件和许多项目控制点都位于项目阶段界面处。

（4）组织系统的界面。组织界面涉及范围很广，包括以下内容：

1）项目组织划分不同的单位和部门，它们有各自不同的任务、责任和权利，项目组织责任的分配、项目管理信息系统设计和组织沟通的主要任务就是解决组织界面问题。

2）不同的组织有不同的目标、组织行为和处理问题的风格，它们会带来组织冲突。

3）组织之间有复杂的工作交往（工作流），信息交往和资源（如材料、设备和服务等）的交往，以及工作成果的交接。

4）项目经理与协助本项目的企业职能经理之间、与业主之间以及与企业经理之间的界面是最重要的组织界面。

5）组织责任的互相制衡是通过组织界面实现的。

6）签订合同实际上是一种关键性的组织界面活动。

7）为了取得项目的成功，项目组织必须疏通与环境组织，如外部团体、上层组织、用户、承包企业、供应单位的关系，特别要获得上层系统的授权与支持，把来自环境的外部干扰减至最少。

（5）项目的各类系统（包括系统单元）与环境系统，与上层组织之间存在着复杂的界面。

总体上，项目所需要的资源、信息、资金、技术等都是通过界面输入的，项目向外界提供产品、服务、信息等也是通过界面输出的。

环境对项目的影响是深远的，项目能否顺利实施并达到预期的目标在很大程度上依赖于项目与环境系统界面的啮合程度。

2. 界面管理

在项目管理中，界面是十分重要的，大量的矛盾、争执、损失都发生在界面上。项目管理的大量工作都需要解决界面问题，如制订各种计划、组织设计、实施控制、召开项目相关职能会议、解决组织矛盾、项目变更、信息管理等。因此，人们将界面同项目单元一样，作为项目管理的一个重要对象。

对于大型复杂的工程项目，界面必须经过精心组织和设计，并纳入项目管理的范围。

1) 界面管理首先要保证系统界面之间的相容性，使项目系统单元之间有良好的接口，有相同的规格。这种良好的接口是工程安全、稳定、经济和高效率运行的基本保证。

2) 保证系统的完备性，不失掉任何工作、设备、信息等，防止发生工作内容、成本和质量责任归属的争执，防止信息衰竭。在实际工程中人们特别容易遗忘界面上的工作，同时项目参加者们常常推卸界面上的工作任务，从而引起组织之间的界面争执。

3) 对界面进行定义，并形成文件，在项目的实施中保持界面清楚，当工程发生变更时应特别注意变更对界面的影响。

4) 大量的管理工作（如检查、分析和决策）都集中在界面上，必须在界面处设置检查验收点、里程碑、决策点和控制点，应采用系统方法从组织、管理、技术、经济和合同等方面主动进行界面管理。

5) 在项目的设计、计划和施工中，必须注意界面之间的联系和制约，解决界面之间的不协调、障碍和争执，主动、积极地处理系统界面的关系，对相互影响的因素进行协调。

现代项目管理强调集成化和综合化，界面管理尤为重要。

3. 项目系统界面的定义文件

由于界面具有非常广泛的意义，而一个工程项目的界面不胜枚举，一般仅对重要的界面进行设计、计划、说明和控制。

项目系统界面定义文件应能够综合表达界面的信息，如界面的位置、组织责任的划分、技术界限、界面工作的界限和归宿、工期界限、活动关系、资源、信息的交换时间安排、成本界限等。

在项目实施过程中通过图纸、规范、计划等进一步详细描述界面。在项目实施过程中，目标、工程设计、实施方案、组织责任的任何变更都可能引起上述内容的变更，则界面文件必须随着工程的变更而变更。

对于开发型项目，特别是软件开发项目，或信息系统开发项目，界面的说明文件特别重要，常常关系到项目的成败。

思 考 题

1. 什么是项目范围？简述其确定依据。
2. 简述工程项目范围说明书的内容和作用。

3. 简述项目范围定义的内容。
4. 什么是工程项目范围管理?简述工程项目范围管理的目的。
5. 简述工程项目系统的特点。
6. 简述项目系统分析的过程。
7. 什么是工程项目工作分解结构(WBS)?简述其作用。
8. 简述工程项目工作分解结构的基本原则。
9. 简述组织系统界面包括的内容。
10. 如何对大型复杂的工程项目的界面进行管理?

二维码形式客观题

手机微信扫描二维码,可自行做客观题,提交后可查看答案。

第 5 章 工程项目组织管理与采购模式

本章重点内容

组织结构在项目管理中的应用；委托采购模式；项目总承包的模式；施工任务委托的模式。

本章学习目标

熟悉组织结构在项目管理中的应用，建设工程项目采购的模式。通过本章学习，应认识到有效的组织内部需要形成团队精神；作为一名合格的项目现场管理者（项目经理）除了应具有专业素质之外，还应具有职业道德和对项目现场人员生命财产的责任感；认识到不同建设工程项目委托模式下，各个参与主体之间权责关系，逐渐形成信用关系和契约精神。

5.1 工程项目组织管理

5.1.1 工程项目组织概述

1. 组织

组织是指为了实现某种既定目标，通过明确分工和协作关系，通过不同层次的权利、责任、利益制度而构成的能够一体化运行的人的系统。因此，对组织的理解可以是：

1）组织是人们有共同目标的集合体。
2）组织是人们通过某种形式的结构关系而共同工作的集合体。
3）组织是人们运用的不同的知识技术系统，是人们相互影响的社会心理系统。
4）表现为组织结构形式，即按照一定的体制、部门设置、层次划分及职责分工而构成的有机体。
5）表现为组织管理过程，即为达到一定目标，运用组织所赋予的权力，对所需的资源进行合理配置。

组织有以下共性：第一，组织是由人来组成的，具有专业化的特点，每个组织都有自己的目标，组织中的人要具备要求的专业技能；第二，组织中的每个成员有特定的活动；第三，组织成员都有自己的目标，成员的目标组成了组织的目标，组织的成员互相合作共同为组织工作。

2. 组织结构的构成因素

组织结构是组织的实体，即组织各要素相互作用的方式或形式，是执行管理任务的体制，通常用组织系统图表示。组织系统图的基本表现形式有组织结构、职位描述、工作流程图等。

构成项目组织结构的因素由管理层次、管理幅度、管理部门、管理职责四部分组成，它们相互联系、相互制约。在进行组织结构设计时，应考虑它们之间的相互关系。

（1）管理层次。根据项目目标的层次性，任何一个项目的管理都可以分为多个不同的管理层次。管理层次是指从公司最高管理者到最下层实际工作人员之间的不同管理阶层。管理层次按从上到下的顺序通常分为决策层、协调层、执行层和操作层，如图 5-1 所示。

1）决策层。决策层是指管理目标与计划的制定者，对项目进行重大决策，为项目负责。

2）协调层。协调层是决策层的重要参谋、咨询层，是协调项目内外事务和矛盾的技术与管理核心，是项目质量、进度、成本的主要控制监督者。

3）执行层。执行层是指直接调动和安排项目活动、组织落实项目计划的阶层，是项目具体工作任务的分配、监督和执行者。

4）操作层。操作层是指从事和完成具体任务的阶层。

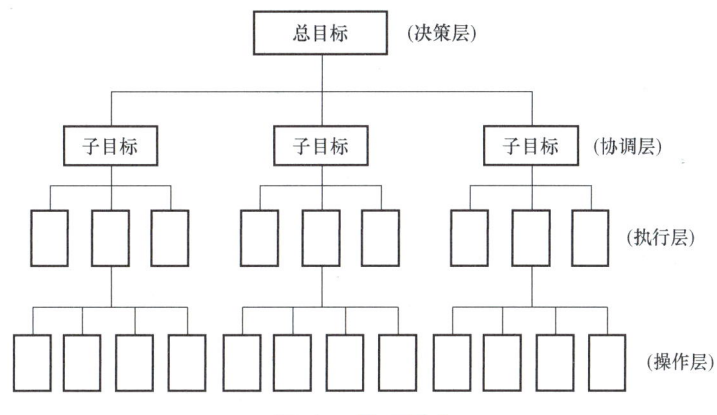

图 5-1　管理层次

一个项目管理层次的多少不是绝对的，但管理层次过多将产生信息流通障碍，使决策效率与工作效率低下。

（2）管理幅度。管理幅度是指一名管理人员所直接管理下级的人数。

管理幅度过大，可能使管理人员对下属的指导和监督时间相对减少，容易导致管理失控，出现各自为政的状况。而管理幅度过小则可能引起层次增加，信息传递容易发生丢失和失真，办事效率低下等问题。一般来说，在确定管理幅度时应考虑以下因素：如管理工作的性质、管理者的工作能力与领导风格、组织的经营形式和发展阶段等。

一个组织的管理层次多少，受组织规模和管理幅度的影响。在管理幅度给定的条件下，管理层次和组织的规模大小成正比，组织规模越大，包括的成员数越多，其所需的管理层次就越多。在组织规模给定的条件下，管理层次和管理幅度成反比，每个主管所能直接控制的下属人数越多，所需的管理层次就越少。

（3）管理部门。管理部门的划分是将工程项目总目标划分为若干具体的子目标，然后把子目标对应的具体工作合并归类，并建立符合专业分工与协作要求的管理部门，并赋予其相应职责和权限。

管理部门过多将造成资源浪费和工作效率低下，管理部门太少也会出现部门内事务太多，管理部门管理困难等问题。管理部门负责的工作与事务太少，部门将人浮于事，影响工作效率和风气。职能过多，管理部门的人员会疲于忙碌，管理困难，影响工作质量。

（4）管理职责。每个岗位均有相应的职责、权利、利益。为提高管理的效率和质量，便于考核，应职责明确，以保证和激励管理部门完成其职责。

3. 工程项目组织的特点

工程项目与一般项目相比有较大的差异，这使得工程项目组织与其他项目组织也有很大的差别，具体表现如下特点。

（1）项目组织的临时性。工程项目具有一次性的特点，并具有开始和结束的时间，是临时的，这也使得工程项目组织具有临时性的特点，即项目负责人是临时的，成员是临时的，组织也是临时的。

（2）项目组织的动态变化性。项目组织在不同的实施阶段，工作内容不同，项目的参与者不同；同一参与者，在项目的不同阶段任务也不同。如在工程项目中，前期决策阶段会有咨询师进入，设计阶段会有很多设计师进入，而施工阶段则是施工队伍进入项目，他们各自在不同的阶段发挥着重要作用，项目结束后，项目组织解散。

（3）项目组织的柔性。项目受环境影响，环境发生变化，项目获得资源的手段方式、项目的生产方式或技术标准可能也会发生变化，项目成员也可能进行相应调整，组织要有能迅速适应环境变化的能力。

（4）项目组织的复杂性。工程项目实施过程中，因参与主体较多，项目实施中形成不同任务、目标，进而形成不同的组织形式，不同组织形式组成了复杂的组织结构体系。为了完成项目的共同目标，不同的组织形式应相互适应，同时工程项目组织还要与企业自身组织形式相适应，因此增加了项目组织的复杂性。

（5）项目组织与企业组织关系的密切性。项目组织因项目而组建，但依据企业而产生，构成企业组织的一部分；同时企业是项目组织外部环境，项目组织人员来自于企业，并回归企业；企业的经营目标、企业文化、企业资源、利益分配均影响项目组织效率。

5.1.2 组织结构在项目管理中的应用

1. 基本的组织结构模式

组织结构模式可用组织结构图描述，组织结构图（见图5-2）也是一个重要的组织工具，反映一个组织系统中各组成部门（组成元素）之间的组织关系（指令关系）。在组织结构图中，矩形框表示工作部门，上级工作部门对其直接下属工作部门的指令关系用单向箭线表示。

组织论的三个重要的组织工具，项目结构图、组织结构图和合同结构图（见图5-3）的区别见表 5-1。

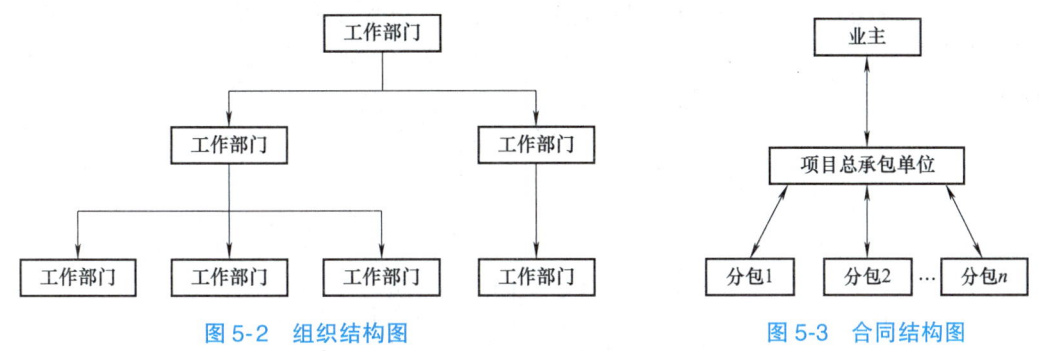

图 5-2 组织结构图　　　　　　　　图 5-3 合同结构图

表 5-1 项目结构图、组织结构图和合同结构图的区别

类型	表达的含义	图中矩形框的含义	矩形框连接的表达
项目结构图	对一个项目的结构进行逐层分解，以反映组成该项目的所有工作任务（该项目的组成部分）	一个项目的组成部分	直线
组织结构图	反映一个组织系统中各组成部门（组成元素）之间的组织关系（指令关系）	一个组织系统中的组成部分（工作部门）	单向箭线
合同结构图	反映一个建设项目参与单位之间的合同关系	一个建设项目的参与单位	双向箭线

常用的组织结构模式包括职能组织结构（见图 5-4）、线性组织结构（见图 5-5）和矩阵组织结构（见图 5-6）等。这几种常用的组织结构模式既可以在企业管理中运用，也可在建设项目管理中运用。

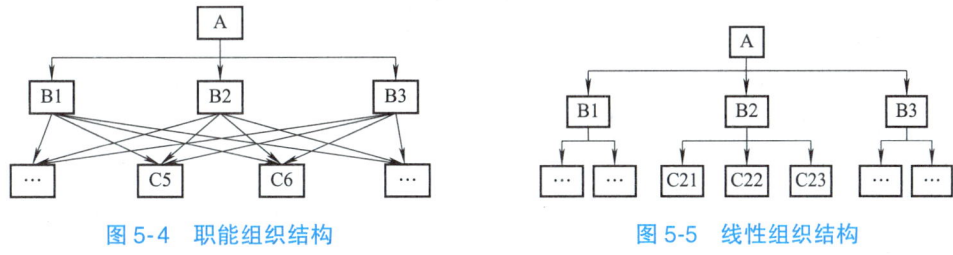

图 5-4 职能组织结构　　　　　　　　图 5-5 线性组织结构

组织结构模式反映一个组织系统中各子系统之间或各组织元素（如各工作部门）之间的指令关系。组织分工反映一个组织系统中各子系统或各组织元素的工作任务分工和管理职能分工。组织结构模式和组织分工是一种相对静态的组织关系。而工作流程组织则反映一个组织系统中各项工作之间的逻辑关系，是一种动态关系。在一个建设工程项目实施过程中，其管理工作的流程、信息处理的流程，以及设计工作、物资采购和施工的流程的组织都属于工作流程组织的范畴。

（1）职能组织结构的特点及其应用。职能组织结构是一种传统的组织结构模式。在职能组织结构中，每一个职能部门都可根据它的管理职能对其直接和非直接的下属工作部门下达工作指令，因此，每一个工作部门都可能得到其直接和非直接的上级工作部门下达的工作指令，它就会有多个矛盾的指令源。一个工作部门的多个矛盾的指令源会影响企业管理机制的运行。

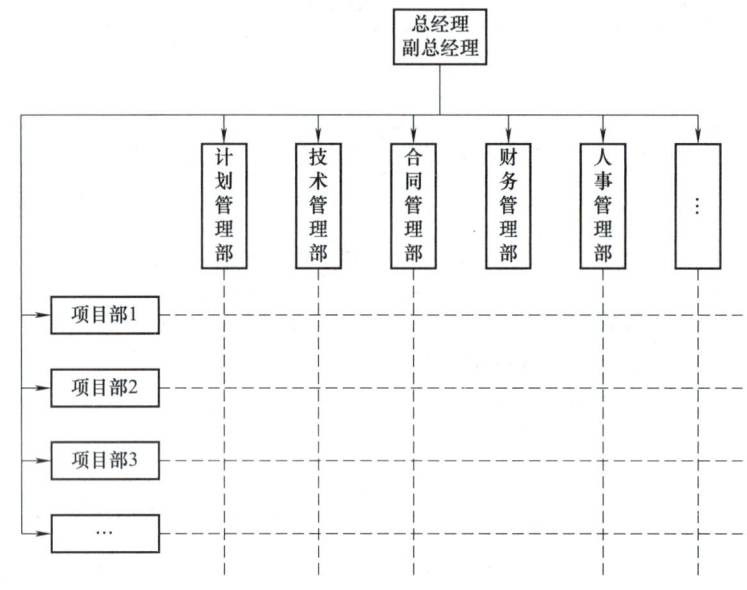

图 5-6 施工企业矩阵组织结构模式示例

图 5-4 所示的职能组织结构中，A、B1、B2、B3、C5 和 C6 都是工作部门，A 可以对 B1、B2 和 B3 下达指令，B1、B2 和 B3 都可以在管理职能范围内对 C5 和 C6 下达指令，因此 C5 和 C6 有多个指令源，其中有些指令可能是矛盾的。

（2）线性组织结构的特点及其应用。线性组织结构来自于严谨的军事组织系统。在线性组织结构中，每一个工作部门只能对其直接的下属部门下达工作指令，每一个工作部门也只有一个直接的上级部门，因此，每一个工作部门只有唯一的指令源，避免了由于矛盾的指令而影响组织系统的运行。

在国际上，线性组织结构模式是建设项目管理组织系统的一种常用模式，因为一个建设项目的参与单位很多，少则数十，多则数百，大型项目的参与单位将数以千计，在项目实施过程中矛盾的指令会给工程项目目标的实现造成很大的影响，而线性组织结构模式可以确保工作指令的唯一性。但在一个特大的组织系统中，由于线性组织结构模式的指令路径过长，有可能会造成组织系统在一定程度上运行困难。

图 5-5 所示的线性组织结构中：

1）A 可以对其直接的下属部门 B1、B2、B3 下达指令。

2）B2 可以对其直接的下属部门 C21、C22、C23 下达指令。

3）虽然 B1 和 B3 比 C21、C22、C23 高一个组织层次，但是，B1 和 B3 并不是 C21、C22、C23 的直接上级部门，它们不允许对 C21、C22、C23 下达指令。

在该组织结构中，每一个工作部门的指令源是唯一的。

（3）矩阵组织结构的特点及其应用。矩阵组织结构是一种较新型的组织结构模式。在矩阵组织结构最高指挥者（部门）下设纵向和横向两种不同类型的工作部门。纵向工作部门如人、财、物、产、供、销的职能管理部门，横向工作部门如生产车间等。一个施工企业，如采用矩阵组织结构模式，则纵向工作部门可以是计划管理、技术管理、合同管理、财务管理和人事管理等部门，而横向工作部门可以是项目部（见图5-6）。

一个大型建设项目如采用矩阵组织结构模式，则纵向工作部门可以是投资控制、进度控制、质量控制、合同管理、信息管理、人事管理、财务管理和物资管理等部门，而横向工作部门可以是各子项目的项目管理部（见图5-7）。矩阵组织结构适宜用于大的组织系统，在上海地铁和广州地铁一号线建设时都采用了矩阵组织结构模式。

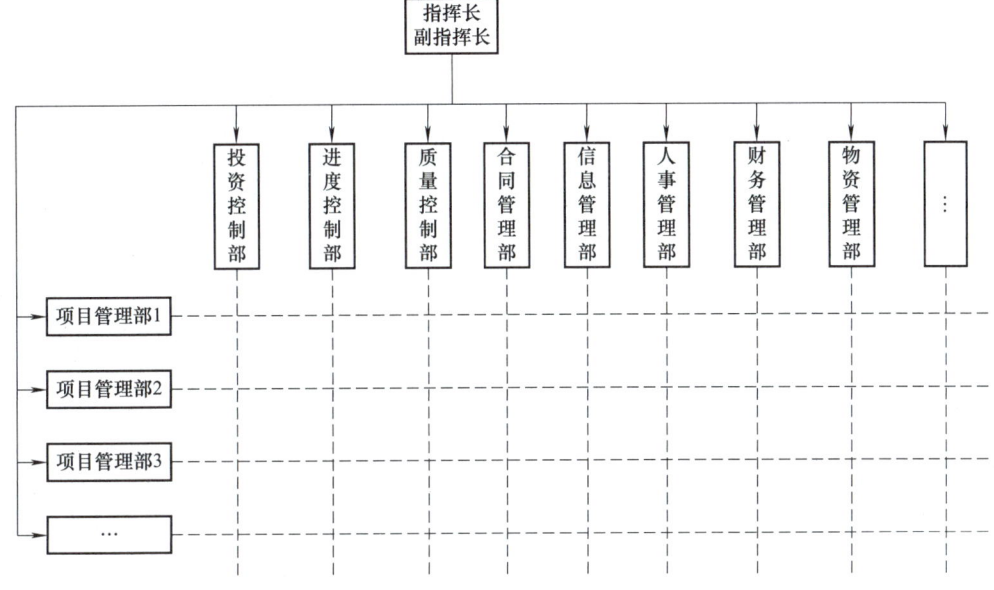

图5-7 一个大型建设项目采用矩阵组织结构模式示例

在矩阵组织结构中，每一项纵向和横向交汇的工作（如图5-7所示的项目管理部1涉及的投资问题），指令来自于纵向和横向两个工作部门，因此其指令源为两个。当纵向和横向工作部门的指令发生矛盾时，由该组织系统的最高指挥者（部门），即如图5-8a所示的A进行协调或决策。

在矩阵组织结构中为避免纵向和横向工作部门指令矛盾对工作的影响，可以采用以纵向工作部门指令为主（见图5-8b）或以横向工作部门指令为主（见图5-8c）的矩阵组织结构模式，这样也可减轻该组织系统的最高指挥者（部门），即图5-8b和图5-8c所示中A的协调工作量。

2. 项目管理的组织结构图

对一个项目的组织结构进行分解，并用图的方式表示，就形成项目组织结构图（Diagram of Organizational Breakdown Structure，OBS图），或称项目管理组织结构图。项目组织结构图反映一个组织系统（如项目管理班子）中各子系统之间和各组织元素（如各工作部门）之间的组织关系，反映的是各工作单位、各工作部门和各工作人员之间的组织关系。而项目结构图描述的是工作对象之间的关系。对大型项目的组织结构应该进行编码，它不同于项目结构编码，但两者之间也会有一定的联系。图 5-9 所示是项目组织结构图的示例，它属于职能组织结构。

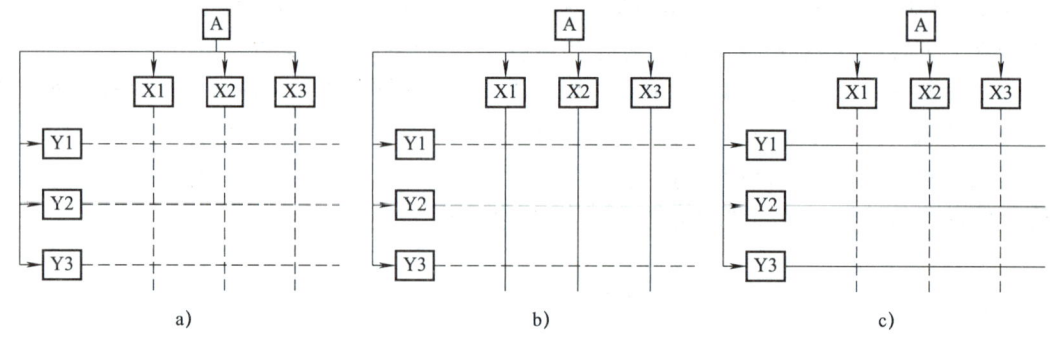

图 5-8 矩阵组织结构

a) 矩阵组织结构　b) 以纵向工作部门指令为主的矩阵组织结构　c) 以横向工作部门指令为主的矩阵组织结构

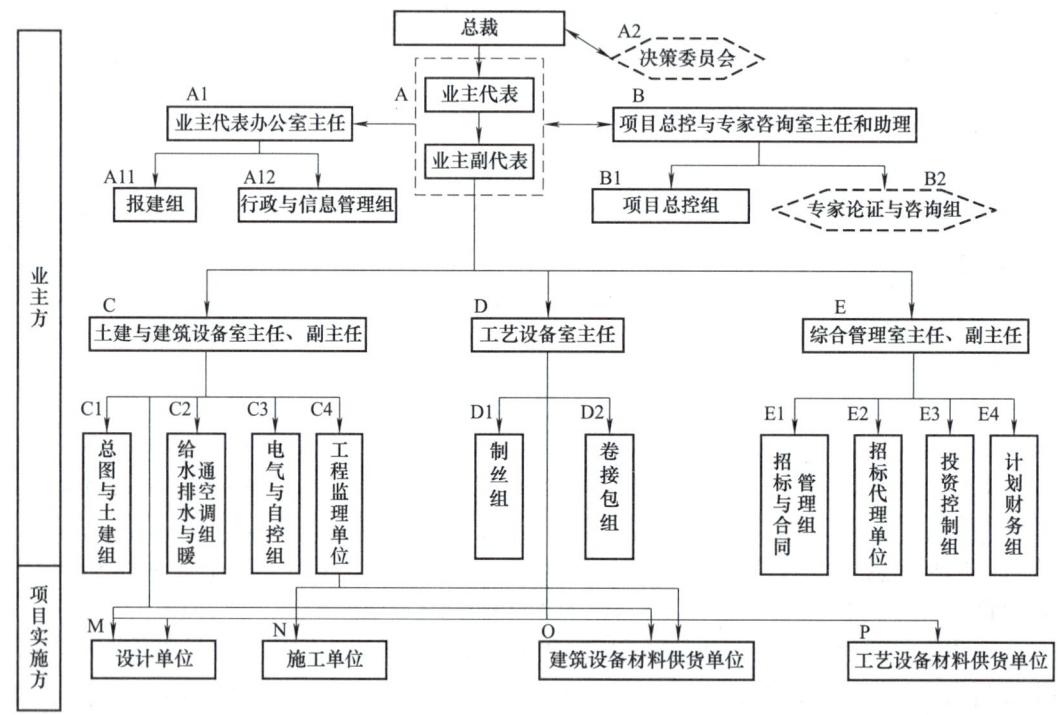

图 5-9 项目组织结构图示例

一个建设工程项目的实施除了业主方外，还有许多单位参加，如设计单位、施工单位、供货单位和工程管理咨询单位以及有关的政府行政管理部门等，项目组织结构图应尽可能表达业主方以及项目的参与单位有关的各工作部门之间的组织关系。

业主方、设计方、施工方、供货方和工程管理咨询方的项目管理的组织结构都可用各自的项目组织结构图予以描述。项目组织结构图应反映项目经理和费用（投资或成本）控制、进度控制、质量控制、合同管理、信息管理和组织与协调等主管工作部门或主管人员之间的组织关系。

图 5-10 所示是一个线性组织结构的项目组织结构图示例，在线性组织结构中每一个工作部门只有唯一的上级工作部门，其指令来源是唯一的。在图 5-10 中总经理不能对项目经理、设计方直接下达指令，总经理必须通过业主代表下达指令；而业主代表也不能对设计方等直接下达指令，他必须通过项目经理下达指令，否则就会出现矛盾的指令。项目的实施方（如图 5-10 中的设计方、施工方和甲供物资方）的唯一指令来源是业主方的项目经理，这有利于项目的顺利进行。

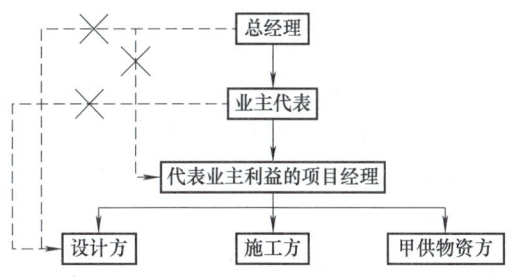

图 5-10　在线性组织结构中不允许出现多重指令

5.1.3　项目经理部

工程项目经理部是为实现一个具体的工程项目目标而组建的协同工作团队，是具有高度凝聚力和团队精神的群体，也是工程项目组织的核心，更是实现项目目标的基本组织保障。项目经理部需要精心组织建设，在工程项目实施过程中不断发展、完善。

1. 项目经理部的特点

（1）有明确的目的性。项目经理部是为实现具体工程项目目标而设立的专门组织，其任务就是实现项目目标。因此，项目经理部具有明确的目的性。

（2）非永久性组织。工程项目是一次性的任务，因而为完成工程项目组建的项目经理部也是一种非永久性的组织。当工程项目完成后，项目经理部的任务随之完成，即可解散。

（3）具有团队精神。项目经理部成员之间的相互平等、相互信任、相互合作是高效完成项目目标的前提和基础；项目管理任务的多元性，要求项目经理部具有高度凝聚力和团队精神。

（4）动态的组织。项目经理部成员的人数和人员结构是动态变化的，随着工程项目的进展和任务的展开，成员的人数及其专业结构也会做出相应调整。

2. 项目经理部职责

（1）项目经理部领导的职责。

1）实现项目经理部的目标。项目经理部的领导，应通过以下过程保证项目目标得以实现：选择适当的人员；制订计划；召开项目经理部会议，对项目经理部目标进行分解、细化；负担起代表整个项目经理部的责任。

2）保证项目经理部的效率。确保所有成员明确他们的职责与任务，并尽职尽责地完成；监督项目经理部工作以确保成员齐心协力，高效率地工作。

（2）项目经理部成员的职责。

1）项目经理部成员要明确自己的职责，要有责任感。

2）项目经理部成员做好本职工作，尽其所能地完成分配给自己的任务。

3）为了使项目经理部能共同工作，将项目经理部职责放在第一位。

3. 项目经理部的形成

一个工程项目经理部从建立到解散，具有一定的发展规律。依据组织行为学理论，项目经理部的成长过程可划分为初期建立阶段、试运作阶段、正常运作阶段、高效运作阶段和末期解散阶段。工程项目经理部的各成长阶段具有如下特点。

（1）初期建立阶段。工程项目经理部成员处于一种新的工作环境，有一种积极向上的愿望，并急于展示自己的工作才能，但对于自己的职责及岗位、对工程项目的目标与自身工作关系比较模糊，还处于一种茫然和摸索阶段。项目经理部应及时为每个项目经理部成员确定其职责和岗位，使每位成员明确项目目标和任务、工程项目的质量标准、预算及进度计划的要求、标准和限制，顺利通过项目经理部的组建阶段。

（2）试运作阶段。成员对项目的目标有所了解，并明确了自己的职责与岗位，开始按照分工进行初步的合作，并逐步产生一些矛盾与问题，如人际关系不融洽，自己感到工作任务繁重或困难等。项目经理应针对出现的各种问题和矛盾，尽快地解决。要创造一些聚会的机会来协调项目经理部成员之间的人际关系，加深相互间了解、增进友谊、提高相互间的认知度。使每位成员抛开个人利益与恩怨，全身心地投入工作中去。

（3）正常运作阶段。通过前期磨合考验后，项目经理部成员之间的关系理顺了，各成员的个人情绪也得到较好的调整，成员熟悉和接受了现有的工作环境和条件，项目经理部凝聚力开始形成，成员合作意识增强，并能积极提出各种建议、积极参与项目管理工作。此阶段成员可以自由地、建设性地表达他们的情绪及评论意见，项目经理部进入健康发展阶段。

（4）高效运作阶段。项目经理部成员在工作中相互帮助，在生活中相互扶持；同时每位成员的工作能力也得到了锻炼和发展，创造能力得到充分发挥，集体感和荣誉感增强。项目经理部成员已经具有合作互助、开放坦诚的团队精神，项目经理部工作进入高绩效阶段。

（5）末期解散阶段。项目经理部成员间的认知度、满意度较高，但同时开始考虑自己今后的工作，使项目经理部出现人心涣散的情况。项目经理最好能够帮助项目经理部成员安排好新的工作，并改变工作方式，完成项目最后的各项具体任务。

5.2 建设工程项目采购模式

5.2.1 委托采购模式

1. 项目管理委托的模式

国际上，项目管理咨询公司（咨询事务所，或称顾问公司）可以接受业主方、设计方、施工方、供货方和建设项目工程总承包方的委托，提供代表委托方利益的项目管理服务。项目管理咨询公司所提供的这类服务的工作性质属于工程咨询（工程顾问）服务。

在国际上业主方项目管理的方式主要有三种：

1）业主方自行项目管理。
2）业主方委托项目管理咨询公司承担全部业主方项目管理的任务。
3）业主方委托项目管理咨询公司与业主方人员共同进行项目管理，业主方从事项目管理的人员在项目管理咨询公司委派的项目经理的领导下工作。

2. 设计任务委托的模式

工业发达国家设计单位的组织体制与我国有区别，多数设计单位是专业设计事务所，而不是综合设计院，如建筑师事务所、结构工程师事务所和各种建筑设备专业工程师事务所等，设计事务所的规模多数也较小，因此其设计任务委托的模式与我国不相同。对工业与民用建筑工程而言，在国际上，建筑师事务所往往起着主导作用，其他专业设计事务所则配合建筑师事务所从事相应的设计工作。

我国业主方主要通过设计招标的方式选择设计方案和设计单位，而在国际上不少国家有设计竞赛条例，设计竞赛与设计任务的委托并没有直接的联系。设计竞赛的范围可宽，也可窄，如设计理念、设计方案、某一个设计问题的设计竞赛。设计竞赛的结果只限于对设计竞赛成果的评奖，业主方综合分析和研究设计竞赛的成果后再决定设计任务的委托。

设计任务的委托主要有两种模式：

1) 业主方委托一个设计单位或由多个设计单位组成的设计联合体或设计合作体作为设计总负责单位，设计总负责单位视需要再委托其他设计单位配合设计。

2) 业主方不委托设计总负责单位，而平行委托多个设计单位进行设计。

5.2.2 项目总承包的模式

1. 项目总承包的内涵

"建筑工程的发包单位可以将建筑工程的勘察、设计、施工、设备采购一并发包给一个工程总承包单位，也可以将建筑工程勘察、设计、施工、设备采购的一项或者多项发包给一个工程总承包单位；但是，不得将应当由一个承包单位完成的建筑工程肢解成若干部分发包给几个承包单位"（引自《中华人民共和国建筑法》）。

工程总承包企业受业主委托，按照合同约定对工程建设项目的勘察、设计、采购、施工、试运行等实行全过程或若干阶段的承包。建设项目工程总承包主要有以下两种方式。

(1) 设计－施工总承包（Design-Build）。设计－施工总承包是指工程总承包企业按照合同约定，承担工程项目设计和施工，并对承包工程的质量、安全、工期、造价全面负责。

(2) 设计采购施工总承包（Engineering，Procurement，Construction，EPC）。设计采购施工总承包是指工程总承包企业按照合同约定，承担工程项目的设计、采购、施工、试运行服务等工作，并对承包工程的质量、安全、工期、造价全面负责。

工程总承包和工程项目管理是国际通行的工程建设项目组织实施方式。积极推行工程总承包和工程项目管理，是深化我国工程建设项目组织实施方式改革，提高工程建设管理水平，保证工程质量和投资效益，规范建筑市场秩序的重要措施；是勘察、设计、施工、监理企业调整经营结构，增强综合实力，加快与国际工程承包和管理方式接轨，提高我国企业国际竞争力的有效途径。

建设项目工程总承包的基本出发点是借鉴工业生产组织的经验，实现建设生产过程的组织集成化，以克服由于设计与施工的分离致使投资增加，以及克服由于设计和施工的不协调而影响建设进度等弊病。

建设项目工程总承包的主要意义并不在于总价包干和"交钥匙"，其核心是通过设计与施工过程的组织集成，促进设计与施工的紧密结合，以达到为项目建设增值的目的。应该指出，即使采用总价包干的方式，稍大一些的项目也难以采用固定总价包干，而多数采用变动总价合同。

2. 国际项目总承包的组织

国际项目总承包的组织有如下可能的模式：

1) 一个组织（企业）既具有设计力量，又具有施工力量，由它独立地承担建设项目工程总承包的任务（在美国这种模式较为常用）。

2) 由设计单位和施工单位为一个特定的项目组成联合体或合作体，以承担项目总承包的任务（在德国和一些其他欧洲国家这种模式较为常用，特别是民用建筑项目的工程总承包往往由设计单位和施工单位组成的项目联合体或合作体承担。待项目结束后项目联合体或合作体就解散）。

3) 由施工单位承接项目总承包的任务，而设计单位受施工单位的委托承担其中的设计任务。

4) 由设计单位承接项目总承包的任务，而施工单位作为其分包承担其中的施工任务。

3. 项目总承包从招标开始至确定合同价的基本工作程序

工业建设项目、民用建筑项目和基础设施项目的项目总承包各有其特点，但其从招标开始至确定合同价的基本工作程序是类似的，以下工作步骤仅供参考。

1) 业主方自行编制，或委托顾问工程师编制项目建设纲要或设计纲要，纲要是项目总承包方编制项目设计建议书的依据。项目建设纲要或设计纲要可包括如下内容：

① 项目定义。
② 设计原则和设计要求。
③ 项目实施的技术大纲和技术要求。
④ 材料和设施的技术要求等。

2) 项目总承包方编制项目设计建议书和报价文件。

3) 设计评审。

4) 合同洽谈，包括确定合同价。

在国际上，民用项目总承包的招标多数采用项目功能描述的方式，而不采用项目构造描述的方式，因为项目构造描述的招标依据是设计文件，而项目总承包招标时业主方还不可能提供具体的设计文件。

4. 项目总承包方的工作程序

1) 项目启动：在工程总承包合同条件下，任命项目经理，组建项目部。

2) 项目初始阶段：进行项目策划，编制项目计划，召开开工会议；发表项目协调程序，发表设计基础数据；编制计划，包括采购计划、施工计划、试运行计划、财务计划和安全管理计划，确定项目控制基准等。

3) 设计阶段：编制初步设计或基础工程设计文件，进行设计审查，编制施工图设计或详细工程设计文件。

4) 采购阶段：采买、催交、检验、运输，与施工办理交接手续。

5) 施工阶段：施工开工前的准备工作，现场施工，竣工试验，移交工程资料，办理管理权移交，进行竣工决算。

6) 试运行阶段：对试运行进行指导和服务。

7) 合同收尾：取得合同目标考核证书，办理决算手续，清理各种债权债务；缺陷通知期限满后取得履约证书。

8) 项目管理收尾：办理项目资料归档，进行项目总结，对项目部人员进行考核评价，解散项目部。

5.2.3 施工任务委托的模式

施工任务的委托主要有如下几种模式：

1）业主方委托一个施工单位或由多个施工单位组成的施工联合体或施工合作体作为施工总承包单位，施工总承包单位视需要再委托其他施工单位作为分包单位配合施工。

2）业主方委托一个施工单位或由多个施工单位组成的施工联合体或施工合作体作为施工总承包管理单位，业主方另委托其他施工单位作为分包单位进行施工。

3）业主方不委托施工总承包单位，也不委托施工总承包管理单位，而平行委托多个施工单位进行施工。

1. 施工总承包

业主方委托一个施工单位或由多个施工单位组成的施工联合体或施工合作体作为施工总承包单位，经业主同意，施工总承包单位可以根据需要将施工任务的一部分分包给其他符合资质的分包人。施工总承包的合同结构图如图 5-11 所示。

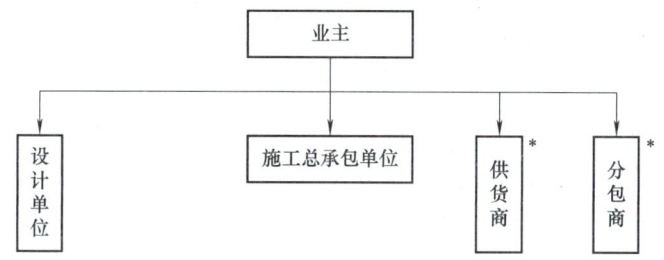

*：为业主自行采购和分包的部分。

图 5-11　建设项目施工总承包模式的合同结构图

施工总承包模式有如下特点。

（1）投资控制方面。

1）一般以施工图设计为投标报价的基础，投标人的投标报价较有依据。

2）在开工前就有较明确的合同价，有利于业主的总投资控制。

3）若在施工过程中发生设计变更，可能会引发索赔。

（2）进度控制方面。由于一般要等施工图设计全部结束后，业主才进行施工总承包的招标，因此，开工日期不可能太早，建设周期会较长。这是施工总承包模式的最大缺点，限制了其在建设周期紧迫的建设工程项目上的应用。

（3）质量控制方面。建设工程项目质量的好坏在很大程度上取决于施工总承包单位的管理水平和技术水平。

（4）合同管理方面。

1）业主只需要进行一次招标，与施工总承包商签约，因此招标及合同管理工作量将会减小。

2）在很多工程实践中，采用的并不是真正意义上的施工总承包，而是所谓的"费率招标"。"费率招标"实质上是开口合同，对业主方的合同管理和投资控制十分不利。

（5）组织与协调方面。由于业主只负责对施工总承包单位的管理及组织协调，其组织与协调的工作量比平行发包会大大减少，这对业主有利。

2. 施工总承包管理

施工总承包管理模式（Managing Contractor）的内涵是：业主方委托一个施工单位或由多个施工单位组成的施工联合体或施工合作体作为施工总承包管理单位，业主方另委托其他施工单位作为分包单位进行施工。一般情况下，施工总承包管理单位不参与具体工程的施工，但如果施工总承包管理单位也想承担部分工程的施工，它也可以参加该部分工程的投标，通过竞争取得施工任务。

（1）施工总承包管理模式的特点。

1）投资控制方面。

① 一部分施工图完成后，业主方就可单独或与施工总承包管理单位共同进行该部分工程的招标，分包合同的投标报价和合同价以施工图为依据。

② 在进行对施工总承包管理单位的招标时，只确定施工总承包管理费，而不确定工程总造价，这可能成为业主控制总投资的风险。

③ 多数情况下，由业主方与分包人直接签约，有可能增加业主方的风险。

2）进度控制方面。不需要等待施工图设计完成后再进行施工总承包管理的招标，分包合同的招标也可以提前，这样有利于提前开工，缩短建设周期。

3）质量控制方面。

① 对分包人的质量控制由施工总承包管理单位进行。

② 分包工程任务符合质量控制的"他人控制"原则，对质量控制有利。

③ 各分包之间的关系可由施工总承包管理单位负责，这样就可减少业主方管理的工作量。

4）合同管理方面。

① 一般情况下，所有分包合同的招标投标、合同谈判以及签约工作均由业主方负责，业主方的招标及合同管理工作量较大。

② 对分包人的工程款支付可由施工总承包管理单位支付或由业主直接支付，前者有利于施工总承包管理单位对分包人的管理。

5）组织与协调方面。由施工总承包管理单位负责对所有分包人的管理及组织协调，这样就大大减轻业主方的工作。这是采用施工总承包管理模式的基本出发点。

（2）施工总承包管理与施工总承包模式的比较。

1）工作开展程序不同。施工总承包模式的工作程序是：先进行建设项目的设计，待施工图设计结束后再进行施工总承包招标投标，然后再进行施工，如图 5-12b 所示。而如果采用施工总承包管理模式，施工总承包管理单位的招标可以不依赖完整的施工图，当完成一部分施工图就可对其进行招标，如图 5-12a 所示。由图可以看出，施工总承包管理模式可以在很大程度上缩短建设周期。

2）合同关系。施工总承包管理模式的合同关系有两种可能，即业主与分包单位直接签订合同或者由施工总承包管理单位与分包单位签订合同，其合同结构图分别如图 5-13 和图 5-14 所示。而当采用施工总承包模式时，由施工总承包单位与分包单位直接签订合同。

3）分包单位的选择和认可。一般情况下，当采用施工总承包管理模式时，分包合同由业主与分包单位直接签订，但每一个分包单位的选择和每一个分包合同的签订都要经过施工总承包管理单位的认可，因为施工总承包管理单位要承担施工总体管理和目标控制的任务和

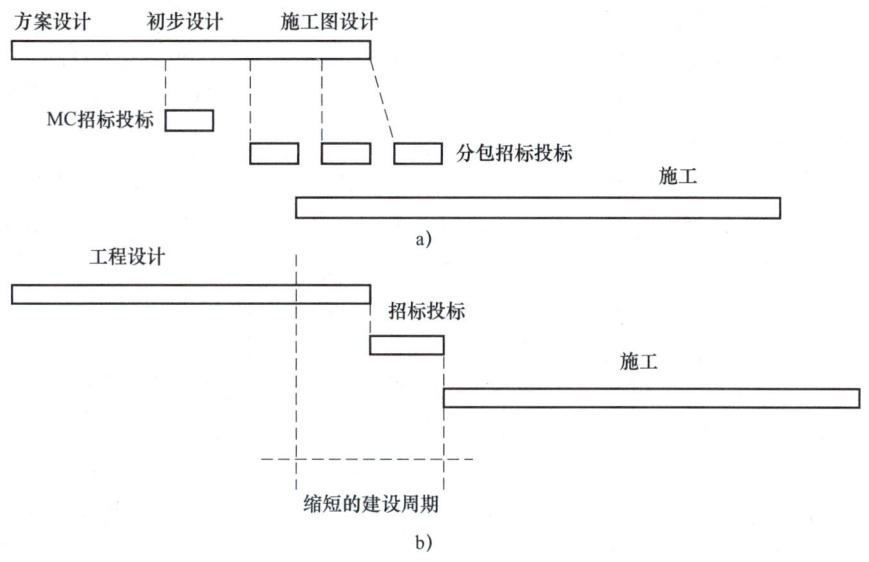

图 5-12 施工总承包管理与施工总承包模式的比较
a) 建设项目施工总承包管理模式下的项目开展顺序　b) 建设项目施工总承包模式下的项目开展顺序

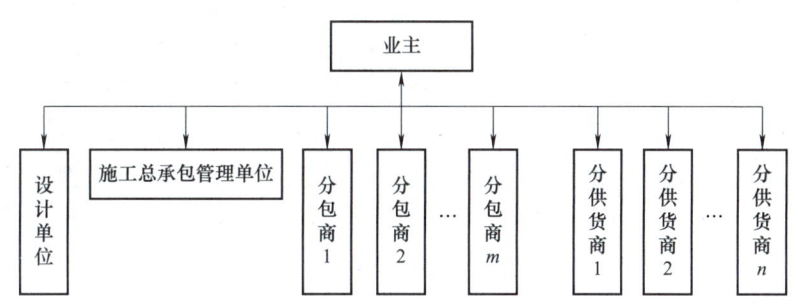

图 5-13 施工总承包管理模式下的合同结构 1

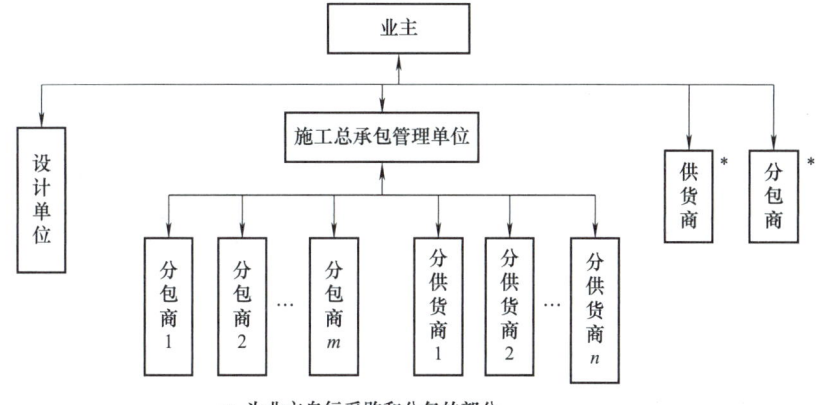

*：为业主自行采购和分包的部分。

图 5-14 施工总承包管理模式下的合同结构 2

责任。如果施工总承包管理单位认为业主选定的某个分包单位确实没有能力完成分包任务，而业主执意不肯更换分包单位，施工总承包管理单位也可以拒绝认可该分包合同，并且不承担该分包单位所负责工程的管理责任。而当采用施工总承包模式时，分包单位由施工总承包单位选择，由业主认可。

4）对分包单位的付款。各个分包单位的工程款项可以通过施工总承包管理单位支付，也可以由业主直接支付。如果由业主直接支付，需要经过施工总承包管理单位的认可。而当采用施工总承包模式时，各个分包单位的工程款项一般由施工总承包单位负责支付。

5）对分包单位的管理和服务。施工总承包管理单位和施工总承包单位一样，既要负责对现场施工的总体管理和协调，也要负责向分包单位提供相应的配合施工的服务。对于施工总承包管理单位或施工总承包单位提供的某些设施和条件，如搭设的脚手架、临时用房等，如果分包单位需要使用，则应由双方协商所支付的费用。

6）施工总承包管理的合同价格。施工总承包管理合同中一般只确定施工总承包管理费（通常是按工程建筑安装工程造价的一定百分比计取），而不需要确定建筑安装工程造价，这也是施工总承包管理模式的招标可以不依赖于施工图出齐的原因之一。分包合同一般采用单价合同或总价合同。施工总承包管理模式与施工总承包模式相比在合同价方面有以下优点：

1）合同总价不是一次确定的，某一部分施工图设计完成以后，再进行该部分施工招标，确定该部分合同价，因此整个建设项目的合同总额的确定较有依据。

2）所有分包都通过招标获得有竞争力的投标报价，对业主方节约投资有利。

3）在施工总承包管理模式下，分包合同价对业主是透明的。

在国内，对施工总承包管理模式存在不少误解，误认为施工总承包管理单位仅仅做管理与协调工作，而对建设项目目标控制不承担责任。实际上，每一个分包合同都要经过施工总承包管理单位的确认，施工总承包管理单位有责任对分包单位的质量和进度进行控制，并负责审核和控制分包合同的费用支付，负责协调各个分包的关系，负责各个分包合同的管理。因此，在组织结构和人员配备上，施工总承包管理单位仍然要有安全管理、费用控制、进度控制、质量控制、合同管理、信息管理和进行组织与协调的机构和人员。

思 考 题

1. 什么是组织？如何理解其内涵？
2. 简述组织结构的构成因素。
3. 简述工程项目组织的特点。
4. 简述职能组织结构的特点及其应用。
5. 简述项目经理部的特点。
6. 简述项目经理部的职责。
7. 什么是项目管理委托的模式？有哪几种方式？
8. 简述项目总承包的内涵及具体方式。
9. 简述国际项目总承包的组织模式。
10. 简述项目总承包方的工作程序。

11. 什么是施工总承包模式？有何特点？
12. 什么是施工总承包管理模式？有何特点？
13. 简述施工总承包管理与施工总承包模式之间的差异。

二维码形式客观题

手机微信扫描二维码，可自行做客观题，提交后可查看答案。

第 6 章 工程项目施工成本控制

本章重点内容

施工成本管理的任务；编制施工成本计划的方法；施工成本控制的方法；施工成本分析的方法。

本章学习目标

了解成本管理任务和成本计划编制方法；掌握成本控制和分析方法。通过本章学习，培养学生在实际工作中计划的执行能力、分析问题和解决问题的专业素养，培养正确的价值观和职业道德精神。

6.1 施工成本管理的任务与措施

6.1.1 施工成本管理的任务

施工成本是指在建设工程项目的施工过程中所发生的全部生产费用的总和，包括：所消耗的原材料、辅助材料、构配件等的费用，周转材料的摊销费或租赁费，施工机械的使用费或租赁费，支付给生产工人的工资、奖金、工资性质的津贴，进行施工组织与管理所发生的全部费用支出等。建设工程项目施工成本由直接成本和间接成本组成。

成本管理就是要在保证工期和质量满足要求的情况下，采取相应管理措施，包括组织措施、经济措施、技术措施、合同措施，把成本控制在计划范围内，并寻求最大限度的成本节约。

成本管理首先要做好基础工作，成本管理的基础工作是多方面的，成本管理责任体系的建立是其中最根本最重要的基础工作，涉及成本管理的一系列组织制度、工作程序、业务标准和责任制度的建立。此外，应从以下各方面为施工成本管理创造良好的基础条件。

1）统一组织内部工程项目成本计划的内容和格式。其内容应能反映施工成本的划分、各成本项目的编码及名称、计量单位、单位工程量计划成本及合计金额等。这些成本计划的内容和格式应由各企业按照自己的管理习惯和需要进行设计。

2）建立企业内部施工定额并保持其适应性、有效性和相对的先进性，为施工成本计划的编制提供支持。

3）建立生产资料市场价格信息的收集网络和必要的派出询价网点，做好市场行情预测，保证采购价格信息的及时性和准确性。同时，建立企业的分包商、供应商评审注册名录，发展稳定、良好的供方关系，为编制施工成本计划与采购工作提供支持。

4）建立已完成项目的成本资料、报告报表等的归集、整理、保管和使用管理制度。

5）科学设计施工成本核算账册体系、业务台账、成本报告报表，为施工成本管理的业务操作提供统一的范式。

施工成本管理的任务和环节主要包括：①施工成本计划编制；②施工成本控制；③施工成本核算；④施工成本分析；⑤施工成本考核。

1. 成本计划编制

成本计划是以货币形式编制施工项目在计划期内的生产费用、成本水平、成本降低率以及为降低成本所采取的主要措施和规划的书面方案。它是建立施工项目成本管理责任制、开展成本控制和核算的基础，此外，它还是项目降低成本的指导文件，是设立目标成本的依据，即成本计划是目标成本的一种形式。项目成本计划一般由施工单位编制。施工单位应围绕施工组织设计或相关文件进行编制，以确保对施工项目成本控制的适宜性和有效性。具体可按成本组成（如人工费、材料费、施工机具使用费和企业管理费等）、项目结构（如各单位工程或单项工程）和工程实施阶段（如基础、主体、安装、装修等）进行编制。

在编制施工成本计划时应遵循以下原则：

（1）从实际情况出发。编制成本计划必须根据国家的方针政策，从企业的实际情况出发，充分挖掘企业内部潜力，使降低成本指标既积极可靠，又切实可行。施工项目管理部门降低成本的潜力在于：正确选择施工方案，合理组织施工；提高劳动生产率；改善材料供应；降低材料消耗；提高机械利用率；节约施工管理费用等。但必须注意避免以下情况发生：①为了降低成本而偷工减料，忽视质量；②不顾机械维护修理而过度、不合理使用机械；③片面增加劳动强度，加班加点；④忽视安全工作，未给职工办理相应的保险等。

（2）与其他计划相结合。施工成本计划必须与施工项目的其他计划，如施工方案、生产进度计划、财务计划、材料供应及消耗计划等密切结合，保持平衡。一方面，成本计划要根据施工项目的生产、技术组织措施、劳动工资、材料供应和消耗等计划来编制；另一方面，其他各项计划指标又影响成本计划，所以其他各项计划在编制时应考虑降低成本的要求，与成本计划密切配合，而不能单纯考虑单一计划本身的要求。

（3）采用先进技术经济定额。施工成本计划必须以各种先进的技术经济定额为依据，并结合工程的具体特点，采取切实可行的技术组织措施作为保证。只有这样，才能编制出既有科学依据，又切实可行的成本计划，从而发挥施工成本计划的积极作用。

（4）统一领导、分级管理。编制成本计划时应采用统一领导、分级管理的原则，同时应树立全员进行施工成本控制的理念。在项目经理的领导下，以财务部门和计划部门为主体，发动全体职工共同参与，总结降低成本的经验，找出降低成本的正确途径，使成本计划的制订与执行更符合项目的实际情况。

（5）适度弹性。施工成本计划应留有一定的余地，保持计划的弹性。在计划期内，项目经理部的内部或外部环境都有可能发生变化，尤其是材料供应、市场价格等具有很大的不确定性，这给拟定计划带来困难。因此在编制计划时应充分考虑这些情况，使计划具有一定的适应环境变化的能力。

2. 施工成本控制

施工成本控制是在施工过程中，对影响施工成本的各种因素加强管理，并采取各种有效措施，将施工中实际发生的各种消耗和支出严格控制在成本计划范围内。通过动态监控并及时反馈，严格审查各项费用是否符合标准，计算实际成本和计划成本之间的差异并进行分析，进而采取多种措施，减少或消除施工中的损失浪费。

建设工程项目施工成本控制应贯穿于项目从投标阶段开始直至保证金返还的全过程，它是企业全面成本管理的重要环节。施工成本控制可分为事先控制、事中控制（过程控制）和事后控制。

3. 施工成本核算

施工成本核算包括两个基本环节：一是按照规定的成本开支范围对施工费用进行归集和分配，计算出施工费用的实际发生额；二是根据成本核算对象，采用适当的方法，计算出该施工项目的总成本和单位成本。

施工成本核算一般以单位工程为对象，但也可以按照承包工程项目的规模、工期、结构类型、施工组织和施工现场等情况，结合成本管理要求，灵活划分成本核算对象。

项目管理机构应按规定的会计周期进行项目成本核算。

项目管理机构应编制项目成本报告。

对竣工工程的成本核算，应区分为竣工工程现场成本和竣工工程完全成本，分别由项目经理部和企业财务部门进行核算分析，其目的在于分别考核项目管理绩效和企业经营效益。

4. 施工成本分析

施工成本分析是在施工成本核算的基础上，对成本的形成过程和影响成本升降的因素进行分析，以寻求进一步降低成本的途径，包括有利偏差的挖掘和不利偏差的纠正。施工成本分析贯穿于施工成本管理的全过程，它是在成本的形成过程中，主要利用施工项目的成本核算资料（成本信息），与目标成本、预算成本以及类似施工项目的实际成本等进行比较，了解成本的变动情况；同时也要分析主要技术经济指标对成本的影响，系统地研究成本变动的因素，检查成本计划的合理性，并通过成本分析，深入研究成本变动的规律，寻找降低施工项目成本的途径，以便有效地进行成本控制。成本偏差的控制，分析是关键，纠偏是核心，因此要针对分析得出的偏差发生原因，采取切实措施，加以纠正。

5. 施工成本考核

施工成本考核是指在施工项目完成后，对施工项目成本形成中的各责任者，按施工项目成本目标责任制的有关规定，将成本的实际指标与计划、定额、预算进行对比和考核，评定施工项目成本计划的完成情况和各责任者的业绩，并以此给予相应的奖励和处罚。通过成本考核，做到有奖有惩，赏罚分明，才能有效地调动每位员工在各自施工岗位上努力完成目标成本的积极性，从而降低施工项目成本，提高企业的效益。

施工成本管理的每一个环节都是相互联系和相互作用的。成本预测是成本决策的前提，成本计划是成本决策所确定目标的具体化。成本计划控制则是对成本计划的实施进行控制和监督，保证决策的成本目标的实现；而成本核算又是对成本计划是否实现的最后检验，它所提供的成本信息又将为下一个施工项目成本预测和决策提供基础资料。成本考核是实现成本目标责任制的保证和实现决策目标的重要手段。

6.1.2 施工成本管理的措施

1. 组织措施

组织措施是从施工成本管理的组织方面采取的措施。施工成本控制是全员的活动，如实行项目经理责任制，落实施工成本管理的组织机构和人员，明确各级施工成本管理人员的任务和职能分工、权力和责任。施工成本管理不只是专业成本管理人员的工作，各级项目管理人员都负有成本控制责任。

组织措施的另一方面是编制施工成本控制工作计划、确定合理详细的工作流程。要做好施工采购计划，通过生产要素的优化配置、合理使用、动态管理，有效控制实际成本；加强施工定额管理和施工任务单管理，控制活劳动和物化劳动的消耗；加强施工调度，避免因施工计划不周和盲目调度造成窝工损失、机械利用率降低、物料积压等问题。成本控制工作只有建立在科学管理的基础上，具备合理的管理体制、完善的规章制度、稳定的作业秩序、完整准确的信息传递，才能取得成效。组织措施是其他各类措施的前提和保障，而且一般不需要增加额外的费用，运用得当可以取得良好的效果。

2. 技术措施

施工过程中降低成本的技术措施，包括：进行技术经济分析，确定最佳的施工方案；结合施工方法，进行材料使用的比选，在满足功能要求的前提下，通过代用、改变配合比、使用外加剂等方法降低材料消耗的费用；确定最合适的施工机械、设备使用方案；结合项目的施工组织设计及自然地理条件，降低材料的库存成本和运输成本；应用先进的施工技术，运用新材料，使用先进的机械设备等。在实践中，也要避免仅从技术角度选定方案而忽视对其经济效果的分析论证。

技术措施不仅对解决施工成本管理过程中的技术问题是不可缺少的，而且对纠正施工成本管理目标偏差也有相当重要的作用。因此，运用技术纠偏措施的关键，一是要能提出多个不同的技术方案，二是要对不同的技术方案进行技术经济分析比较，以选择最佳方案。

3. 经济措施

经济措施是最易为人们所接受和采用的措施。管理人员应编制资金使用计划，确定、分解施工成本管理目标，对施工成本管理目标进行风险分析，并制定防范性对策。对各种支出，应认真做好资金的使用计划，并在施工中严格控制各项开支。及时准确地记录、收集、整理、核算实际支出的费用。对各种变更，应及时做好增减账、落实业主签证并结算工程款。通过偏差分析和未完工工程预测，可以发现一些潜在的可能引起未完工程施工成本增加的问题，对这些问题应以主动控制为出发点，及时采取预防措施。因此，经济措施的运用绝不仅仅是财务人员的事情。

4. 合同措施

采用合同措施控制施工成本，应贯穿整个合同周期，包括从合同谈判开始到合同终结的全过程。对于分包项目，首先是选用合适的合同结构，对各种合同结构模式进行分析、比较，在合同谈判时，要争取选用适合于工程规模、性质和特点的合同结构模式。其次，在合同的条款中应仔细考虑一切影响成本和效益的因素，特别是潜在的风险因素。通过对引起成本变动的风险因素的识别和分析，采取必要的风险对策，如通过合理的方式增加承担风险的个体数量以降低损失发生的比例,并最终将这些策略体现在合同的具体条款中。在合同执行期间,合同管理的措施既要密切关注对方合同执行的情况,以寻求合同索赔的机会;同时也要密切关注自己履行合同的情况,以防被对方索赔。

6.2 施工成本计划

6.2.1 施工成本计划的类型

1. 竞争性成本计划

竞争性成本计划是施工项目投标及签订合同阶段的估算成本计划。这类成本计划以招标文件中的合同条件、投标者须知、技术规范、设计图和工程量清单为依据,以有关价格条件说明为基础,结合调研、现场踏勘、答疑等情况,施工企业根据自身的工料消耗标准、水平、价格资料和费用指标等,对本企业完成投标工作所需要支出的全部费用进行估算。在投标报价过程中,虽也着重考虑降低成本的途径和措施,但总体上比较粗略。

2. 指导性成本计划

指导性成本计划是选派项目经理阶段的预算成本计划,是项目经理的责任成本目标。它是以合同价为依据,按照企业的预算定额标准制订的设计预算成本计划,且一般情况下可确定责任总成本目标。

3. 实施性成本计划

实施性成本计划是项目施工准备阶段的施工预算成本计划,它是以项目实施方案为依据,以落实项目经理责任目标为出发点,采用企业的施工定额,通过施工预算的编制而形成的实施性施工成本计划。

以上三类成本计划相互衔接、不断深化,构成了整个工程项目施工成本的计划过程。其中,竞争性成本计划带有成本战略的性质,是施工项目投标阶段商务标书的基础,而有竞争力的商务标书又是以其先进合理的技术标书为支撑的,因此它奠定了施工成本的基本框架和水平。指导性成本计划和实施性成本计划,都是战略性成本计划的进一步开展和深化,是对战略性成本计划的战术安排。

4. 施工预算

施工预算是编制实施性成本计划的主要依据,是施工单位为了加强企业内部的经济核算,在施工图预算的控制下,依据企业内部的施工定额,以建筑安装单位工程为对象,根据施工图、施工定额、施工验收规范、标准图集、施工组织设计(或施工方案)编制的单位工程(或分部分项工程)施工所需的人工、材料和施工机械台班用量的技术经济文件。它是施工企业的内部文件,同时也是施工企业进行劳动调配,物资技术供应,控制成本开支,成本分析和班组经济核算的依据。施工预算不仅规定了单位工程(或分部分项工程)所需人工、材料和施工机械台班用量,还规定了工程的类型、工程材料的规格、品种,所需各种机械的规格,以便有计划、有步骤地合理组织施工,从而达到节约人力、物力和财力的目的。

施工图预算与施工预算相对比,施工预算不同于施工图预算,虽然有一定联系,但区别较大。

（1）编制的依据不同。施工预算的编制以施工定额为主要依据，施工图预算的编制以预算定额为主要依据。而施工定额比预算定额划分得更详细、更具体，并对其中所包括的内容，如质量要求、施工方法以及所需劳动工日、材料品种、规格型号等均有较详细的规定或要求。

（2）适用的范围不同。施工预算是施工企业内部管理用的一种文件，与发包人无直接关系；而施工图预算既适用于发包人，又适用于承包人。

（3）发挥的作用不同。施工预算是承包人组织生产、编制施工计划、准备现场材料、签发任务书、考核工效、进行经济核算的依据，它也是承包人改善经营管理、降低生产成本和推行内部经营承包责任制的重要手段；而施工图预算则是投标报价的主要依据。

在编制实施性成本计划时要进行施工预算和施工图预算的对比分析，通过"两算"对比，分析节约和超支的原因，以便制定解决问题的措施，防止工程亏损，为降低工程成本提供依据。

6.2.2 施工成本计划的编制依据

编制施工成本计划，需要广泛收集相关资料并进行整理，将其作为施工成本计划编制的依据。在此基础上，根据有关设计文件、工程承包合同、施工组织设计、施工成本预测资料等，按照施工项目应投入的生产要素，结合各种因素变化的预测和拟采取的各种措施，估算施工项目生产费用支出的总水平，进而提出施工项目的成本计划控制指标，确定目标总成本。目标总成本确定后，应将其分解落实到各级部门，以便有效地进行控制。最后，通过综合平衡，编制完成施工成本计划。施工成本计划的编制依据包括：

1）投标报价文件。
2）项目管理实施规划。
3）相关设计文件。
4）价格信息。
5）相关定额。
6）类似项目的成本资料。

6.2.3 编制施工成本计划的方法

1. 按施工成本构成编制施工成本计划的方法

按照成本构成要素划分，建筑安装工程费由人工费、材料（包含工程设备）费、施工机具使用费、企业管理费、利润、规费和增值税组成。其中人工费、材料费、施工机具使用费、企业管理费和利润包含在分部分项工程费、措施项目费、其他项目费中。

施工成本可以按成本构成分解为人工费、材料费、施工机具使用费和企业管理费等，如图6-1所示。在此基础上，编制按施工成本构成分解的施工成本计划。

2. 按施工项目组成编制施工成本计划的方法

大中型工程项目通常是由若干单项工程构成的，而每个单项工程包括了多个单位工程，每个单位工程又是由若干个分部分项工程构成。因此，首先要把项目总施工成本分解到单项工程和单位工程中，再进一步分解到分部工程和分项工程中，如图6-2所示。

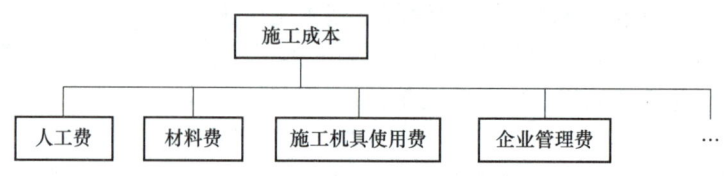

图 6-1 按施工成本构成分解

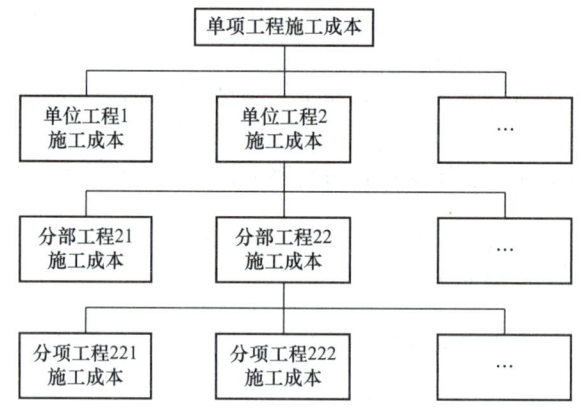

图 6-2 按项目组成分解

在完成施工项目成本目标分解后,就要具体地分配成本,编制分项工程的成本支出计划,从而形成详细的成本计划表,见表 6-1。

表 6-1 分项工程成本计划表

分项工程编码	工程内容	计量单位	工程数量	计划成本	本分项总计
(1)	(2)	(3)	(4)	(5)	(6)

在编制成本支出计划时,要在项目总体层面上考虑总的预备费,也要在主要的分项工程中安排适当的不可预见费,以避免在具体编制成本计划时,可能发现个别单位工程或工程量表中某项内容的工程量计算有较大出入,偏离原来的成本预算。因此,应在项目实施过程中对其尽可能地采取一些措施。

3. 按施工进度编制施工成本计划的方法

按施工进度编制施工成本计划,通常可在控制项目进度的网络图的基础上进一步扩充来得到,即在建立网络图时,一方面确定完成各项工作所需花费的时间,另一方面确定完成各项工作合适的施工成本支出计划。在实践中,将工程项目分解为既能方便地表示时间,又能方便地表示施工成本支出计划的工作较难。通常如果项目分解程度对时间控制合适,则对施工成本支出计划可能分解过细,以至于不可确定每项工作的施工成本支出计划;反之亦然。因此在编制网络计划时,在充分考虑进度控制对项目划分要求的同时,还要考虑确定施工成本支出计划对项目划分的要求,做到二者兼顾。

通过对施工成本目标按时间进行分解,在网络计划基础上,可获得项目进度计划的横道图,并在此基础上编制成本计划。其表示方式有两种:一种是在时标网络图上按月编制的成本计划直方图,如图 6-3 所示;另一种是用时间—成本累积曲线(S 形曲线)表示,如图 6-4 所示。

时间—成本累积曲线的绘制步骤如下:

1)确定工程项目进度计划,编制进度计划的横道图。

2)根据每单位时间内完成的实物工程量或投入的人力、物力和财力,计算单位时间(月或旬)的成本,在时标网络图上按时间编制成本支出计划,如图 6-3 所示。

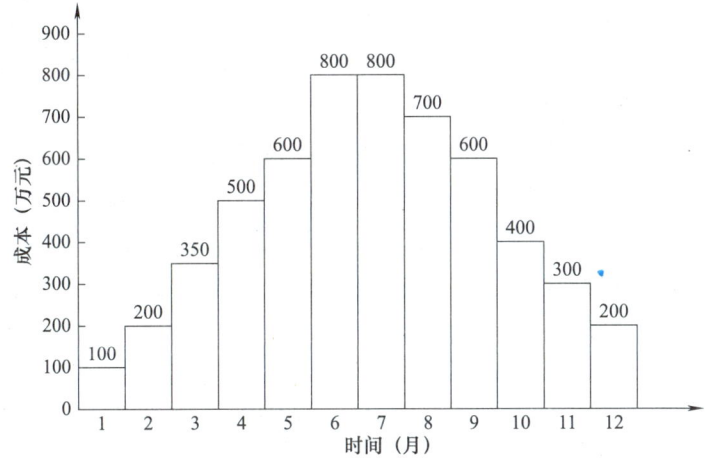

图 6-3 时标网络图上按时间编制的成本计划

3)计算规定时间 t 计划累计支出的成本额。其计算方法为将各单位时间计划完成的成本额累加求和,计算式

$$Q_t = \sum_{n=1}^{t} q_n$$

式中 Q_t——某时间 t 内计划累计支出成本额;

q_n——单位时间 n 的计划支出成本额;

t——某规定计划时刻。

4)按各规定时间的 Q_t 值,绘制 S 形曲线,如图 6-4 所示。

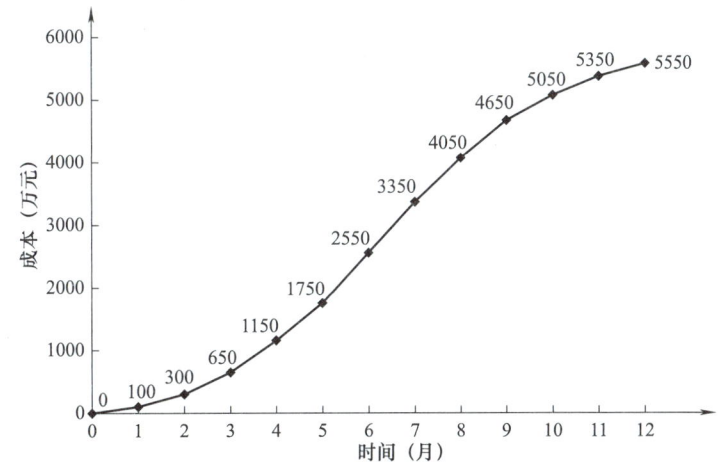

图 6-4 时间-成本累积曲线(S 形曲线)

每一条 S 形曲线都对应某一特定的工程进度计划。因为在进度计划的非关键路线中存在许多有时差的工序或工作，因而 S 形曲线必然包络在由全部工作都按最早开始时间开始和全部工作都按最迟必须开始时间开始的曲线所组成的"香蕉图"内。项目经理可根据编制的成本支出计划来合理安排资金，同时项目经理也可以根据筹措的资金来调整 S 形曲线，即通过调整非关键路线上的工序项目的最早或最迟开工时间，力争将实际的成本支出控制在计划范围内。

一般而言，所有工作都按最迟开始时间开始，对节约资金贷款利息是有利的。但同时也降低了项目按期竣工的保证率，因此项目经理必须合理地确定成本支出计划，达到既节约成本支出又能控制项目工期的目的。

以上三种编制施工成本计划的方式并不是相互独立的。在实践中，往往是将这几种方式结合起来使用，从而可以取得扬长避短的效果。例如，将按施工项目分解总施工成本与按施工成本构成分解总施工成本两种方式相结合，横向按施工成本构成分解，纵向按子项目分解；或相反。这种分解方式有助于检查各分部分项工程施工成本构成是否完整，有无重复计算或漏算；同时还有助于检查各项具体的施工成本支出的对象是否明确或落实，并且可以从数字上校核分解的结果有无错误。或者还可将按子项目分解项目总施工成本计划与按时间分解项目总施工成本计划结合起来，一般纵向按子项目分解，横向按时间分解。

【例 6-1】 某施工项目的数据资料见表 6-2，绘制该项目的时间-成本累积曲线。

表 6-2 某施工项目的数据资料

编 码	项目名称	最早开始时间（月份）	工期（月）	成本强度（万元/月）
11	场地平整	1	1	20
12	基础施工	2	3	15
13	主体工程施工	4	5	30
14	砌筑工程施工	8	3	20
15	屋面工程施工	10	2	30
16	楼地面施工	11	2	20
17	室内设施安装	11	1	30
18	室内装饰	12	1	20
19	室外装饰	12	1	10
20	其他工程		1	10

【解】

1）确定施工项目进度计划，编制进度计划的横道图，如图 6-5 所示。

2）在横道图上按时间编制成本计划，如图 6-6 所示。

3) 计算规定时间 t 计划累计支出的成本额。

编码	项目名称	时间（月）	费用强度（万元/月）	工程进度（月）											
				01	02	03	04	05	06	07	08	09	10	11	12
11	场地平整	1	20												
12	基础施工	3	15												
13	主体工程施工	5	30												
14	砌筑工程施工	3	20												
15	屋面工程施工	2	30												
16	楼地面施工	2	20												
17	室内设施安装	1	30												
18	室内装饰	1	20												
19	室外装饰	1	10												
20	其他工程	1	10												…

图 6-5 进度计划横道图

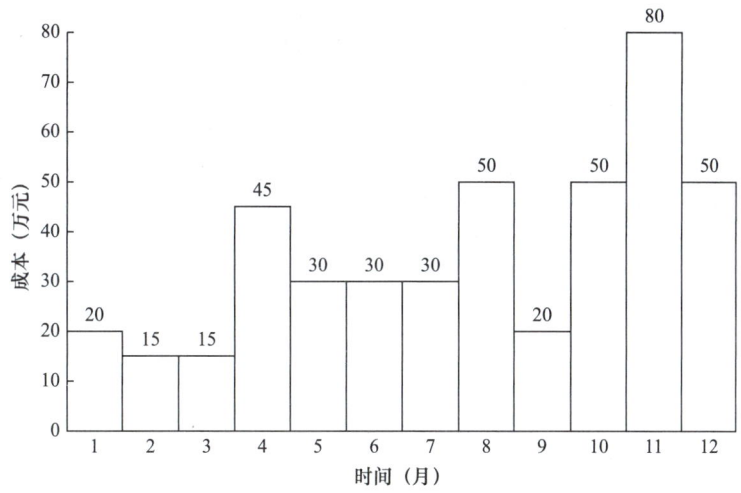

图 6-6 横道图上按时间编制的成本计划

根据公式 $Q_t = \sum_{n=1}^{t} q_n$，可得如下结果

$Q_1 = 20$，$Q_2 = 35$，$Q_3 = 50$，…，$Q_{10} = 305$，$Q_{11} = 385$，$Q_{12} = 435$

4) 绘制 S 形曲线，如图 6-7 所示。

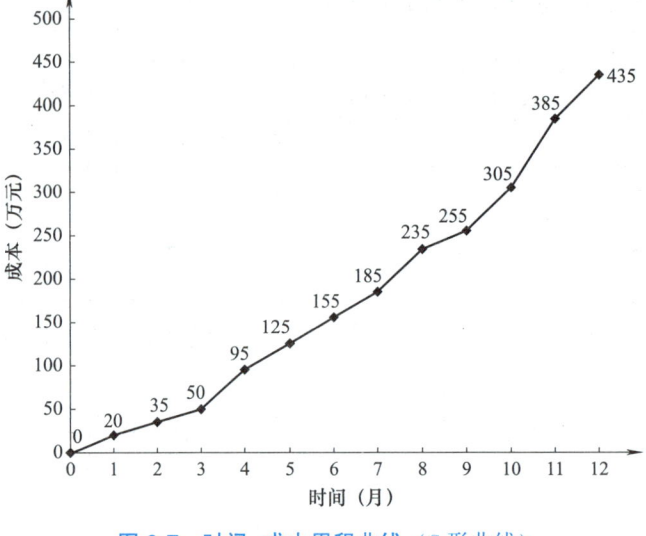

图 6-7　时间-成本累积曲线（S 形曲线）

6.3　施工成本控制

施工成本控制是在项目成本的形成过程中，对生产经营所消耗的人力资源、物资资源和费用开支进行指导、监督、检查和调整，及时纠正将要发生和已经发生的偏差，把各项生产费用控制在计划成本的范围内，以保证成本目标的实现。

6.3.1　施工成本控制的依据

（1）合同文件。施工成本控制要以工程承包合同为依据，围绕降低工程成本这个目标，从预算收入和实际成本两方面，研究节约成本、增加收益的有效途径，以求获得最大的经济效益。

（2）成本计划。施工成本计划是根据施工项目的具体情况制定的施工成本控制方案，既包括预定的具体成本控制目标，又包括实现控制目标的措施和规划，是施工成本控制的指导文件。

（3）进度报告。进度报告提供了对应时间节点的工程实际完成量、工程施工成本实际支付情况等重要信息。施工成本控制工作正是通过将实际情况与施工成本计划相比较，找出二者之间的差别，分析偏差产生的原因，从而采取措施改进以后的工作。此外，进度报告还有助于管理者及时发现工程实施中存在的隐患，并在可能造成重大损失之前采取有效措施，尽量避免损失。

（4）工程变更与索赔资料。在项目的实施过程中，由于各方面的原因，工程变更是很难避免的。工程变更一般包括设计变更、进度计划变更、施工条件变更、技术规范与标准变更、施工次序变更、工程量变更等。一旦出现变更，工程量、工期、成本都有可能发生变化，从而使得施工成本控制变得更加复杂和困难。因此，施工成本管理人员应当通过对变更要求中各类数据的计算、分析，及时掌握变更情况，包括已发生工程量、将要发生工程量、工期是否拖延、支付情况等重要信息，判断变更与索赔可能带来的成本增减。

(5) 各种资源的市场信息。根据各种资源的市场价格信息和项目的实施情况,计算项目的成本偏差,估计成本的发展趋势。

6.3.2 施工成本控制的程序

要做好施工成本的过程控制,必须制定规范化的过程控制程序。成本的过程控制中,有两类控制程序,一是管理行为控制程序,二是指标控制程序。管理行为控制程序是成本全过程控制的基础,指标控制程序则是对成本进行过程控制的重点。两个程序既相对独立又相互联系,既相互补充又相互制约。

1. 管理行为控制程序

管理行为控制的目的是确保每个岗位人员在成本管理过程中的管理行为符合事先确定的程序和方法。那么,首先要清楚企业建立的成本管理体系是否能对成本形成的过程进行有效的控制,其次要考察体系是否处在有效的运行状态。管理行为控制程序就是为规范项目施工成本的管理行为而制定的约束和激励体系,内容如下。

(1) 建立项目施工成本管理体系的评审组织和评审程序。成本管理体系的建立不同于质量管理体系。质量管理体系反映的是企业的质量保证能力,由社会有关组织进行评审和认证;而成本管理体系的建立是企业自身生存发展的需要,没有社会组织来评审和认证。因此企业必须建立项目施工成本管理体系的评审组织和评审程序,定期进行评审和总结,持续改进。

(2) 建立项目施工成本管理体系运行的评审组织和评审程序。项目施工成本管理体系的运行有一个逐步推行的渐进过程。一个企业的各分公司、项目经理部的运行质量往往是不平衡的。因此,必须建立专门的常设组织,依照程序定期进行检查和评审。发现问题,总结经验,以保证成本管理体系的保持和持续改进。

(3) 目标考核,定期检查。管理程序文件应明确每个岗位人员在成本管理中的职责,确定每个岗位人员的管理行为,如应提供的报表、提供的时间和原始数据的质量要求等。要把每个岗位人员是否按要求去履行职责作为一个目标来考核。为了方便检查,应将考核指标具体化,并设专人定期或不定期地检查。表6-3是为规范管理行为而设计的考核表。

表6-3 项目成本岗位责任考核表

序 号	岗位名称	职 责	检查方法	检查人	检查时间
1	项目经理	1. 建立项目成本管理组织 2. 组织编制项目施工成本管理手册 3. 定期或不定期检查有关人员管理行为是否符合岗位职责要求	1. 查看有无组织结构图 2. 查看《项目施工成本管理手册》	上级或自查	开工初期检查一次,以后每月检查一次
2	项目工程师	1. 制定采用新技术降低成本的措施 2. 编制总进度计划 3. 编制总的工具及设备使用计划	1. 查看资料 2. 现场实际情况与计划进行对比	项目经理或其委托人	开工初期检查一次,以后每月检查1~2次

（续）

序号	岗位名称	职　责	检查方法	检查人	检查时间
3	主管材料员	1. 编制材料采购计划 2. 编制材料采购月报表 3. 对材料管理工作每周组织检查一次 4. 编制月材料盘点表及材料收发结存报表	1. 查看资料 2. 对现场实际情况与管理制度中的要求进行对比	项目经理或其委托人	每月或不定期抽查
4	成本会计	1. 编制月度成本计划 2. 进行成本核算，编制月度成本核算表 3. 每月编制一次材料复核报告	1. 查看资料 2. 审核编制依据	项目经理或其委托人	每月检查一次
5	成本员	1. 编制月度用工计划 2. 编制月度材料需求计划 3. 编制月度工具及设备计划 4. 开具限额领料单	1. 查看资料 2. 计划与实际对比，考核其准确性及实用性	项目经理或其委托人	每月或不定期抽查

应根据检查的内容编制相应的检查表，由项目经理或其委托人检查后填写检查表。检查表要由专人负责整理归档。

（4）制定对策，纠正偏差。对管理工作进行检查的目的是保证管理工作按预定的程序和标准进行，从而保证项目施工成本管理能够达到预期的目的。因此，对检查中发现的问题，要及时分析，然后根据不同的情况，及时采取对策。

2. 指标控制程序

施工项目成本指标控制程序如下。

（1）确定施工项目成本目标及月度成本目标。在工程开工之初，项目经理部应根据公司与项目签订的《项目承包合同》确定项目的成本管理目标，并根据工程进度计划确定月度成本计划目标。

（2）收集成本数据，监测成本形成过程。过程控制的目的就在于不断纠正成本形成过程中的偏差，保证成本项目的发生在预定范围之内。因此，在施工过程中要定期收集反映施工成本支出情况的数据，并将实际发生情况与目标计划进行对比，从而保证有效控制成本的整个形成过程。

（3）分析偏差原因，制定对策。施工过程是一个多工种、多方位立体交叉作业的复杂活动，成本的发生和形成是很难按预定的目标进行的，因此，需要及时分析偏差产生的原因，分清是客观因素（如市场调价）还是人为因素（如管理行为失控）。

（4）制定对策，纠正偏差。过程控制的目的在于不断纠正成本形成过程中的偏差，保证成本项目的发生是在预定范围内，针对产生偏差的原因，及时制定对策并予以纠正。

（5）调整改进成本管理的方法。用成本指标考核管理行为，用管理行为来保证成本指标。管理行为的控制程序和成本指标的控制程序是对项目施工成本进行过程控制的主要内容，这两个程序在实施过程中，是相互交叉、相互制约又相互联系的。只有把成本指标的控制程序和管理行为的控制程序相结合，才能保证成本管理工作有序地、富有成效地进行。图 6-8 所示是成本指标控制程序图。

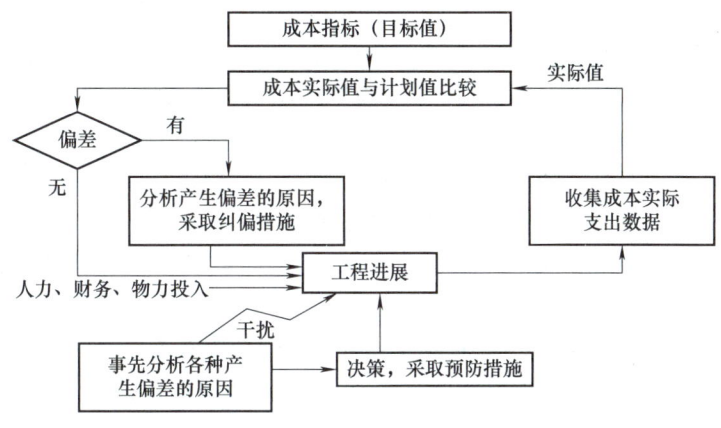

图 6-8　成本指标控制程序图

6.3.3　施工成本控制的方法

1. 施工成本的过程控制方法

（1）人工费的控制。人工费的控制实行"量价分离"的方法，将作业用工及零星用工按定额工日的一定比例综合确定用工数量与单价，通过劳务合同进行控制。

1）人工费的影响因素。

① 社会平均工资水平。建筑安装工人的人工单价必须和社会平均工资水平趋同。社会平均工资水平取决于经济发展水平。由于我国改革开放以来经济迅速增长，社会平均工资也有大幅增长，从而导致人工单价的大幅提高。

② 生产消费指数。生产消费指数的提高会导致人工单价的提高，以减少人们生活水平的下降，维持原来的生活水平。生活消费指数的变动则取决于物价的变动，尤其取决于生活消费品物价的变动。

③ 劳动力市场供需变化。劳动力市场如果供不应求，人工单价就会提高；供过于求，人工单价就会下降。

④ 政府推行的社会保障和福利政策也会影响人工单价的变动。

⑤ 经会审的施工图、施工定额、施工组织设计等决定人工的消耗量。

2）控制人工费的方法。加强劳动定额管理，提高劳动生产率，降低工程耗用人工工日，是控制人工费支出的主要手段。

① 制定先进合理的企业内部劳动定额，严格执行劳动定额，并将安全生产、文明施工及零星用工下达到作业队进行控制。全面推行全额计件的劳动管理办法和单项工程集体承包的经济管理办法，以不超出施工图预算人工费指标为控制目标，实行工资包干制度。认真执行按劳分配的原则，使职工个人所得与劳动贡献相一致，充分调动广大职工的劳动积极性，以提高劳动力效率。把工程项目的进度、安全、质量等指标与定额管理结合起来，提高劳动者的综合能力，实行奖励制度。

② 提高生产工人的技术水平和作业队的组织管理水平，根据施工进度、技术要求，合

理搭配各工种工人的数量，减少和避免无效劳动。不断地改善劳动组织，创造良好的工作环境，改善工人的劳动条件，提高劳动效率。合理调节各工序人数安排情况，安排劳动力时，尽量做到技术工不做普通工的工作，高级工不做低级工的工作，避免技术上的浪费，既要加快工程进度，又要节约人工费用。

③ 加强职工的技术培训和多种施工作业技能的培训，不断提高职工的业务技术水平和熟练操作程度，培养一专多能的技术工人，提高作业工效。提倡技术革新和推广新技术，提高技术装备水平和工厂化生产水平，提高企业的劳动生产率。

④ 实行弹性需求的劳务管理制度。对施工生产各环节上的业务骨干和基本的施工力量，要保持相对稳定。对短期需要的施工力量，要做好预测、计划管理，通过企业内部的劳务市场及外部协作队伍进行调剂。严格做到项目部的定员随工程进度要求及时调整，弹性管理。要打破行业、工种界限，提倡一专多能，提高劳动力的利用效率。

（2）材料费的控制。材料费控制同样按照"量价分离"原则，控制材料用量和材料价格。

1）材料用量的控制。在保证符合设计要求和质量标准的前提下，合理使用材料，通过定额控制、指标控制、计量控制、包干控制等手段有效控制物资材料的消耗，具体方法如下。

① 定额控制。对于有消耗定额的材料，以消耗定额为依据，实行限额领料制度。

限额领料的形式：按分项工程实行限额领料，就是按照分项工程进行限额，如钢筋绑扎、混凝土浇筑、砌筑、抹灰等，是以施工班组为对象进行的限额领料；按工程部位实行限额领料，就是按工程施工工序分为基础工程、结构工程和装饰工程，是以施工专业队为对象进行的限额领料；按单位工程实行限额领料，就是对一个单位工程从开工到竣工全过程的建设工程项目的用料实行的限额领料，是以项目经理部或分包单位为对象开展的限额领料。

限额领料的依据：准确的工程量。它是按工程施工图计算的正常施工条件下的数量，是计算限额领料量的基础。现行的施工预算定额或企业内部消耗定额，是制定限额用量的标准。施工组织设计，是计算和调整非实体性消耗材料的基础。施工过程中发包人认可的变更洽商单，是调整限额量的依据。

限额领料的实施：确定限额领料的形式、签发限额领料单、限额领料单的应用、限额量的调整、限额领料的核算。

② 指标控制。对于没有消耗定额的材料，则实行计划管理和按指标控制的办法。根据以往项目的实际耗用情况，结合具体施工项目的内容和要求，制定领用材料指标，以控制发料。超过指标的材料，必须经过一定的审批手续方可领用。

③ 计量控制。准确做好材料物资的收发计量检查和投料计量检查。

④ 包干控制。在材料使用过程中，对部分小型及零星材料（如钢钉、钢丝等）根据工程量计算出所需材料量，将其折算成费用，由作业者包干使用。

2）材料价格的控制。材料价格主要由材料采购部门控制。由于材料价格是由买价、运杂费、运输中的合理损耗等所组成的，因此控制材料价格，主要是通过掌握市场信息，应用招标和询价等方式控制材料、设备的采购价格。

施工项目的材料物资，包括构成工程实体的主要材料和结构件，以及有助于工程实体形成的周转使用材料和低值易耗品。从价值角度看，材料物资的价值约占建筑安装工程造价的

60%甚至70%以上，因此，对材料物资价格的控制非常重要。由于材料物资的供应渠道和管理方式各不相同，所以控制的内容和所采取的控制方法也将有所不同。

（3）施工机械使用费的控制。合理选择施工机械设备、合理使用施工机械设备，对成本控制具有十分重要的意义，尤其是高层建筑施工。据某些工程实例统计，高层建筑地面以上部分的总费用中，垂直运输机械费用占6%~10%。由于不同的起重运输机械各有不同的特点，因此在选择起重运输机械时，首先应根据工程特点和施工条件确定采取的起重运输机械的组合方式。在确定采用何种组合方式时，首先应满足施工需要，其次要考虑到费用的高低和综合经济效益。

施工机械使用费主要由台班数量和台班单价两方面决定，因此为有效控制施工机械使用费支出，应主要从这两个方面进行控制。

1）台班数量。

① 根据施工方案和现场实际情况，选择适合项目施工特点的施工机械，制订设备需求计划，合理安排施工生产，充分利用现有机械设备，加强内部调配，提高机械设备的利用率。

② 保证施工机械设备的作业时间，安排好生产工序的衔接，尽量避免停工、窝工，尽量减少施工中所消耗的机械台班数量。

③ 核定设备台班定额产量，实行超产奖励办法，加快施工生产进度，提高机械设备单位时间的生产效率和利用率。

④ 加强设备租赁计划管理，减少不必要的设备闲置和浪费，充分利用社会闲置机械资源。

2）台班单价。

① 加强现场设备的维修、保养工作。降低大修、经常性修理等各项费用的开支，提高机械设备的完好率，最大限度地提高机械设备的利用率，避免因使用不当造成机械设备的停止。

② 加强机械操作人员的培训工作。不断提高机械操作人员的操作技能，提高施工机械台班的生产效率。

③ 加强配件的管理。建立健全配件领发料制度，严格按油料消耗定额控制油料消耗，做到修理有记录、消耗有定额、统计有报表、损耗有分析。通过经常分析总结，提高修理质量，降低配件消耗，减少修理费用的支出。

④ 降低材料成本。做好施工机械配件和工程材料采购计划，降低材料成本。

⑤ 成立设备管理领导小组，负责设备调度、检查、维修、评估等具体事宜。对主要部件及其保养情况建立档案，分清责任，便于尽早发现问题，找到解决问题的办法。

（4）施工分包费用的控制。分包工程价格的高低，必然对项目经理部的施工项目成本产生一定的影响。因此，施工项目成本控制的重要工作之一是对分包价格的控制。项目经理部在确定施工方案的初期就要确定需要分包的工程范围，决定分包范围的因素主要是施工项目的专业性和项目规模。对分包费用的控制，主要是要做好分包工程的询价、订立平等互利的分包合同、建立稳定的分包关系网络、加强施工验收和分包结算等工作。

2. 赢得值（挣值）法

国际上先进的工程公司已普遍采用赢得值法进行工程项目的费用、进度综合分析控制。

用赢得值法进行费用、进度综合分析控制，基本参数有三项，即已完成工作预算费用、计划工作预算费用和已完成工作实际费用。

（1）赢得值法的三个基本参数。

1) 已完成工作预算费用。已完成工作预算费用（Budgeted Cost for Work Performed，BCWP），是指在某一时间已经完成的工作（或部分工作），以批准认可的预算为标准所需要的资金总额，由于发包人正是根据这个值为承包人完成的工作量支付相应的费用，也就是承包人获得（挣得）的金额，故称赢得值或挣值。

$$已完成工作预算费用（BCWP）= 已完成工作量 \times 预算单价$$

2) 计划工作预算费用。计划工作预算费用（Budgeted Cost for Work Scheduled，BCWS），即根据进度计划，在某一时刻应当完成的工作（或部分工作），以预算为标准所需要的资金总额。通常，除非合同有变更，否则 BCWS 在工程实施过程中应保持不变。

$$计划工作预算费用（BCWS）= 计划工作量 \times 预算单价$$

3) 已完成工作实际费用。已完成工作实际费用（Actual Cost for Work Performed，ACWP），即到某一时刻为止，已完成的工作（或部分工作）所实际花费的总金额。

$$已完成工作实际费用（ACWP）= 已完成工作量 \times 实际单价$$

（2）赢得值法的四个评价指标。

1) 费用偏差（Cost Variance，CV）。

费用偏差（CV）= 已完成工作预算费用（BCWP）- 已完成工作实际费用（ACWP）

当费用偏差（CV）为负值时，即表示项目运行超出预算费用；当费用偏差（CV）为正值时，表示项目运行节支，实际费用没有超出预算费用。

2) 进度偏差（Schedule Variance，SV）。

进度偏差（SV）= 已完成工作预算费用（BCWP）- 计划工作预算费用（BCWS）

当进度偏差（SV）为负值时，表示进度延误，即实际进度落后于计划进度；当进度偏差（SV）为正值时，表示进度提前，即实际进度快于计划进度。

3) 费用绩效指数（CPI）。

费用绩效指数（CPI）= 已完成工作预算费用（BCWP）/ 已完成工作实际费用（ACWP）

当费用绩效指数（CPI）<1 时，表示超支，即实际费用高于预算费用。

当费用绩效指数（CPI）>1 时，表示节支，即实际费用低于预算费用。

4) 进度绩效指数（SPI）。

进度绩效指数（SPI）= 已完成工作预算费用（BCWP）/ 计划工作预算费用（BCWS）

当进度绩效指数（SPI）<1 时，表示进度延误，即实际进度比计划进度慢。

当进度绩效指数（SPI）>1 时，表示进度提前，即实际进度比计划进度快。

费用（进度）偏差反映的是绝对偏差，结果很直观，有助于费用管理人员了解项目费用出现偏差的绝对数额，并依此采取一定措施，制订或调整费用支出计划和资金筹措计划。但是，绝对偏差有其不容忽视的局限性。如同样是 10 万元的费用偏差，对于总费用 1000 万元的项目和总费用 1 亿元的项目而言，其严重性显然是不同的。因此，费用（进度）偏差仅适合于对同一项目做偏差分析。费用（进度）绩效指数反映的是相对偏差，它不受项目层次的限制，也不受项目实施时间的限制，因而在同一项目和不同项目比较中均可采用。

在项目的费用、进度综合控制中引入赢得值法,可以克服进度、费用分开控制的缺点,即当发现费用超支时,很难立即知道是由于费用超出预算,还是由于进度提前;相反,当发现费用低于预算时,也很难立即知道是由于费用节省,还是由于进度拖延。而引入赢得值法即可定量判断进度、费用的执行效果。

3. 偏差分析的表达方法

偏差分析可以采用不同的表达方法,常用的有横道图法、表格法和曲线法。

(1) 横道图法。用横道图法进行费用偏差分析,使用不同的横道表示已完成工作预算费用(BCWP)、计划工作预算费用(BCWS)和已完成工作实际费用(ACWP),横道的长度与其金额成正比例。费用偏差分析的横道图法如图6-9所示。

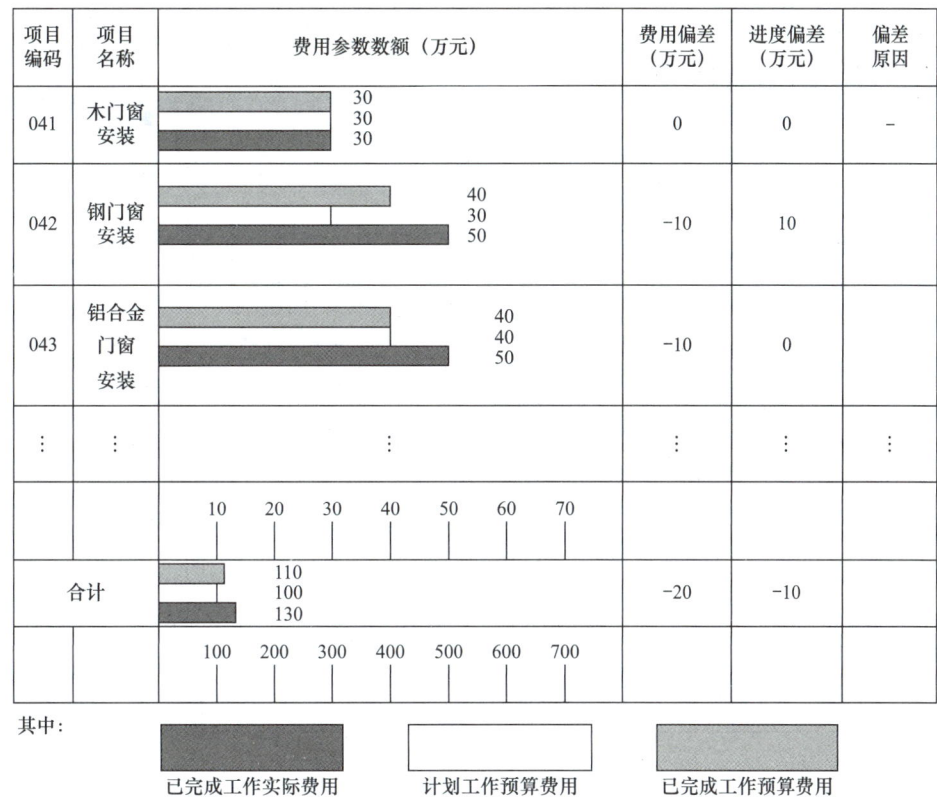

图6-9 费用偏差分析的横道图法

横道图法具有形象、直观、一目了然等优点,它能够准确表达费用的绝对偏差,而且能直观地表明偏差的严重性。但这种方法反映的信息量少,一般在项目的较高管理层应用。

(2) 表格法。表格法是进行偏差分析最常用的一种方法。它将项目编号、名称、各费用参数以及费用偏差数综合归纳入一张表格中,并且直接在表格中进行比较。由于各偏差参数都在表中列出,使得费用管理者能够综合了解并处理这些数据。

用表格法进行偏差分析具有如下优点:

1) 灵活、实用性强。可根据实际需要设计表格,进行增减项。
2) 信息量大。可以反映偏差分析所需的资料,从而有利于费用控制人员及时采取针对性措施,加强控制。

3)表格处理可借助于计算机,从而节约大量数据处理所需的人力,并大大提高速度。表 6-4 是使用表格法进行偏差分析的例子。

表 6-4 费用偏差分析表

项目编码	(1)	041	042	043
项目名称	(2)	木门窗安装	钢门窗安装	铝合金门窗安装
单位	(3)			
预算(计划)单价	(4)			
计划工作量	(5)			
计划工作预算费用(BCWS)	(6) = (5) × (4)	30	30	40
已完成工作量	(7)			
已完成工作预算费用(BCWP)	(8) = (7) × (4)	30	40	40
实际单价	(9)			
已完成工作实际费用(ACWP)	(10) = (7) × (9)	30	50	50
费用局部偏差	(11) = (8) − (10)	0	−10	−10
费用绩效指数(CPI)	(12) = (8) ÷ (10)	1	0.8	0.8
费用累计偏差	(13) = Σ (11)		−20	
进度局部偏差	(14) = (8) − (6)	0	10	0
进度绩效指数(SPI)	(15) = (8) ÷ (6)	1	1.33	1
进度累计偏差	(16) = Σ (14)	10		

(3)曲线法。在项目实施过程中,以上三个参数可以形成三条曲线,即计划工作预算费用(BCWS)、已完成工作预算费用(BCWP)、已完成工作实际费用(ACWP)曲线,如图 6-10 所示。

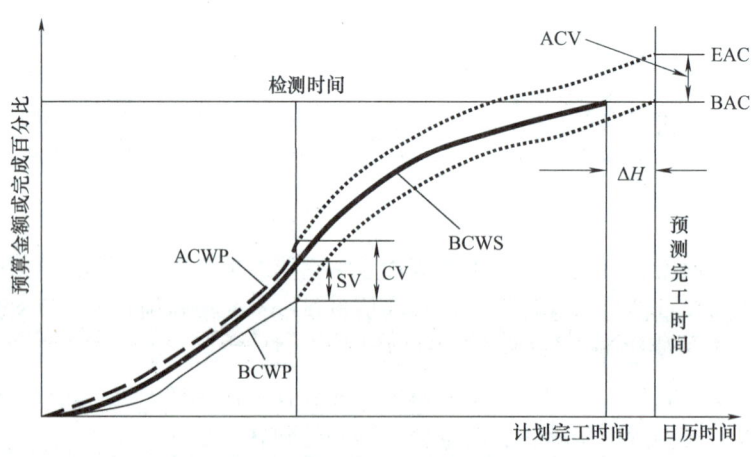

图 6-10 曲线法的评价曲线

图 6-10 中,CV=BCWP−ACWP,由于两项参数均以已完成工作为计算基准,所以两项参数之差,反映项目进展的费用偏差。

SV=BCWP-BCWS，由于两项参数均以预算值（计划值）作为计算基准，所以两者之差，反映项目进展的进度偏差。

采用赢得值法进行费用、进度综合控制，可根据当前的进度、费用偏差情况，通过原因分析，对趋势进行预测，预测项目结束时的进度、费用情况。

BAC（Budget At Completion）——项目完工预算，指编制计划时预计的项目完工费用。

EAC（Estimate At Completion）——预测的项目完工估算，指计划执行过程中根据当前的进度、费用偏差情况预测的项目完工总费用。

ACV（At Completion Variance）——预测项目完工时的费用偏差。

$$ACV = BAC - EAC$$

【例6-2】 某工程项目有2000m² 缸砖面层地面施工任务，交由某分包商承担，计划于6个月内完成，计划的各工作项目单价和计划完成的工作量见表6-5，该工程进行了3个月以后，发现某些工作项目实际已完成的工作量及实际单价与原计划有偏差，其数值见表6-5。

表6-5 工作量表

工作项目名称	平整场地	室内夯填土	垫层	缸砖面砂浆结合	踢脚
单位	100m²	100m²	10m²	100m²	100m²
计划工作量（3个月）	150	20	60	100	13.55
计划单价（元/单位）	16	46	450	1520	1620
已完成工作量（3个月）	150	18	48	70	9.5
实际单价（元/单位）	16	46	450	1800	1650

问题：

（1）试计算出并用表格法列出至第三个月末时各工作的计划工作预算费用（BCWS）、已完成工作预算费用（BCWP）、已完成工作实际费用（ACWP），并分析费用局部偏差值、费用绩效指数（CPI）、进度局部偏差值、进度绩效指数（SPI），以及费用累计偏差和进度累计偏差。

（2）用横道图法表明各项工作的进展及偏差情况。

（3）用曲线法表明该项施工任务总的计划和实际进展情况，表明其费用及进度偏差情况（说明：各工作项目在3个月内均是以匀速、等值进行的）。

【解】

（1）用表格法分析费用偏差，缸砖面层地面施工费用分析见表6-6。

表6-6 缸砖面层地面施工费用分析表

(1) 项目编码		001	002	003	004	005	总计
(2) 项目名称	计算方法	平整场地	室内夯填土	垫层	缸砖面结合	踢脚	
(3) 单位		100m²	100m²	10m²	100m²	100m²	
(4) 计划工作量（三个月）	(4)	150	20	60	100	13.55	
(5) 计划单价（元/单位）	(5)	16	46	450	1520	1620	

（续）

（6）	计划工作预算费用（BCWS）	(6)=(4)×(5)	2400	920	27000	152000	21951	204271
（7）	已完成工作量（三个月）	(7)	150	18	48	70	9.5	
（8）	已完成工作预算费用（BCWP）	(8)=(7)×(5)	2400	828	21600	106400	15390	146618
（9）	实际单价（元/单位）	(9)	16	46	450	1800	1650	
（10）	已完成工作实际费用（ACWP）	(10)=(7)×(9)	2400	828	216000	126000	15675	166503
（11）	费用局部偏差	(11)=(8)-(10)	0	0	0	-19600	-285	
（12）	费用绩效指数（CPI）	(12)=(8)÷(10)	1.0	1.0	1.0	0.844	0.98	
（13）	费用累计偏差	(13)=Σ(11)			-19885			
（14）	进度局部偏差	(14)=(8)-(6)	0	-92	-5400	-45600	-6561	
（15）	进度绩效指数（SPI）	(15)=(8)÷(6)	1	0.9	0.8	0.7	0.7	
（16）	进度累计偏差	(16)=Σ(14)	-57653					

（2）横道图费用偏差分析，如图6-11所示，其中各横道形式表示为：计划工作预算费用（BCWS）■；已完成工作预算费用（BCWP）□；已完成工作实际费用（ACWP）▨。

费用偏差分析表

项目编号	项目名称	费用金额（千元）	费用偏差（千元）	进度偏差（千元）
001	平整场地	2.40 / 2.40 / 2.40	0	0
002	室内夯填土	0.92 / 0.83 / 0.83	0	-0.09
003	垫层	27.00 / 21.60 / 21.60	0	-5.40
004	缸砖面结合	152.00 / 106.40 / 126.00	-19.6	-45.60
005	踢脚	21.95 / 15.39 / 15.68	-0.29	-6.56
	合计	204.27 / 146.62 / 166.50	-19.89	-57.65

注：因空间所限，表中各项工作的横道比例尺大小不同。

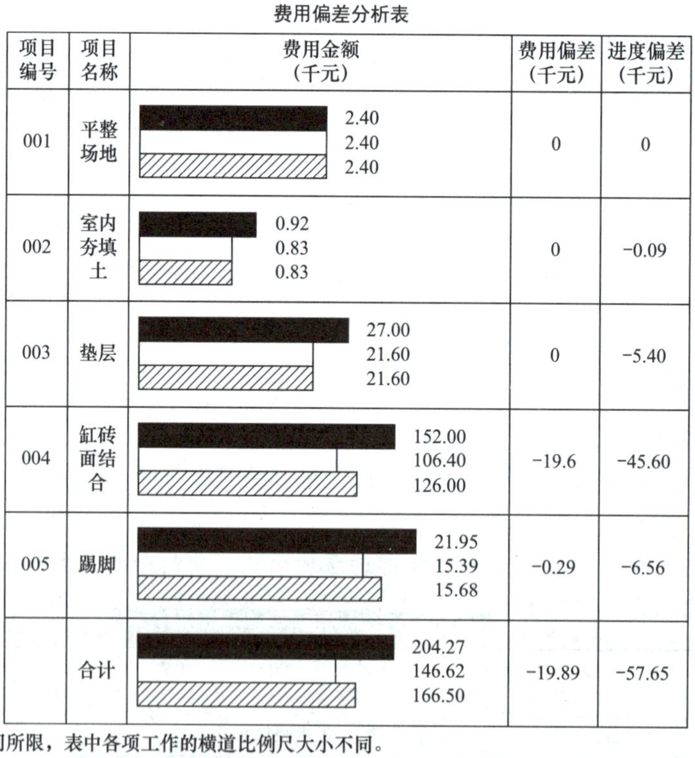

图6-11 费用偏差分析图

（3）用曲线法表明该项施工任务在第三个月末时其费用及进度的偏差情况（见图6-12）。

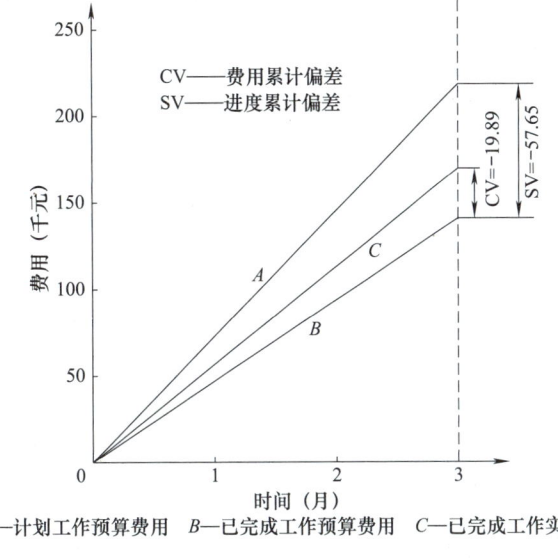

A—计划工作预算费用　B—已完成工作预算费用　C—已完成工作实际费用

图 6-12　费用及进度的偏差情况

用曲线法分析时,由于假定各项工作均是匀速进行,故所绘曲线呈直线形。

【例 6-3】　某工程项目施工合同于 2020 年 12 月签订,约定的合同工期为 20 个月,2021 年 1 月开始正式施工,承包人按合同工期要求编制了混凝土结构工程施工进度时标网络计划(见图 6-13),并经专业监理工程师审核批准。

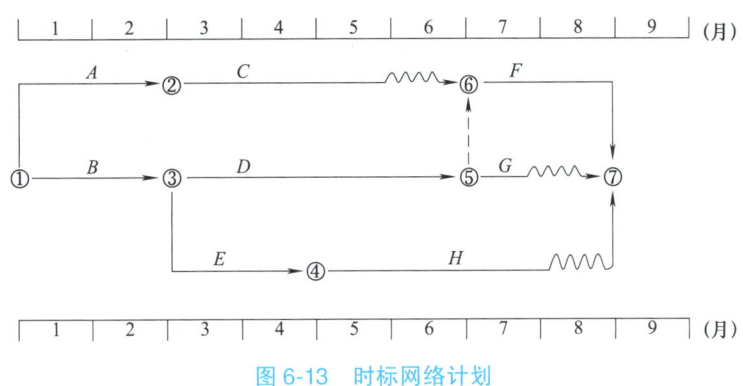

图 6-13　时标网络计划

该项目的各项工作均按最早开始时间安排,且各工作每月所完成的工程量相等。各工作的计划工程量和实际工程量见表 6-7。工作 D、E、F 的实际工作持续时间与计划工作持续时间相同。

表 6-7　计划工程量和实际工程量表

工　作	A	B	C	D	E	F	G	H
计划工程量（m³）	8600	9000	5400	10000	5200	6200	1000	3600
实际工程量（m³）	8600	9000	5400	9200	5000	5800	1000	5000

合同约定,混凝土结构工程综合单价为 1000 元/m³,按月结算。结算价按项目所在地混

凝土结构工程价格指数进行调整，项目实施期间各月的混凝土结构工程价格指数见表6-8。

表6-8 工程价格指数表

时间	2008年12月	2009年1月	2009年2月	2009年3月	2009年4月	2009年5月	2009年6月	2009年7月	2009年8月	2009年9月
混凝土结构工程价格指数（%）	100	115	105	110	115	110	110	120	110	110

施工期间，由于发包人原因使工作H的开始时间比计划的开始时间推迟1个月，并由于工作H工程量的增加使该工作的工作持续时间延长了1个月。

问题：

（1）请按施工进度计划编制资金使用计划（即计算每月和累计计划工作预算费用），并简要写出其步骤。计算结果填入表6-9中。

（2）计算工作H各月的已完成工作预算费用和已完成工作实际费用。

（3）计算混凝土结构工程已完成工作预算费用和已完成工作实际费用，计算结果填入表6-9中。

（4）列式计算8月末的费用偏差（CV）和进度偏差（SV）。

【解】

（1）将各工作计划工程量与单价相乘后，除以该工作持续时间，得到各工作每月计划工作预算费用；再将时标网络计划中各工作分别按月纵向汇总得到每月计划工作预算费用；然后逐月累加得到各月累计计划工作预算费用。

（2）H工作6~9月份每月完成工程量为：$5000m^3 \div 4$月$=1250m^3$/月。

H工作6~9月已完成工作预算费用均为：1250×1000元$=125$万元。

H工作已完成工作实际费用：

6月份：125万元×110%＝137.5万元。

7月份：125万元×120%＝150.0万元。

8月份：125万元×110%＝137.5万元。

9月份：125万元×110%＝137.5万元。

（3）计算结果见表6-9。

表6-9 计算结果　　　　　　　　　　　　　　　（单位：万元）

项目	数据								
	1月份	2月份	3月份	4月份	5月份	6月份	7月份	8月份	9月份
每月计划工作预算费用	880	880	690	690	550	370	530	310	
累计计划工作预算费用	880	1760	2450	3140	3690	4060	4590	4900	
每月已完成工作预算费用	880	880	660	660	410	355	515	415	125
累计已完成工作预算费用	880	1760	2420	3080	3490	3845	4360	4775	4900
每月已完成工作实际费用	1012	924	726	759	451	390.5	618	456.5	137.5
累计已完成工作实际费用	1012	1936	2662	3421	3872	4262.5	4880.5	5337	5474.5

(4) 费用偏差（CV）= 已完成工作预算费用－已完成工作实际费用 =（4775－5337）万元 = －562 万元，超支 562 万元。

进度偏差（SV）= 已完成工作预算费用－计划工作预算费用 =（4775－4900）万元 = －125 万元，进度拖后 125 万元。

4. 偏差原因分析与纠偏措施

（1）偏差原因分析。在实际执行过程中，最理想的状态是已完成工作实际费用（ACWP）、计划工作预算费用（BCWS）、已完成工作预算费用（BCWP）三条曲线靠得很近、平稳上升，表示项目按预定计划目标进行。如果三条曲线离散度不断增加，则可能出现较大的投资偏差。

偏差分析的一个重要目的就是要找出引起偏差的原因，从而采取有针对性的措施，减少或避免相同问题的再次发生。在进行偏差原因分析时，首先应当将已经导致和可能导致偏差的各种原因逐一列举出来。导致不同工程项目产生费用偏差的原因具有一定共性，因而可以通过对已建项目的费用偏差原因进行归纳、总结，为该项目采取预防措施提供依据。

一般来说，产生费用偏差的原因有以下几种，如图 6-14 所示。

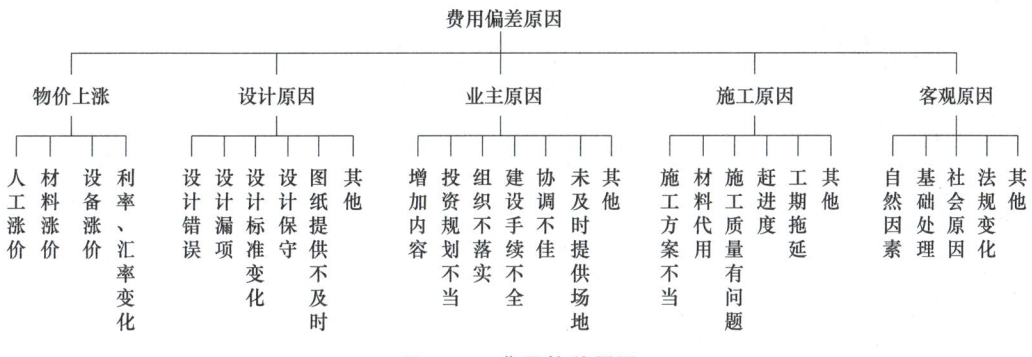

图 6-14 费用偏差原因

（2）纠偏措施。通常要压缩已经超支的费用，而不影响其他目标是十分困难的，一般只有当给出的措施比原计划已选定的措施更为有利，比如使工程范围减少或生产效率提高等，成本才能降低。例如：

1）寻找新的、效率更高的设计方案。
2）购买部分产品，而不是采用完全由自己生产的产品。
3）重新选择供应商，但会产生供应风险，选择需要时间。
4）改变实施过程。
5）变更工程范围。
6）索赔，例如向业主、承（分）包商、供应商索赔以弥补费用超支。

表 6-10 为赢得值法参数分析与对应措施表。

表 6-10 赢得值法参数分析与对应措施表

序 号	图 形	三参数关系	分 析	措 施
1	ACWP、BCWS、BCWP曲线图	ACWP>BCWS>BCWP SV<0；CV<0	效率低、进度较慢、投入超前	用工作效率高的人员更换一批工作效率低的人员
2	BCWP、BCWS、ACWP曲线图	BCWP>BCWS>ACWP SV>0；CV>0	效率高、进度较快、投入延后	若偏离不大，维持现状
3	BCWP、ACWP、BCWS曲线图	BCWP>ACWP>BCWS SV>0；CV>0	效率较高、进度快、投入延后	抽出部分人员，放慢进度
4	ACWP、BCWP、BCWS曲线图	ACWP>BCWP>BCWS SV>0；CV<0	效率较低、进度较快、投入超前	抽出部分人员，增加少量骨干人员
5	BCWS、ACWP、BCWP曲线图	BCWS>ACWP>BCWP SV<0；CV<0	效率较低、进度慢、投入超前	增加高效人员投入
6	BCWS、BCWP、ACWP曲线图	BCWS>BCWP>ACWP SV<0；CV>0	效率较高、进度较慢、投入延后	迅速增加人员投入

6.4 施工成本分析

6.4.1 施工成本分析概述

1. 施工成本分析的依据

（1）会计核算。会计核算主要是价值核算。会计师对一定单位的经济业务进行计量、记录、分析和检查，做出预测、参与决策、实行监督，旨在实现最优经济效益的一种管理活动。它通过设置账户、复式记账、填制和审核凭证、登记账簿、成本计算、财产清查和编制会计报表等一系列有组织、有系统的方法，来记录企业的一切生产经营活动，然后据此提出一些用货币来反映的有关各种综合性经济指标的数据，如资产、负债、所有者权益、收入、费用和利润等。由于会计记录具有连续性、系统性、综合性等特点，所以它是施工成本分析的重要依据。

(2) 业务核算。业务核算是各业务部门根据业务工作的需要建立的核算制度，它包括原始记录和计算登记表，如单位工程及分部分项工程的进度登记，质量登记，工效、定额计算登记，物资消耗定额记录，测试记录等。业务核算的范围比会计、统计核算要广。会计和统计核算一般是对已经发生的经济活动进行核算，而业务核算不但可以核算已经完成的项目是否达到原定的目的、取得预期的效果，而且可以对尚未发生或正在发生的经济活动进行核算，以确定该项经济活动是否有经济效果，是否有执行的必要。它的特点是对个别的经济业务进行单项核算，例如各种技术措施、新工艺等项目。业务核算的目的在于迅速取得资料，以便在经济活动中及时采取措施进行调整。

(3) 统计核算。统计核算是利用会计核算资料和业务核算资料，把企业生产经营活动客观现状的大量数据，按统计方法加以系统整理，以发现其规律性。它的计量尺度比会计宽，可以用货币计算，也可以用实物或劳动量计量。它通过全面调查和抽样调查等特有的方法，不仅能提供绝对数指标，还能提供相对数和平均数指标，可以计算当前的实际水平，还可以确定变动速度以预测发展的趋势。

2. 成本分析的内容

1) 时间节点成本分析。
2) 工作任务分解单元成本分析。
3) 组织单元成本分析。
4) 单项指标成本分析。
5) 综合项目成本分析。

3. 成本分析的步骤

1) 选择成本分析方法。
2) 收集成本信息。
3) 进行成本数据处理。
4) 分析成本形成原因。
5) 确定成本结果。

6.4.2 施工成本分析的方法

1. 施工成本分析的基本方法

施工成本分析的基本方法包括比较法、因素分析法、差额计算法、比率法等。

(1) 比较法。比较法又称"指标对比分析法"，是指对比技术经济指标，检查目标的完成情况，分析产生差异的原因，进而挖掘降低成本的方法。这种方法通俗易懂、简单易行、便于掌握，因而得到了广泛的应用，但在应用时必须注意各技术经济指标的可比性。比较法的应用通常有以下形式：

1) 将实际指标与目标指标对比。以此检查目标完成情况，分析影响目标完成的积极因素和消极因素，以便及时采取措施，保证成本目标的实现。进行实际指标与目标指标对比时，还应注意目标本身有无问题，如果目标本身出现问题，则应调整目标，重新评价实际工作。

2) 本期实际指标与上期实际指标对比。通过本期实际指标与上期实际指标对比，可以看出各项技术经济指标的变动情况，反映施工管理水平的提高程度。

3) 与本行业平均水平、先进水平对比。通过这种对比，可以反映本项目的技术和经济管理水平与行业的平均及先进水平的差距，进而采取措施提高本项目管理水平。

以上三种对比，可以在一张表中同时反映。例如，某项目本年计划节约"三材" 100000 元，实际节约 120000 元，上年节约 95000 元，本企业先进水平节约 130000 元。根据上述资料编制分析表 6-11。

表 6-11 实际指标与上期指标、先进水平对比表　　　　　（单位：元）

指 标	本年计划数	上年实际数	企业先进水平	本年实际数	差异数		
					与计划比	与上年比	与先进比
"三材"节约额	100000	95000	130000	120000	20000	25000	-10000

(2) 因素分析法。因素分析法又称连环置换法，可用来分析各种因素对成本的影响程度。在进行分析时，假定众多因素中的一个因素发生了变化，而其他因素则不变，然后逐个替换，分别比较其计算结果，以确定各个因素的变化对成本的影响程度。因素分析法的计算步骤如下：

1) 确定分析对象，计算实际与目标数的差异。

2) 确定该指标是由哪几个因素组成的，并按其相互关系进行排序（排序规则是：先实物量，后价值量；先绝对值，后相对值）。

3) 以目标数为基础，将各因素的目标数相乘，作为分析替代的基数。

4) 将各个因素的实际数按照已确定的排列顺序进行替换计算，并将替换后的实际数保留下来。

5) 将每次替换计算所得的结果，与前一次的计算结果相比较，两者的差异即为该因素对成本的影响程度。

6) 各个因素的影响程度之和，应与分析对象的总差异相等。

【例 6-4】 商品混凝土目标成本为 443040 元，实际成本为 473697 元，比目标成本增加 30657 元，资料见表 6-12。分析成本增加的原因。

表 6-12 商品混凝土目标成本与实际成本对比表

项 目	单 位	目 标	实 际	差 额
产量	m³	600	630	+30
单价	元	710	730	+20
损耗率	%	4	3	-1
成本	元	443040	473697	30657

【解】

(1) 分析对象是商品混凝土的成本，实际成本与目标成本的差额为 30657 元，成本指标是由产量、单价、损耗率三个因素组成的,其排序见表6-12。

(2) 以目标数443040元(600×710×1.04)为分析替代的基础。

第一次替代产量因素,以630替代600:630×710元×1.04=465192元。

第二次替代单价因素,以730替代710,并保留上次替代后的值:630×730元×1.04=478296元。

第三次替代损耗率因素,以1.03替代1.04,并保留上两次替代后的值:630×730元×1.03=473697元。

(3) 计算差额。

第一次替代与目标数的差额:(465192-443040)元=22152元。

第二次替代与第一次替代的差额:(478296-465192)元=13104元。

第三次替代与第二次替代的差额:(473697-478296)元=-4599元。

(4) 产量增加使成本增加了22152元,单价提高使成本增加了13104元,而损耗率下降使成本减少了4599元。

(5) 各因素的影响程度之和为(22152+13104-4599)元=30657元,与实际成本与目标成本的总差额相等。

为了使用方便,企业也可以通过运用因素分析表来求出各因素变动对实际成本的影响程度,其具体形式见表6-13。

表6-13 商品混凝土成本变动因素分析表

顺　　序	连环替代计算	差异(元)	因素分析
目标数	600×710×1.04	—	
第一次替代	630×710×1.04	22152	由于产量增加30m^3,成本增加22152元
第二次替代	630×730×1.04	13104	由于单价提高20元,成本增加13104元
第三次替代	630×730×1.03	-4599	由于损耗率下降1%,成本减少4599元
合计	22152+13104-4599=30657	30657	

(3) 差额计算法。差额计算法是因素分析法的一种简化形式,它利用各个因素的目标值与实际值的差额来计算各因素对成本的影响程度。

【例6-5】 某施工项目某月的实际成本降低额比计划提高了2.40万元,降低成本计划与实际对比见表6-14。

表6-14 降低成本计划与实际对比表

项　　目	单　　位	计　　划	实　　际	差　　额
预算成本	万元	300	320	+20
成本降低率	%	4	4.5	+0.5
成本降低额	万元	12	14.40	+2.40

根据表6-14所示,应用"差额计算法"分析预算成本和成本降低率对成本降低额的影响程度。

【解】

(1) 预算成本增加对成本降低额的影响程度：(320-300) 万元×4%＝0.80 万元。

(2) 成本降低率提高对成本降低额的影响程度：(4.5%-4%)×320 万元＝1.60 万元。

以上两项合计：(0.80+1.60) 万元＝2.40 万元。

(4) 比率法。比率法是指用两个以上的指标的比例进行分析的方法。基本特点是：先把对比分析的数值变成相对数，再观察其相互之间的关系。常用的比率法有以下几种：

1) 相关比率法。由于项目经济活动的各个方面是相互联系、相互依存、相互影响的，因而可以将两个性质不同且相关的指标加以对比，求出比率，并以此来考察经营成果的好坏。例如，产值和工资是两个不同的概念，但它们是投入与产出的关系。在一般情况下，组织都希望以最少的工资支出完成最大的产值。因此，用产值工资率指标来考核人工费的支出水平，可以很好地分析人工成本。

2) 构成比率法。构成比率法又称比重分析法或结构对比分析法。通过构成比率，可以考察成本总量的构成情况及各成本项目占总成本的比重，同时也可看出预算成本、实际成本和降低成本的比例关系，从而寻求降低成本的途径，成本构成比例分析示例见表 6-15。

表 6-15 成本构成比例分析示例表　　　　　　　　　　　　　　　（单位：万元）

成本项目	预算成本		实际成本		降低成本		
	金额	比重（%）	金额	比重（%）	金额	占本项（%）	占总量（%）
一、直接成本	1263.79	93.2	1200.31	92.38	63.48	5.02	4.68
1. 人工费	113.36	8.36	119.28	9.18	-5.92	-1.09	-0.44
2. 材料费	1006.56	74.23	939.67	72.32	66.89	6.65	4.93
3. 机具使用费	87.6	6.46	89.65	6.9	-2.05	-2.34	-0.15
4. 措施费	56.27	4.15	51.71	3.98	4.56	8.1	0.34
二、间接成本	92.21	6.8	99.01	7.62	-6.8	-7.37	0.5
总成本	1356	100	1299.32	100	56.68	4.18	4.18
比例（%）	100	—	95.82	—	4.18	—	—

3) 动态比率法。动态比率法是将同一指标不同时期的数值进行对比，求出比率，以分析该项指标的发展方向和发展速度。动态比率的计算，通常采用基期指数和环比指数两种方法，指标动态比较分析示例见表 6-16。

表 6-16 指标动态比较分析示例表

指标	第一季度	第二季度	第三季度	第四季度
降低成本（万元）	45.60	47.80	52.50	64.30
基期指数（%）（第一季度=100）	—	104.82	115.13	141.01
环比指数（%）（上一季度=100）	—	104.82	109.83	122.48

2. 综合成本的分析方法

综合成本是指涉及多种生产要素，并受多种因素影响的成本费用，如分部分项工程成本，月（季）度成本、年度成本等。由于这些成本都是随着项目施工的进展而逐步形成的，与生产经营有着密切的关系,因此,做好上述成本的分析工作,无疑将促进项目的生产经营管理,提高项目的经济效益。

(1) 分部分项工程成本分析。分部分项工程成本分析是施工项目成本分析的基础。分部分项工程成本分析的对象为已完成分部分项工程,分析的方法是:进行预算成本、目标成本和实际成本的"三算"对比,分别计算实际偏差和目标偏差,分析偏差产生的原因,为今后的分部分项工程成本寻求节约途径。

分部分项工程成本分析的资料来源为:预算成本来自投标报价成本,目标成本来自施工预算,实际成本来自施工任务单的实际工程量、实耗人工和限额领料单的实耗材料。

由于施工项目包括很多分部分项工程,无法也没有必要对每一个分部分项工程都进行成本分析,特别是一些工程量小、成本费用少的零星工程。但是,对于主要分部分项工程必须进行成本分析,而且要做到从开工到竣工进行系统的成本分析。因为通过主要分部分项工程成本的系统分析,可以基本了解项目成本形成的全过程,为竣工成本分析和今后的项目成本管理提供参考资料。

分部分项工程成本分析表的格式见表6-17。

表6-17 分部分项工程成本分析

单位工程:_____
分部分项工程名称:_____ 工程量:_____ 施工班组:_____ 施工日期:_____

工料名称	规格	单位	单价	预算成本		目标成本		实际成本		实际与预算比较		实际与目标比较	
				数量	金额	数量	金额	数量	金额	数量	金额	数量	金额
合 计													
实际与预算比较(%)(预算=100)													
实际与计划比较(%)(计划=100)													
节超原因说明													

编制单位: 成本员: 填表日期:

(2) 月(季)度成本分析。月(季)度成本分析,是施工项目定期的、经常性的中间成本分析,对于施工项目来说具有特别重要的意义。通过月(季)度成本分析,可以及时发现问题,以便按照成本目标制定的方向进行监督和控制,保证项目成本目标的实现。

月(季)度成本分析的依据是当月(季)的成本报表,分析通常包括以下几个方面。

1) 通过实际成本与预算成本的对比,分析当月(季)的成本降低水平;通过累计实际成本与累计预算成本的对比,分析累计的成本降低水平,预测实现项目成本目标的前景。

2) 通过实际成本与目标成本的对比,分析目标成本的落实情况以及目标管理中的问题和不足,进而采取措施,加强成本管理,保证成本目标的实现。

3) 通过对各成本项目的成本分析,可以了解成本总量的构成比例和成本管理的薄弱环节。例如，在成本分析中，若发现人工费、机械费等项目大幅度超支，则应该对这些费用的收支配比关系进行研究，并采取应对措施，防止今后再超支。如果属于规定的"政策性"亏损，则应从控制支出着手，把超支额压缩到最低限度。

4）通过主要技术经济指标的实际与目标对比，分析产量、工期、质量、"三材"节约率、机械利用率等对成本的影响。

5）通过对技术组织措施执行效果的分析，寻求更加有效的节约途径。

6）分析其他有利条件和不利条件对成本的影响。

(3) 年度成本分析。企业成本要求一年结算一次，不得将本年成本转入下一年度。而项目成本则以项目的寿命周期为结算期，要求从开工到竣工直至保修期结束连续计算，最后结算出总成本及其盈亏。由于项目的施工周期一般较长，除进行月（季）度成本核算和分析外，还要进行年度成本的核算和分析。这不仅是企业汇编年度成本报表的需要，同时也是项目成本管理的需要。通过年度成本的综合分析，可以总结一年来成本管理的成绩和不足，为今后的成本管理提供经验和教训，从而可对项目成本进行更有效的管理。

年度成本分析的依据是年度成本报表。年度成本分析的内容，除了月（季）度成本分析的六个方面以外，重点是针对下一年度的施工进展情况制定切实可行的成本管理措施，以保证施工项目成本目标的实现。

(4) 竣工成本的综合分析。凡是有几个单位工程且单独进行成本核算（即成本核算对象）的施工项目，其竣工成本分析应以各单位工程竣工成本分析资料为基础，再加上项目管理层的经营效益（如资金调度、对外分包等所产生的效益）进行综合分析。如果施工项目只有一个成本核算对象（单位工程），就以该成本核算对象的竣工成本资料作为成本分析的依据。

单位工程竣工成本分析，应包括以下三方面内容：

1）竣工成本分析。

2）主要资源节超对比分析。

3）主要技术节约措施及经济效果分析。

通过以上分析，可以全面了解单位工程的成本构成和降低成本的来源，对今后同类工程的成本管理提供参考。

3. 成本项目的分析方法

(1) 人工费分析。项目施工需要的人工和人工费，由项目经理部与作业队签订劳务分包合同，明确承包范围、承包金额和双方的权利、义务。除了按合同规定支付劳务费以外，还可能发生一些其他人工费支出，主要有：

1）因实物工程量增减而调整的人工和人工费。

2）定额人工以外的计日工工资（如果已按定额人工的一定比例由作业队包干，并已列入承包合同的，不再另行支付）。

3）对在进度、质量、节约、文明施工等方面做出贡献的班组和个人进行奖励的费用。

项目管理层应根据上述人工费的增减，结合劳务分包合同的管理进行分析。

(2) 材料费分析。材料费分析包括主要材料、结构件费用和周转材料使用费的分析以及材料储备的分析。

1）主要材料和结构件费用的分析。主要材料和结构件费用的高低，主要受价格和消耗数量的影响。而材料价格的变动，受采购价格、运输费用、途中损耗、供应不足等因素的影响；材料消耗数量的变动，则受操作损耗、管理损耗和返工损失等因素的影响。因此，可在价格变动较大和数量超用异常的时候再做深入分析。为了分析材料价格和消耗数量的变化对材料和结构件费用的影响程度，可按下列公式计算

因材料价格变动对材料费的影响 =（计划单价 − 实际单价）× 实际数量

因消耗数量变动对材料费的影响 =（计划用量 − 实际用量）× 实际价格

2）周转材料使用费分析。在实行周转材料内部租赁制的情况下，项目周转材料费的节约或超支，取决于材料周转率和损耗率，周转减慢，则材料周转的时间增长，租赁费支出就增加。而超过规定的损耗，则要照价赔偿。

3）采购保管费分析。材料采购保管费属于材料的采购成本，包括：材料采购保管人员的工资、工资附加费、劳动保护费、办公费、差旅费，以及材料采购保管过程中发生的固定资产使用费、工具用具使用费、检验试验费、材料整理及零星运费和材料物资的盈亏及毁损等。材料采购保管费一般应与材料采购数量同步，即材料采购多，采购保管费也会相应增加。因此，应根据每月实际采购的材料数量（金额）和实际发生的材料采购保管费，分析保管费率的变化。

4）材料储备资金分析。材料的储备资金是根据日平均用量、材料单价和储备天数（即从采购到进场所需要的时间）计算的。上述任何一个因素变动，都会影响储备资金的占用量。材料储备资金的分析，可以应用"因素分析法"。

【例6-6】 某项目水泥的储备资金变动情况见表6-18。

表6-18 储备资金计划与实际对比表

项 目	单 位	计 划	实 际	差 异
日平均用量	t	50	60	10
单价	元	400	420	20
储备天数	天	7	6	−1
储备金额	万元	14	15.12	1.12

根据表6-18数据，分析日平均用量、单价和储备天数等因素的变动对水泥储备资金的影响程度。储备资金因素分析见表6-19。

表6-19 储备资金因素分析表

顺 序	连环替代计算（万元）	差异（万元）	因素分析
计划数	50×400×7 = 14.00		
第一次替代	60×400×7 = 16.80	+2.80	由于日平均用量增加10t，因此增加储备资金2.80万元
第二次替代	60×420×7 = 17.64	+0.84	由于水泥单价提高20元/t，因此增加储备资金0.84万元
第三次替代	60×420×6 = 15.12	−2.52	由于储备天数缩短一天，因此减少储备资金2.52万元
合 计	2.80+0.84−2.52 = 1.12	+1.12	

从以上分析可以发现，储备天数是影响储备资金的关键因素。因此，材料采购人员应该

选择运距短的供应单位，尽可能减少材料采购的中转环节，缩短储备天数。

（3）机械使用费分析。由于项目施工具有的一次性，项目经理部不可能拥有自己的机械设备，而是随着施工的需要，向企业动力部门或外单位租用。在机械设备的租用过程中，存在两种情况。一是按产量进行承包，并按完成产量计算费用，如土方工程。项目经理部只要按实际挖掘的土方工程量结算挖土费用，而不必考虑挖土机械的完好程度和利用程度。另一种是按使用时间（台班）计算机械费用的，如塔吊、搅拌机、砂浆机等，如果机械完好率低或在使用中调度不当，则必然会影响机械的利用率，从而延长使用时间，增加使用费。因此，项目经理部应该给予一定的重视。

由于建筑施工的特点，在流水作业和工序搭接上往往会出现某些必然或偶然的施工间隙，影响机械设备的连续作业；有时，又因为加快施工进度和工种配合，需要机械设备日夜不停地运转。这样便造成机械综合利用效率不高，比如机械设备停工，则需要支付停班费。因此，在机械设备的使用过程中，应以满足施工需要为前提，加强机械设备的平衡调度，充分发挥机械设备的效用；同时，还要加强平时的机械设备的维修保养工作，提高机械设备的完好率，保证机械设备的正常运转。

（4）管理费分析。管理费分析，也应通过预算（或计划）数与实际数的比较来进行。预算与实际比较的表格形式见表 6-20。

表 6-20 管理费预算（或计划）与实际比较

序 号	项 目	预 算	实 际	比 较	备 注
1	管理人员工资				包括职工福利费和劳动保护费
2	办公费				包括生活水电费、取暖费
3	差旅交通费				
4	固定资产使用费				包括折旧及修理费
5	工具用具使用费				
6	劳动保险费				
⋮	⋮				
合计					

4. 专项成本分析方法

（1）成本盈亏异常分析。施工项目出现成本盈亏异常情况，必须引起高度重视，必须彻底查明原因并及时纠正。

检查成本盈亏异常的原因，应从经济核算的"三同步"入手。因为项目经济核算的基本规律是：在完成多少产值、消耗多少资源、发生多少成本之间，有着必然的同步关系。如果违背这个规律，就会发生成本的盈亏异常。

"三同步"检查是提高项目经济核算水平的有效手段，不仅适用于成本盈亏异常的检查，也可用于月度成本的检查。"三同步"检查可以通过以下五个方面的对比分析来实现。

1) 产值与施工任务单的实际工程量和计划进度是否同步。

2) 资源消耗与施工任务单的实耗人工、限额领料单的实耗材料、当期租用的周转材料和施工机械是否同步。

3) 其他费用（如材料价、超高费和台班费等）的产值统计与实际支付是否同步。

4）预算成本与产值统计是否同步。

5）实际成本与资源消耗是否同步。

通过以上五个方面的分析，可以探明成本盈亏的原因。

（2）工期成本分析。工期成本分析是计划工期成本与实际工期成本的比较分析。计划工期成本是指在假定完成预期利润的前提下计划工期内所耗用的计划成本；而实际工期成本是在实际工期中耗用的实际成本。

工期成本分析一般采用比较法，即将计划工期成本与实际工期成本进行比较，然后应用"因素分析法"分析各种因素的变动对工期成本差异的影响程度。

（3）资金成本分析。资金与成本的关系是指工程收入与成本支出的关系。根据工程成本核算的特点，工程收入与成本支出有很强的相关性。进行资金成本分析通常应用"成本支出率"指标，即成本支出占工程款收入的比例，计算公式如下

$$成本支出率 = \frac{计算期实际成本支出}{计算期实际工程款收入} \times 100\%$$

通过对"成本支出率"的分析，可以看出工程款收入中用于成本支出的比重。结合储备金和结存资金的比重，分析资金使用的合理性。

思考题与练习题

1. 如何为施工成本管理创造良好的基础条件？
2. 简述施工成本管理的任务和环节。
3. 简述编制施工成本计划时应遵循的原则。
4. 简述施工成本管理的措施。
5. 简述施工图预算与施工预算的区别。
6. 简述施工成本计划的编制依据。
7. 简述施工成本控制的依据。
8. 简述施工成本指标控制的程序。
9. 什么是赢得值（挣值）法？简述其主要参数。
10. 简述施工成本分析的依据。
11. 施工成本分析包括哪些内容？
12. 某工程进展到第10周后，对前9周的工作进行了统计检查，有关统计情况见表6-21。

表 6-21 前 9 周成本统计

工作代号	计划工作预算费用（BCWS）（元）	已完成工作（%）	已完成工作实际费用（ACWP）（元）	已完成工作预算费用（BCWP）（元）
A	420000	100	425200	
B	308000	80	246800	
C	230880	100	254034	
D	280000	100	280000	
前9周合计	1238880		1206034	

问题：
(1) 计算前9周每项工作（即A、B、C、D各工作项）的已完成工作预算（BCWP）。
(2) 计算第9周末的费用偏差（CV）与进度偏差（SV），并说明其结果含义。
计算第9周末的费用绩效指数（CPI）与进度绩效指数（SPI），并对结果含义加以说明。

13. 某施工单位通过竞争，承包了一个炼钢厂建设工程项目，涉及炼钢炉及相关设备安装。按建筑安装工程费用组成除去税金和公司管理费后，工程造价为1000万，其中人工费占实际成本的10%，材料费占实际成本的60%，机械使用费占15%，其他直接费占5%，间接费占10%。按现有成本控制计划，工程造价比实际成本还低10%。公司要求项目部通过编制降低成本计划进行成本管理，创造利润60万元。项目部通过对现有成本控制计划中措施内容的分析，认为部分重要工序要重新编制施工方案，按新方案人工费可在原来基础上降低20%，材料费可降低3%，机械使用费可降低40%，其他直接费可降低10%，间接费上涨12%。

项目部编制的计划内容如下：人工成本的控制，包括严密劳动组织和严格劳动定额管理两项；材料成本的控制，包括加强材料采购成本的管理一项；施工机械费的控制，包括严格控制对外租赁一项；其他直接费控制和间接费控制，包括尽量减少管理人员比重、对各种费用支出要用指标控制两项。

问题：
(1) 请问经过分析后新编制的降低成本计划方案，能否达到60万元利润？
(2) 该项目部成本控制计划的内容是否完善？

14. 某工程计划砌砖工程量1200m³，按预算定额规定，每立方米耗用空心砖510块，每块空心砖计划价格为0.12元；而实际砌砖工程量却达1500m³，每立方米实耗空心砖500块，每块空心砖实际购入价为0.18元。

问题：试用因素分析法进行成本分析。

15. 某施工项目经理在工程施工时，发现某月实际成本降低额比目标成本增加了3.6万元，具体情况见表6-22。

表6-22 某施工项目情况

项 目	单 位	目 标	实 际
预算成本	万元	280	300
成本降低率	%	3	4

问题：用差额分析法分析预算成本与成本降低率对成本降低额的影响程度。

二维码形式客观题

手机微信扫描二维码，可自行做客观题，提交后可查看答案。

第6章 客观题

第 7 章 工程项目进度管理

> **本章重点内容**
>
> 工程项目进度计划编制；工期优化；工期—费用优化；资源均衡——工期最短优化；实际进度与计划进度比较方法；进度计划实施中的调整方法。

> **本章学习目标**
>
> 熟悉进度计划编制，掌握工程进度的相关优化和调整方法。通过本章学习，形成正确的时间价值观；培养工作中的计划执行能力和尽职履行工作的职业道德，培养严谨的时间观念和工作态度。

7.1 工程项目进度控制、进度计划系统与总目标论证

7.1.1 工程项目进度控制的目的与任务

1. 项目进度控制的目的

进度控制的目的是通过控制实现工程的进度目标。如只重视进度计划的编制，而不重视进度计划必要的调整，则进度无法得到控制。为了实现进度目标，进度控制的过程也就是随着项目的进展，进度计划不断调整的过程。施工进度控制不仅关系到施工进度目标能否实现，还直接关系到工程的质量和成本。在工程施工实践中，必须树立和坚持一个最基本的工程管理原则，即在确保工程质量的前提下，控制工程的进度。

为了有效地控制施工进度，尽可能摆脱因进度压力而造成工程组织的变动，施工方有关管理人员应深化理解：

1）整个建设工程项目的进度目标如何确定。
2）有哪些影响整个建设工程项目进度目标实现的主要因素。
3）如何正确处理工程进度和工程质量的关系。
4）施工方在整个建设工程项目进度目标实现中的地位和作用。
5）影响施工进度目标实现的主要因素。

6）施工进度控制的基本理论、方法、措施和手段等。

2. 项目进度控制的任务

业主方进度控制的任务是控制整个项目实施阶段的进度，包括控制设计准备阶段的工作进度、设计工作进度、施工进度、物资采购工作进度，以及项目动用前准备阶段的工作进度。

设计方进度控制的任务是依据设计任务委托合同对设计工作进度的要求控制设计工作进度，这是设计方履行合同的义务。另外，设计方应尽可能使设计工作的进度与招标、施工和物资采购等工作进度相协调。在国际上，设计进度计划主要是各设计阶段的设计图（包括有关的说明）的出图计划，在出图计划中标明每张图纸的名称、图纸规格、负责人和出图日期。出图计划是设计方进度控制的依据，也是业主方控制设计进度的依据。

施工方进度控制的任务是依据施工任务委托合同对施工进度的要求控制施工进度，这是施工方履行合同的义务。在进度计划编制方面，施工方应视项目的特点和施工进度控制的需要，编制深度不同的控制性、指导性和实施性施工进度计划，以及按不同计划周期（年度、季度、月度和旬）的施工计划等。

供货方进度控制的任务是依据供货合同对供货的要求控制供货进度，这是供货方履行合同的义务。供货进度计划应包括供货的所有环节，如采购、加工制造、运输等。

7.1.2 项目进度计划系统的建立

1. 建设工程项目进度计划系统的内涵

建设工程项目进度计划系统是由多个相互关联的进度计划组成的系统，它是项目进度控制的依据。由于各种进度计划编制所需要的必要资料是在项目进展过程中逐步形成的，因此项目进度计划系统的建立和完善也需要一个过程，它是逐步形成的。图7-1所示是一个建设工程项目进度计划系统的示例，这个计划系统有4个计划层次。

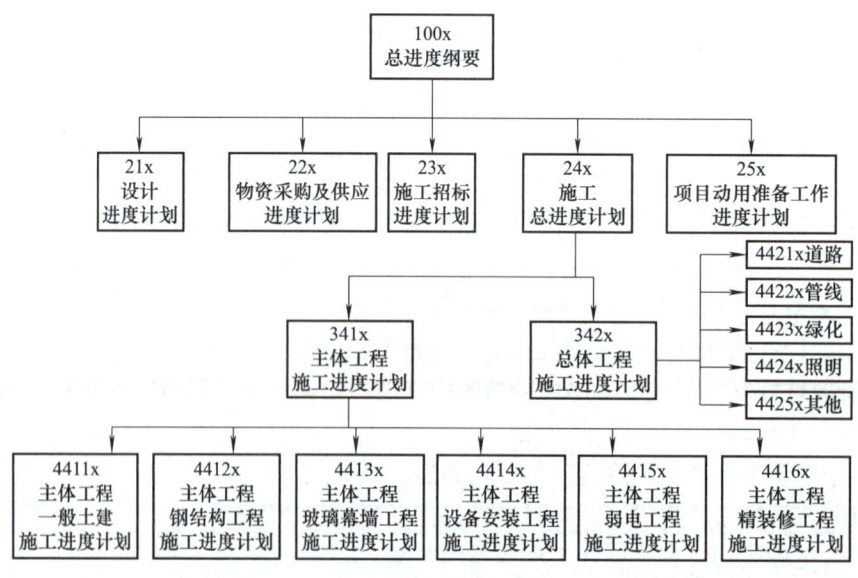

图7-1　建设工程项目进度计划系统的示例

2. 不同类型的建设工程项目进度计划系统

根据项目进度控制不同的需要和用途，业主方和项目各参与方可以构建多个不同的建设工程项目进度计划系统，如：

1）由多个相互关联的不同计划深度的进度计划组成的计划系统。
2）由多个相互关联的不同计划功能的进度计划组成的计划系统。
3）由多个相互关联的不同项目参与方的进度计划组成的计划系统。
4）由多个相互关联的不同计划周期的进度计划组成的计划系统等。

图7-1所示的建设工程项目进度计划系统示例的第二平面是多个相互关联的不同项目参与方的进度计划组成的计划系统；其第三和第四平面是多个相互关联的不同计划深度的进度计划组成的计划系统。

由不同深度的进度计划构成的计划系统，包括：

1）总进度规划（计划）。
2）项目子系统进度规划（计划）。
3）项目子系统中的单项工程进度计划等。

由不同功能的进度计划构成的计划系统，包括：

1）控制性进度规划（计划）。
2）指导性进度规划（计划）。
3）实施性（操作性）进度计划等。

由不同项目参与方的进度计划构成的计划系统，包括：

1）业主方编制的整个项目实施的进度计划。
2）设计进度计划。
3）施工和设备安装进度计划。
4）采购和供货进度计划等。

由不同周期的进度计划构成的计划系统，包括：

1）5年建设进度计划。
2）年度、季度、月度和旬计划等。

3. 建设工程项目进度计划系统中的内部关系

在建设工程项目进度计划系统中各进度计划或各子系统进度计划编制和调整时必须注意其相互间的联系和协调，如：

1）总进度规划（计划）、项目子系统进度规划（计划）与项目子系统中的单项工程进度计划之间的联系和协调。
2）控制性进度规划（计划）、指导性进度规划（计划）与实施性（操作性）进度计划之间的联系和协调。
3）业主方编制的整个项目实施的进度计划、设计方编制的进度计划、施工和设备安装方编制的进度计划，与采购和供货方编制的进度计划之间的联系和协调等。

7.1.3 建设工程项目总进度目标的论证

1. 项目总进度目标论证的工作内容

建设工程项目的总进度目标指的是整个工程项目的进度目标，它是在项目决策阶段项目定义时确定的，项目管理的主要任务是在项目的实施阶段对项目的目标进行控制。建设工程项目总进度目标的控制是业主方项目管理的任务（若采用建设项目工程总承包的模式，协助业主方进行项目总进度目标的控制也是建设项目工程总承包方项目管理的任务）。在进行建设工程项目总进度目标控制前，首先应分析和论证进度目标实现的可能性。若项目总进度目标不可能实现，则项目管理者应提出调整项目总进度目标的建议，并提请项目决策者审议。

在项目的实施阶段，项目总进度应包括：
1）设计前准备阶段的工作进度。
2）设计工作进度。
3）招标工作进度。
4）施工前准备工作进度。
5）工程施工和设备安装进度。
6）工程物资采购工作进度。
7）项目动用前的准备工作进度等。

建设工程项目总进度目标论证应分析和论证上述各项工作的进度，以及上述各项工作进展的相互关系。

在建设工程项目总进度目标论证时，往往还没有掌握比较详细的设计资料，也缺乏比较全面的有关工程发包的组织、施工组织和施工技术等方面的资料，以及其他有关项目实施条件的资料，因此，总进度目标论证并不是单纯的总进度规划的编制工作，它涉及许多工程实施的条件分析和工程实施策划方面的问题。

大型建设工程项目总进度目标论证的核心工作是通过编制总进度纲要，论证总进度目标实现的可能性。总进度纲要的主要内容包括：
1）项目实施的总体部署。
2）总进度规划。
3）各子系统进度规划。
4）确定里程碑事件的计划进度目标。
5）总进度目标实现的条件和应采取的措施等。

2. 项目总进度目标论证的工作步骤

建设工程项目总进度目标论证的工作步骤如下：
1）调查研究和收集资料。
2）项目结构分析。
3）进度计划系统的结构分析。
4）项目的工作编码。
5）编制各层进度计划。
6）协调各层进度计划的关系，编制总进度计划。
7）若所编制的总进度计划不符合项目的进度目标，则设法调整。
8）若经过多次调整，进度目标仍无法实现，则报告项目决策者。

其中，调查研究和收集资料包括如下工作：
1）了解和收集项目决策阶段有关项目进度目标确定的情况和资料。

2）收集与进度有关的该项目组织、管理、经济和技术资料。
3）收集类似项目的进度资料。
4）了解和调查该项目的总体部署。
5）了解和调查该项目实施的主客观条件等。

其中，大型建设工程项目的结构分析是根据编制总进度纲要的需要，将整个项目进行逐层分解，并确立相应的工作目录，如：

1）一级工作任务目录，将整个项目划分成若干个子系统。
2）二级工作任务目录，将每一个子系统分解为若干个子项目。
3）三级工作任务目录，将每一个子项目分解为若干个工作项。

整个项目划分成多少结构层，应根据项目的规模和特点而定。

其中，大型建设工程项目的计划系统一般由多层计划构成，如：

1）第一层进度计划，将整个项目划分成若干个进度计划子系统。
2）第二层进度计划，将每一个进度计划子系统分解为若干个子项目进度计划。
3）第三层进度计划，将每一个子项目进度计划分解为若干个工作项的进度计划。

整个项目划分成多少计划层，应根据项目的规模和特点而定。

项目的工作编码指的是每一个工作项的编码，编码有各种方式，编码时应考虑下述因素：

1）对不同计划层的标识。
2）对不同计划对象的标识（如不同子项目）。
3）对不同工作的标识（如设计工作、招标工作和施工工作等）。

7.2 工程项目进度计划编制

7.2.1 工程项目进度计划的表示方法

工程项目进度计划的表示方法有多种，常用的有横道图和网络图两种。

1. 横道图进度计划的编制方法

横道图是一种最简单、运用最广泛的传统的进度计划方法。通常横道图的表头为工作及其简要说明，项目进展表示在时间表格上，如图 7-2 所示。按照所表示工作的详细程度，时间单位可以为小时、天、周、月等。这些时间单位经常用日历表示，日历中也包括非工作时间，如停工时间、公众假日、假期等。根据此横道图使用者的要求，工作可按照时间先后、责任、项目对象、同类资源等进行排序。

横道图也可将工作简要说明直接放在横道上。横道图可将最重要的逻辑关系标注在内，但是，如果将所有逻辑关系均标注在图上，则横道图简洁性的最大优点将丧失。

横道图可用于小型项目或大型项目的子项目上，或用于计算资源需要量和概要预示进度，也可用于其他计划技术的表示结果。

横道图计划表中的进度线（横道）与时间坐标相对应，这种表达方式比较直观，易看懂计划编制的意图。

	工作名称	持续时间	开始时间	完成时间	紧前工作	月 十二月 一月 二月 三月 四月 五月 六月
1	基础	0 d	1993-12-28	1993-12-28		◆ 12-28
2	预制柱	35 d	1993-12-28	1994-2-14	1	
3	预制屋架	20 d	1993-12-28	1994-1-24	1	
4	预制楼梯	15 d	1993-12-28	1994-1-17	1	
5	吊装	30 d	1994-2-15	1994-3-28	2,3,4	
6	砌砖墙	20 d	1994-3-29	1994-4-25	5	
7	屋面找平	5 d	1994-3-29	1994-4-4	5	
8	钢窗安装	4 d	1994-4-19	1994-4-22	6SS+15 d	
9	二毡三油一砂	5 d	1994-4-5	1994-4-11	7	
10	外粉刷	20 d	1994-4-25	1994-5-20	8	
11	内粉刷	30 d	1994-4-25	1994-6-3	8,9	
12	油漆、玻璃	5 d	1994-6-6	1994-6-10	10,11	
13	竣工	0 d	1994-6-10	1994-6-10	12	

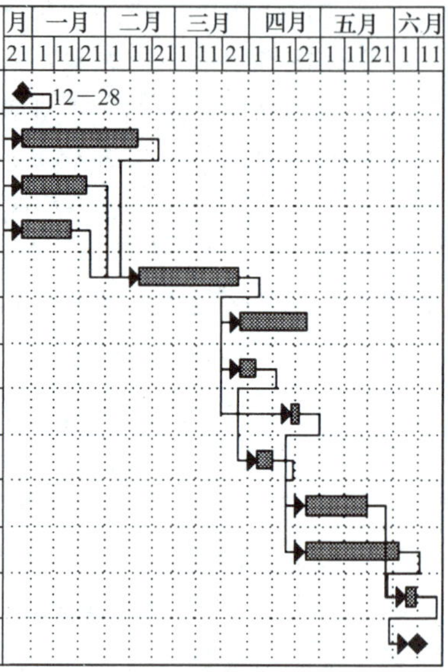

图 7-2 横道图

利用横道图表示工程进度计划存在下列缺点：

1）不能明确反映各项工作之间错综复杂的相互关系，因而在计划执行过程中，当某些工作进度由于某种原因提前或拖延时，不便于分析对其他工作及总工期的影响程度，不利于工程项目进度的动态控制。

2）不能明确反映影响工期的关键工作和关键线路，也就无法反映整个工程项目的关键所在，因而不便于进度控制人员抓住主要矛盾。

3）不能反映工作所具有的机动时间，无法进行最合理的组织和指挥。

4）不能反映工程费用与工期之间的关系，不便于缩短工期和降低工程成本。

由于横道计划存在上述不足，给工程项目进度控制工作带来很大不便。即使进度控制人员在编制计划时已充分考虑了各方面的问题，在横道图上也不能全面地反映，特别是当工程项目规模大、工艺关系复杂时，横道图就很难充分暴露矛盾。而且在横道计划的执行过程中，对其进行调整也烦琐和费时。由此可见，利用横道图进度计划控制工程项目进度有较大的局限性。

2. 工程网络计划的编制方法

利用网络计划控制工程项目进度，可以弥补横道图进度计划的许多不足。与横道图进度计划相比，网络计划具有以下主要特点：

1）网络计划能够明确表达各项工作之间的逻辑关系。工作之间的逻辑关系是编制进度计划的基础，明确表达各项工作之间的逻辑关系对于分析各项工作之间的相互影响及处理它们之间的协作关系具有非常重要的意义，同时也是网络计划先进的主要特征。

2）通过网络计划时间参数的计算，可以找出关键线路和关键工作。关键线路上各项工作持续时间总和即为网络计划的工期，关键线路上的工作就是关键工作，关键工作的进度将直接影响网络计划的工期。通过时间参数的计算，能够明确网络计划中的关键线路和关键工作，也就明确了工程进度控制中的工作重点，这对提高工程项目进度控制的效果具有非常重要的意义。

3）通过网络计划时间参数的计算，可以明确各项工作的机动时间。在一般情况下，除关键工作外，其他各项工作（非关键工作）均有富余时间。这种富余时间可视为一种"潜力"，既可用来支援关键工作，也可用来优化网络计划，降低单位时间资源需求量。

4）网络计划可以利用计算机进行计算、优化和调整。对进度计划进行优化和调整是工程进度控制工作中的一项重要内容。由于影响工程项目进度的因素有很多，只有利用计算机进行进度计划的优化和调整，才能适应实际变化的要求。网络计划能使进度控制人员利用计算机对工程进度计划进行计算、优化和调整。正是网络计划的这一特点，才使其成为有效的进度控制方法，从而受到普遍重视。

网络计划也有其不足之处，比如不像横道图进度计划那么直观明了等，但这可以通过绘制时标网络计划得到弥补。

7.2.2 工程项目进度计划的编制程序

应用网络计划技术编制工程项目进度计划时，其编制程序一般包括四个阶段10个步骤，见表7-1。

表7-1 工程项目进度计划编制程序

编制阶段	编制步骤	编制阶段	编制步骤
Ⅰ 计划准备阶段	1. 调查研究	Ⅲ 计算时间参数及确定关键线路阶段	6. 计算工作持续时间
	2. 确定网络计划目标		7. 计算网络计划时间参数
Ⅱ 绘制网络图阶段	3. 进行项目分解		8. 确定关键线路和关键工作
	4. 分析逻辑关系	Ⅳ 编制正式网络计划阶段	9. 优化网络计划
	5. 绘制网络图		10. 编制正式网络计划

1. 计划准备阶段

（1）调查研究。调查研究的主要目的是掌握足够充分、准确的资料，从而为确定合理的进度目标，编制科学的进度计划提供可靠依据。

调查研究的内容包括：①工程任务情况、实施条件、设计资料；②有关标准、定额、规程、制度；③资源需求与供应情况；④资金需求与供应情况；⑤有关统计资料、经验总结及历史资料等。

（2）确定网络计划目标。网络计划目标由工程项目目标所决定，一般可分为以下三类。

1）时间目标。即工期目标，是工程项目合同中规定的工期或有关主管部门要求的工期。工期目标的确定应以建筑设计周期定额和建筑安装工程工期定额为依据，同时充分考虑类似工程实际进展情况、气候条件，以及工程难易程度和建设条件的落实情况等因素。工程项目建设和施工进度安排必须以建筑设计周期定额和建筑安装工程工期定额为最高时限。

2）时间—资源目标。所谓资源，是指在工程建设过程中所需要投入的劳动力、原材料及施工机具等。在一般情况下，时间—资源目标分为两类：资源有限，工期最短；工期固定，资源均衡。

3）时间—成本目标。时间—成本目标。是指一定的工期寻求最低成本或最低成本时的工期安排。

2. 绘制网络图阶段

（1）进行项目分解。将工程项目由粗到细进行分解，是编制网络计划的前提。进行工程项目的分解，工作划分的粗细程度将直接影响网络图的结构。对于控制性网络计划，其工作划分得粗略；而对于实施性网络计划，工作应划分详细。工作划分的粗细程度，应根据实际需要来确定。

（2）分析逻辑关系。分析各项工作之间的逻辑关系时既要考虑施工程序或工艺技术工程，又要考虑组织安排或资源调配需要。对施工进度计划，分析其工作之间的逻辑关系时，应考虑：①施工工艺的要求；②施工方法和施工机械的要求；③施工组织的要求；④施工质量的要求；⑤当地的气候条件；⑥安全技术的要求。分析逻辑关系的主要依据是施工方案、有关资源供应情况和施工经验等。

（3）绘制网络图。根据已确定的逻辑关系，即可按绘图规则绘制单代号网络图、双代号网络图、双代号时标网络计划或单代号搭接网络计划等。

3. 计算时间参数

（1）计算工作持续时间。工作持续时间是指完成该工作所花费的时间。其计算方法有多种，既可以凭以往的经验进行估算，也可以通过试验推算。当有定额可用时，还可以利用时间定额或产量定额进行计算。对于搭接网络计划，还需要按最优施工顺序及施工需要，确定各项工作之间的搭接时间。如果有些工作有时限要求，则应确定其时限。

（2）计算网络计划时间参数。网络计划时间参数一般包括：工作最早开始时间、工作最早完成时间、工作最迟开始时间、工作最迟完成时间、工作总时差、工作自由时差、节点最早时间、节点最迟时间、相邻两项工作之间的时间间隔、计算工期等。应根据网络计划的类型及其使用要求选算上述时间参数。网络计划时间参数的计算方法有图上计算法、表上计算法、公式法等。

（3）确定关键线路和关键工作。在计算网络计划时间参数的基础上，便可根据有关时间参数确定网络计划中的关键线路和关键工作。

4. 关键工作及关键线路阶段

（1）关键工作。关键工作指的是网络计划中总时差最小的工作。当计划工期等于计算工期时，总时差为零的工作就是关键工作。

在搭接网络计划中，关键工作是总时差为最小的工作。总时差最小的工作，其具有的机动时间也最小，如果延长其持续时间就会影响计划工期，因此为关键工作。当计划工期等于计算工期时，工作的总时差为零是最小的总时差。当有要求工期，且要求工期小于计算工期时，总时差最小的为负值；当要求工期大于计算工期时，总时差最小的为正值。

当计算工期不能满足计划工期时，可设法通过压缩关键工作的持续时间，以满足计划工期要求。

（2）关键线路。在双代号网络计划和单代号网络计划中，关键线路是总的工作持续时间最长的线路。该线路在网络图上应用粗线、双线或彩色线标注。

在搭接网络计划中，关键线路是自始至终全部由关键工作组成的线路或线路上总的工作持续时间最长的线路；从起点节点开始到终点节点均为关键工作，且所有工作的时间间隔均为零的线路应为关键线路。

一个网络计划可能有一条或几条关键线路，在网络计划执行过程中，关键线路有可能转移。

5. 编制正式网络计划阶段

(1) 优化网络计划。当初始网络计划的工期满足所要求的工期及资源需求最能得到满足而无须进行网络优化时,初始网络计划即可作为正式的网络计划。否则,需要对初始网络计划进行优化。根据所追求的目标不同,网络计划的优化包括工期优化、费用优化和资源优化三种。应根据工程的实际需要选择不同的优化方法。

(2) 编制正式网络计划。根据网络计划的优化结果,便可绘制正式的网络计划,同时编制网络计划说明书。网络计划说明书的内容应包括:①编制原则和依据;②主要计划指标一览表;③执行计划的关键问题;④需要解决的重要问题及其主要措施;⑤其他需要解决的问题。

7.3 工程项目进度优化

网络计划的优化是指在一定约束条件下,按既定的目标对网络计划不断进行修改,以寻求最满意的方案,其目标包括工期目标、费用目标和资源目标。根据优化目标不同,网络计划的优化可以分为工期优化、工期—费用优化、资源均衡—工期最短优化。

7.3.1 工期优化

(1) 理解。工期优化是指网络计划的计算工期不满足要求时,通过压缩关键工作的持续时间以满足要求工期目标的过程。

(2) 工期优化的基本方法。在不改变网络计划中各项工作之间逻辑关系的前提下,通过压缩关键工作的持续时间达到优化目的。在优化过程中,按照经济合理的原则,不能将关键工作主动压缩成非关键工作。此外,当工期优化过程中出现多条关键线路时,必须将各条关键线路的总持续时间压缩相同数值。

(3) 工期优化的基本步骤。
1) 确定初始网络计划的计算工期和关键线路(通常采用标号法)。
2) 计算要求工期应该压缩的时间。
3) 选择应压缩持续时间的关键工作。选择压缩对象时,对关键工作应考虑的因素有:
① 缩短持续时间对质量和安全影响不大的工作。
② 有充足的资源准备。
③ 缩短持续时间所增加的费用最少的工作。
三个因素综合考虑以优选系数形式体现,优选系数越小越好。
4) 优选系数确定关键工作及压缩时间。
① 当只有一条关键线路时候,选择优选系数最小的工作进行压缩,压缩过程中不能将关键工作主动压缩为非关键工作。若压缩使该工作变成了非关键工作,则缩短压缩的时间。
② 当出现多条关键线路时,应考虑组合方案,选择组合方案中组合优选系数最小的组合工作进行时间压缩。方案组合必须涉及每一条关键线路,同时各组合方案涉及的关键工作压缩时间必须相等。

5)重复以上的工作,直至网络计划的计算工期满足要求的工期。

6)当所有工作的持续时间达到最短极限仍然不能满足要求工期时,则应对网络计划的原技术方案、组织方案进行调整,或重新审定工期。

7.3.2　工期—费用优化

费用优化又称工期成本优化,是指寻求工程总成本最低时的工期安排,或者按要求工期寻求最低成本的计划安排。

(1)费用和时间的关系。

1)工程费用和工期的关系。工程总费用由直接费和间接费组成。直接费由人工费、材料费、机械使用费、其他直接费及现场经费等组成。施工方案不同,直接费就不同;如果施工方案一定,工期不同则直接费也不同。直接费会随着工期的缩短而增加。间接费包括企业经营管理的全部费用,一般会随工期的缩短而减少。

2)工作直接费与持续时间的关系。各项工作持续时间与直接费之间的关系类似于工程费用和工期的关系,工作的直接费会随着工作持续时间的增加而增加,在实际工作中为了计划执行和调整的方便,直接费和持续时间之间的关系被近似地认为是直线关系。工作的持续时间每缩短单位时间而增加的直接费称为直接费用率,其计算公式为

$$\Delta C_{i-j} = \frac{CC_{i-j} - CN_{i-j}}{DN_{i-j} - DC_{i-j}}$$

式中　CC_{i-j}——按最短持续时间完成工作 i—j 时所需要的直接费;

　　　CN_{i-j}——按正常持续时间完成工作 i—j 时所需要的直接费;

　　　DN_{i-j}——工作 i—j 的正常持续时间;

　　　DC_{i-j}——工作 i—j 的最短持续时间。

从上式可以看出,直接费率越大,说明将该工作持续时间缩短一个时间单位,所增加的直接费就越多;反之该工作持续时间缩短一个时间单位,所增加的直接费就越少。因此,在压缩关键工作持续时间达到缩短工期目的时,应将直接费用率最小的关键工作作为压缩对象。当有多条关键线路出现而需要同时压缩多个关键工作的持续时间时,应将它们的直接费用率之和最小者作为压缩对象。

(2)费用优化方法。在网络计划中找出直接费用率(或者组合直接费用率)最小的关键工作,缩短其持续时间,同时考虑间接费用随工期缩短而减少的数值,最后求得工程总成本最低时的最优工期安排或按要求工期求得最低成本的计划安排。

(3)费用优化的步骤。

1)按工作正常持续时间确定计算工期和关键线路。

2)计算各项工作的直接费用率,并计算出工程总成本。

3)当只有一条关键线路时,找出直接费用率最小的一项关键工作作为缩短持续时间的对象;当有多条关键线路时,应找出组合直接费用率最小的一组关键工作作为压缩持续时间的对象。

4)对于选定的压缩对象(一项关键工作或者一组关键工作),首先比较其直接费用率或组合直接费用率与工程间接费用率的大小:

① 如果被压缩对象的直接费用率或组合直接费用率大于工程的间接费用率,说明压缩

关键工作的持续时间会使工程总费用增加（减少一天增加的直接费大于减少一天节约的间接费），此时应停止压缩关键工作的持续时间，在此之前的方案即为优化方案。

② 如果被压缩对象直接费用率或组合直接费用率等于工程的间接费用率，说明压缩关键工作的持续时间不会使工程总费用增加（减少一天增加的直接费＝减少一天节约的间接费），此时应压缩关键工作的持续时间。

③ 如果被压缩对象的直接费用率或组合直接费用率小于工程的间接费用率，说明压缩关键工作的持续时间会使工程总费用减少（减少一天增加的直接费小于减少一天节约的间接费），此时应压缩关键工作的持续时间。

5）当需要缩短组合关键工作持续时间时，其缩短值的确定必须符合以下两条原则：
① 缩短后工作的持续时间不能小于其最短的持续时间。
② 缩短持续时间的工作不能变成非关键工作。
6）计算关键工作持续时间缩短后的工程总成本。
7）重复以上工作，直至计算工期满足要求工期，或者被压缩对象的直接费用率或组合直接费用率都大于工程间接费用率为止。

7.3.3 资源均衡—工期最短优化

（1）理解。通过调整计划安排，在满足资源限制的条件下，施工期延长最少的过程。
（2）资源优化的前提条件。
1）不改变网络计划中各项工作之间的逻辑关系。
2）不改变网络计划中各项工作的持续时间。
3）网络计划中各项工作的资源强度为常数，而且是合理的。
4）除规定可以中断工作外，不允许中断工作，应保持其连续性。
（3）资源供给的优先顺序（如果资源需求量大于供给量）。
1）没有平行工作的情况下，首先保证关键工作的资源供给。
2）有平行工作的情况下：
① 如果有已经开始的工作，则首先保证已经开始工作的资源供给。
② 如果没有已经开始的工作（资源需求量大于供给量阶段的工作同时开始），首先保证关键工作的资源供给，其次按照工作的总时差（TF）由小到大排列，优先供给总时差最小的工作。
（4）优化过程。
1）绘制出早时标网络图，计算每个单位时间的资源需求量。
2）从开始日期起，逐个检查每个时间段（资源需求量相同的持续时间称为一个时间段）的资源量是否超过供给量。若每个时间段资源需求量均小于等于供给量，则已达到优化目的。
3）如果有的时间段资源需求量均大于等于供给量，则进行优化。假设时间段 $[n, m]$ 的资源需求量大于资源供给量，则根据资源供给的优先顺序原则，将不需要优先供给资源的工作向后推迟到 m 时点开始。
4）重复以上工作，使整个网络计划单位时间的资源需求量均小于等于供给量为止。

7.4 工程项目进度实施计划中的监测与调整

7.4.1 实际进度监测与调整的系统过程

1. 进度监测的系统过程

在建设工程实施过程中,工程师应经常、定期对进度计划的执行情况进行跟踪检查,发现问题后及时采取措施加以解决。进度监测系统过程如图7-3所示。

(1) 进度计划执行中的跟踪检查。对进度计划的执行情况进行跟踪检查是计划执行信息的主要来源,是进度分析和调整的依据,也是进度控制的关键步骤。跟踪检查的主要工作是定期收集反映工程实际进度的有关数据,收集的数据应当全面、真实、可靠,不完整或不正确的进度数据将导致判断不准确或决策失误。为了全面、准确地掌握进度计划的执行情况,工程师应认真做好定期收集进度报表资料、现场实地检查工程进展情况和定期召开现场会议三方面的工作。

一般说来,进度控制的效果与收集数据资料的时间间隔有关。多长时间进行一次进度检查,是工程师应当确定的问题。如果不经常、定期收集实际进度数据,就难以有效地控制实际进度。进度检查的时间间隔与工程项目的类型、规模、对象及有关条件等多方面因素相关,可视工程的具体情况,每月、每半月或每周进行一次检查。特殊情况下,甚至需要每日进行一次进度检查。

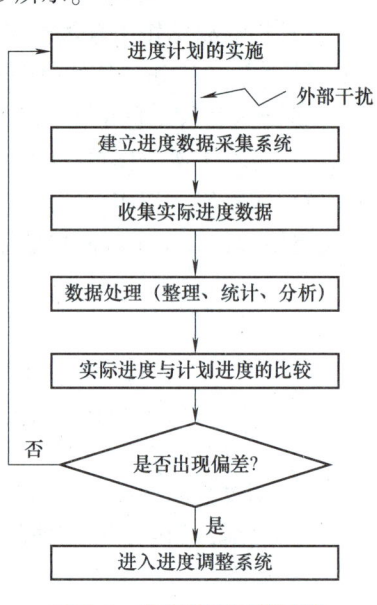

图7-3 进度监测系统过程

(2) 实际进度数据的加工处理。为了进行实际进度与计划进度的比较,必须对收集到的实际进度数据进行加工处理,形成与计划进度具有可比性的数据。例如,对检查时段实际完成工作量的进度数据进行整理、统计和分析,确定本期累计完成的工作量、本期已完成的工作量占计划总工作量的百分比等。

(3) 实际进度与计划进度的对比分析。将实际进度数据与计划进度数据进行比较,确定建设工程实际执行状况与计划目标之间的差距。通常采用表格或图形进行实际进度与计划进度的对比分析,得出实际进度比计划进度超前、滞后还是一致的结论。

2. 进度调整的系统过程

在建设工程实施进度监测过程中,一旦发现实际进度偏离计划进度,即出现进度偏差时,必须认真分析产生偏差的原因及其对后续工作和总工期的影响,必要时采取合理、有效的进度计划调整措施,确保进度总目标的实现。进度调整的系统过程如图7-4所示。

(1) 分析进度偏差产生的原因。通过实际进度与计划进度的比较,发现进度偏差时,为了采取有效措施调整进度计划,必须深入现场进行调查,分析产生进度偏差的原因。

(2) 分析进度偏差对后续工作和总工期的影响。当查明进度偏差产生的原因之后,要分析进度偏差对后续工作和总工期的影响程度,以确定是否应采取措施调整进度计划。

(3) 确定后续工作和总工期的限制条件。当出现的进度偏差影响到后续工作或总工期而需要采取进度调整措施时，应当首先确定可调整进度的范围，主要指关键节点、后续工作的限制条件以及总工期允许变化的范围。这些限制条件往往与合同条件有关，需要认真分析后确定。

(4) 采取措施调整进度计划。采取进度调整措施，应以后续工作和总工期的限制条件为依据，确保要求的进度目标得到实现。

(5) 实施调整后的进度计划。进度计划调整之后，应采取相应的组织、经济、技术措施执行它，并继续监测其执行情况。

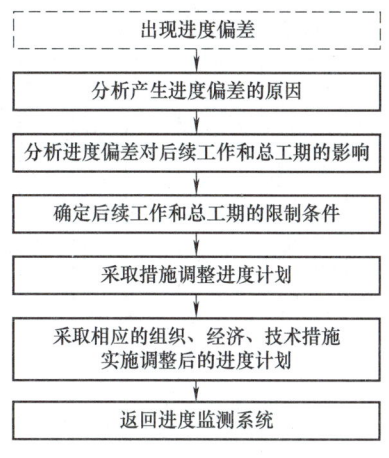

图 7-4　进度调整的系统过程

7.4.2　实际进度与计划进度的比较方法

实际进度与计划进度的比较是建设工程进度监测的主要环节。常用的进度比较方法有横道图、S 曲线、香蕉曲线、前锋线和列表比较法。

1. 横道图比较法

横道图比较法是指将项目实施过程中检查实际进度所收集的数据，经加工整理后直接用横道线平行绘于原计划的横道线处，进行实际进度与计划进度比较的方法。采用横道图比较法，可以形象、直观地反映实际进度与计划进度的比较情况。

例如，某项目基础工程的计划进度和截至第 9 周末的实际进度如图 7-5 所示，其中双线条表示该工程计划进度，粗实线表示实际进度。从图 7-5 中实际进度与计划进度的比较可以看出，到第 9 周末进行实际进度检查时，挖土方和做垫层两项工作已经完成；支模板按计划应该完成，但实际只完成 75%，任务量拖欠 25%；绑钢筋按计划应该完成 60%，而实际只完成 20%，任务量拖欠 40%。

根据各项工作的进度偏差，进度控制者可以采取相应的纠偏措施对进度计划进行调整，以确保该工程按期完成。

图 7-5 所表达的比较方法仅适用于工程项目中各项工作都是均匀进展的情况，即每项工作在单位时间内完成的任务量都相等的情况。事实上，工程项目中各项工作的进展不一定匀速。根据工程项目中各项工作的进展是否匀速，可分别采用以下两种方法进行实际进度与计划进度的比较。

(1) 匀速进展横道图比较法。匀速进展是指在工程项目中，每项工作在单位时间内完成的任务量都相等，即工作的进展速度是均匀的。此时，每项工作累计完成的任务量与时间呈线性关系，如图 7-6 所示。完成的任务量可以用实物工程量、劳动消耗量或费用支出表示。为了便于比较，通常用上述物理量的百分比表示。

采用匀速进展横道图比较法时，其步骤如下：

1) 编制横道图进度计划。
2) 在进度计划上标出检查日期。
3) 将检查收集到的实际进度数据经加工整理后按比例用涂黑的粗线标于计划进度的下方，如图 7-7 所示。

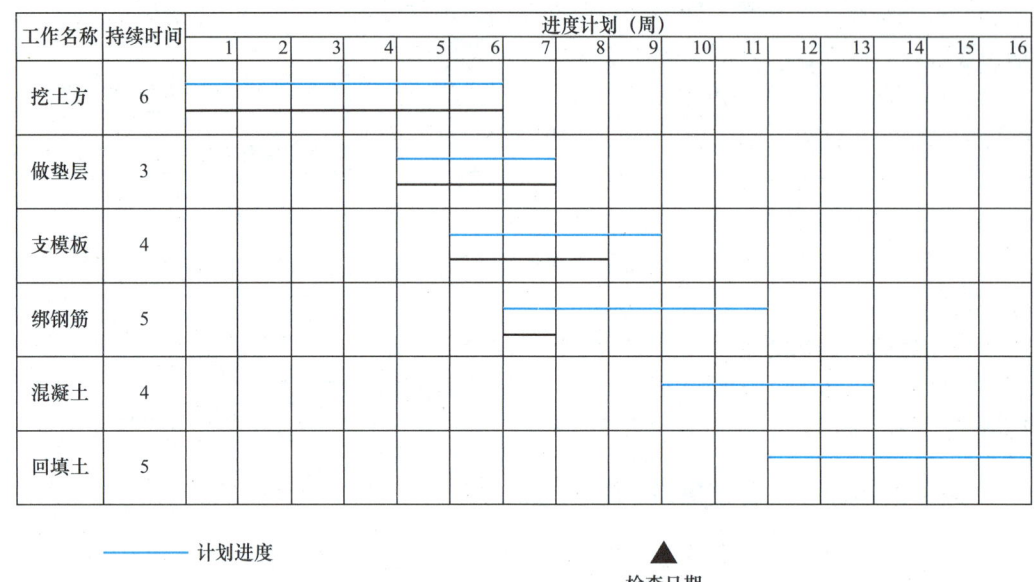

图 7-5 某项目基础工程实际进度与计划进度比较图

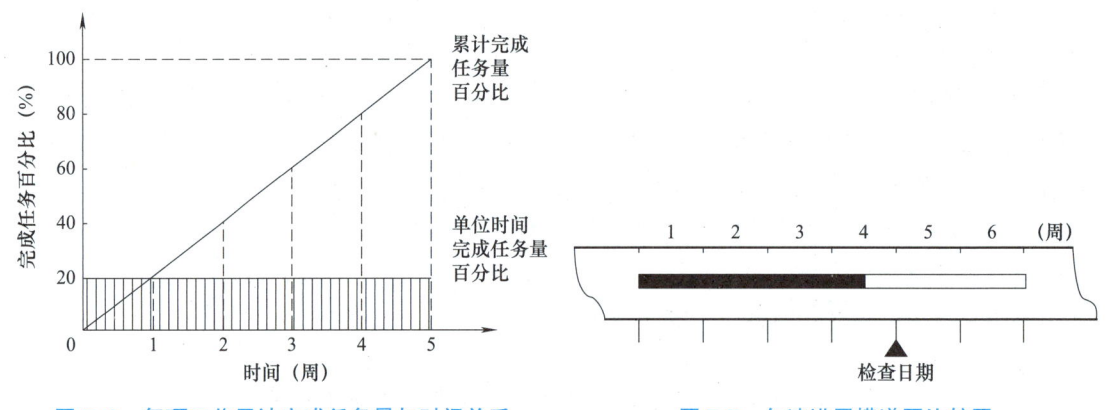

图 7-6 每项工作累计完成任务量与时间关系　　图 7-7 匀速进展横道图比较图

4) 对比分析实际进度与计划进度：
① 如果涂黑的粗线右端落在检查日期左侧，表明实际进度拖后。
② 如果涂黑的粗线右端落在检查日期右侧，表明实际进度超前。
③ 如果涂黑的粗线右端与检查日期重合，表明实际进度与计划进度一致。

该方法仅适用于工作从开始到结束的整个过程中，其进展速度均为固定不变的情况。如果工作进展速度是变化的，则不能采用此方法进行实际进度与计划进度的比较；否则，会得出错误的结论。

（2）非匀速进展横道图比较法。当工作在不同单位时间里进展速度不相等时，累计完成的任务量与时间的关系就不可能是线性关系。此时，应采用非匀速进展横道图比较法进行工作实际进度与计划进度的比较。非匀速进展横道图比较法在用涂黑粗线表示工作实际进度的同时，还要标出其对应时刻完成任务量累计百分比，并将该百分比与其同时刻计划完成任务量累计百分比相比较，判断工作实际进度与计划进度之间的关系。

采用非匀速进展横道图比较法时，其步骤如下：

1）编制横道图进度计划。

2）在横道线上方标出各主要时间工作的计划完成任务量累计百分比。

3）在横道线下方标出相应时间工作的实际完成任务量累计百分比。

4）用涂黑粗线标出工作的实际进度，从开始之目标起，同时反映该工作在实施过程中的连续与间断情况。

5）通过比较同一时刻实际完成任务量累计百分比和计划完成任务量累计百分比，判断工作实际进度与计划进度之间的关系：

① 如果同一时刻横道线上方累计百分比大于横道线下方累计百分比，表明实际进度拖后，拖欠的任务量为二者之差。

② 如果同一时刻横道线上方累计百分比小于横道线下方累计百分比，表明实际进度超前，超前的任务量为二者之差。

③ 如果同一时刻横道线上下方两个累计百分比相等，表明实际进度与计划进度一致。

可以看出，由于工作进展速度是变化的，因此在途中的横道线，无论是计划的还是实际的，只能表示工作的开始时间、完成时间和持续时间，并不表示计划完成的任务量和实际完成的任务量。此外，采用非匀速进展横道图比较法，不仅可以进行某一时刻（如检查日期）实际进度与计划进度的比较，而且还能进行某一时间段实际进度与计划进度的比较。当然，这需要实施部门按规定的时间记录当时的任务完成情况。

【例 7-1】 某项目的基槽开挖工作按施工进度计划安排需要 7 周完成，每周计划完成的任务量百分比如图 7-8 所示。请编制横道图进度计划，比较实际进度与计划进度。

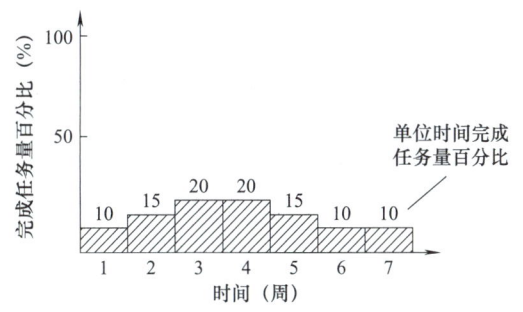

图 7-8 基槽开挖工作进展时间与完成任务量关系图

【解】（1）编制横道图进度计划，如图 7-9 所示。

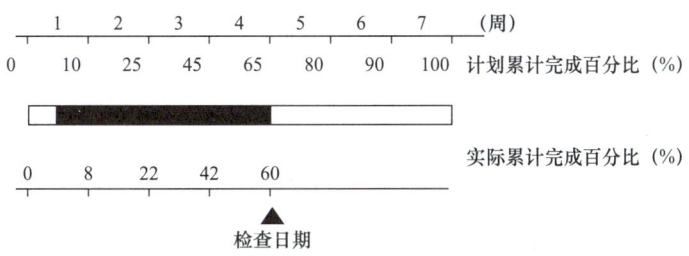

图 7-9 非匀速进展横道图比较图

(2) 在横道线上方标出基槽开挖工作每周计划累计完成任务量的百分比,分别为10%、25%、45%、65%、80%、90%和100%。

(3) 在横道线下方标出第1周至检查日期(第4周)每周实际累计完成任务量的百分比,分别为8%、22%、42%、60%。

(4) 用涂黑粗线标出实际投入的时间。图7-9表明,该工作实际开始时间晚于计划开始时间,在开始后连续工作,没有中断。

(5) 比较实际进度与计划进度。从图7-9中可以看出,该工作在第一周实际进度比计划进度拖后2%,以后各周末累计拖后分别为3%、3%和5%。

横道图比较法虽有记录和比较简单、形象直观、易于掌握、使用方便等优点,但由于其以横道计划为基础,因而带有不可克服的局限性。在横道计划中,各项工作之间的逻辑关系表达不明确,关键工作和关键线路无法确定。一旦某些工作实际进度出现偏差,就难以预测其对后续工作和工程总工期的影响,也就难以确定相应的进度计划调整方法。因此,横道图比较法主要用于工程项目中某些工作实际进度与计划进度的局部比较。

2. S曲线比较法

S曲线比较法是以横坐标表示时间,纵坐标表示累计完成任务量,绘制一条按计划时间累计完成任务量的S曲线,然后将工程项目实施过程中各检查时间实际累计完成任务量的S曲线也绘制在同一坐标系中,进行实际进度与计划进度比较的一种方法。

从整个工程项目实际进展全过程看,单位时间投入的资源量一般是开始和结束时较少,中间阶段较多。与其相对应,单位时间完成的任务量也呈同样的变化规律,如图7-10a所示。而随工程进展累计完成的任务量则应呈S形变化,如图7-10b所示。由于其形似英文字母"S",S曲线因此而得名。

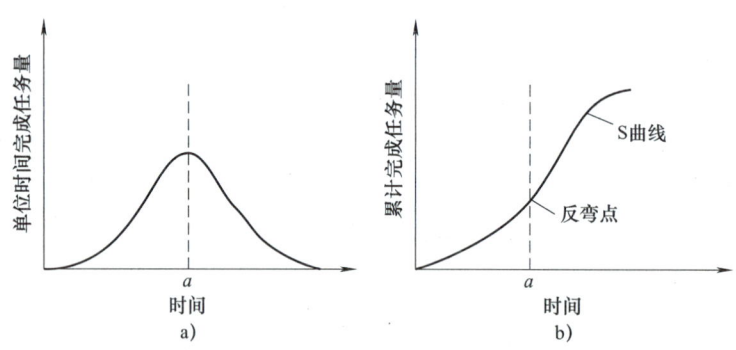

图7-10 时间与完成任务量关系曲线

(1) S曲线的绘制方法。

【例7-2】某混凝土工程的浇筑总量为2000m³,按照施工方案,计划9个月完成,每月计划完成混凝土浇筑量如图7-11所示,试绘制该混凝土工程的计划S曲线。

【解】根据已知条件:

(1) 确定单位时间计划完成任务量。在本例中,将每月计划完成混凝土浇筑量列于表7-2中。

(2) 计算不同时间累计完成任务量。在本例中,依次计算每月计划累计完成的混凝土浇筑量，结果列于表 7-2 中。

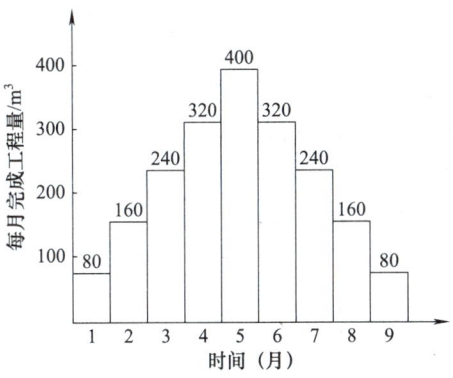

图 7-11 每月完成工程量图

表 7-2 完成工程量汇总表

时间（月）	1	2	3	4	5	6	7	8	9
每月完成量（m³）	80	160	240	320	400	320	240	160	80
累计完成量（m³）	80	240	480	800	1200	1520	1760	1920	2000

（3）根据累计完成任务量绘制 S 曲线。在本例中，根据每月计划累计完成混凝土浇筑量而绘制的 S 曲线如图 7-12 所示。

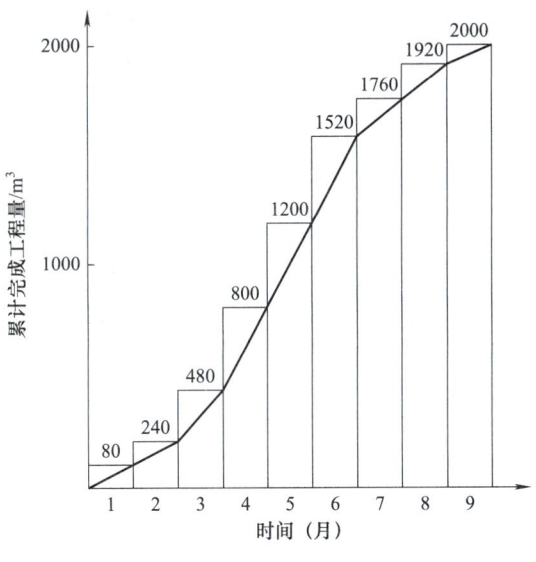

图 7-12 S 曲线图

（2）实际进度与计划进度的比较。同横道图比较法一样，S 曲线比较法也是在图上进行工程项目实际进度与计划进度的直观比较。在工程项目实施过程中，按照规定时间将检查收集到的实际累计完成任务量绘制在原计划 S 曲线图上，即可得到实际进度 S 曲线，如图 7-13 所示。

通过比较实际进度 S 曲线和计划进度 S 曲线，可以获得如下信息：

1）工程项目实际进展状况：如果工程实际进展点落在计划 S 曲线左侧，表明此时实际进度比计划进度超前，如图 7-13 中的 a 点；如果工程实际进展点落在 S 计划曲线右侧，表明此时实际进度拖后，如图 7-13 中的 b 点；如果工程实际进展点正好落在 S 曲线上，则标识此时实际进度与计划进度一致。

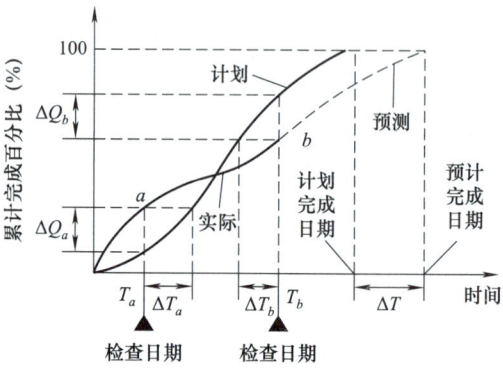

图 7-13　S 曲线比较图

2）工程项目实际进度超前或拖后的时间在 S 曲线比较图中可以直接读出。如图 7-13 所示，ΔT_a 表示 T_a 时刻实际进度超前的时间，ΔT_b 表示 T_b 时刻实际进度拖后时间。

3）工程项目实际超额或拖欠的任务量在曲线比较图中也可以直接读出。如图 7-13 所示，ΔQ_a 表示 T_a 时刻超额完成的任务量。ΔQ_b 表示 T_b 时刻拖欠的任务量。

4）后期工程进度预测。如果后期工程按原计划速度进行，则后期工程计划 S 曲线如图 7-13 中虚线所示，从而可以确定工期拖延预测值 ΔT。

3. 香蕉曲线比较法

香蕉曲线是由两条 S 曲线组合而成的闭合曲线。由 S 曲线比较法可知，工程项目累计完成任务量与计划时间的关系，可用一条 S 曲线表示。对于一个工程项目的网络计划来说，如果以其中各项工作的最早开始时间安排进度而绘制 S 曲线，称为 ES 曲线；如果以其中各项工作的最迟开始时间安排进度而绘制 S 曲线，称为 LS 曲线。两条 S 曲线具有相同的起点和终点，因此，两条曲线是闭合的。

在一般情况下，ES 曲线上的其余各点均落在 LS 曲线的相应点的左侧。由于该闭合曲线形似"香蕉"，故称为香蕉曲线，如图 7-14 所示。

（1）香蕉曲线比较法的作用。香蕉曲线比较法能直观反映工程项目的实际进展情况，并可以获得比 S 曲线更多的信息。其主要作用有：

1）合理安排工程项目进度计划。如果工程项目中的各项工作均按其最早开始时间安排进度，将导致项目的投资加大；而如果各项工作都按其最迟开始时间安排进度，则一旦受到进度影响因素的干扰，又将导致工期拖延，使工程进度风险加大。因此，科学合理的进度计划优化曲线应处于香蕉曲线所包络的区域之内，如图 7-14 中的虚线所示。

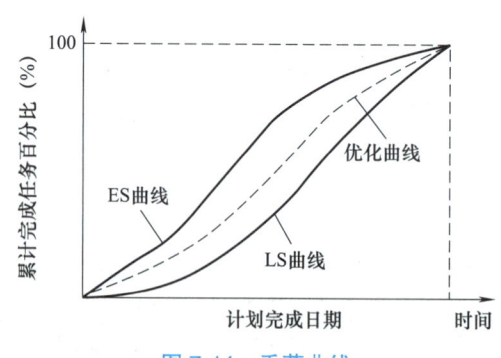

图 7-14　香蕉曲线

2）定期比较工程项目的实际进度与计划进度。在工程项目的实施过程中，根据每次检查收集到的实际完成任务量，绘制出实际进度 S 曲线，便可以与计划进度进行比较。工程项目实施进度的理想状态是任一时刻工程实际进展点应落在香蕉曲线图的范围之内。如果工程实际进展点落在 ES 曲线的左侧，表明此刻实际进度比各项工作按其最早开始时间安排的计划进度超前；如果工程实际进展点落在 LS 曲线的右侧，则表明此刻实际进度比各项工作按其最迟开始时间安排的计划进度拖后。

3）预测后期工程进展趋势。利用香蕉曲线可以对后期工程的进展情况进行预测。例如在图 7-15 中，该工程项目在检查日期实际进度超前。检查日期之后的后期工程进度安排如图中虚线所示，预计该工程项目将提前完成。

（2）香蕉曲线的绘制方法。香蕉曲线的绘制方法与 S 曲线的绘制方法基本相同，不同之处在于香蕉曲线是以工作按最早开始时间安排进度和按最迟开始时间安排进度分别绘制的两条 S 曲线组合而成的。其绘制步骤如下：

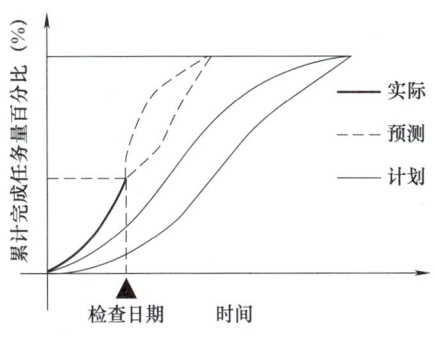

图 7-15　香蕉曲线的进度预测

1）以工程项目网络计划为基础，计算各工作最早开始时间和最迟开始时间。

2）确定各工作在各单位时间的计划完成任务量，分别按以下两种情况考虑。

① 根据各项工作按最早开始时间安排的进度计划，确定各项工作在各单位时间的计划完成任务量。

② 根据各项工作按最迟开始时间安排的进度计划，确定各项工作在各单位时间的计划完成任务量。

3）计算工程项目总任务量，即对所有工作在各单位时间计划完成的任务量累加求和。

4）分别根据各项工作按最早开始时间、最迟开始时间安排的进度计划，确定工程项目在各单位时间计划完成的任务量，即将各项工作在某一单位时间内计划完成的任务量求和。

5）分别根据各项工作按最早开始时间、最迟开始时间安排的进度计划，确定不同时间累计完成的任务量或任务量的百分比。

6）绘制香蕉曲线。分别根据各项工作按最早开始时间、最迟开始时间安排的进度计划确定的累计完成任务量或任务量的百分比描绘各点，并连接各点得到 ES 曲线和 LS 曲线，由 ES 曲线和 LS 曲线组成香蕉曲线。

在工程项目实施过程中，根据检查得到的实际累计完成任务量，按同样的方法在原计划香蕉曲线图上绘出实际进度曲线，便可以进行实际进度与计划进度的比较。

【例 7-3】　某工程项目网络计划如图 7-16 所示，图中箭线上方括号内数字表示各项工作计划完成的任务量，以劳动消耗量表示，箭线下方数字表示各项工作的持续时间（周）。试绘制香蕉曲线。

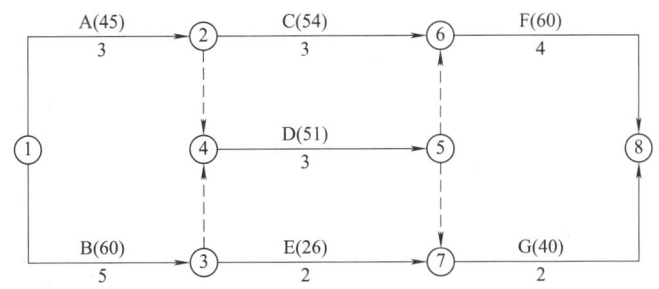

图 7-16　某工程项目网络计划

【解】 假设各项工作均为匀速进展，即各项工作每周的劳动消耗量相等。

(1) 确定各项工作每周的劳动消耗量。

工作 A：45÷3=15　　工作 B：60÷5=12　　工作 C：54÷3=18　　工作 D：51÷3=17

工作 E：26÷2=13　　工作 F：60÷4=15　　工作 G：40÷2=20

(2) 计算工程项目劳动消耗总量 Q：$Q=45+60+54+51+26+60+40=336$。

(3) 根据各项工作按最早开始时间安排的进度计划，确定工程项目每周计划劳动消耗量及各周累计劳动消耗量，如图 7-17 所示。

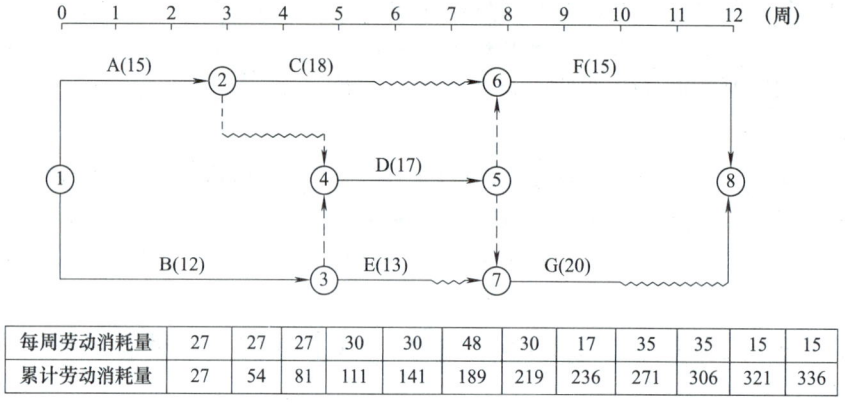

每周劳动消耗量	27	27	27	30	30	48	30	17	35	35	15	15
累计劳动消耗量	27	54	81	111	141	189	219	236	271	306	321	336

图 7-17　工作按最早开始时间安排的进度计划及劳动消耗量

(4) 根据各项工作按最迟开始时间安排的进度计划，确定工程项目每周计划劳动消耗量及各周累计劳动消耗量，如图 7-18 所示。

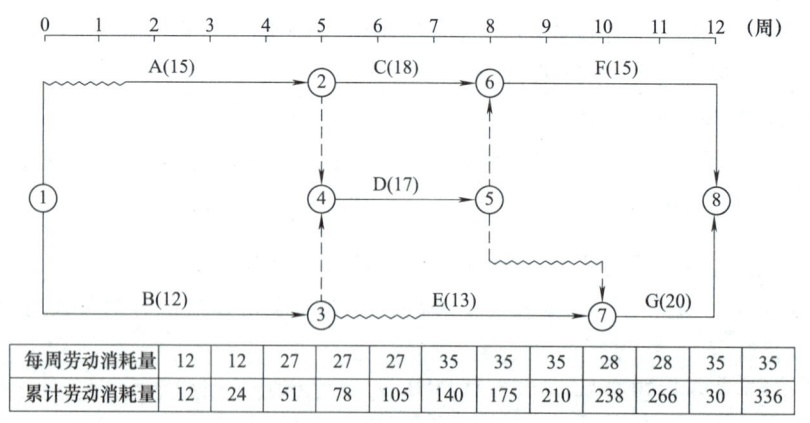

每周劳动消耗量	12	12	27	27	27	35	35	35	28	28	35	35
累计劳动消耗量	12	24	51	78	105	140	175	210	238	266	30	336

图 7-18　工作按最迟开始时间安排的进度计划及劳动消耗量

(5) 根据不同的累计劳动消耗量分别绘制 ES 曲线和 LS 曲线，便得到香蕉曲线，如图 7-19 所示。

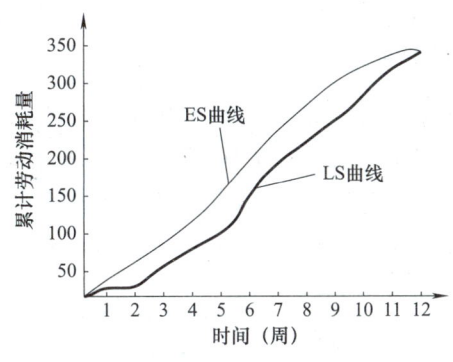

图7-19 香蕉曲线图

4. 前锋线比较法

前锋线，是指在原时标网络计划上，从检查时刻的时标点出发，用点画线依次将各项工作实际进展位置点连接而成的折线。前锋线比较法是通过绘制某检查时刻工程实际进度前锋线，进行工程实际进度与计划进度比较的方法，它主要适用于时标网络计划。前锋线比较法就是通过实际进度前锋线与原进度计划中各工作箭线交点的位置来判断工作实际进度与计划进度的偏差，进而判定该偏差对后续工作及总工期影响程度的一种方法。

采用前锋线比较法进行实际进度与计划进度的比较，其步骤如下：

1）绘制时标网络计划图。工程项目实际进度前锋线是在时标网络计划图上标示，可在时标网络计划图的上方和下方各设一时间坐标。

2）绘制实际进度前锋线。一般从时标网络计划图上方时间坐标的检查日期开始绘制，依次连接相邻工作的实际进展位置点，最后与时标网络计划图下方坐标的检查日期相连接。

工作实际进展位置点的标定方法有两种：

① 按该工作已完成任务量比例进行标定。假设工程项目中各项工作均为匀速进展，根据实际进度检查时刻该工作已完成任务量占其计划完成总任务量的比例，在工作箭线上从左至右按相同的比例标定其实际进展位置点。

② 按尚需作业时间进行标定。当某些工作的持续时间难以按实物工程量计算而只能凭经验估算时，可以先估算出检查时刻到该工作全部完成尚需作业的时间，然后在该工作箭线上从右向左逆向标定其实际进展位置点。

3）进行实际进度与计划进度的比较。针对匀速进展的工作，前锋线可以直观地反映出检查日期有关工作实际进度与计划进度之间的关系。对某项工作来说，其实际进度与计划进度之间的关系可能存在以下三种情况：

① 工作实际进展位置点落在检查日期的左侧，表明该工作实际进度拖后，拖后的时间为二者之差。

② 工作实际进展位置点与检查日期重合，表明该工作实际进度与计划进度一致。

③ 工作实际进展位置点落在检查日期的右侧，表明该工作实际进度超前，超前的时间为二者之差。

4）预测进度偏差对后续工作及总工期的影响。通过实际进度与计划进度的比较确定进度偏差后，还可根据工作的自由时差和总时差预测该进度偏差对后续工作及项目总工期的影响。由此可见，前锋线比较法既适用于工作实际进度与计划进度之间的局部比较，又可用来分析和预测工程项目整体进度状况。

【例 7-4】 某工程项目时标网络计划如图 7-20 所示。该计划执行到第 6 周末检查实际进度时，发现工作 A 和 B 已经全部完成，工作 D、E 分别完成计划任务量的 20% 和 50%，工作 C 尚需 3 周完成。试用前锋线比较法进行实际进度与计划进度的比较。

【解】 根据第 6 周末实际进度的检查结果绘制前锋线，如图 7-20 中点画线所示。

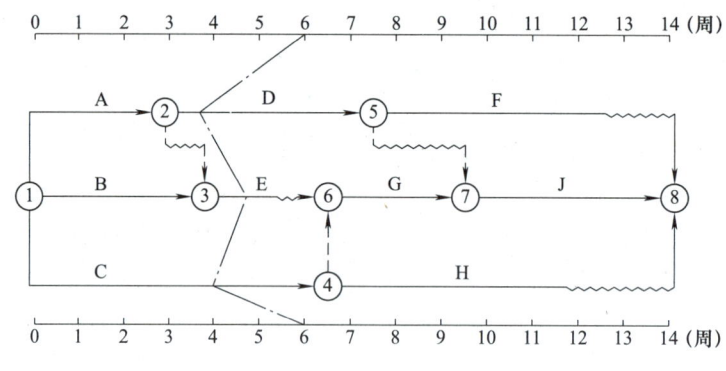

图 7-20　某工程前锋线比较图

通过比较可以看出：

（1）工作 D 实际进度拖后 2 周，将使其后续工作 F 的最早开始时间推迟 2 周，并使总工期延长 1 周。

（2）工作 E 实际进度拖后 1 周，既不影响总工期，也不影响其后续工作的正常进行。

（3）工作 C 实际进度拖后 2 周，将使其后续工作 J、H、G 的最早开始时间推迟 2 周。由于工作 J、G 开始时间的推迟，从而使总工期延长 2 周。

综上所述，如果不采取措施加快进度，该工程项目的总工期将延长 2 周。

5. 列表比较法

当工程进度计划用非时标网络图表示时，可以采用列表比较法进行实际进度与计划进度的比较。这种方法是记录检查日期应该进行的工作名称及其已经作业的时间，然后列表计算有关时间参数，并根据工作总时差进行实际进度与计划进度比较的方法。采用列表比较法进行实际进度与计划进度的比较，其步骤如下：

1）对于实际进度检查日期应该进行的工作，根据已经作业的时间，确定其尚需作业时间。

2）根据原进度计划，计算检查日期应该进行的工作从检查日期到原计划最迟完成时尚余时间。

3）计算工作尚有总时差，其值等于工作从检查日期到原计划最迟完成时间尚余时间与该工作尚需作业时间之差。

4）比较实际进度与计划进度，可能有以下几种情况：

① 如果工作尚有总时差与原有总时差相等，说明该工作实际进度与计划进度一致。

② 如果工作尚有总时差大于原有总时差，说明该工作实际进度超前，超前的时间为二

者之差。

③ 如果工作尚有总时差小于原有总时差，且仍为非负值，说明该工作实际进度拖后，拖后的时间为二者之差，但不影响总工期。

④ 如果工作尚有总时差小于原有总时差，且为负值，说明该工作实际进度拖后，拖后的时间为二者之差，此时工作实际进度偏差将影响总工期。

【例 7-5】 某工程项目进度计划如图 7-20 所示。该计划执行到第 10 周末检查实际进度时，发现工作 A、B、C、D、E 已经全部完成，工作 F 已进行 1 周，工作 G 和工作 H 均已进行 2 周。试用列表比较法进行实际进度与计划进度的比较。

【解】 根据工程项目进度计划及实际进度检查结果，可以计算出检查日期应进行工作的尚需作业时间、原有总时差及尚有总时差等，计算结果见表 7-3。通过比较尚有总时差和原有总时差，即可判断目前工程实际进展状况。

表 7-3　工程进度检查比较表

工作代号	工作名称	检查计划时尚余周数	到计划最迟完成时尚余周数	原有总时差	尚有总时差	情 况 判 断
5-8	F	4	4	1	0	拖后 1 周，但不影响工期
6-7	G	1	0	0	-1	拖后 1 周，影响总工期 1 周
4-8	H	3	6	2	1	拖后 1 周，但不影响工期

7.4.3　进度计划实施中的调整方法

1. 分析进度偏差对后续工作及总工期的影响

在工程项目实施过程中，当通过实际进度与计划进度的比较，发现有进度偏差时，需要分析该偏差对后续工作及总工期的影响，从而采取相应的调整措施对原进度计划进行调整，以确保工期目标的顺利实现。进度偏差的大小及其所处的位置不同，对后续工作和总工期的影响程度不同，分析时需要利用网络计划中工作总时差和自由时差的概念进行判断。

分析步骤如下：

1）分析出现进度偏差的工作是否为关键工作。如果出现进度偏差的工作位于关键线路上，即该工作为关键工作，则无论其偏差有多大，都将对后续工作和总工期产生影响，必须采取相应的调整措施；如果出现偏差的工作是非关键工作，则需要根据进度偏差值与总时差和自由时差的关系做进一步分析。

2）分析进度偏差是否超过总时差。如果工作的进度偏差大于该工作的总时差，则此进度偏差必将影响其后续工作和总工期，必须采取相应的调整措施；如果工作的进度偏差未超过该工作的总时差，则此进度偏差不影响总工期。至于对后续工作的影响程度，还需要根据偏差值与其自由时差的关系做进一步分析。

3) 分析进度偏差是否超过自由时差。如果工作的进度偏差大于该工作的自由时差，则此进度偏差将对其后续工作产生影响，此时应根据后续工作的限制条件确定调整方法；如果工作的进度偏差未超过该工作的自由时差，则此进度偏差不影响后续工作，因此，原进度计划可以不做调整。

进度偏差的分析判断过程如图 7-21 所示。通过分析，进度控制人员可以根据进度偏差的影响程度，制定相应的纠偏措施进行调整，以获得符合实际进度情况和计划目标的新进度计划。

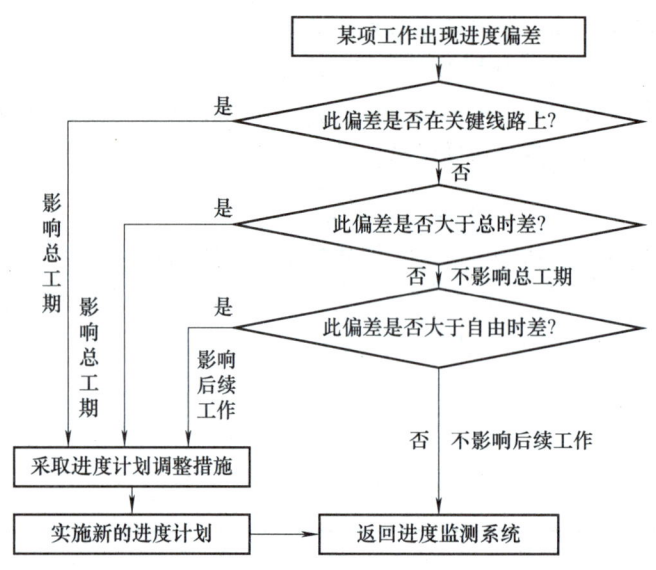

图 7-21　进度偏差对后续工作和总工期影响分析判断过程图

2. 进度计划的调整方法

当实际进度偏差影响后续工作和总工期而需要调整进度计划时，其调整方法主要有两种。

（1）改变某些工作间的逻辑关系。当工程项目实施中产生的进度偏差影响到总工期，且有关工作的逻辑关系允许改变时，可以改变关键线路和超过计划工期的非关键线路上的有关工作之间的逻辑关系，达到缩短工期的目的。例如，将顺序进行的工作改为平行作业、搭接作业以及分段组织流水作业等，都可以有效缩短工期。

【例 7-6】　某工程项目基础工程包括挖基槽（简称挖）、做垫层（简称垫）、砌基础（简称基）、回填土（简称填）4 个施工过程，各施工过程的持续时间分别为 21 天、15 天、18 天和 9 天，如果采取顺序作业方式进行施工，则其总工期为 63 天。为缩短该基础工程总工期，在工作面及资源供应允许的条件下，将基础工程划分为工程量大致相等的 3 个施工段组织流水作业，试绘制该基础工程流水作业网络计划，并确定其计算工期。

【解】　该基础工程流水作业网络计划如图 7-22 所示。通过组织流水作业，使得该基础工程的计算工期由 63 天缩短为 35 天。

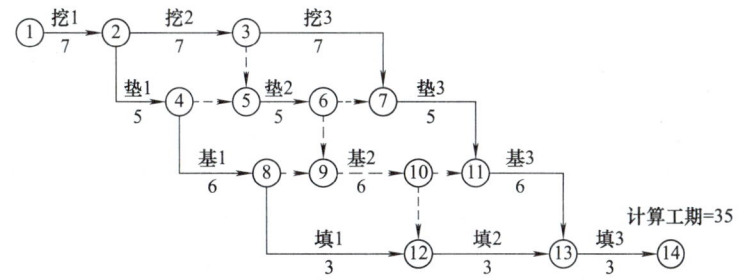

图 7-22 某基础工程流水作业网络计划

（2）缩短某些工作的持续时间。这种方法是不改变工程项目中各项工作之间的逻辑关系，而通过采取增加资源投入、提高劳动效率等措施来缩短某些工作的持续时间，使工程进度加快，以保证按计划工期完成该工程项目。被压缩持续时间的工作是位于关键线路或超过计划工期的非关键线路上的工作，同时这些工作又是其持续时间可被压缩的工作。这种调整方法通常可以在网络图上直接进行。其调整方法视限制条件及对其后续工作的影响程度的不同而有所区别，一般可分为以下三种情况：

1）网络计划中某项工作进度拖延时间超过其自由时差但未超过其总时差。此时该工作的实际进度不会影响总工期，而只对其后续工作产生影响。因此，在进行调整前，需要确定其后续工作允许拖延的时间限制，并以此作为进度调整的限制条件。该限制条件的确定常常较复杂，尤其是当后续工作由多个平行的承包单位负责实施时更是如此。后续工作如不能按原计划进行，在时间上产生的任何变化都可能使合同不能正常履行，将导致蒙受损失的一方提出索赔，从而增加工程成本。因此，寻求合理的调整方案，把进度拖延对后续工作的影响减少到最低限度，是工程师的一项重要工作。

【例 7-7】 某工程项目双代号时标网络计划如图 7-23 所示，该计划在执行到第 35 天检查时，其实际进度如图中前锋线所示。试分析目前实际进度对后续工作和总工期的影响，并提出相应的进度调整措施。

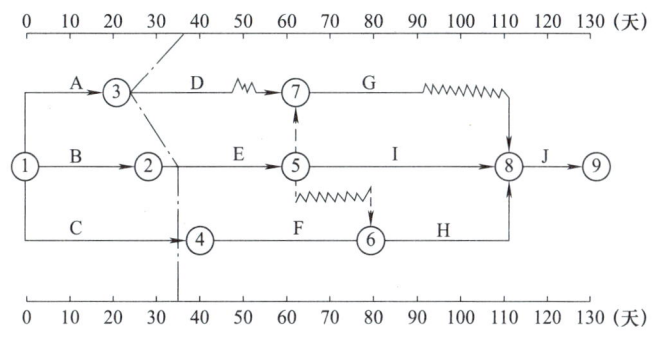

图 7-23 某工程项目双代号时标网络计划

【解】 从图中可以看出，目前只有工作 D 的开始时间拖后 15 天，而影响其后续工作 G 的最早开始时间，其他工作的实际进度均正常。由于工作 D 的总时差为 30 天，故此时工作 D 的实际进度不影响总工期。

该进度计划是否需要调整，取决于工作D和G的限制条件：

① 后续工作拖延的时间无限制。如果后续工作拖延的时间完全被允许，可将拖延后的时间参数带入原计划，并化简网络图（即去掉已执行部分，以进度检查日期为起点，将实际数据带入，绘制出未实施部分的进度计划），即可得调整方案。例如在本例中，以检查时刻第35天为起点，将工作D的实际进度数据及G被拖延后的时间参数带入原计划（此时工作D、G的开始时间分别为35天和65天），可得如图7-24所示的调整方案。

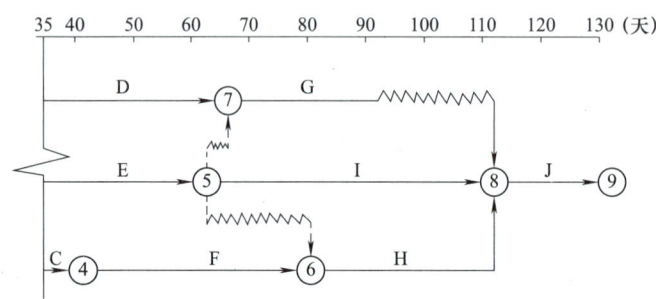

图7-24 后续工作拖延时间无限制时的网络计划

② 后续工作拖延的时间有限制。如果后续工作不允许拖延或拖延的时间有限制时，需要根据限制条件对网络计划进行调整，寻求最优方案。例如在本例中，如果工作G的开始时间不允许超过第60天，则只能将其前项工作D的持续时间压缩为25天，调整后的网络计划如图7-25所示。如果在工作D、G之间还有多项工作，则可以利用工期优化的原理确定应压缩的工作，得到满足G工作限制条件的最优调整方案。

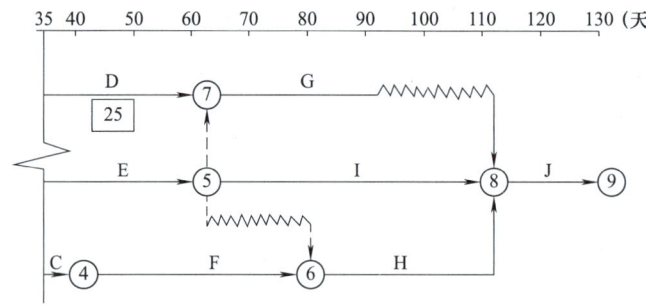

图7-25 后续工作拖延时间有限制时的网络计划

2）网络计划中某项工作进度拖延时间超过其总时差。如果网络计划中某项工作进度拖延时间超过其总时差，则无论该工作是否为关键工作，其实际进度都将对后续工作和总工期产生影响。此时，进度计划调整方法又可分为以下三种情况：

第一种情况：如果项目总工期不允许拖延，工程项目必按照原计划工期完成，只能采取缩短关键线路上后续工作持续时间的方法来达到调整计划的目的，实质上就是工期优化。

【例7-8】 仍以图7-23所示网络计划为例，如果在计划执行到第40天下班时刻检查时，其实际进度如图7-26中前锋线所示。试分析目前实际进度对后续工作和总工期的影响，并提出相应的进度调整。

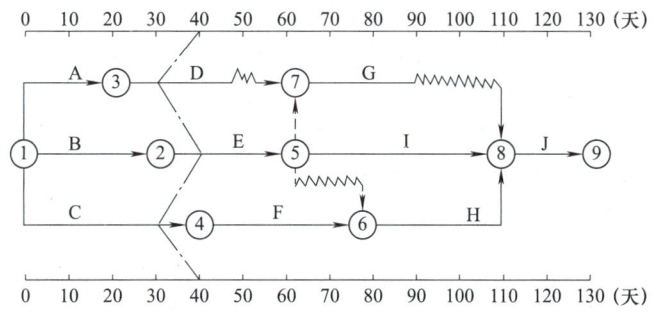

图 7-26 实际进度前锋线

【解】 从图中可看出：

1）工作 D 实际进度拖后 10 天，但不影响其后续工作，也不影响总工期。

2）工作 E 实际进度正常，不影响今后工作，也不影响总工期。

3）工作 C 实际进度拖后 10 天，由于其为关键工作，故其实际进度将使总工期延长 10 天，并使其后续工作 F、H 和 J 的最早开始时间推迟 10 天。

如果该工程项目总工期不允许拖延，则为了保证其按原计划工期 130 天完成，必须采用工期优化的方法，缩短关键线路上后续工作的持续时间。现假设工作 C 的后续工作 F、H 和 J 均可以压缩 10 天。现假设通过比较，压缩工作 H 的持续时间所需付出的代价最小，故将工作 H 的持续时间由 30 天缩短为 20 天。调整后的网络计划如图 7-27 所示。

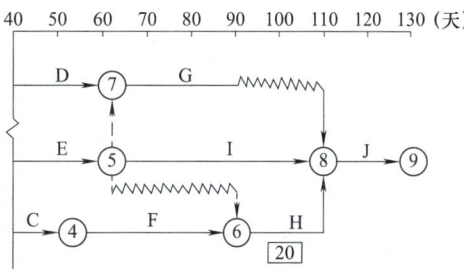

图 7-27 调整后工期不拖延的网络计划

第二种情况：项目总工期允许拖延。如果项目总工期允许拖延。则此时只需以实际数据取代原计划数据，并重新绘制实际进度检查日期之后的简化网络计划即可。

【例 7-9】 以图 7-23 所示前锋线为例，如果项目总工期允许拖延，此时只需以检查日期第 40 天为起点，用其后各项工作尚需作业时间取代相应的原计划数据，绘制出网络计划如图 7-28 所示。方案调整后，项目总工期为 140 天。

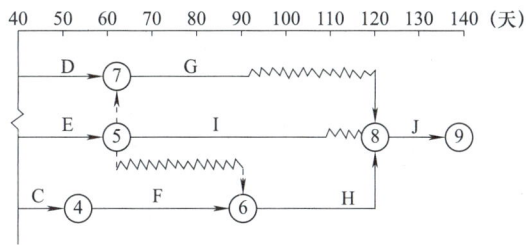

图 7-28 调整后工期拖延的网络计划

第三种情况：项目总工期允许拖延的时间有限。如果项目总工期允许拖延，但允许拖延的时间有限。则当实际进度拖延的时间超过此限制时，也需要对网络计划进行调整，以便满足要求。具体调整方法是以总工期的限制时间作为规定工期,对检查日期之后尚未实施的网络计划进行工期优化,即通过缩短关键线路上后续工作持续时间的方法来使总工期满足规定工期的要求。

以上三种情况均是以总工期为限制条件调整进度计划。应注意,当某项工作实际进度拖延时间超过其总时差而需要对进度计划进行调整时,除需考虑总工期的限制条件外,还应考虑网络计划中后续工作的限制条件,特别是对总进度计划的控制更应注意这一点。因为在这类网络计划中,后续工作也许就是一些独立的合同段。时间上的任何变化,都会带来协调上的麻烦或者引起索赔。因此,当网络计划中某些后续工作对时间的拖延有限制时,同样需要以此为条件,按前述方法进行调整。

3)网络计划中某项工作进度超前。工程师对建设工程实施进度控制的任务就是在工程进度计划的执行过程中,采取必要的组织协调和控制措施,以保证建设工程按期完成。在建设工程计划阶段所确定的工期目标,往往是综合考虑了各方面因素而确定的合理工期。因此,时间上的任何变化,无论是进度拖延还是超前,都可能造成其他目标的失控。例如在一个建设工程施工总进度计划中,由于某项工作的进度超前,致使资源需求发生变化,而打乱了原计划对人、财、物等资源的合理安排,亦将影响资金计划的使用和安排,特别是当多个平行的承包单位进行施工时,由此引起后续工作时间安排的变化,势必给工程师的协调工作带来许多麻烦。因此,如果建设工程实施过程中出现进度超前的情况,进度控制人员必须综合分析进度超前对后续工作产生的影响,并同承包单位协商,提出合理的进度调整方案,以确保工期总目标的顺利实现。

7.5 建设工程项目进度控制的措施

1. 项目进度控制的组织措施

为实现项目的进度目标,应充分重视健全项目管理的组织体系。在项目组织结构中应有专门的工作部门和符合进度控制岗位资格的专人负责进度控制工作。

进度控制的主要工作环节包括进度目标的分析和论证、编制进度计划、定期跟踪进度计划的执行情况、采取纠偏措施以及调整进度计划。这些工作任务和相应的管理职能应在项目管理组织设计的任务分工表和管理职能分工表中标示并落实。

应编制项目进度控制的工作流程:①定义项目进度计划系统的组成;②各类进度计划的编制程序、审批程序和计划调整程序等。

进度控制工作包含了大量的组织和协调工作,而会议是组织和协调的重要手段,应进行有关进度控制会议的组织设计,以明确:①会议的类型;②各类会议的主持人及参加单位和人员;③各类会议的召开时间;④各类会议文件的整理、分发和确认等。

2. 项目进度控制的管理措施

建设工程项目进度控制的管理措施涉及管理的思想、管理的方法、管理的手段、承发包模式、合同管理和风险管理等。在理顺组织的前提下,科学和严谨的管理显得十分重要。

建设工程项目进度控制在管理观念方面存在的主要问题是:

1)缺乏进度计划系统的观念——分别编制各种独立而互不联系的计划,形成不了计划系统。

2）缺乏动态控制的观念——只重视计划的编制，而不重视及时进行计划的动态调整。

3）缺乏进度计划多方案比较和选优的观念——合理的进度计划应体现资源的合理使用、工作面的合理安排，有利于提高建设质量、有利于文明施工和有利于合理地缩短建设周期。

用工程网络计划的方法编制进度计划必须很严谨地分析和考虑工作之间的逻辑关系，通过工程网络的计算可发现关键工作和关键线路，也可知道非关键工作可使用的时差，工程网络计划的方法有利于实现进度控制的科学化。

承发包模式的选择直接关系到工程实施的组织和协调。为了实现进度目标，应选择合理的合同结构，以避免过多的合同交界面而影响工程的进展。工程物资的采购模式对进度也有直接的影响，对此应做比较分析。

为实现进度目标，不但应进行进度控制，还应注意分析影响工程进度的风险，并在分析的基础上采取风险管理措施，以减少进度失控的风险量。常见的影响工程进度的风险有：①组织风险；②管理风险；③合同风险；④资源（人力、物力和财力）风险；⑤技术风险等。

重视信息技术（包括相应的软件、局域网、互联网以及数据处理设备）在进度控制中的应用。虽然信息技术对进度控制而言只是一种管理手段，但它的应用有利于提高进度信息处理的效率、有利于提高进度信息的透明度、有利于促进进度信息的交流和项目各参与方的协同工作。

3. 项目进度控制的经济措施

建设工程项目进度控制的经济措施涉及资金需求计划、资金供应的条件和经济激励措施等。为确保进度目标的实现，应编制与进度计划相适应的资源需求计划（资源进度计划），包括资金需求计划和其他资源（人力和物力资源）需求计划，以反映工程实施的各时段所需要的资源。通过资源需求的分析，可发现所编制的进度计划实现的可能性，若资源条件不具备，则应调整进度计划。资金需求计划也是工程融资的重要依据。

资金供应条件包括可能的资金总供应量、资金来源（自有资金和外来资金）以及资金供应的时间。在工程预算中应考虑加快工程进度所需要的资金，其中包括为实现进度目标将要采取的经济激励措施所需要的费用。

4. 项目进度控制的技术措施

建设工程项目进度控制的技术措施涉及对实现进度目标有利的设计技术和施工技术的选用。不同的设计理念、设计技术路线、设计方案会对工程进度产生不同的影响，在设计工作的前期，特别是在设计方案评审和选用时，应对设计技术与工程进度的关系做分析比较。在工程进度受阻时，应分析是否存在设计技术的影响因素，为实现进度目标有无设计变更的可能性。

施工方案对工程进度有直接的影响，在决策其是否选用时，不仅应分析技术的先进性和经济合理性，还应考虑其对进度的影响。在工程进度受阻时，应分析是否存在施工技术的影响因素，为实现进度目标有无改变施工技术、施工方法和施工机械的可能性。

思考题与练习题

1. 简述工程项目进度控制各主体的任务。

2. 简述总进度纲要主要包括的内容。
3. 简述项目总进度目标论证的工作步骤。
4. 简述利用横道图表示工程进度计划存在的缺点。
5. 简述工程项目进度计划的编制程序。
6. 简述工程项目进度调整的系统过程。
7. 某建设工程项目，合同工期 12 个月。承包人向监理机构呈交的施工进度计划如图 7-29 所示（图中工作持续时间单位为月）。

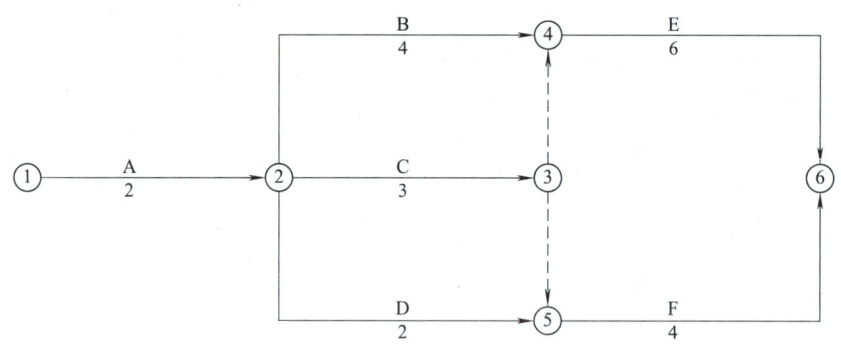

图 7-29 施工进度计划

问题：

（1）该施工进度计划的计算工期为多少个月？是否满足合同工期的要求？

（2）该施工进度计划中哪些工作应作为重点控制对象？为什么？

（3）施工过程中检查发现，工作 C 将拖后 1 个月完成，其他工作均按计划进行，工作 C 的拖后对工期有何影响？

8. 拟建有 3 台设备的基础工程，施工过程包括基础开挖、基础处理和混凝土浇筑。因型号与基础条件相同，为了缩短工期，监理人指示承包商分三个施工段组织专业流水施工（一项施工作业由一个专业队完成）。各施工作业在各施工段的施工时间（单位为月）见表 7-4。

表 7-4 各施工作业在各施工段的施工时间

施工过程	施工段		
	设备 A	设备 B	设备 C
基础开挖	3	3	3
基础处理	4	4	4
浇筑混凝土	2	2	2

问题：

（1）请根据监理工程师的要求绘制双代号专业流水（平行交叉作业）施工网络进度计划图。

（2）该网络计划的计算工期为多少？指出关键路线并在施工网络进度计划图上用粗线标出。

9. 某工程双代号时标网络计划如图 7-30 所示。计划实施到第五月末时检查发现，A 工作已完成 1/2 工程量，B 工作已完成 1/6 工作量，E 工作已完成 2/5 工程量。

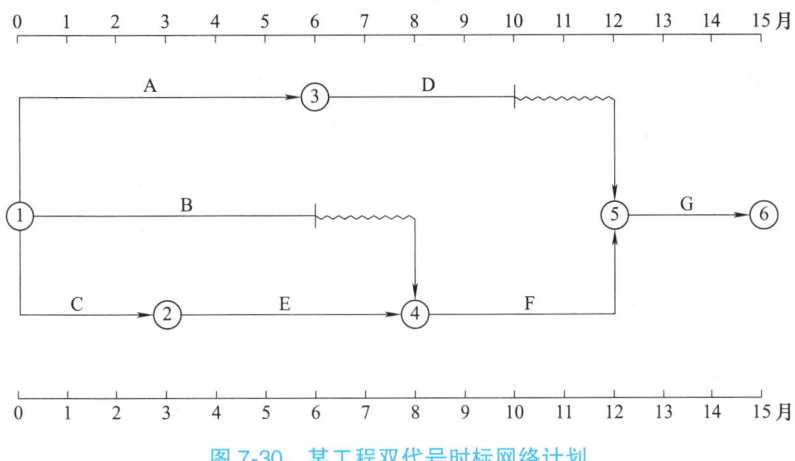

图 7-30　某工程双代号时标网络计划

问题：

（1）在时标网络中标出上述检查结果的实际进度前锋线。

（2）把检查结果填入检查结果分析表（见表 7-5）中。

表 7-5　检查结果分析表

工作代号	工作名称	检查时尚需作业时间（月）	到计划最迟完成时尚余时间（月）	原油总时差（月）	尚有总时差（月）	进度偏差影响	
						影响工期（月）	影响今后工作最早开始时间

（3）根据当前进度情况，如不做任何调整，工期将比原计划推迟多长时间？

10. 某建设项目合同工期 15 个月，其双代号网络计划如图 7-31 所示。该计划已被监理人批准。

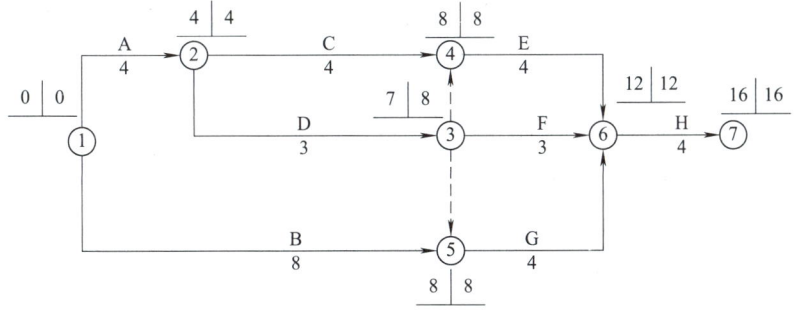

图 7-31　某工程双代号网络计划

问题：

（1）找出该网络计划的关键路线。

(2) 工作 D 的总时差和自由时差各为多少？

(3) 当该计划实施到第 8 个月末时，经监理工程师检查发现工作 C、B 已按计划完成，而工作 D 还需要 2 个月才能完成。此时工作 D 实际进度是否会使总工期延长？为什么？

11. 某工程网络计划如图 7-32 所示，计划工期 16 个月。

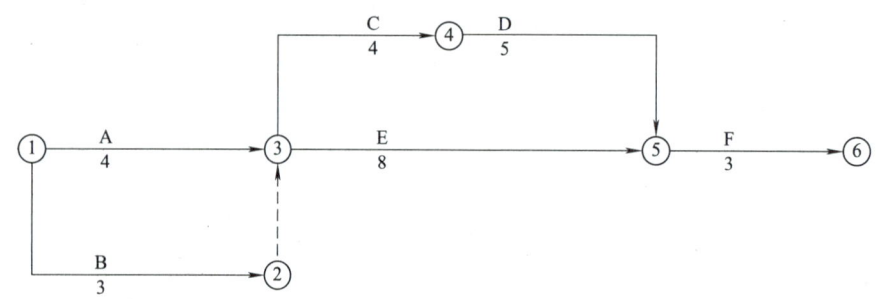

图 7-32 某工程网络计划

当计划实施到第 4 个月末时检查发现，工作 B 已经完成，工作 A 尚需 3 个月才能完成。该工程各项工作持续时间和费率见表 7-6。

表 7-6 各项工作持续时间和费率表

工 作	正常持续时间（月）	最短持续时间（月）	费用率（万元/月）
A	4	4	∞
B	3	3	∞
C	4	1	4
D	5	2	8
E	8	5	2
F	3	2	5

注：∞ 表示该项工作不能优化，若优化则费用代价极高。

问题：

(1) 工作 A 的实际进度拖后对总工期有何影响？为什么？

(2) 如果工作 A 的实际进度拖后对总工期产生影响，为保证该工程按原计划工期完成，在不改变工作间的逻辑关系的前提下，用费用优化的纯压缩法，给出直接费用增加最少的调整方案，并简要地写出调整过程。

12. 某工程网络计划如图 7-33 所示，时间单位为月。

问题：

(1) 计算该网络计划的时间参数，并确定关键路线。

(2) 根据上面的计算情况，回答下列问题。

注：计划中各工作按最早时间安排下达；某工作的进度发生偏差时，认为其他工作是按计划进行的。

1) 该工程的计算工期是多少？

2) 若该工程计划工期等于计算工期，实施中 E 工作拖后 2 个月完成，对工期有何影响？

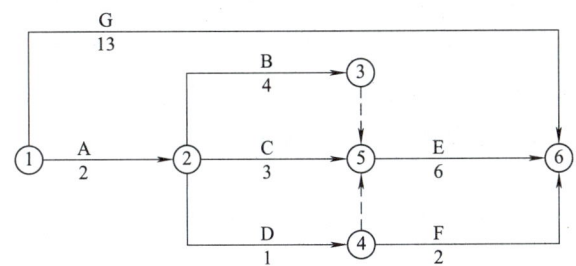

图 7-33　某工程网络计划

3）若实施中 G 工作提前 2 个月完工，工期变为多少？

4）若 D 工作拖延 1 个月完成，F 工作的总时差有何变化？

13. 已知某工程项目的时标网络计划如图 7-34 所示。

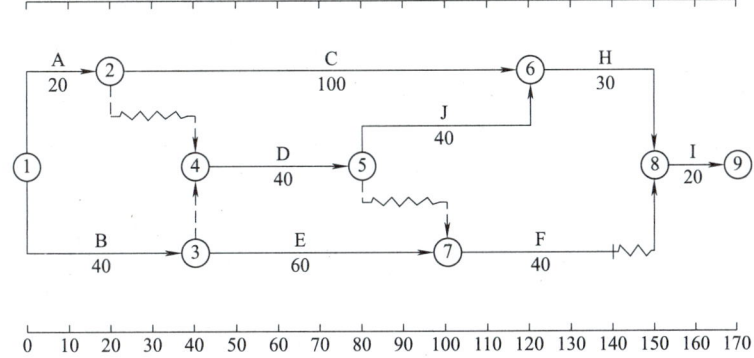

图 7-34　某工程项目的时标网络计划

问题：

（1）工作 E 的总时差及自由时差各为多少天？

（2）指出该网络计划的关键路线。

（3）工程进行到 70 天下班时检查，发现工作 A、B 已完成，而工作 C、D、E 分别需要 40 天、30 天和 20 天才能完成，试绘制实际进度前锋线，分析工作 C、D、E 的实际进度与计划进度的偏差及影响。

14. 已知某工程双代号网络计划如图 7-35 所示。图中箭线下方括号外数字为工作的正常持续时间，括号内数字为工作的最短持续时间；图中箭线上方括号内数字为工作的优先系数。合同要求工期为 15 周，请确定初始网络图是否要进行工期优化，并写出过程。

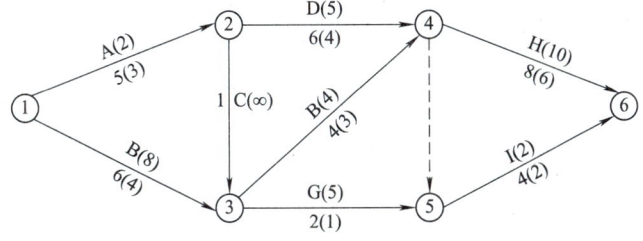

图 7-35　某工程双代号网络计划

15. 已知某工程网络计划如图 7-36 所示。图中箭线下方括号外数字为工作的正常持续时间，括号内数字为工作的最短持续时间；图中箭线上方括号外数字为工作按正常持续时间完成时所需的直接费用，括号内数字为工作按最短持续时间完成时所需的直接费用。该工程的间接费用率为 0.8 万元/天。能否对该网络计划进行优化？

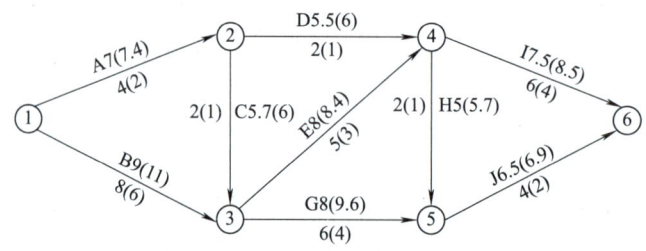

图 7-36 已知的某工程网络计划

16. 已知某工程的早时标网络计划如图 7-37 所示，图中箭线上方数字为工作的资源强度，下方数字为工作的持续时间（周），若资源供给的最大量为 12 个单位，能否对其进行"资源有限——工期最短"的优化工作？

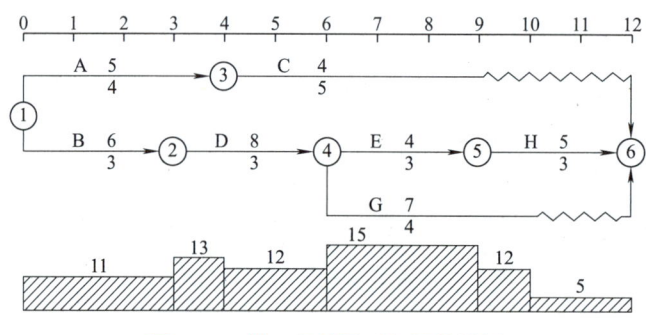

图 7-37 某工程的早时标网络计划

二维码形式客观题

手机微信扫描二维码，可自行做客观题，提交后可查看答案。

第 7 章 客观题

第 8 章 建设工程项目质量控制

本章重点内容

项目质量的形成过程和影响因素分析；全面质量管理思想和方法的应用；施工生产要素的质量控制；施工准备的质量控制；施工过程的质量控制；施工质量与设计质量的协调；建设工程项目施工质量验收；施工质量问题和质量事故的处理；因果分析图法的应用；排列图法的应用；建设工程项目质量的政府监督。

本章学习目标

了解质量影响因素及管理思想，掌握施工质量的控制和质量的验收，熟悉工程施工质量验收及质量问题处理；熟悉统计方法在质量管理中的应用。通过本章学习，认识到工程项目质量是百年大计，科学技术是推动产品质量的关键要素，形成科学发展观；认识到实际工作中实现质量管理必须遵守相关的法律法规，形成遵纪守法的品质和树立法治意识；培养实事求是，认真严谨的工作态度。

8.1 建设工程项目质量控制的内涵

8.1.1 项目质量控制的目标、任务与责任

1. 对项目质量控制相关概念的理解

（1）质量和工程项目质量。根据《质量管理体系 基础和术语》（GB/T 19000—2016/ISO 9000：2015）的定义，质量是指客体的一组固有特性满足要求的程度。该定义可理解为：质量不仅是指产品的质量，也包括产品生产活动或过程的工作质量，还包括质量管理体系运行的质量；质量由一组固有的特性来表征，这些固有特性是指满足顾客和其他相关方要求的特性，以其满足要求的程度来衡量；而质量要求是指明示的、隐含的或必须履行的需要和期望，这些要求又是动态的、发展的和相对的。即质量"好"或者"差"，以其固有特性满足质量要求的程度来衡量。

建设工程项目质量是指通过项目实施形成的工程实体的质量，是反映建筑工程满足相关

标准规定或合同约定的要求,包括其在安全、使用功能及其在耐久性能、环境保护等方面所有明显和隐含能力的特性总和。其质量特性主要体现在适用性、安全性、耐久性、可靠性、经济性及与环境的协调性等六个方面。

(2)质量管理和工程项目质量管理。质量管理是在质量方面进行的指挥和控制的协调活动,包括建立和确定质量方针、质量目标及职责,并在质量管理体系中通过质量策划、质量控制、质量保证和质量改进等手段来实施和实现全部质量管理职能的一系列活动。

工程项目质量管理是指在工程项目实施过程中,指挥和控制项目参与各方关于质量的相互协调的活动,是围绕着使工程项目满足质量要求而开展的策划、组织、计划、实施、检查、监督和审核等所有管理活动的总和。它是工程项目的建设、勘察、设计、施工、监理等单位的共同职责,项目参与各方的项目经理必须调动与项目质量有关的所有人员的积极性,共同做好本职工作,才能完成项目质量管理的任务。

(3)质量控制与工程项目质量控制。质量控制是质量管理的一部分,是致力于满足质量要求的一系列相关活动。这些活动主要包括如下内容。

1)设定目标:即设定要求,确定需要控制的标准、区间、范围、区域。

2)测量结果:测量满足所设定目标的程度。

3)评价:评价控制的能力和效果。

4)纠偏:对不满足设定目标的偏差,及时纠偏,保持控制能力的稳定性。

可以说,质量控制是在明确的质量目标和具体的条件下,通过行动方案和资源配置的计划、实施、检查和监督,进行质量目标的事前预控、事中控制和事后纠偏控制,实现预期质量目标的系统过程。

工程项目的质量要求是由业主方提出的,即项目的质量目标,是业主的建设意图通过项目策划,包括项目的定义及建设规模、系统构成、使用功能和价值、规格、档次、标准等的定位策划和目标决策来确定的。工程项目质量控制,就是在项目实施整个过程中,包括项目的勘察设计、招标采购、施工安装、竣工验收等各个阶段,项目参与各方致力于实现业主要求的项目质量总目标的一系列活动。

工程项目质量控制包括项目的建设、勘察、设计、施工、监理各方的质量控制活动。

2. 项目质量控制的目标与任务

建设工程项目质量控制的目标就是实现由项目决策所决定的项目质量目标,使项目的适用性、安全性、耐久性、可靠性、经济性及与环境的协调性等方面满足建设单位需要,并符合国家法律、行政法规和技术标准、规范的要求。项目的质量涵盖设计质量、材料质量、设备质量、施工质量和影响项目运行或运营的环境质量等,各项质量均应符合相关技术规范和标准的规定,满足业主方的质量要求。

工程项目质量控制的任务就是对项目的建设、勘察、设计、施工、监理单位的工程质量行为,以及涉及项目工程实体质量的设计质量、材料质量、设备质量、施工安装质量进行控制。

由于项目的质量目标最终由项目工程实体的质量来体现,而项目工程实体的质量最终通过施工作业过程直接形成,设计质量、材料质量、设备质量往往也要在施工过程中进行检验,因此,施工质量控制是项目质量控制的重点。

3. 项目质量控制的责任和义务

《中华人民共和国建筑法》和《建设工程质量管理条例》规定，建设工程项目的建设单位、勘察单位、设计单位、施工单位、工程监理单位都要依法对建设工程质量负责，尤其要突出建设单位首要责任和落实施工单位主体责任。

（1）建设单位的质量责任和义务。

1）建设单位应当将工程发包给具有相应资质等级的单位，并不得将建设工程肢解发包。

2）建设单位应当依法对工程建设项目的勘察、设计、施工、监理以及与工程建设有关的重要设备、材料等的采购进行招标。

3）建设单位必须向有关地勘察、设计、施工、工程监理等单位提供与建设工程有关的原始资料。原始资料必须真实、准确、齐全。

4）建设工程发包单位不得迫使承包方以低于成本的价格竞标，不得任意压缩合理工期；不得明示或者暗示设计单位或者施工单位违反工程建设强制性标准，降低建设工程质量。

5）建设单位应当将施工图设计文件上报县级以上人民政府建设行政主管部门或者其他有关部门审查。施工图设计文件未经审查批准的，不得使用。

6）实行监理的建设工程，建设单位应当委托具有相应资质等级的工程监理单位进行监理。

7）建设单位在领取施工许可证或者开工报告前，应当按照国家有关规定办理工程质量监督手续。

8）按照合同约定，由建设单位采购建筑材料、建筑构配件和设备的，建设单位应当保证建筑材料、建筑构配件和设备符合设计文件和合同要求。建设单位不得明示或者暗示施工单位使用不合格的建筑材料、建筑构配件和设备。

9）涉及建筑主体和承重结构变动的装修工程，建设单位应在施工前委托原设计单位或者具有相应资质等级的设计单位提出设计方案；没有设计方案的，不得施工。房屋建筑使用者在装修过程中，不得擅自变动房屋建筑主体和承重结构。

10）建设单位收到建设工程竣工报告后，应当组织设计、施工、工程监理等有关单位进行竣工验收。建设工程经验收合格的，方可交付使用。

11）建设单位应当严格按照国家有关档案管理的规定，及时收集、整理建设项目各环节的文件资料，建立、健全建设项目档案，并在建设工程竣工验收后，及时向建设行政主管部门或者其他有关部门移交建设项目档案。

（2）勘察、设计单位的质量责任和义务。

1）从事建设工程勘察、设计的单位应当依法取得相应等级的资质证书，在其资质等级许可的范围内承揽工程，并不得转包或者违法分包所承揽的工程。

2）勘察、设计单位必须按照工程建设强制性标准进行勘察、设计，并对其勘察、设计的质量负责。注册建筑师、注册结构工程师等注册执业人员应当在设计文件上签字，对设计文件负责。

3）勘察单位提供的地质、测量、水文等勘察成果必须真实、准确。

4）设计单位应当根据勘察成果文件进行建设工程设计。设计文件应当符合国家规定的设计深度要求，注明工程合理使用年限。

5) 设计单位在设计文件中选用的建筑材料、建筑构配件和设备，应当注明规格、型号、性能等技术指标，其质量要求必须符合国家规定的标准。除有特殊要求的建筑材料、专用设备、工艺生产线等外，设计单位不得指定生产、供应商。

6) 设计单位应当就审查合格的施工图设计文件向施工单位做出详细说明。

7) 设计单位应当参与建设工程质量事故分析，并对因设计造成的质量事故，提出相应的技术处理方案。

(3) 施工单位的质量责任和义务。

1) 施工单位应当依法取得相应等级的资质证书，在其资质等级许可的范围内承揽工程，并不得转包或者违法分包工程。

2) 施工单位对建设工程的施工质量负责。施工单位应当建立质量责任制，确定工程项目的项目经理、技术负责人和施工管理负责人。建设工程实行总承包的，总承包单位应当对全部建设工程质量负责；建设工程勘察、设计、施工、设备采购的一项或者多项实行总承包的，总承包单位应当对其承包的建设工程或者采购的设备的质量负责。

3) 总承包单位依法将建设工程分包给其他单位的，分包单位应当按照分包合同的约定对其分包工程的质量向总承包单位负责，总承包单位与分包单位对分包工程的质量承担连带责任。

4) 施工单位必须按照工程设计图纸和施工技术标准施工，不得擅自修改工程设计，不得偷工减料。施工单位在施工过程中发现设计文件和图纸有差错的，应当及时提出意见和建议。

5) 施工单位必须按照工程设计要求、施工技术标准和合同约定，对建筑材料、建筑构配件、设备和商品混凝土进行检验，检验应当有书面记录和专人签字；未经检验或者检验不合格的，不得使用。

6) 施工单位必须建立、健全施工质量的检验制度，严格工序管理，做好隐蔽工程的质量检查和记录。隐蔽工程在隐蔽前，施工单位应当通知建设单位和建设工程质量监督机构。

7) 施工人员对涉及结构安全的试块、试件以及有关材料，应当在建设单位或者工程监理单位监督下现场取样，并送具有相应资质等级的质量检测单位进行检测。

8) 施工单位对施工中出现质量问题的建设工程或者竣工验收不合格的建设工程，应当负责返修。

9) 施工单位应当建立、健全教育培训制度，加强对职工的教育培训；未经教育培训或者考核不合格的人员，不得上岗作业。

(4) 工程监理单位的质量责任和义务。

1) 工程监理单位应当依法取得相应等级的资质证书，在其资质等级许可的范围内承担工程监理业务，并不得转让工程监理业务。

2) 工程监理单位与被监理工程的施工承包单位以及建筑材料、建筑构配件和设备供应单位有隶属关系或其他利害关系的，不得承担该项建设工程的监理业务。

3) 工程监理单位应当依照法律、法规以及有关技术标准、设计文件和建设工程承包合同，代表建设单位对施工质量实施监理，并对施工质量承担监理责任。

4) 工程监理单位应当选派具备相应资格的总监理工程师和监理工程师进驻施工现场。

未经监理工程师签字，建筑材料、建筑构配件和设备不得在工程上使用或者安装，施工单位不得进行下一道工序的施工。未经总监理工程师签字，建设单位不拨付工程款，不进行竣工验收。

5）监理工程师应当按照工程监理规范的要求，采取旁站、巡视和平行检验等形式，对建设工程实施监理。

为贯彻《建设工程质量管理条例》，提高质量责任意识，强化质量责任追究，保证工程建设质量，住房和城乡建设部制定了《建筑工程五方责任主体项目负责人质量终身责任追究暂行办法》（建质〔2014〕124号）。该办法规定：

建筑工程五方责任主体项目负责人是指承担建筑工程项目建设的建设单位项目负责人、勘察单位项目负责人、设计单位项目负责人、施工单位项目经理和监理单位总监理工程师。

建筑工程五方责任主体项目负责人质量终身责任，是指参与新建、扩建、改建的建筑工程项目负责人按照国家法律法规和有关规定，在工程设计使用年限内对工程质量承担相应责任。

符合下列情形之一的，县级以上地方人民政府住房城乡建设主管部门应当依法追究项目负责人的质量终身责任：

1）发生工程质量事故。

2）发生投诉、举报、群体性事件、媒体报道并造成恶劣社会影响的严重工程质量问题。

3）由于勘察、设计或施工原因造成尚在设计使用年限内的建筑工程不能正常使用。

4）存在其他需追究责任的违法违规行为。

工程质量终身责任实行书面承诺和竣工后永久性标牌等制度。

违反法律法规规定，造成工程质量事故或严重质量问题，除依照本办法规定追究项目负责人终身责任外，还应依法追究相关责任单位和责任人员的责任。

8.1.2　项目质量的形成过程和影响因素分析

1. 建设工程项目质量的基本特性

建设工程项目从本质上说是一项拟建或在建的建筑产品，它和一般产品具有同样的质量内涵，即一组固有特性满足需要的程度。这些特性是指产品的适用性、可靠性、安全性、耐久性、经济性及与环境的协调性等。建设工程项目质量的基本特性可以概括如下。

（1）有关使用功能的质量特性。工程项目的功能性质量，主要表现为反映项目使用功能需求的一系列特性指标，如房屋建筑工程的平面空间布局、通风采光性能；工业建筑工程的生产能力和工艺流程；道路交通工程的路面等级、通行能力等。按照现代质量管理理念，功能性质量必须以顾客关注为焦点，满足顾客的需求或期望。

（2）有关安全可靠的质量特性。建筑产品不仅要满足使用功能和用途的要求，而且在正常的使用条件下应能达到安全可靠的标准，如建筑结构自身安全可靠、使用过程防腐蚀、防坠、防火、防盗、防辐射，以及设备系统运行与使用安全等。可靠性质量必须在满足功能性质量需求的基础上，结合技术标准、规范（特别是强制性条文）的要求进行确定与实施。

（3）有关文化艺术的质量特性。建筑产品具有深刻的社会文化背景，历来人们都把具有某种特定历史文化的建筑产品视同艺术品。其个性的艺术效果，包括建筑造型、立面外观、文化内涵、时代表征以及装修装饰、色彩视觉等,不仅使用者关注,而且社会也关注;不仅现在关注,而且未来的人们也会关注和评价。工程项目艺术文化特性的质量来自于设计者的设计理念、创意和创新,以及施工者对设计意图的领会与精益施工。

(4) 有关工程环境的质量特性。建设工程环境质量主要是指在项目建设与使用过程中对周边环境的影响,包括项目用地范围内的规划布局、交通组织、绿化景观、节能环保,及其与周边环境的协调性或适宜性。

2. 项目质量的影响因素

建设工程项目质量的影响因素,主要是指在项目质量目标策划、决策和实现过程中影响质量形成的各种客观因素和主观因素,包括人的因素、机械因素、材料因素、方法因素和环境因素(简称人、机、料、法、环)等。

(1) 人的因素。在工程项目质量管理中,人的因素起决定性作用。项目质量控制应以控制人的因素为基本出发点。影响项目质量的人的因素,包括两个方面:一是指直接履行项目质量职能的决策者、管理者和作业者个人的质量意识及质量活动能力;二是指承担项目策划、决策或实施的建设单位、勘察设计单位、咨询服务机构、工程承包企业等实体组织的质量管理体系及其管理能力。前者是个体的人,后者是群体的人。我国实行的建筑业企业经营资质管理制度、市场准入制度、执业资格注册制度、作业及管理人员持证上岗制度等,本质上,都是对从事建设工程活动的人的素质和能力进行必要的控制。人作为控制对象,人的工作应避免失误;作为控制动力,应充分调动人的积极性,发挥人的主导作用。因此,必须有效控制项目参与各方的人员素质,不断提高人的质量活动能力,才能保证项目质量。

(2) 机械因素。机械包括工程设备、施工机械和各类工器具。工程设备是指组成工程实体的工艺设备和各类机具,如各类生产设备、装置和辅助配套的电梯、泵机,以及通风空调、消防、环保设备等,它们是工程项目的重要组成部分,其质量的优劣,直接影响工程使用功能的发挥。施工机械和各类工器具是指施工过程中使用的各类机具设备,包括运输设备、吊装设备、操作工具、测量仪器、计量器具以及施工安全设施等。施工机械设备是所有施工方案和工法得以实施的重要物质基础,合理选择和正确使用施工机械设备是保证项目施工质量和安全的重要条件。

(3) 材料因素。材料包括工程材料和施工用料,又包括原材料、半成品、成品、构配件和周转材料等。各类材料是工程施工的基本物质条件,材料质量是工程质量的基础,材料质量不符合要求,工程质量就不可能达到标准。所以加强对材料的质量控制,是保证工程质量的基础。

(4) 方法因素。方法因素也可以称为技术因素,包括勘察、设计、施工所采用的技术和方法,以及工程检测、试验的技术和方法等。从某种程度上说,技术方案和工艺水平的高低,决定了项目质量的优劣。依据科学的理论,采用先进合理的技术方案和措施,按照规范进行勘察、设计、施工,必将对保证项目的结构安全和满足使用功能,对组成质量因素的产品精度、强度、平整度、清洁度、耐久性等物理、化学特性等方面起到良好的推进作用。比如建设主管部门在建筑业中推广应用的多项新技术,包括地基基础和地下空间工程技术、高性能混凝土技术、高强钢筋和预应力技术、新型模板及脚手架应用技术、钢结构技术、建筑防水技术以及建筑信息模型(BIM)等信息技术,对消除质量通病、保证建设工程质量起到了积极作用,收到了明显的效果。

(5) 环境因素。影响项目质量的环境因素，又包括项目的自然环境因素、社会环境因素、管理环境因素和作业环境因素。

1) 自然环境因素。自然环境因素主要指工程地质、水文、气象条件和地下障碍物以及其他不可抗力等影响项目质量的因素。例如，复杂的地质条件必然对建设工程的地基处理和基础设计提出更高的要求，处理不当就会对结构安全造成不利影响；在地下水位高的地区，若在雨期进行基坑开挖，遇到连续降雨或排水困难，就会引起基坑塌方或地基受水浸泡影响承载力等；在寒冷地区冬期施工措施不当，工程会因受到冻融而影响质量；在基层未干燥或大风天进行卷材屋面防水层的施工，就会导致粘贴不牢及空鼓等质量问题等。

2) 社会环境因素。社会环境因素主要指会对项目质量造成影响的各种社会环境因素，包括国家建设法律法规的健全程度及其执法力度；建设工程项目法人决策的理性化程度以及经营者的经营管理理念；建筑市场（包括建设工程交易市场和建筑生产要素市场）的发育程度及交易行为的规范程度；政府工程质量监督及行业管理成熟程度；建设咨询服务业的发展程度及其服务水准的高低；廉政管理及行风建设的状况等。

3) 管理环境因素。管理环境因素主要是指项目参建单位的质量管理体系、质量管理制度和各参建单位之间的协调等因素。比如，参建单位的质量管理体系是否健全，运行是否有效，决定了该单位的质量管理能力；在项目施工中根据承发包的合同结构，理顺管理关系，建立统一的现场施工组织系统和质量管理的综合运行机制，确保工程项目质量保证体系处于良好的状态，创造良好的质量管理环境和氛围，则是施工顺利进行、提高施工质量的保证。

4) 作业环境因素。作业环境因素主要指项目实施现场平面和空间环境条件，各种能源介质供应，施工照明、通风、安全防护设施，施工场地给水排水，以及交通运输和道路条件等因素。这些条件是否良好，都直接影响施工能否顺利进行，以及施工质量能否得到保证。

上述因素对项目质量的影响，具有复杂多变和不确定性的特点。对这些因素进行控制，是项目质量控制的主要内容。

8.1.3 项目质量风险分析和控制

1. 质量风险识别

（1）项目实施过程中常见的质量风险。

1) 自然风险。自然风险包括客观自然条件对项目质量的不利影响和突发自然灾害对项目质量造成的损害。软弱、不均匀的岩土地基，恶劣的水文、气象条件，是长期存在的可能损害项目质量的隐患；地震、暴风、雷电、暴雨以及由此派生的洪水、滑坡、泥石流等突然发生的自然灾害都可能对项目质量造成严重破坏。

2) 技术风险。技术风险包括现有技术水平的局限和项目实施人员对工程技术的掌握、应用不当对项目质量造成的不利影响。人类对自然规律的认识有一定的局限性，现有的科学技术水平不一定能够完全解决和正确处理工程实践中的所有问题；项目实施人员自身技术水平的局限，在项目决策和设计、施工、监理过程中，可能导致技术上的错误。这两方面的问题都可能对项目质量造成不利影响，特别是在不够成熟的新结构、新技术、新工艺、新材料的应用上可能存在的风险更大。

3) 管理风险。工程项目的建设、设计、施工、监理等工程质量责任单位的质量管理体系存在缺陷，组织结构不合理，工作流程组织不科学，任务分工和职能划分不恰当，管理制度不健全，或者各级管理者的管理能力不足和责任心不强，这些因素都可能对项目质量造成损害。

4）环境风险。环境风险包括项目实施的社会环境和项目实施现场的工作环境可能对项目质量造成的不利影响。社会上的腐败现象和违法行为，都会给项目质量带来严重的隐患；项目现场的空气污染、水污染、光污染和噪声、固体废弃物等都可能对项目实施人员的工作质量和项目实体质量造成不利影响。

从风险损失责任承担的角度，项目质量风险可以分为：

1）业主方的风险。项目决策的失误，设计、施工、监理单位选择错误，向设计、施工单位提供的基础资料不准确，项目实施过程中对项目参与各方的关系协调不当，对项目的竣工验收有疏忽等，由此对项目质量造成的不利影响都是业主方的风险。

2）勘察设计方的风险。水文地质勘查的疏漏、设计的错误，造成项目的结构安全和主要使用功能方面不满足要求，是勘察设计方的风险。

3）施工方的风险。在项目实施过程中，由于施工方管理松懈、混乱，施工技术错误，或者材料、机械使用不当，导致发生安全、质量事故，是施工方的风险。

4）监理方的风险。在项目实施过程中，由于监理方没有依法履行在工程质量和安全方面的监理责任，因而留下质量隐患，或发生安全、质量事故，是监理方的风险。

（2）质量风险识别的方法。项目质量风险具有广泛性，影响质量的各方面因素都可能存在风险，项目实施的各个阶段都有不同的风险。进行风险识别应在广泛收集质量风险相关信息的基础上，集合从事项目实施的各方面工作和具有各方面知识的人员参加。风险识别可按风险责任单位和项目实施阶段分别进行，如设计单位在设计阶段或施工阶段的质量风险识别、施工单位在施工阶段或保修阶段的质量风险识别等。识别可分三步进行：

1）采用层次分析法画出质量风险结构层次图。可以按风险的种类列出各类风险因素可能造成的质量风险；也可以按项目结构图列出各个子项目可能存在的质量风险；还可以按工作流程图列出各个实施步骤（或工序）可能存在的质量风险。不要轻易否定或排除某些风险，对于不能排除但又不能确认存在的风险，宁可信其有不可信其无。

2）分析每种风险的促发因素。分析的方法可以采用头脑风暴法、专家调查（访谈）法、经验判断法和因果分析图等。

3）将风险识别的结果汇总成为质量风险识别报告。报告没有固定格式，通常可以采用列表的形式，内容包括风险编号、风险的种类、促发风险的因素、可能发生的风险事故的简单描述以及风险承担的责任方等。

2. 质量风险评估

质量风险评估包括两个方面：一是评估各种质量风险发生的概率；二是评估各种质量风险可能造成的损失量。

（1）风险评估的方法。质量风险评估应采取定性与定量相结合的方法进行。通常可以采用经验判断法或德尔菲法，对各个风险事件发生的概率和事件后果对项目的结构安全和主要使用功能影响的严重性进行专家打分，然后进行汇总分析，以估算每个风险事件的风险水平，进而确定其风险等级。

(2) 风险评估表。将风险评估的结果汇编成风险评估表。表式参见表8-1。

表8-1 项目质量风险评估表

编　号	风险种类	风险因素	风险事件描述	发生概率	损失量	风险等级	备　注

3. 质量风险响应

(1) 质量风险应对策略。常用的质量风险应对策略包括风险规避、减轻、转移、自留及其组合等。

1) 规避。采取恰当的措施避免质量风险的发生。例如，依法进行招标投标，慎重选择有资质、有能力的项目设计、施工、监理单位，避免因这些质量责任单位选择不当而发生质量风险；正确进行项目的规划选址，避开不良地基或容易发生地质灾害的区域；不选用不成熟、不可靠的设计、施工技术方案；合理安排施工工期和进度计划，避开可能发生的水灾、风灾、冻害对工程质量的损害等。以上都是规避质量风险的办法。

2) 减轻。针对无法规避的质量风险，研究制定有效的应对方案，尽量把风险发生的概率和损失量降到最低限度，从而降低风险量和风险等级。例如，在施工中有针对性地制定和落实有效的施工质量保证措施和质量事故应急预案，可以降低质量事故发生的概率和减少事故损失量。

3) 转移。依法采用正确的方法把质量风险转移给其他方承担。转移的方法有：

① 分包转移。例如，施工总承包单位依法把自己缺乏经验、没有足够把握的部分工程，通过签订分包合同，分包给有经验、有能力的单位施工；承包单位依法实行联合承包，也是分担风险的办法。

② 担保转移。例如，建设单位在工程发包时，要求承包单位提供履约担保；工程竣工结算时，扣留一定比例的质量保证金等。

③ 保险转移。质量责任单位向保险公司投保适当的险种，把质量风险全部或部分转移给保险公司等。

4) 自留。自留又称风险承担。当质量风险无法避免，或者估计可能造成的质量损害不会很严重而预防的成本很高时，风险承担也常常是一种有效的风险响应策略。风险自留有两种：无计划自留和有计划自留。无计划自留是指不知风险存在或虽预知有风险而未预做处理，一旦风险事件发生，再视造成的质量缺陷情况进行处理。有计划自留则表明已知有一定风险，经分析由自己承担风险更为合理，预先做好处理可能造成的质量缺陷和承担损失的准备。可以采取设立风险基金的办法，在损失发生后用基金弥补；在建筑工程预算价格中通常预留一定比例的不可预见费，一旦发生风险损失，由不可预见费支付。

(2) 质量风险管理计划。质量风险应对策略应形成项目质量风险管理计划。其内容一般包括：

1) 项目质量风险管理方针、目标。

2) 质量风险识别和评估结果。

3) 质量风险应对策略和具体措施。

4）质量风险控制的责任分工。

5）相应的资源准备计划。

为便于管理，项目质量风险管理计划的具体内容也可以采用一览表的形式表示。表式参见表8-2。

表8-2 项目质量风险管理计划一览表

编　号	风险事件	风险等级	响应策略	主要监控措施	责任部门	责任人	备　注

4. 质量风险控制

项目质量风险控制是在对质量风险进行识别、评估的基础上，按照风险管理计划对各种质量风险进行监控，包括对风险的预测、预警。

项目质量风险控制需要项目的建设单位、设计单位、施工单位和监理单位共同参与。这些单位的质量风险控制的主要工作内容如下。

（1）建设单位质量风险控制。

1）确定工程项目质量风险控制方针、目标和策略；根据相关法律法规和工程合同的约定，明确项目参与各方的质量风险控制职责。

2）对项目实施过程中业主方的质量风险进行识别、评估，确定相应的应对策略，制订质量风险控制计划和工作实施办法，明确项目管理机构各部门质量风险控制职责，落实风险控制的具体责任。

3）在工程项目实施期间，对建设工程项目质量风险控制实施动态管理，通过合同约束，对参建单位质量风险管理工作进行督导、检查和考核。

（2）设计单位质量风险控制。

1）设计阶段，做好方案比选工作，选择最优设计方案，有效降低工程项目实施期间和运营期间的质量风险。在设计文件中，明确高风险施工项目质量风险控制的工程措施，并就施工阶段必要的预控措施和注意事项，提出防范质量风险的指导性建议。

2）将施工图审查工作纳入风险管理体系，保证其公正独立性，摆脱业主方、设计方和施工方的干扰，提高设计产品的质量。

3）项目开工前，由建设单位组织设计、施工、监理单位进行设计交底，明确存在重大质量风险源的关键部位或工序，提出风险控制要求或工作建议，并对参建方的疑问进行解答、说明。

4）工程实施中，及时处理新发现的不良地质条件等潜在风险因素或风险事件，必要时进行重新验算或变更设计。

（3）施工单位质量风险控制。

1）制定施工阶段质量风险控制计划和工作实施细则，并严格贯彻执行。

2）开展与工程质量相关的施工环境、社会环境风险调查，按承包合同约定办理施工质量保险。

3）严格进行施工图审查和现场地质核对，结合设计交底及质量风险控制要求，编制高风险分部分项工程专项施工方案,并按规定进行论证审批后实施。

4)按照现场施工特点和实际需要,对施工人员进行有针对性的岗前质量风险教育培训;关键项目的质量管理人员、技术人员及特殊作业人员,必须持证上岗。

5)加强对建筑构件、材料的质量控制,优选构件、材料的合格分供方,构件、材料进场要进行质量复验,确保不将不合格的构件、材料用到项目上。

6)在项目施工过程中,对质量风险进行实时跟踪监控,预测风险变化趋势,对新发现的风险事件和潜在的风险因素提出预警,并及时进行风险识别评估,制定相应对策。

(4)监理单位质量风险控制。

1)编制质量风险管理监理实施细则,并贯彻执行。

2)组织并参与质量风险源调查与识别、风险分析与评估等工作。

3)对施工单位上报的专项方案进行审核,重点审查风险控制对策中的保障措施。

4)对施工现场各种资源配置情况、各风险要素发展变化情况进行跟踪检查,尤其是对专项方案中的质量风险防范措施落实情况进行检查确认,发现问题及时处理。

5)对关键部位、关键工序的施工质量派专人进行旁站监理;对重要的建筑构件、材料进行平行检验。

8.2 建设工程项目质量控制体系

8.2.1 全面质量管理思想和方法的应用

1. 全面质量管理(TQC)的思想

全面质量管理(Total Quality Control,TQC)的基本原理就是强调在企业或组织最高管理者的质量方针指引下,实行全面、全过程和全员参与(即"三全")的质量管理。其主要特点是:以顾客满意为宗旨;最高管理者参与质量方针和目标的制定;提倡预防为主、科学管理、用数据说话等。建设工程项目的质量管理,同样应贯彻"三全"管理的思想和方法。

(1)全面质量管理。建设工程项目的全面质量管理,是指项目参与各方所进行的工程项目质量管理的总称,其中包括工程(产品)质量和工作质量的全面管理。工作质量是产品质量的保证,工作质量直接影响产品质量的形成。建设单位、监理单位、勘察单位、设计单位、施工总承包单位、施工分包单位、材料设备供应商等,任何一方、任何环节的怠慢疏忽或质量责任不落实都会造成对建设工程质量的不利影响。

(2)全过程质量管理。全过程质量管理,是指根据工程质量的形成规律,从源头抓起,全过程推进。我国质量管理体系强调质量管理的"过程方法"管理原则,要求应用"过程方法"进行全过程质量控制。要控制的主要过程有:项目策划与决策过程、勘察设计过程、设备材料采购过程、施工组织与实施过程、检测设施控制与计量过程、施工生产的检验试验过程、工程质量的评定过程、工程竣工验收与交付过程、工程回访维修服务过程等。

(3)全员参与质量管理。按照全面质量管理的思想,组织内部的每个部门和工作岗位都承担着相应的质量职能,组织的最高管理者确定了质量方针和目标,就应组织和动员全体员工参与到实施质量方针的系统活动中去,发挥各角色作用。开展全员参与质量管理的重要手段就是运用目标管理方法,将组织的质量总目标逐级分解,使之形成自上而下的质量目标分解体系和自下而上的质量目标保证体系,发挥组织系统内部每个工作岗位、部门或团队在实现质量总目标过程中的作用。

2. 质量管理的 PDCA 循环

在长期的生产实践和理论研究中形成的 PDCA 循环,是建立质量管理体系和进行质量管理的基本方法。PDCA 循环如图 8-1 所示。管理就是确定任务目标,并通过 PDCA 循环来实现预期目标。每一循环都围绕着实现预期的目标,进行计划、实施、检查和处置活动,随着对存在问题的解决和改进,在一次一次的滚动循环中逐步上升,不断增强质量管理能力,不断提高质量水平。每一个循环的四大职能活动相互联系,共同构成了质量管理的系统过程。

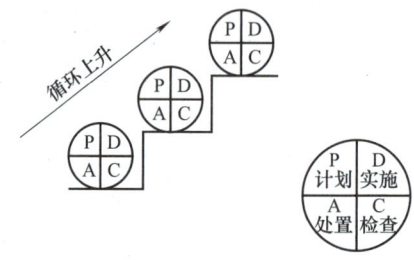

图 8-1　PDCA 循环示意图

(1)计划(Plan,P)。计划由目标和实现目标的手段组成。质量管理的计划职能,包括确定质量目标和制定实现质量目标的行动方案两方面。实践表明质量计划的严谨周密、经济合理和切实可行,是保证工作质量、产品质量和服务质量的前提条件。

建设工程项目的质量计划,是由项目参与各方根据其在项目实施中所承担的任务、责任范围和质量目标,分别制订质量计划而形成的质量计划体系。其中,建设单位的工程项目质量计划,包括确定和论证项目总体的质量目标,制定项目质量管理的组织、制度、工作程序、方法和要求。项目其他各参与方,则根据国家法律法规和工程合同规定的质量责任和义务,在明确各自质量目标的基础上,制定实施相应范围质量管理的行动方案,包括技术方法、业务流程、资源配置、检验试验要求、质量记录方式、不合格处理及相应管理措施等具体内容和做法的质量管理文件,同时亦须对其实现预期目标的可行性、有效性、经济合理性进行分析论证,并按照规定的程序与权限,经过审批后执行。

(2)实施(Do,D)。实施职能在于将质量的目标值,通过生产要素的投入、作业技术活动和产出过程,转换为质量的实际值。为保证工程质量的产出或形成过程能够达到预期的结果,在各项质量活动实施前,要根据质量管理计划进行行动方案的部署和交底;交底的目的在于使具体的作业者和管理者明确计划的意图和要求,掌握质量标准及其实现的程序与方法。在质量活动的实施过程中,则要求严格执行计划的行动方案,规范行为,把质量管理计划的各项规定和安排落实到具体的资源配置和作业技术活动中去。

(3)检查(Check,C)。检查是指对计划实施过程进行各种检查,包括作业者的自检、互检和专职管理者专检。各类检查也都包含两方面:一是检查是否严格执行了计划的行动方案,实际条件是否发生了变化,不执行计划的原因是什么;二是检查计划执行的结果,即产出的质量是否达到标准的要求,对此进行确认和评价。

(4)处置(Action,A)。对于质量检查所发现的质量问题或质量不合格,及时进行原因分析,采取必要的措施,予以纠正,保持工程质量形成过程的受控状态。处置分纠偏和预防改进两个方面。前者是采取有效措施,解决当前的质量偏差、问题或事故;后者是将目前质量状况信息反馈到管理部门,反思问题症结或计划时的不周,确定改进目标和措施,为今后类似质量问题的预防提供借鉴。

8.2.2 项目质量控制体系的建立和运行

1. 项目质量控制体系的特点和构成

（1）项目质量控制体系的特点。建设工程项目质量控制体系是项目目标控制的一个工作体系，与建筑企业或其他组织机构按照《质量管理体系　基础和术语》（GB/T 19000—2016/ISO 9000：2015）建立的质量管理体系相比较，有如下不同：

1）建立的目的不同。项目质量控制体系只用于特定的项目质量控制，而不是用于建筑企业或组织的质量管理，其建立的目的不同。

2）服务的范围不同。项目质量控制体系涉及项目实施过程所有的质量责任主体，而不只是针对某一个承包企业或组织机构，其服务的范围不同。

3）控制的目标不同。项目质量控制体系的控制目标是项目的质量目标，并非某一具体建筑企业或组织的质量管理目标，其控制的目标不同。

4）作用的时效不同。项目质量控制体系与项目管理组织系统相融合，是一次性的质量工作体系，并非永久性的质量管理体系，其作用的时效不同。

5）评价的方式不同。项目质量控制体系的有效性一般由项目管理的总组织者进行自我评价与诊断，无须进行第三方认证，其评价的方式不同。

（2）项目质量控制体系的结构。建设工程项目质量控制体系，一般形成多层次、多单元的结构形态，这是由其实施任务的委托方式和合同结构所决定的。

1）多层次结构。多层次结构是对应于项目工程系统纵向垂直分解的单项、单位工程项目的质量控制体系。在大中型工程项目尤其是群体工程项目中，第一层次的质量控制体系应由建设单位的工程项目管理机构负责建立，在委托代建、委托项目管理或实行交钥匙式工程总承包的情况下，应由相应的代建方项目管理机构、受托项目管理机构或工程总承包企业项目管理机构负责建立。第二层次的质量控制体系，通常是指分别由项目的设计总负责单位、施工总承包单位等建立的相应管理范围内的质量控制体系。第三层次及其以下，是承担工程设计、施工安装、材料设备供应等各承包单位的现场质量自控体系，或称各自的施工质量保证体系。系统纵向层次机构的合理性是项目质量目标、控制责任和措施分解落实的重要保证。

2）多单元结构。多单元结构是指在项目质量控制总体系下，第二层次的质量控制体系及其以下的质量自控或保证体系可能有多个。这是项目质量目标、责任和措施分解的必然结果。

2. 项目质量控制体系的建立

（1）建立的原则。

1）分层次规划原则。项目质量控制体系的分层次规划，是指项目管理的总组织者（建设单位或代建制项目管理企业）和承担项目实施任务的各参与单位，分别进行不同层次和范围的建设工程项目质量控制体系规划。

2）目标分解原则。项目质量控制系统总目标的分解，是根据控制系统内工程项目的分解结构，将工程项目的建设标准和质量总体目标分解到各个责任主体，明示于合同条件中，由各责任主体制订出相应的质量计划，确定其具体的控制方式和控制措施。

3）质量责任制原则。项目质量控制体系的建立，应按照《中华人民共和国建筑法》和

《建设工程质量管理条例》有关工程质量责任的规定，界定各方的质量责任范围和控制要求。

（2）建立的程序。

1）确立系统质量控制网络。首先明确系统各层面的工程质量控制负责人。一般应包括承担项目实施任务的项目经理（或工程负责人）、总工程师、项目监理机构的总监理工程师、专业监理工程师等，以形成明确的项目质量控制责任者的关系网络架构。

建立项目各参与方共同遵循的质量管理制度和控制措施，形成有效的运行机制。

2）制定质量控制制度。质量控制制度包括质量控制例会制度、协调制度、报告审批制度、质量验收制度和质量信息管理制度等，形成建设工程项目质量控制体系的管理文件或手册，作为承担建设工程项目实施任务各方主体共同遵循的管理依据。

3）分析质量控制界面。项目质量控制体系的质量责任界面，包括静态界面和动态界面。一般来说静态界面根据法律法规、合同条件、组织内部职能分工来确定。动态界面主要是指项目实施过程中设计单位之间、施工单位之间、设计与施工单位之间的衔接配合关系及其责任划分，必须通过分析研究，确定管理原则与协调方式。

4）编制质量控制计划。项目管理总组织者，负责主持编制建设工程项目总质量计划，并根据质量控制体系的要求，部署各质量责任主体编制与其承担任务范围相符合的质量计划，并按规定程序完成质量计划的审批，作为其实施自身工程质量控制的依据。

3. 项目质量控制体系的运行

（1）运行环境。项目质量控制体系的运行环境，主要是指以下几方面为系统运行提供支持的管理关系、组织制度和资源配置的条件。

1）项目的合同结构。建设工程合同是联系建设工程项目各参与方的纽带，只有在项目合同结构合理，质量标准和责任条款明确，并严格进行履约管理的条件下，质量控制体系的运行才能成为各方的自觉行动。

2）质量管理的资源配置。质量管理的资源配置，包括专职的工程技术人员和质量管理人员的配置，实施技术管理和质量管理所必需的设备、设施、器具、软件等物质资源的配置。人员和资源的合理配置是质量控制体系得以运行的基础条件。

3）质量管理的组织制度。项目质量控制体系内部的各项管理制度和程序性文件的建立，为质量控制系统各个环节的运行，提供必要的行动指南、行为准则和评价基准的依据，是系统有序运行的基本保证。

（2）运行机制。项目质量控制体系的运行机制，是由一系列质量管理制度安排所形成的内在动力。运行机制是质量控制体系的生命，机制缺陷是造成系统运行无序、失效和失控的重要原因。因此，对系统内部的管理制度设计，必须予以高度的重视，只有防止重要管理制度的缺失、制度本身的缺陷、制度之间的矛盾等现象出现，才能为系统的运行注入动力机制、约束机制、反馈机制和持续改进机制。

1）动力机制。动力机制是项目质量控制体系运行的核心机制，它来源于公正、公开、公平的竞争机制和利益机制的制度设计或安排。这是因为项目的实施过程是由多主体参与的价值增值链，只有保持合理的供方及分供方等各方关系，才能形成合力，这也是项目管理成功的重要保证。

2）约束机制。没有约束机制的控制体系是无法使工程质量处于受控状态的。约束机制取决于各质量责任主体内部的自我约束能力和外部的监控效力。约束能力表现为组织及个人的经营理念、质量意识、职业道德及技术能力的发挥；监控效力取决于项目实施主体外部对质量工作的推动和检查监督。两者相辅相成，构成了质量控制过程的制衡关系。

3) 反馈机制。运行状态和结果的信息反馈，是对质量控制系统的能力和运行效果进行评价，并为及时做出处置提供决策依据。因此，必须有相关的制度安排，保证质量信息反馈的及时和准确，并坚持质量管理者深入生产第一线，掌握第一手资料，这样才能形成有效的质量信息反馈机制。

4) 持续改进机制。在项目实施的各个阶段，不同的层面、不同的范围和不同的质量责任主体之间，应用PDCA循环原理，即计划、实施、检查和处置不断循环的方式展开质量控制，同时注重抓好控制点的设置，加强重点控制和例外控制，并不断寻求改进机会、研究改进措施，以保证建设工程项目质量控制系统的不断完善和持续改进，不断提高质量控制能力和控制水平。

8.3 建设工程项目施工质量控制

建设工程项目的施工质量控制有两个方面的含义：一是指项目施工单位的施工质量控制，包括施工总承包、分包单位，综合的和专业的施工质量控制；二是指广义的施工阶段项目质量控制，即除了施工单位的施工质量控制外，还包括建设单位、设计单位、监理单位以及政府质量监督机构，在施工阶段对项目施工质量所实施的监督管理和控制职能。

8.3.1 施工质量控制的依据与基本环节

1. 施工质量的基本要求

工程项目施工是实现项目设计意图形成工程实体的阶段，是最终形成项目质量和实现项目使用价值的阶段。项目施工质量控制是整个工程项目质量控制的关键和重点。

施工质量要达到的最基本要求是：通过施工形成的项目工程实体质量经检查验收合格。建筑工程施工质量验收合格应符合下列规定：

1) 符合工程勘察、设计文件的要求。

2) 符合《建筑工程施工质量验收统一标准》（GB 50300—2013）和相关专业验收规范的规定。

上述规定1) 是要符合勘察、设计对施工提出的要求。工程勘察、设计单位针对本工程的水文地质条件，根据建设单位的要求，从技术和经济结合的角度，为满足工程的使用功能和安全性、经济性、与环境的协调性等要求，以图纸、文件的形式对施工提出要求，是针对每个工程项目的个性化要求。

规定2) 是要符合国家法律、法规的要求。国家建设行政主管部门为了加强建筑工程质量管理，规范建筑工程施工质量的验收，保证工程质量，制定相应的标准和规范。这些标准、规范主要从技术的角度，为保证房屋建筑各专业工程的安全性、可靠性、耐久性而提出的一般性要求。

施工质量在合格的前提下，还应符合施工承包合同约定的要求。施工承包合同的约定具体体现了建设单位的要求和施工单位的承诺，合同的约定全面体现了对施工形成的工程实体的适用性、安全性、耐久性、可靠性、经济性和与环境的协调性等六个方面质量特性的要求。

为了达到上述要求，项目的建设单位、勘察单位、设计单位、施工单位、工程监理单位应切实履行法定的质量责任和义务，在整个施工阶段对影响项目质量的各项因素实行有效的控制，以保证项目实施过程的工作质量来保证项目工程实体的质量。

2. 施工质量控制的依据

（1）共同性依据。共同性依据是指适用于施工质量管理有关的、通用的、具有普遍指导意义和必须遵守的基本法规。主要包括：国家和政府有关部门颁布的与工程质量管理有关的法律法规性文件，如《中华人民共和国建筑法》《中华人民共和国招标投标法》和《建设工程质量管理条例》等。

（2）专业技术性依据。专业技术性依据是指针对不同的行业、不同质量控制对象制定的专业技术规范文件，包括规范、规程、标准、规定等，如工程建设项目质量检验评定标准，有关建筑材料、半成品和构配件质量方面的专门技术法规性文件，有关材料验收、包装和标志等方面的技术标准和规定，施工工艺质量等方面的技术法规性文件，有关新工艺、新技术、新材料、新设备的质量规定和鉴定意见等。

（3）项目专用性依据。项目专用性依据是指本项目的工程建设合同、勘察设计文件、设计交底及图纸会审记录、设计修改和技术变更通知，以及相关会议记录和工程联系单等。

3. 施工质量控制的基本环节

施工质量控制应贯彻全面、全员、全过程质量管理的思想，运用动态控制原理，进行质量的事前控制、事中控制和事后控制。

（1）事前质量控制。事前质量控制即在正式施工前进行的事前主动质量控制，通过编制施工质量计划，明确质量目标，制定施工方案，设置质量管理点，落实质量责任，分析可能导致质量目标偏离的各种影响因素，针对这些影响因素制定有效的预防措施，防患于未然。

事前质量预控要求针对质量控制对象的控制目标、活动条件、影响因素进行分析，找出薄弱环节，制定有效的控制措施和对策。

（2）事中质量控制。事中质量控制指在施工质量形成过程中，对影响施工质量的各种因素进行全面的动态控制。事中质量控制也称作业活动过程质量控制，包括质量活动主体的自我控制和他人监控的控制方式。自我控制是第一位的，即作业者在作业过程中对自己质量活动行为的约束和技术能力的发挥，以完成符合预定质量目标的作业任务；他人监控是对作业者的质量活动过程和结果，由来自企业内部管理者和企业外部有关方面进行监督检查，如工程监理机构、政府质量监督部门等的监控。

施工质量的自控和监控是相辅相成的系统过程。自控主体的质量意识和能力是关键，是施工质量的决定因素；各监控主体所进行的施工质量监控是对自控行为的推动和约束。因此，自控主体必须正确处理自控和监控的关系，在致力于施工质量自控的同时，还必须接受来自业主、监理等方面对其质量行为和结果所进行的监督管理，包括质量检查、评价和验收。自控主体不能因为监控主体的存在和监控职能的实施而减轻或免除其质量责任。

事中质量控制的目标是确保工序质量合格，杜绝质量事故发生；控制的关键是坚持质量标准；控制的重点是工序质量、工作质量和质量控制点的控制。

(3) 事后质量控制。事后质量控制也称为事后质量把关，以使不合格的工序或最终产品（包括单位工程或整个工程项目）不流入下道工序、不进入市场。事后控制包括对质量活动结果的评价、认定；对工序质量偏差的纠正；对不合格产品进行整改和处理。控制的重点是发现施工质量方面的缺陷，并通过分析提出施工质量改进的措施，保持质量处于受控状态。

以上三大环节不是互相孤立和截然分开的，它们共同构成有机的系统过程，实质上也就是质量管理PDCA循环的具体化，在每一次滚动循环中不断提高，达到质量管理和质量控制的持续改进。

8.3.2 施工质量计划的内容与编制方法

1. 施工质量计划的形式和内容

（1）施工质量计划的形式。目前，我国除了已经建立质量管理体系的施工企业直接采用施工质量计划的形式外，通常还采用在工程项目施工组织设计或施工项目管理实施规划中包含质量计划内容的形式。

施工组织设计或施工项目管理实施规划之所以能发挥施工质量计划的作用，这是因为根据建筑生产的技术经济特点，每个工程项目都需要进行施工生产过程的组织与计划，包括施工质量、进度、成本、安全等目标的设定，实现目标的计划和控制措施的安排等。因此，施工质量计划所要求的内容，理所当然地被包含在施工组织设计或项目管理实施规划中，而且能够充分体现施工项目管理目标（质量、工期、成本、安全）的关联性、制约性和整体性，这也和全面质量管理的思想方法一致。

（2）施工质量计划的基本内容。

1）工程特点及施工条件（合同条件、法规条件和现场条件等）分析。
2）质量总目标及其分解目标。
3）质量管理组织机构和职责，人员及资源配置计划。
4）确定施工工艺与操作方法的技术方案和施工组织方案。
5）施工材料、设备等物资的质量管理及控制措施。
6）施工质量检验、检测、试验工作的计划安排及其实施方法与检测标准。
7）施工质量控制点及其跟踪控制的方式与要求。
8）质量记录的要求等。

2. 施工质量控制点的设置与管理

施工质量控制点的设置是施工质量计划的重要组成内容。施工质量控制点是施工质量控制的重点对象。

（1）质量控制点的设置。质量控制点应选择技术要求高、施工难度大、对工程质量影响大或是发生质量问题时危害大的对象进行设置。一般选择下列部位或环节作为质量控制点：

1）对工程质量形成过程产生直接影响的关键部位、工序、环节及隐蔽工程。
2）施工过程中的薄弱环节，或者质量不稳定的工序、部位或对象。
3）对下道工序有较大影响的工序。
4）采用新技术、新工艺、新材料的部位或环节。

5)施工质量无把握的、施工条件困难的或技术难度大的工序或环节。
6)用户反馈指出的和过去有过返工的不良工序。

一般建筑工程质量控制点的设置可参考表 8-3。

表 8-3 质量控制点的设置

分项工程	质量控制点
工程测量定位	标准轴线桩、水平桩、龙门板、定位轴线、标高
地基、基础(含设备基础)	基坑(槽)尺寸、标高、土质、地基承载力、基础垫层标高、基础位置、尺寸、标高、预埋件、预留洞孔的位置、标高、规格、数量、基础杯口弹线
砌体	砌体轴线、皮数杆、砂浆配合比、预留洞孔、预埋件的位置、数量、砌块排列
模板	位置、标高、尺寸、预留洞孔位置、尺寸、预埋件的位置、模板的承载力、刚度和稳定性、模板内部清理及隔离剂情况
钢筋混凝土	水泥品种、强度等级、砂石质量、混凝土配合比、外加剂比例、混凝土振捣、钢筋品种、规格、尺寸、搭接长度、钢筋焊接、机械连接、预留洞、孔及预埋件规格、位置、尺寸、数量、预制构件吊装或出厂(脱模)强度、吊装位置、标高、支撑长度、焊缝长度
吊装	吊装设备的起重能力、吊具、索具、地锚
钢结构	翻样图、放大样
焊接	焊接条件、焊接工艺
装修	视具体情况而定

(2)质量控制点的重点控制对象。

1)人的行为。某些操作或工序,应以人为重点控制对象,如高空、高温、水下、易燃易爆、重型构件吊装作业以及操作要求高的工序和技术难度大的工序等,都应从人的生理、心理、技术能力等方面进行控制。

2)材料的质量与性能。这是直接影响工程质量的重要因素,在某些工程中应作为控制的重点。如钢结构工程中使用的高强度螺栓、某些特殊焊接使用的焊条,都应重点控制其材质与性能等。

3)施工方法与关键操作。某些直接影响工程质量的关键操作应作为控制的重点,如预应力钢筋的张拉工艺操作过程及张拉力的控制,是可靠地建立预应力值和保证预应力构件质量的关键过程。同时,易对工程质量产生重大影响的施工方法,也应列为控制的重点,如大模板施工中模板的稳定和组装问题、液压滑模施工时支撑杆稳定问题、升板法施工中提升量的控制问题等。

4)施工技术参数。如混凝土的外加剂掺量、水胶比、回填土的含水量、砌体的砂浆饱满度,防水混凝土的抗渗等级,建筑物沉降与基坑边坡稳定监测数据,大体积混凝土内外温差及混凝土冬期施工受冻临界强度等技术参数都是应重点控制的质量参数与指标。

5)技术间歇。有些工序之间必须留有必要的技术间歇时间,如砌筑与抹灰之间,应在墙体砌筑后留 6~10 天时间,让墙体充分沉陷、稳定、干燥,然后再抹灰,抹灰层干燥后才能喷白、刷浆;混凝土浇筑与模板拆除之间,应保证混凝土有一定的硬化时间,达到规定拆模强度后方可拆除等。

6）施工顺序。某些工序之间必须严格控制先后的施工顺序，如冷拉的钢筋应当先焊接后冷拉，否则会失去冷强；屋架的安装固定，应采取对角同时施焊方法，否则会因焊接应力导致校正好的屋架发生倾斜。

7）易发生或常见的质量通病。如混凝土工程的蜂窝、麻面、空洞，墙、地面、屋面工程渗水、漏水、空鼓、起砂、裂缝等，都与工序操作有关，均应事先研究对策，提出预防措施。

8）新技术、新材料及新工艺的应用。由于缺乏经验，施工时应将其作为重点进行控制。

9）产品质量不稳定和不合格率较高的工序应列为重点。

10）特殊地基或特种结构。对于湿陷性黄土、膨胀土、红黏土等特殊土地基的处理，以及大跨度结构、高耸结构等技术难度较大的施工环节和重要部位，均应予以特别的重视。

（3）质量控制点的管理。

首先，要做好施工质量控制点的事前质量预控工作，包括：明确质量控制的目标与控制参数；编制作业指导书和质量控制措施；确定质量检查检验方式及抽样的数量与方法；明确检查结果的判断标准、质量记录与信息反馈要求等。

其次，要向施工作业班组认真交底，使每一个控制点上的作业人员都明白施工作业规程及质量检验评定标准，掌握施工操作要领。在施工过程中，相关技术管理和质量控制人员要在现场进行重点指导和检查验收。

同时，还要做好施工质量控制点的动态设置和动态跟踪管理。所谓动态设置，是指在工程开工前、设计交底和图纸会审时，可确定项目的一批质量控制点，随着工程的展开、施工条件的变化，随时或定期进行控制点的调整和更新。动态跟踪是应用动态控制原理，落实专人负责跟踪和记录控制点质量控制的状态和效果，并及时向项目管理组织的高层管理者反馈质量控制信息，保持施工质量控制点的受控状态。

对于危险性较大的分部分项工程或特殊施工过程，除按一般过程质量控制的规定执行外，还应由专业技术人员编制专项施工方案或作业指导书，经施工单位技术负责人、项目总监理工程师、建设单位项目负责人签字后执行。超过一定规模的危险性较大的分部分项工程，还要组织专家对专项方案进行论证。作业前施工员、技术员做好交底和记录，使操作人员在明确工艺标准、质量要求的基础上进行作业。为保证质量控制点的目标实现，应严格按照三级检查制度进行检查控制。在施工中发现质量控制点有异常时，应立即停止施工，召开分析会，查找原因，采取对策予以解决。

施工单位应积极主动地支持、配合监理工程师的工作，应根据现场工程监理机构的要求，对施工作业质量控制点，按照不同的性质和管理要求，细分为"见证点"和"待检点"进行施工质量的监督和检查。凡属"见证点"的施工作业，如重要部位、特种作业、专门工艺等，施工方必须在该项作业开始前，书面通知现场监理机构到位旁站，见证施工作业过程。凡属"待检点"的施工作业，如隐蔽工程等，施工方必须在完成施工质量自检的基础上，提前通知项目监理机构进行检查验收，然后才能进行工程隐蔽或下道工序的施工；未经过项目监理机构检查验收合格，不得进行工程隐蔽或下道工序的施工。

8.3.3 施工生产要素的质量控制

1. 施工人员的质量控制

施工人员的质量包括参与工程施工各类人员的施工技能、文化素养、生理体能、心理行为等方面的个体素质，以及经过合理组织和激励发挥个体潜能综合形成的群体素质。因此，企业应通过择优录用、加强思想教育及技能方面的教育培训，合理组织、严格考核，并辅以必要的激励机制，使企业员工的潜在能力得到充分的发挥和最好的组合，使施工人员在质量控制系统中发挥主体自控作用。

施工企业必须坚持执业资格注册制度和作业人员持证上岗制度；对所选派的施工项目领导者、组织者进行教育和培训，使其质量意识和组织管理能力能满足施工质量控制的要求；对所属施工队伍进行全员培训，加强质量意识的教育和技术训练，提高每个作业者的质量活动能力和自控能力；对分包单位进行严格的资质考核和施工人员的资格考核，其资质、资格必须符合相关法规的规定，与其分包的工程相适应。

2. 施工机械设备的质量控制

施工机械设备是所有施工方案和工法得以实施的重要物质基础，合理选择和正确使用施工机械设备是保证施工质量的重要措施。

1）对施工所用的机械设备，应根据工程需要从设备选型、主要性能参数及使用操作要求等方面加以控制，符合安全、适用、经济、可靠和节能、环保等方面的要求。

2）对施工中使用的模具、脚手架等施工设备，除可按适用的标准定型选用之外，一般需按设计及施工要求进行专项设计，对其设计方案及制作质量的控制及验收应作为重点进行控制。

3）混凝土构件出厂时的强度不宜低于设计混凝土强度等级的75%。土预制构件吊运应根据构件的形状、尺寸、重量和作业半径等要求选择吊具和起重设备。预制柱的吊点数量、位置应经计算确定，吊索水平夹角不宜大于60°，不应小于45°。

4）按现行施工管理制度要求，工程所用的施工机械、模板、脚手架，特别是危险性较大的现场安装的起重机械设备，不仅要对其设计安装方案进行审批，而且安装完毕交付使用前必须经专业管理部门的验收，合格后方可使用。同时，在使用过程中尚需落实相应的管理制度，以确保其安全正常使用。

3. 材料设备的质量控制

对原材料、半成品及工程设备进行质量控制的主要内容为：控制材料设备的性能、标准、技术参数与设计文件的相符性；控制材料、设备各项技术性能指标、检验测试指标与标准规范要求的相符性；控制材料、设备进场验收程序的正确性及质量文件资料的完备性；优先采用节能低碳的新型建筑材料和设备，禁止使用国家明令禁用或淘汰的建筑材料和设备等。

装配式建筑的混凝土预制构件的原材料质量、钢筋加工和连接的力学性能、混凝土强度、构件结构性能、装饰材料、保温材料及拉结件的质量等均应根据国家现行有关标准进行检查和检验，并应具有生产操作规程和质量检验记录。企业应建立装配式建筑部品部件生产和施工安装全过程质量控制体系，对装配式建筑部品部件实行驻厂监造制度。混凝土构件出厂时的强度不宜低于设计混凝土强度等级的75%。

4. 工艺技术方案的质量控制

对施工工艺技术方案的质量控制主要包括以下内容：

1）深入正确地分析工程特征、技术关键及环境条件等资料，明确质量目标、验收标准、控制的重点和难点。

2）制定合理有效的、有针对性的施工技术方案和组织方案，前者包括施工工艺、施工方法，后者包括施工区段划分、施工流向及劳动组织等。

3）合理选用施工机械设备和设置施工临时设施，合理布置施工总平面图和各阶段施工平面图。

4）选用和设计保证质量和安全的模具、脚手架等施工设备。

5）编制工程所采用的新材料、新技术、新工艺的专项技术方案和质量管理方案。

6）针对工程具体情况，分析气象、地质等环境因素对施工的影响，制定应对措施。

5. 施工环境因素的控制

（1）对施工现场自然环境因素的控制。对地质、水文等方面影响因素，应根据设计要求，分析工程岩土地质资料，预测不利因素，并会同设计等方面制定相应的措施，采取如基坑降水、排水、加固围护等技术控制方案。

对天气气象方面的影响因素，应在施工方案中制定专项紧急预案，明确在不利条件下的施工措施，落实人员、器材等方面的准备，加强施工过程中的监控与预警。

（2）对施工质量管理环境因素的控制。要根据工程承发包的合同结构，理顺管理关系，建立统一的现场施工组织系统和质量管理的综合运行机制，确保质量保证体系处于良好的状态，创造良好的质量管理环境和氛围，使施工顺利进行，保证施工质量。

（3）对施工作业环境因素的控制。要认真实施经过审批的施工组织设计和施工方案，落实相关保证制度，严格执行施工平面规划和施工纪律，保证上述环境条件良好，制定应对停水、停电、火灾、食物中毒等方面的应急预案。

8.3.4 施工准备的质量控制

1. 施工技术准备工作的质量控制

施工技术准备是指在正式开展施工作业活动前进行的技术准备工作。这类工作内容繁多，主要在室内进行，例如，熟悉施工图，组织设计交底和图纸审查；进行工程项目检查验收的项目划分和编号；审核相关质量文件，细化施工技术方案和施工人员、机具的配置方案，编制施工作业技术指导书，绘制各种施工详图（如测量放线图、大样图，以及配筋、配板、配线图表等），进行必要的技术交底和技术培训。如果施工准备工作出错，则必然影响施工进度和作业质量，甚至直接导致质量事故的发生。

技术准备工作的质量控制，包括对上述技术准备工作成果的复核审查，检查这些成果是否符合设计图和施工技术标准的要求；依据经过审批的质量计划，审查、完善施工质量控制措施；针对质量控制点，明确质量控制的重点对象和控制方法；尽可能提高上述工作成果对施工质量的保证程度等。

2. 现场施工准备工作的质量控制

（1）计量控制。计量控制是施工质量控制的一项重要基础工作。施工过程中的计量，包括施工生产时的投料计量、施工测量、监测计量，以及对项目、产品或过程的测试、检验、分析计量等。开工前要建立和完善施工现场计量管理的规章制度；明确计量控制责任者和配置必要的计量人员；严格按规定对计量器具进行维修和校验；统一计量单位，组织量值传递，保证量值统一，从而保证施工过程中计量的准确。

（2）测量控制。工程测量放线是建设工程产品由设计转化为实物的第一步。施工测量质量的好坏，直接决定工程的定位和标高是否正确，并且制约施工过程有关工序的质量。因此，施工单位在开工前应编制测量控制方案，经项目技术负责人批准后实施。要对建设单位提供的原始坐标点、基准线和水准点等测量控制点线进行复核，并将复测结果上报监理工程师审核，批准后施工单位才能建立施工测量控制网，进行工程定位和标高基准的控制。

（3）施工平面图控制。建设单位应按照合同约定并充分考虑施工的实际需要，事先划定并提供施工用地和现场临时设施用地的范围，协调平衡和审查批准各施工单位的施工平面设计。施工单位要严格按照批准的施工平面布置图，科学合理地使用施工场地，正确安装设置施工机械设备和其他临时设施，维护现场施工道路畅通无阻和通信设施完好，合理控制材料的进场与堆放，保持良好的防洪排水能力，保证充分给水和供电。建设（监理）单位应会同施工单位制定严格的施工场地管理制度、施工纪律和相应的奖惩措施，严禁乱占场地和擅自断水、断电、断路，及时制止和处理各种违纪行为，并做好施工现场的质量检查记录。

3. 工程质量检查验收的项目划分

根据《建筑工程施工质量验收统一标准》（GB 50300—2013）（简称《统一标准》）的规定，建筑工程施工质量验收应划分为单位工程、分部工程、分项工程和检验批。

1）单位工程的划分应按下列原则确定：

① 具备独立施工条件并能形成独立使用功能的建筑物及构筑物为一个单位工程。

② 对于建筑规模较大的单位工程，可将其能形成独立使用功能的部分划分为一个子单位工程。

2）分部工程的划分应按下列原则确定：

① 可按专业性质、工程部位确定，例如，一般的建筑工程可划分为地基与基础、主体结构、建筑装饰装修、建筑屋面、建筑给水排水及供暖、建筑电气、智能建筑、通风与空调、建筑节能、电梯等分部工程。

② 当分部工程较大或较复杂时，可按材料种类、施工特点、施工程序、专业系统及类别等划分为若干子分部工程。

3）分项工程可按主要工种、材料、施工工艺、设备类别等进行划分。

4）检验批可根据施工质量控制和专业验收需要，按工程量、楼层、施工段、变形缝等进行划分。

5）建筑工程的分部、分项工程划分宜按《统一标准》附录B进行。

6）室外工程可根据专业类别和工程规模，按《统一标准》附录C的规定划分单位工程、分部工程。

8.3.5 施工过程的质量控制

1. 工序施工质量控制

工序是人、材料、机械设备、施工方法和环境因素对工程质量综合起作用的过程，所以对施工过程的质量控制，必须以工序作业质量控制为基础和核心。因此，工序的质量控制是施工阶段质量控制的重点。只有严格控制工序质量，才能确保施工项目的实体质量。工序施工质量控制主要包括工序施工条件质量控制和工序施工效果质量控制。

（1）工序施工条件质量控制。工序施工条件是指从事工序活动的各生产要素质量及生产环境条件。工序施工条件控制就是控制工序活动的各种投入要素质量和环境条件质量。控制的手段主要有检查、测试、试验、跟踪监督等。控制的依据主要是设计质量标准、材料质量标准、机械设备技术性能标准、施工工艺标准以及操作规程等。

（2）工序施工效果质量控制。工序施工效果是工序产品的质量特征和特性指标的反映。对工序施工效果的控制就是控制工序产品的质量特征和特性指标以达到设计质量标准以及施工质量验收标准的要求。工序施工效果控制属于事后质量控制，其控制的主要途径是：实测获取数据、统计分析所获取的数据、判断认定质量等级和纠正质量偏差。

2. 施工作业质量的自控

（1）施工作业质量自控的意义。施工作业质量的自控，在经营上，强调的是作为建筑产品生产者和经营者的施工企业，应全面履行企业的质量责任，向顾客提供质量合格的工程产品；在生产的过程中，强调的是施工作业者的岗位质量责任，向后道工序提供合格的作业成果（中间产品）。因此，施工方是施工阶段质量自控主体。施工方不能因为监控主体的存在和监控责任的实施而减轻或免除其质量责任。依据《中华人民共和国建筑法》和《建设工程质量管理条例》的规定，施工单位对建设工程的施工质量负责，施工单位必须按照工程设计要求、施工技术标准和合同的约定，对建筑材料、建筑构配件和设备进行检验，不合格的不得使用。

施工方作为工程施工质量的自控主体，既要遵循本企业质量管理体系的要求，也要根据其在所承建的工程项目质量控制系统中的地位和责任，通过具体项目质量计划的编制与实施，有效实现施工质量的自控目标。

（2）施工作业质量自控的程序。施工作业质量的自控过程是由施工作业组织的成员进行的，其基本的控制程序包括作业技术交底、作业活动的实施和作业质量的自检自查、互检互查以及专职管理人员的质量检查等。

1）施工作业技术的交底。技术交底是施工组织设计和施工方案的具体化，施工作业技术交底的内容必须具有可行性和可操作性。

从项目的施工组织设计到分部分项工程的作业计划，在实施之前都必须逐级进行交底，其目的是使管理者的计划和决策意图为实施人员所理解。施工作业交底是最基层的技术和管理交底活动，施工总承包方和工程监理机构都要对施工作业交底进行监督。作业交底的内容包括作业范围、施工依据、作业程序、技术标准和要领、质量目标以及其他与安全、进度、成本、环境等目标管理有关的要求和注意事项。

2）施工作业活动的实施。施工作业活动是由一系列工序所组成的。为了保证工序质量的受控，首先要对作业条件进行再确认，即按照作业计划检查作业准备状态是否落实到位，其中包括对施工程序和作业工艺顺序的检查确认，在此基础上，严格按作业计划的程序、步骤和质量要求展开工序作业活动。

3）施工作业质量的检验。施工作业的质量检查，是贯穿整个施工过程的最基本的质量控制活动，包括施工单位内部的工序作业质量自检、互检、专检和交接检查，以及现场监理机构的旁站检查、平行检验等。施工作业质量检查是施工质量验收的基础，已完检验批及分部分项工程的施工质量，必须在施工单位完成质量自检并确认合格之后，才能报请现场监理机构进行检查验收。

前道工序作业质量经验收合格后，才可进入下道工序施工。未经验收合格的工序，不得进入下道工序施工。

(3) 施工作业质量自控的要求。

1) 预防为主。严格按照施工质量计划的要求，进行各分部分项施工作业的部署。同时，根据施工作业的内容、范围和特点，制订施工作业计划，明确作业质量目标和作业技术要领，认真进行作业技术交底，落实各项作业技术组织措施。

2) 重点控制。在施工作业计划中，一方面要认真贯彻实施施工质量计划中质量控制点的控制措施，同时，要根据作业活动的实际需要，进一步建立工序作业控制点，深化工序作业的重点控制。

3) 坚持标准。工序作业人员对工序作业过程应严格进行质量自检，通过自检不断改善作业，并创造条件开展作业质量互检，通过互检加强技术与经验的交流。对已完工序作业产品，即检验批或分部分项工程，应严格坚持质量标准。对不合格的施工作业质量，不得进行验收签证，必须按照规定的程序进行处理。

《建筑工程施工质量验收统一标准》(GB 50300—2013) 及配套使用的专业质量验收规范，是施工作业质量自控的合格标准。有条件的施工企业或项目经理部应结合自己的条件编制高于国家标准的企业内控标准或工程项目内控标准，或采用施工承包合同明确规定的更高标准，将其列入质量计划中，努力提升工程质量水平。

4) 记录完整。施工图、质量计划、作业指导书、材料质保书、检验试验及检测报告、质量验收记录等，是形成可追溯性质量保证的依据，也是工程竣工验收所不可缺少的质量控制资料。因此，对工序作业质量，应有计划、有步骤地按照施工管理规范的要求进行填写记载，做到及时、准确、完整、有效，并具有可追溯性。

(4) 施工作业质量自控的制度。根据实践经验的总结，施工作业质量自控的有效制度有：①质量自检制度；②质量例会制度；③质量会诊制度；④质量样板制度；⑤质量挂牌制度；⑥每月质量讲评制度等。

3. 施工作业质量的监控

(1) 施工作业质量的监控主体。为了保证项目质量，建设单位、监理单位、设计单位及政府的工程质量监督部门，在施工阶段依据法律法规和工程施工承包合同，对施工单位的质量行为和项目实体质量实施监督控制。

设计单位应当就审查合格的施工图、设计文件向施工单位做出详细说明；应当参与建设工程质量事故分析，并对因设计造成的质量事故，提出相应的技术处理方案。

建设单位在领取施工许可证或者开工报告前，应当按照国家有关规定办理工程质量监督手续。

作为监控主体之一的项目监理机构，在施工作业实施过程中，根据其监理规划与实施细则，采取现场旁站、巡视、平行检验等形式，对施工作业质量进行监督检查，如发现工程施工不符合工程设计要求、施工技术标准和合同约定的，有权要求施工单位改正。监理机构应进行检查而没有检查或没有按规定进行检查的，给建设单位造成损失时应承担赔偿责任。

必须强调，施工质量的自控主体和监控主体，在施工全过程中是相互依存、各尽其责、共同推动施工质量控制过程的展开和最终实现工程项目的质量总目标。

(2) 现场质量检查。

1) 现场质量检查的内容。

① 开工前的检查，主要检查是否具备开工条件，开工后是否能够保持连续正常施工，

能否保证工程质量。

② 工序交接检查，对于重要的工序或对工程质量有重大影响的工序，应严格执行"三检"制度（即自检、互检、专检），未经监理工程师（或建设单位本项目技术负责人）检查认可，不得进行下道工序施工。

③ 隐蔽工程的检查，施工中凡是隐蔽工程必须检查认证后方可进行隐蔽掩盖。

④ 停工后复工的检查，因客观因素停工或处理质量事故等停工复工时，经检查认可后方能复工。

⑤ 分项、分部工程完工后的检查，应经检查认可，并签署验收记录后，才能进行下一工程的施工。

⑥ 成品保护的检查，检查成品有无保护措施以及保护措施是否有效可靠。

2）现场质量检查的方法。

① 目测法。目测法即凭借感官进行检查，也称观感质量检验，其手段可概括为"看、摸、敲、照"四个字。

看——根据质量标准要求进行外观检查，例如，清水墙面是否洁净，喷涂的密实度和颜色是否良好、均匀，工人的操作是否正常，内墙抹灰的大面及口角是否平直，混凝土外观是否符合要求等。

摸——通过触摸手感进行检查、鉴别，例如油漆的光滑度，浆活是否牢固、不掉粉等。

敲——运用敲击工具进行音感检查，例如，对地面工程、装饰工程中的水磨石、面砖、石材饰面等，均应进行敲击检查。

照——通过人工光源或反射光照射，检查难以看到或光线较暗的部位，例如，管道井、电梯井等内部管线、设备安装质量，装饰吊顶内连接及设备安装质量等。

② 实测法。实测法就是通过实测数据与施工规范、质量标准的要求及允许偏差值进行对照，以此判断质量是否符合要求，其手段可概括为"靠、量、吊、套"四个字。

靠——用直尺、塞尺检查诸如墙面、地面、路面等的平整度。

量——用测量工具和计量仪表等检查断面尺寸、轴线、标高、湿度、温度等的偏差，例如，大理石板拼缝尺寸，摊铺沥青拌和料的温度，混凝土坍落度的检测等。

吊——利用托线板以及线坠吊线检查垂直度，例如，砌体垂直度检查、门窗的安装等。

套——以方尺套方，辅以塞尺检查，例如，对阴阳角的方正、踢脚线的垂直度、预制构件的方正、门窗口及构件的对角线检查等。

③ 试验法。试验法是指通过必要的试验手段对质量进行判断的检查方法，主要包括如下内容：

理化试验。工程中常用的理化试验包括物理力学性能方面的检验、化学成分及化学性能的测定两个方面。物理力学性能的检验，包括各种力学指标的测定，如抗拉强度、抗压强度、抗弯强度、抗折强度、冲击韧性、硬度、承载力等，以及各种物理性能方面的测定，如密度、含水量、凝结时间、安定性及抗渗、耐磨、耐热性能等。化学成分及化学性质的测定，如钢筋中的磷、硫含量，混凝土中粗骨料中的活性氧化硅成分，以及耐酸、耐碱、抗腐蚀性等。此外，根据规定有时还需进行现场试验，例如，对桩或地基的静载试验、下水管道的通水试验、压力管道的耐压试验、防水层的蓄水或淋水试验等。

无损检测。利用专门的仪器仪表从表面探测结构物、材料、设备的内部组织结构或损伤情况。常用的无损检测方法有超声波探伤、X 射线探伤、γ 射线探伤等。

（3）技术核定与见证取样送检。

1）技术核定。在建设工程项目施工过程中，因施工方对施工图的某些要求不甚明白，或图纸内部存在某些矛盾，或工程材料调整与代用，改变建筑节点构造、管线位置或走向等，需要通过设计单位明确或确认的，施工方必须以技术核定单的方式向监理工程师提出，报送设计单位核准确认。

2）见证取样送检。为了保证建设工程质量，我国规定对工程所使用的主要材料、半成品、构配件以及施工过程留置的试块、试件等应实行现场见证取样送检。见证人员由建设单位及工程监理机构中有相关专业知识的人员担任；送检的试验室应具备经国家或地方工程检验检测主管部门核准的相关资质；见证取样送检必须严格按规定的程序进行，包括取样见证并记录、样本编号、填单、封箱、送试验室、核对、交接、试验检测、报告等。

检测机构应当建立档案管理制度。检测合同、委托单、原始记录、检测报告应当按年度统一编号，编号应当连续，不得随意抽撤、涂改。

4. 隐蔽工程验收与成品质量保护

（1）隐蔽工程验收。凡被后续施工所覆盖的施工内容，如地基基础工程、钢筋工程、预埋管线等均属隐蔽工程。加强隐蔽工程质量验收，是施工质量控制的重要环节。其程序要求施工方首先应完成自检并合格，然后填写专用的隐蔽工程验收单。验收单所列的验收内容应与已完工的隐蔽工程实物相一致，并事先通知监理机构及有关方面，按约定时间进行验收。验收合格的隐蔽工程由各方共同签署验收记录；验收不合格的隐蔽工程，应按验收整改意见进行整改后重新验收。严格隐蔽工程验收的程序和记录，对于预防工程质量隐患，提供可追溯质量记录，具有重要作用。

（2）施工成品质量保护。建设工程项目已完施工的成品保护，目的是避免已完施工成品受到来自后续施工以及其他方面的污染或损坏。已完施工的成品保护问题和相应措施，在工程施工组织设计与计划阶段就应该从施工顺序上进行考虑，防止施工顺序不当或交叉作业造成相互干扰、污染和损坏；成品形成后可采取防护、覆盖、封闭、包裹等相应措施进行保护。

装配式混凝土建筑施工过程中，应采取防止预制构件、部品及预制构件上的建筑附件、预埋件、预埋吊件等损伤或污染的保护措施。

8.3.6 施工质量与设计质量的协调

1. 项目设计质量的控制

（1）项目功能性质量控制。功能性质量控制的目的，是保证建设工程项目使用功能的符合性，其内容包括项目内部的平面空间组织、生产工艺流程组织，如满足使用功能的建筑面积分配以及宽度、高度、净空、通风、保暖、日照等物理指标和节能、环保、低碳等方面的符合性要求。

（2）项目可靠性质量控制。项目可靠性质量控制主要是指建设工程项目建成后，在规定的使用年限和正常的使用条件下，保证使用安全和建筑物、构筑物及其设备系统性能稳定、可靠。

（3）项目观感性质量控制。项目观感性质量控制对于建筑工程项目，主要是指建筑物的总体格调、外部形体及内部空间观感效果，整体环境的适宜性、协调性，文化内涵的韵味及其魅力等的体现；道路、桥梁等基础设施工程同样也有其独特的构型格调、观感效果及其环境适宜的要求。

（4）项目经济性质量控制。建设工程项目设计经济性质量，是指不同设计方案的选择对建设投资的影响。设计经济性质量控制的目的，在于强调设计过程的多方案比较，通过价值工程、优化设计，不断提高建设工程项目的性价比。在满足项目投资目标要求的条件下，做到经济高效，防止浪费。

（5）项目施工可行性质量控制。任何设计意图都要通过施工来实现，设计意图不能脱离现实的施工技术和装备水平，否则再好的设计意图也无法实现。设计一定要充分考虑施工的可行性，并尽量做到方便施工，施工才能顺利进行，保证项目施工质量。

2. 施工与设计的协调

（1）设计联络。项目建设单位或监理单位应组织施工单位到设计单位进行设计联络，其任务主要是：

1）了解设计意图、设计内容和特殊技术要求，分析其中的施工重点和难点，以便有针对性地编制施工组织设计，及早做好施工准备；对于以现有的施工技术和装备水平实施有困难的设计，要及时提出意见，协商修改设计，或者探讨通过技术攻关提高技术装备水平来实施的可能性，同时向设计单位介绍和推荐先进的施工新技术、新工艺和工法，争取通过适当的设计，使这些新技术、新工艺和工法在施工中得到应用。

2）了解设计进度，根据项目进度控制总目标、施工工艺顺序和施工进度安排，提出设计出图的时间和顺序要求，对设计和施工进度进行协调，使施工得以连续顺利进行。

3）从施工质量控制的角度，提出合理化建议，优化设计，为保证和提高施工质量创造更好的条件。

（2）设计交底和图纸会审。建设单位和监理单位应组织设计单位向所有的工程实施单位进行详细的设计交底，使实施单位充分理解设计意图，了解设计内容和技术要求，明确质量控制的重点和难点；同时认真地进行图纸会审，深入发现和解决各专业设计之间可能存在的矛盾，消除施工图的差错。

（3）设计现场服务和技术核定。建设单位和监理单位应要求设计单位派出设计人员到施工现场进行设计服务，解决施工中发现和提出的与设计有关的问题，及时做好相关设计核定工作。

（4）设计变更。在施工期间无论是建设单位、设计单位还是施工单位提出，需要进行局部设计变更的内容，都必须按照规定的程序，先将变更意图或请求报送监理工程师审查，经设计单位审核认可并签发设计变更通知书后，再由监理工程师下达变更指令。

8.4 建设工程项目施工质量验收

正确地进行工程项目质量的检查评定和验收，是施工质量控制的重要环节。施工质量验收包括施工过程的质量验收及工程项目竣工质量验收两部分。

8.4.1 施工过程的质量验收

工程项目质量验收，应将项目划分为单位工程、分部工程、分项工程和检验批进行验收。施工过程质量验收主要是检验批和分项、分部工程的质量验收。

1. 施工过程质量验收的内容

《建筑工程施工质量验收统一标准》(GB 50300—2013)与各个专业工程施工质量验收规范,明确规定了各分项工程的施工质量的基本要求,规定了分项工程检验批的抽查办法和抽查数量,规定了检验批主控项目、一般项目的检查内容和允许偏差,规定了对主控项目、一般项目的检验方法,规定了各分部工程验收的方法和需要的技术资料等,同时对涉及人民生命财产安全、人身健康、环境保护和公共利益的内容以强制性条文做出规定,要求必须坚决、严格遵照执行。

检验批和分项工程是质量验收的基本单元;分部工程是在所含全部分项工程验收的基础上进行验收的,在施工过程中随完工随验收,并留下完整的质量验收记录和资料;单位工程作为具有独立使用功能的完整的建筑产品,进行竣工质量验收。

施工过程的质量验收包括以下验收环节,通过验收后留下完整的质量验收记录和资料,为工程项目竣工质量验收提供依据:

(1) 检验批质量验收。所谓检验批是指"按同一生产条件或按规定的方式汇总起来供检验用的,由一定数量样本组成的检验体"。检验批是工程验收的最小单位,是分项工程乃至整个建筑工程质量验收的基础。

检验批应由专业监理工程师组织施工单位项目专业质量检查员、专业工长等进行验收。

检验批质量验收合格应符合下列规定:

1) 主控项目的质量经抽样检验均应合格。
2) 一般项目的质量经抽样检验合格。
3) 具有完整的施工操作依据、质量验收记录。

主控项目是指建筑工程中的对安全、节能、环境保护和主要使用功能起决定性作用的检验项目。主控项目的验收必须从严要求,不允许有不符合要求的检验结果,主控项目的检查具有否决权。除主控项目以外的检验项目称为一般项目。

(2) 分项工程质量验收。分项工程的质量验收在检验批验收的基础上进行。一般情况下,两者具有相同或相近的性质,只是批量的大小不同而已。分项工程可由一个或若干检验批组成。分项工程应由专业监理工程师组织施工单位项目专业技术负责人等进行验收。

分项工程质量验收合格应符合下列规定:

1) 所含检验批的质量均应验收合格。
2) 所含检验批的质量验收记录应完整。

(3) 分部工程质量验收。分部工程的验收在其所含各分项工程验收的基础上进行。

分部工程应由总监理工程师组织施工单位项目负责人和项目技术负责人等进行验收;勘察、设计单位项目负责人和施工单位技术、质量部门负责人应参加地基与基础分部工程验收;设计单位项目负责人和施工单位技术、质量部门负责人应参加主体结构、节能分部工程验收。

分部工程质量验收合格应符合下列规定:

1) 所含分项工程的质量均应验收合格。
2) 质量控制资料应完整。
3) 有关安全、节能、环境保护和主要使用功能的抽样检验结果应符合相应规定。

4）观感质量应符合要求。

必须注意的是，由于分部工程所含的各分项工程性质不同，因此它并不是在所含分项验收基础上的简单相加，即所含分项验收合格且质量控制资料完整，只是分部工程质量验收的基本条件，还必须在此基础上对涉及安全、节能、环境保护和主要使用功能的地基基础、主体结构和设备安装分部工程进行见证取样试验或抽样检测，而且还需要对其观感质量进行验收，并综合给出质量评价，对于评价为"差"的检查点应通过返修处理等方法进行补救。

2. 施工过程质量验收不合格的处理

1）施工过程的质量验收是以检验批的施工质量为基本验收单元。检验批质量不合格可能是由于使用的材料不合格，或施工作业质量不合格，或质量控制资料不完整等原因所致，其处理方法有：

① 在检验批验收时，发现存在严重缺陷的应推倒重做，有一般缺陷的可通过返修或更换器具、设备消除缺陷，经返工或返修后应重新进行验收。

② 个别检验批发现某些项目或指标（如试块强度等）不满足要求，难以确定是否验收时，应请有资质的检测单位检测鉴定，当鉴定结果能够达到设计要求时，应予以验收。

③ 当检测鉴定达不到设计要求，但经原设计单位核算认可能够满足结构安全和使用功能的检验批，可予以验收。

2）严重质量缺陷或超过检验批范围内的缺陷，经法定检测单位检测鉴定以后，认为不能满足最低限度的安全储备和使用功能，则必须进行加固处理，经返修或加固处理的分项分部工程，满足安全及使用功能要求时，可按技术处理方案和协商文件的要求予以验收，责任方应承担经济责任。

3）通过返修或加固处理后仍不能满足安全或重要使用要求的分部工程及单位工程，严禁验收。

3. 装配式混凝土建筑的施工质量验收

装配式混凝土建筑的施工质量验收，除了要符合一般建筑工程施工质量验收的规定以外，还有一些专门的要求。

（1）预制构件的质量验收。

1）预制构件进场时应检查质量证明文件或质量验收记录。

2）梁板类简支受弯预制构件进场时应进行结构性能检验，结构性能检验应符合国家现行有关标准的有关规定及设计要求。

3）钢筋混凝土构件和允许出现裂缝的预应力混凝土构件应进行承载力、挠度和裂缝宽度检验，不允许出现裂缝的预应力混凝土构件应进行承载力、挠度和抗裂检验。

4）对于不可单独使用的叠合板预制底板，可不进行结构性能检验。对叠合梁构件，是否进行结构性能检验、结构性能检验的方式应根据设计要求确定。

5）不做结构性能检验的预制构件，施工单位或监理单位代表应驻厂监督生产过程。当无驻厂监督时，预制构件进场时应对其主要受力钢筋数量、规格、间距、保护层厚度及混凝土强度等进行实体检验。检验数量：同一类型预制构件不超过1000个为一批，每批随机抽取1个构件进行结构性能检验。

6）预制构件的混凝土外观质量不应有严重缺陷，且不应有影响结构性能和安装、使用功能的尺寸偏差。对出现的一般缺陷应要求构件生产单位按技术处理方案进行处理，并重新检查验收。

7）预制构件粗糙面的外观质量、键槽的外观质量和数量、预制构件上的预埋件预留插筋、预留孔洞、预埋管线等规格型号、数量应符合设计要求。

8）预制板类、墙板类、梁柱类构件与装饰构件的装饰外观外形尺寸偏差和检验方法应符合现行《装配式混凝土建筑技术标准》（GB/T 51231—2016）的规定。

(2) 安装连接的质量验收。

1）装配式结构采用后浇混凝土连接时，构件连接处后浇混凝土的强度应符合设计要求，并应符合现行《混凝土强度检验评定标准》（GB/T 50107—2010）的相关规定。

2）钢筋采用套筒灌浆连接、浆锚搭接连接时，灌浆应饱满、密实，所有出口均应出浆，灌浆料强度应符合现行有关标准的规定及设计要求。

3）预制构件底部接缝坐浆强度应满足设计要求。

4）钢筋采用机械连接、焊接连接时，其接头质量应符合现行行业标准的有关规定。

5）预制构件型钢焊接连接的型钢焊缝的接头质量，螺栓连接的螺栓材质、规格、拧紧力矩应满足设计要求，并应符合现行国家标准的有关规定。

6）装配式结构分项工程的外观质量不应有严重缺陷，且不得有影响结构性能和使用功能的尺寸偏差。施工尺寸偏差及检验方法应符合设计要求；当设计无要求时，应符合现行《装配式混凝土建筑技术标准》（GB/T 51231—2016）的规定。

7）装配式混凝土建筑的饰面外观质量应符合设计要求，并应符合现行国家标准的相关规定。

8.4.2 竣工质量验收

项目竣工质量验收是施工质量控制的最后一个环节，是对施工过程质量控制成果的全面检验，是从终端把关方面进行质量控制。未经验收或验收不合格的工程，不得交付使用。

1. 竣工质量验收的依据

1）国家相关法律法规和建设主管部门颁布的管理条例和办法。

2）工程施工质量验收统一标准。

3）专业工程施工质量验收规范。

4）批准的设计文件、施工图及说明书。

5）工程施工承包合同。

6）其他相关文件。

2. 竣工质量验收的条件

1）完成工程设计和合同约定的各项内容。

2）施工单位在工程完工后对工程质量进行检查，确认工程质量符合有关法律、法规和工程建设强制性标准，符合设计文件及合同要求，并提出工程竣工报告。工程竣工报告应经项目经理和施工单位有关负责人审核签字。

3）对于委托监理的工程项目，监理单位对工程进行质量评估，具有完整的监理资料，并提出工程质量评估报告。工程质量评估报告应经总监理工程师和监理单位有关负责人审核签字。

4）勘察、设计单位对勘察、设计文件及施工过程中由设计单位签署的设计变更通知书进行了检查，并提出质量检查报告。质量检查报告应经该项目勘察、设计负责人和勘察、设计单位有关负责人审核签字。

5）有完整的技术档案和施工管理资料。

6）有工程使用的主要建筑材料、建筑构配件和设备的进场试验报告，以及工程质量检测和功能性试验资料。

7）建设单位已按合同约定支付工程款。

8）有施工单位签署的工程质量保修书。

9）对于住宅工程，进行分户验收并验收合格，建设单位按户出具住宅工程质量分户验收表。

10）建设主管部门及工程质量监督机构责令整改的问题全部整改完毕。

11）法律、法规规定的其他条件。

3. 竣工质量验收的标准

单位工程是工程项目竣工质量验收的基本对象。单位工程质量验收合格应符合下列规定：

1）所含分部工程的质量均应验收合格。

2）质量控制资料应完整。

3）所含分部工程有关安全、节能、环境保护和主要使用功能的检验资料应完整。

4）主要使用功能的抽查结果应符合相关专业质量验收规范的规定。

5）观感质量应符合要求。

住宅工程要分户验收。在住宅工程各检验批、分项、分部工程验收合格的基础上，在住宅工程竣工验收前，建设单位应组织施工、监理等单位，依据国家有关工程质量验收标准，对每户住宅及相关公共部位的观感质量和使用功能等进行检查验收。

分户验收不合格，不能进行住宅工程整体竣工验收。

4. 竣工质量验收程序和组织

单位工程中的分包工程完工后，分包单位应对所承包的工程项目进行自检，并应按规定的程序进行验收。验收时，总包单位应派人参加。

单位工程完工后，施工单位应组织有关人员进行自检。总监理工程师应组织各专业监理工程师对工程质量进行竣工预验收。存在施工质量问题时，应由施工单位及时整改。

工程竣工质量验收由建设单位负责组织实施。

建设单位组织单位工程质量验收时，分包单位负责人应参加验收。

竣工质量验收应当按以下程序进行：

1）工程完工并对存在的质量问题整改完毕后，施工单位向建设单位提交工程竣工报告，申请工程竣工验收。实行监理的工程，工程竣工报告须经总监理工程师签署意见。

2）建设单位收到工程竣工报告后，对符合竣工验收要求的工程，组织勘察、设计、施工、监理等单位组成验收组，制定验收方案。对于重大工程和技术复杂工程，根据需要可邀请有关专家参加验收组。

3）建设单位应当在工程竣工验收 7 个工作日前将验收的时间、地点及验收组名单书面通知负责监督该工程的工程质量监督机构。

4）建设单位组织工程竣工验收。

① 建设、勘察、设计、施工、监理单位分别汇报工程合同履约情况和在工程建设各个

环节执行法律、法规和工程建设强制性标准的情况。

② 审阅建设、勘察、设计、施工、监理单位的工程档案资料。

③ 实地查验工程质量。

④ 对工程勘察、设计、施工、设备安装质量和各管理环节等方面做出全面评价，形成经过验收组人员签署的工程竣工验收意见。参与工程竣工验收的建设、勘察、设计、施工、监理等各方不能形成一致意见时，应当协商提出解决的方法，待意见一致后，重新组织工程竣工验收。

5. 竣工验收报告

工程竣工验收合格后，建设单位应当及时提出工程竣工验收报告。工程竣工验收报告主要包括工程概况，建设单位执行基本建设程序情况，对工程勘察、设计、施工、监理等方面的评价，工程竣工验收时间、程序、内容和组织形式，工程竣工验收意见等内容。工程竣工验收报告还应附有下列文件：

1）施工许可证。

2）施工图设计文件审查意见。

3）上述竣工质量验收的条件中2）3）4）8）项规定的文件。

4）验收组人员签署的工程竣工验收意见。

5）法规、规章规定的其他有关文件。

6. 竣工验收备案

建设单位应当自建设工程竣工验收合格之日起15日内，向工程所在地的县级以上地方人民政府建设主管部门备案。

建设单位办理工程竣工验收备案应当提交下列文件：

1）工程竣工验收备案表。

2）工程竣工验收报告。

3）法律、行政法规规定应当由规划、环保等部门出具的认可文件或者准许使用文件。

4）法律规定应当由公安消防部门出具的对大型的人员密集场所和其他特殊建设工程验收合格的证明文件。

5）施工单位签署的工程质量保修书。

6）法规、规章规定必须提供的其他文件。

8.5 施工质量不合格的处理

8.5.1 工程质量问题和质量事故的分类

1. 工程质量不合格

（1）质量不合格和质量缺陷。根据《质量管理体系 基础和术语》（GB/T 19000—2016/ISO 9000：2015）的规定，工程产品未满足质量要求，即为质量不合格；而与预期或规定用途有关的质量不合格，称为质量缺陷。

（2）质量问题和质量事故。凡是工程质量不合格，影响使用功能或工程结构安全，造成永久质量缺陷或存在重大质量隐患，甚至直接导致工程倒塌或人身伤亡，必须进行返修、加固或报废处理，按照由此造成人员伤亡和直接经济损失的大小区分，小于规定限额的为质量问题，在限额以上的为质量事故。

2. 工程质量事故

根据住房和城乡建设部《关于做好房屋建筑和市政基础设施工程质量事故报告和调查处理工作的通知》（建质〔2010〕111号），工程质量事故是指由于建设、勘察、设计、施工、监理等单位违反工程质量有关法律法规和工程建设标准，使工程产生结构安全、重要使用功能等方面的质量缺陷，造成人身伤亡或者重大经济损失的事故。

（1）按事故造成损失的程度分级。建质〔2010〕111号文根据工程质量事故造成的人员伤亡或者直接经济损失，将工程质量事故分为4个等级：

1）特别重大事故，是指造成30人以上死亡，或者100人以上重伤，或者1亿元以上直接经济损失的事故。

2）重大事故，是指造成10人以上30人以下死亡，或者50人以上100人以下重伤，或者5000万元以上1亿元以下直接经济损失的事故。

3）较大事故，是指造成3人以上10人以下死亡，或者10人以上50人以下重伤，或者1000万元以上5000万元以下直接经济损失的事故。

4）一般事故，是指造成3人以下死亡，或者10人以下重伤，或者100万元以上1000万元以下直接经济损失的事故。

该等级划分所称的"以上"包括本数，所称的"以下"不包括本数。

（2）按事故责任分类。

1）指导责任事故，指由于工程实施指导或领导失误而造成的质量事故。例如，由于工程负责人片面追求施工进度，放松或不按质量标准进行控制和检验，降低施工质量标准等。

2）操作责任事故，指在施工过程中，由于实施操作者不按规程和标准实施操作，而造成的质量事故。例如，浇筑混凝土时随意加水，或振捣疏漏造成混凝土质量事故等。

3）自然灾害事故，指由于突发的严重自然灾害等不可抗力造成的质量事故。例如地震、台风、暴雨、雷电、洪水等对工程造成破坏甚至倒塌。这类事故虽然不是人为责任直接造成，但灾害事故造成的损失程度也往往与人们是否在事前采取了有效的预防措施有关，相关责任人员也可能负有一定责任。

8.5.2 施工质量事故的预防

1. 施工质量事故发生的原因

（1）技术原因。技术原因是指引发的质量事故是由于在项目勘察、设计、施工中技术上的失误。例如，地质勘查过于疏略，对水文地质情况判断错误，致使地基基础设计采用不正确的方案；或结构设计方案不正确，计算失误，构造设计不符合规范要求；施工管理及实际操作人员的技术素质差，采用了不合适的施工方法或施工工艺等。这些技术上的失误是造成质量事故的常见原因。

（2）管理原因。管理原因是指引发的质量事故是由于管理上的不完善或失误。例如，施工单位或监理单位的质量管理体系不完善，质量管理措施落实不力，施工管理混乱，不遵守相关规范，违章作业，检验制度不严密，质量控制不严格，检测仪器设备管理不善而失准，以及材料质量检验不严等原因引起质量事故。

（3）社会、经济原因。社会、经济原因是指引发的质量事故是由于社会上存在的不正之风及经济上的原因，滋长了建设中的违法违规行为，而导致出现质量事故。某些施工企业盲目追求利润而不顾工程质量，在投标报价中随意压低标价，中标后则依靠违法的手段或修改方案追加工程款，甚至偷工减料等，这些因素都会导致发生重大工程质量事故。

（4）人为事故和自然灾害原因。人为事故和自然灾害原因是指造成质量事故是由于人为的设备事故、安全事故，导致连带发生质量事故，以及严重的自然灾害等不可抗力造成质量事故。

2. 施工质量事故预防的具体措施

（1）严格按照基本建设程序办事。首先要做好项目可行性论证，不可未经深入调查分析和严格论证就盲目拍板定案；要彻底搞清工程地质水文条件方可开工；杜绝无证设计、无图施工；禁止任意修改设计和不按图纸施工；工程竣工不进行试车运转，不经验收不得交付使用。

（2）认真做好工程地质勘查。地质勘查时要适当布置钻孔位置和设定钻孔深度。钻孔间距过大，不能全面反映地基实际情况；钻孔深度不够，难以查清地下软土层、滑坡、墓穴、孔洞等有害地质构造。地质勘查报告必须详细、准确，防止因根据不符合实际情况的地质资料而采用错误的基础方案，导致地基不均匀沉降、失稳，使上部结构及墙体开裂、破坏、倒塌。

（3）科学地加固处理好地基。对软弱土、冲填土、杂填土、湿陷性黄土、膨胀土、岩层出露、岩溶、土洞等不均匀地基要进行科学的加固处理。要根据不同地基的工程特性，按照地基处理与上部结构相结合使其共同工作的原则，从地基处理与设计措施、结构措施、防水措施、施工措施等方面综合考虑治理。

（4）进行必要的设计审查复核。要请具有合格专业资质的审图机构对施工图进行审查复核，防止因设计考虑不周、结构构造不合理、设计计算错误、沉降缝及伸缩缝设置不当、悬挑结构未通过抗倾覆验算等原因，导致质量事故的发生。

（5）严格把好建筑材料及制品的质量关。要从采购订货、进场验收、质量复验、存储和使用等几个环节，严格控制建筑材料及制品的质量，防止不合格或是变质、损坏的材料和制品用到工程上。

（6）强化从业人员管理。要加强建筑从业人员职业教育，开展工人职业技能培训，使施工人员掌握基本的建筑结构和建筑材料知识，懂得遵守施工验收规范对保证工程质量的重要性，从而在施工中自觉遵守操作规程，不蛮干，不违章操作，不偷工减料。

（7）依法进行施工组织管理。施工管理人员要认真学习、严格遵守国家相关政策法规和施工技术标准，依法进行施工组织管理；施工人员首先要熟悉图纸，对工程的难点和关键工序、关键部位应编制专项施工方案并严格执行；施工作业必须按照图纸和施工验收规范、操作规程进行；施工技术措施要正确，施工顺序不可搞错，脚手架和楼面不可超载堆放构件和材料；要严格按照制度进行质量检查和验收。

（8）做好应对不利施工条件和各种灾害的预案。要根据当地气象资料的分析和预测，事先针对可能出现的风、雨、高温、严寒、雷电等不利施工条件，制定相应的施工技术措施；还要对不可预见的人为事故和严重自然灾害做好应急预案，并有相应的人力、物力储备。

（9）加强施工安全与环境管理。许多施工安全和环境事故都会连带发生质量事故，加强施工安全与环境管理，也是预防施工质量事故的重要措施。

8.5.3 施工质量问题和质量事故的处理

1. 施工质量事故处理的依据

（1）质量事故的实况资料。包括质量事故发生的时间、地点；质量事故状况的描述；质量事故发展变化的情况；有关质量事故的观测记录、事故现场状态的照片或录像；事故调查组调查研究所获得的第一手资料。

（2）有关合同及合同文件。包括工程承包合同、设计委托合同、设备与器材购销合同、监理合同及分包合同等。

（3）有关的技术文件和档案。主要是有关的设计文件（如施工图和技术说明）、与施工有关的技术文件、档案和资料（如施工方案、施工计划、施工记录、施工日志、有关建筑材料的质量证明资料、现场制备材料的质量证明资料、质量事故发生后对事故状况的观测记录、试验记录或试验报告等）。

（4）相关的建设法规。主要有《中华人民共和国建筑法》《建设工程质量管理条例》《关于做好房屋建筑和市政基础设施工程质量事故报告和调查处理工作的通知》（建质〔2010〕111 号）等与工程质量及质量事故处理有关的法律法规，以及勘察、设计、施工、监理等单位资质管理和从业者资格管理方面的法规，建筑市场管理方面的法规，以及相关技术标准、规范、规程和管理办法等。

2. 施工质量事故报告和调查处理程序

施工质量事故报告和调查处理的一般程序如图 8-2 所示。

（1）事故报告。工程质量事故发生后，事故现场有关人员应当立即向工程建设单位负责人报告；工程建设单位负责人接到报告后，应于 1 小时内向事故发生地县级以上人民政府住房和城乡建设主管部门及有关部门报告；同时应按照应急预案采取相应措施。情况紧急时，事故现场有关人员可直接向事故发生地县级以上人民政府住房和城乡建设主管部门报告。

事故报告应包括下列内容：①事故发生的时间、地点、工程项目名称、工程各参建单位名称；②事故发生的简要经过、伤亡人数和初步估计的直接经济损失；③事故原因的初步判断；④事故发生后采取的措施及事故控制情况；⑤事故报告单位、联系人及联系方式；⑥其他应当报告的情况。

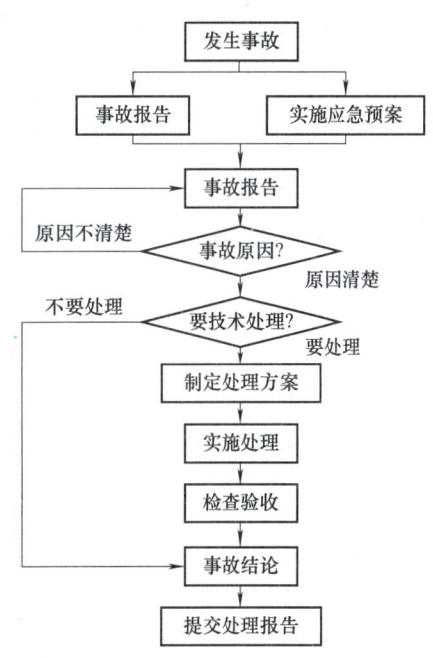

图 8-2 施工质量事故报告和调查处理的一般程序

（2）事故调查。事故调查要按规定区分事故的大小，分别由相应级别的人民政府直接或授权委托有关部门组织事故调查组进行调查。未造成人员伤亡的一般事故，县级人民政府也可以委托事故发生单位组织事故调查组进行调查。事故调查应力求及时、客观、全面，以便为事故的分析与处理提供正确的依据。调查结果要整理撰写成事故调查报告，其主要内容应包括：①事故项目及各参建单位概况；②事故发生经过和事故救援情况；③事故造成的人员伤亡和直接经济损失；④事故项目有关质量检测报告和技术分析报告；⑤事故发生的原因和事故性质；⑥事故责任的认定和对事故责任者的处理建议；⑦事故防范和整改措施。

（3）事故的原因分析。原因分析要建立在事故情况调查的基础上，避免情况不明就主观推断事故的原因。特别是对涉及勘察、设计、施工、材料和管理等方面的质量事故，事故的原因往往错综复杂，因此，必须对调查所得到的数据、资料进行仔细的分析，依据国家有关法律法规和工程建设标准分析事故的直接原因和间接原因，必要时组织对事故项目进行检测鉴定和专家技术论证，去伪存真，找出造成事故的主要原因。

（4）制定事故处理的技术方案。事故的处理要建立在原因分析的基础上，要广泛地听取专家及有关方面的意见，经科学论证，决定事故是否要进行技术处理和怎样处理。在制定事故处理的技术方案时，应做到安全可靠、技术可行、不留隐患、经济合理、具有可操作性、满足项目的安全和使用功能要求。

（5）事故处理。事故处理的内容包括：事故的技术处理，即按经过论证的技术方案进行处理，解决事故造成的质量缺陷问题；事故的责任处罚，即依据有关人民政府对事故调查报告的批复和有关法律法规的规定，对事故相关责任者实施行政处罚，负有事故责任的人员涉嫌犯罪的，依法追究刑事责任。

（6）事故处理的鉴定验收。质量事故的技术处理是否达到预期的目的，是否依然存在隐患，应当通过检查鉴定和验收做出确认。事故处理的质量检查鉴定，应严格按施工验收规范和相关质量标准的规定进行，必要时还应通过实际量测、试验和仪器检测等方法获取必要的数据，以便准确地对事故处理的结果做出鉴定，形成鉴定结论。

（7）提交事故处理报告。事故处理后，必须尽快提交完整的事故处理报告，其内容包括：事故调查的原始资料、测试的数据；事故原因分析和论证结果；事故处理的依据；事故处理的技术方案及措施；实施技术处理过程中有关的数据、记录、资料；检查验收记录；对事故相关责任者的处罚情况和事故处理的结论等。

3. 施工质量事故处理的基本要求

1）质量事故的处理应达到安全可靠、不留隐患、满足生产和使用要求、施工方便、经济合理的目的。

2）消除造成事故的原因，注意综合治理，防止事故再次发生。

3）正确确定技术处理的范围，正确选择处理的时间和方法。

4）切实做好事故处理的检查验收工作，认真落实防范措施。

5）确保事故处理期间的安全。

4. 施工质量缺陷处理的基本方法

（1）返修处理。当项目的某些部分的质量虽未达到规范、标准或设计规定的要求，存在一定的缺陷，但经过采取整修等措施后可以达到要求的质量标准，又不影响使用功能或外观的要求时，可采取返修处理的方法。例如，某些混凝土结构表面出现蜂窝、麻面，或者混凝土结构局部出现损伤，如结构受撞击、局部未振实、冻害、火灾、酸类腐蚀、碱-骨料反应等，当这些缺陷或损伤仅仅在结构的表面或局部，不影响其使用和外观时，可进行返修处理。再比如混凝土结构出现裂缝，经分析研究后如果不影响结构的安全和使用功能时，也可采取返修处理。当裂缝宽度不大于 0.2mm 时，可采用表面密封法；当裂缝宽度大于 0.3mm 时，采用嵌缝密闭法；当裂缝较深时，则应采取灌浆修补的方法。

(2) 加固处理。加固处理主要是针对危及结构承载力的质量缺陷的处理。通过加固处理，使建筑结构恢复或提高承载力，重新满足结构安全性与可靠性的要求，使结构能继续使用或改为其他用途。对混凝土结构常用的加固方法主要有增大截面加固法、外包角钢加固法、粘钢加固法、增设支点加固法、增设剪力墙加固法、预应力加固法等。

(3) 返工处理。当工程质量缺陷经过返修、加固处理后仍不能满足规定的质量标准要求，或不具备补救可能性，则必须采取重新制作、重新施工的返工处理措施。例如，某防洪堤坝填筑压实后，其压实土的干密度未达到规定值，经核算将影响土体的稳定且不满足抗渗能力的要求，须挖除不合格土，重新填筑，重新施工。

(4) 限制使用。当工程质量缺陷按修补方法处理后无法保证达到规定的使用要求和安全要求，而又无法返工处理的情况下，不得已时可做出诸如结构卸荷或减荷以及限制使用的决定。

(5) 不做处理。某些工程质量问题虽然达不到规定的要求或标准，但其情况不严重，对结构安全或使用功能影响很小，经过分析、论证、法定检测单位鉴定和设计单位等认可后可不做专门处理。一般可不做专门处理的情况有以下几种：

1) 不影响结构安全和使用功能的。例如，有的工业建筑物出现放线定位的偏差，且严重超过规范标准规定，若要纠正会造成重大经济损失，但经过分析、论证其偏差不影响生产工艺和正常使用，在外观上也无明显影响，可不做处理。又如，某些部位的混凝土表面的裂缝，经检查分析，属于表面养护不够的干缩微裂，不影响安全和外观，也可不做处理。

2) 后道工序可以弥补的质量缺陷。例如，混凝土结构表面的轻微麻面，可通过后续的抹灰、刮涂、喷涂等弥补，也可不做处理；混凝土现浇楼面的平整度偏差达到10mm，但由于后续垫层和面层的施工可以弥补，所以也可不做处理。

3) 法定检测单位鉴定合格的。例如，某检验批混凝土试块强度值不满足规范要求，强度不足，但经法定检测单位对混凝土实体强度进行实际检测后，其实际强度达到规范允许和设计要求值时，可不做处理。经检测未达到要求值，但相差不多，经分析论证，只要使用前经再次检测达到设计强度，也可不做处理，但应严格控制施工荷载。

4) 出现的质量缺陷，经检测鉴定达不到设计要求，但经原设计单位核算，仍能满足结构安全和使用功能的。例如，某一结构构件截面尺寸不足，或材料强度不足，影响结构承载力，但按实际情况进行复核验算后仍能满足设计要求的承载力时，可不进行专门处理。这种做法实际上是挖掘设计潜力或降低设计的安全系数，应谨慎处理。

(6) 报废处理。出现质量事故的项目，通过分析或实践，采取上述处理方法后仍不能满足规定的质量要求或标准，则必须予以报废处理。

8.6 数理统计方法在工程质量管理中的应用

8.6.1 分层法的应用

1. 分层法的基本原理

由于项目质量的影响因素众多，对工程质量状况的调查和质量问题的分析，必须分门别类地进行，以便准确有效地找出问题及其原因之所在，这就是分层法的基本思想。

例如，一个焊工班组有 A、B、C 三位工人实施焊接作业，共抽检 60 个焊接点，发现有 18 点不合格，占 30%。究竟问题出在谁身上？根据分层调查的统计数据（见表 8-4）可知，主要是作业工人 C 的焊接质量影响了总体的质量水平。

表 8-4　分层调查的统计数据表

作业工人	抽检点数	不合格点数	个体不合格率	占不合格点总数百分率
A	20	2	10%	11%
B	20	4	20%	22%
C	20	12	60%	67%
合计	60	18	—	100%

2. 分层法的实际应用

应用分层法的关键是调查分析的类别和层次划分，根据管理需要和统计目的，通常可按照以下分层方法取得原始数据：

1) 按施工时间分，如月、日、上午、下午、白天、晚间、季节。
2) 按地区和部位分，如区域、城市、乡村、楼层、外墙、内墙。
3) 按产品材料分，如产地、厂商、规格、品种。
4) 按检测方法分，如方法、仪器、测定人、取样方式。
5) 按作业组织分，如工法、班组、工长、工人、分包商。
6) 按工程类型分，如住宅、办公楼、道路、桥梁、隧道。
7) 按合同结构分，如总承包、专业分包、劳务分包。

经过第一次分层调查和分析，找出主要问题的所在以后，还可以针对主要问题再次分层进行调查分析，一直到分析结果满足管理需要为止。层次类别划分越明确、越细致，就越能够准确有效地找出问题及其原因所在。

8.6.2　因果分析图法的应用

1. 因果分析图法的基本原理

因果分析图法，也称为质量特性要因分析法，其基本原理是对每一个质量特性或问题，采用如图 8-3 所示的方法，逐层深入排查可能原因，然后确定其中最主要原因，进行有的放矢的处置和管理。

2. 因果分析图法的应用示例

图 8-3 所示为混凝土强度不合格的原因分析，其中，把混凝土施工的生产要素，即人、机械、材料、施工方法和施工环境作为第一层面的因素进行分析，然后对第一层面的各个因素，再进行第二层面的可能原因的深入分析。依此类推，直至把所有可能的原因，分层次罗列出来。

3. 因果分析图法应用时的注意事项

1) 一个质量特性或一个质量问题使用一张图分析。
2) 通常采用质量控制（QC）小组活动的方式进行，集思广益，共同分析。

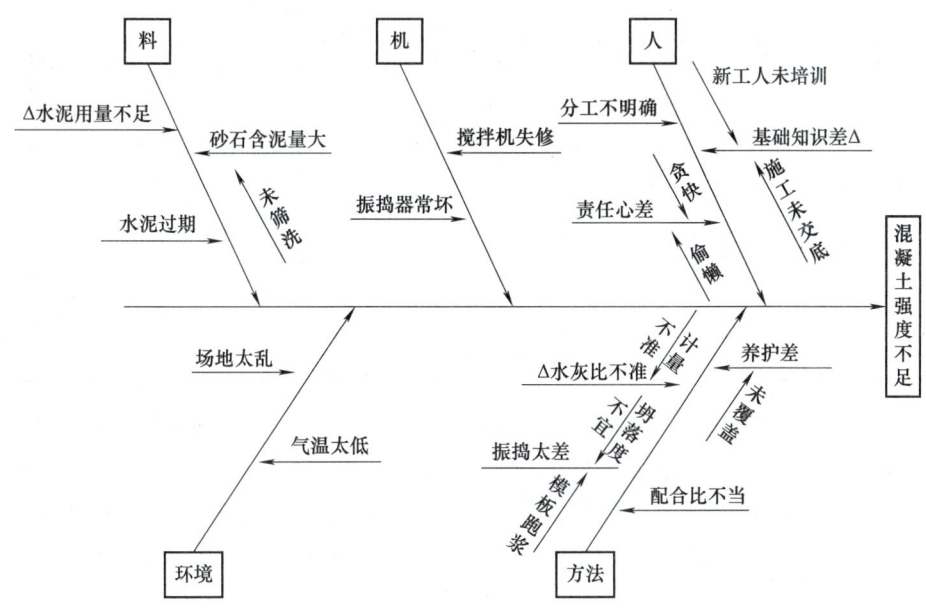

图 8-3　混凝土强度不合格因果分析图

3）必要时可以邀请小组以外的有关人员参与，广泛听取意见。

4）分析时要充分发表意见，层层深入，列出所有可能的原因。

5）在充分分析的基础上，由各参与人员采用投票或其他方式，从中选择 1～5 项多数人达成共识的最主要原因。

8.6.3　排列图法的应用

1. 排列图法的适用范围

在质量管理过程中，通过抽样检查或检验试验所得到的关于质量问题、偏差、缺陷、不合格等方面的统计数据，以及造成质量问题的原因分析统计数据，均可采用排列图法进行状况描述。排列图法具有直观、主次分明的特点。

2. 排列图法的应用示例

表 8-5 所示为对某项模板施工精度进行抽样检查，得到 150 个不合格点数的统计数据。然后按照质量特性不合格点数（频数）由大到小的顺序，重新整理为表 8-6，并分别计算出累计频数和累计频率。

表 8-5　某项模板施工精度的抽样检查数据

序　号	检查项目	不合格点数	序　号	检查项目	不合格点数
1	轴线位置	1	5	平面水平度	15
2	垂直度	8	6	表面平整度	75
3	标　高	4	7	预埋设施中心位置	1
4	截面尺寸	45	8	预留孔洞中心位置	1

表 8-6 重新整理后的抽样检查数据

序号	项目	频数	频率（%）	累计频率（%）
1	表面平整度	75	50.0	50.0
2	截面尺寸	45	30.0	80.0
3	平面水平度	15	10.0	90.0
4	垂直度	8	5.3	95.3
5	标高	4	2.7	98.0
6	其他	3	2.0	100.0
合计	—	150	100	—

根据表 8-6 的统计数据画排列图，如图 8-4 所示。将其中累计频率 0~80%定为 A 类问题，即主要问题，进行重点管理；将累计频率在 80%~90%区间的问题定为 B 类问题，即次要问题，作为次重点管理；将其余累计频率在 90%~100%区间的问题定为 C 类问题，即一般问题，按照常规适当加强管理。以上方法称为 ABC 分类管理法。

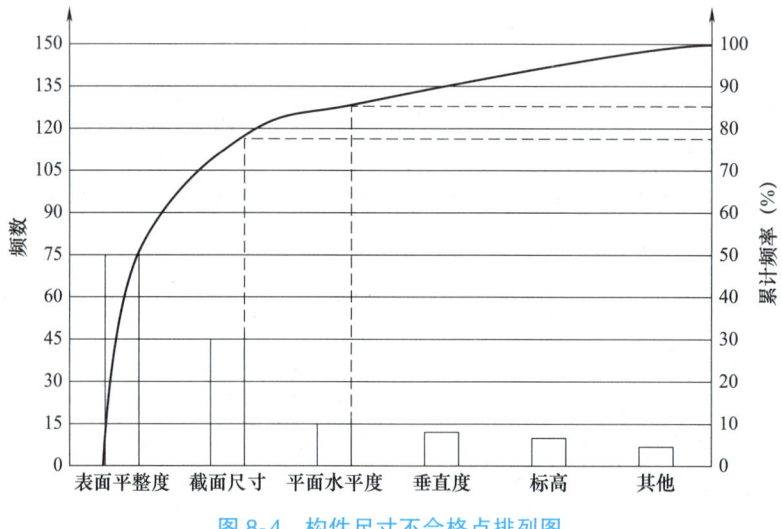

图 8-4 构件尺寸不合格点排列图

8.6.4 直方图法的应用

1. 直方图法的主要用途

1）整理统计数据，了解统计数据的分布特征，即数据分布的集中或离散状况，从中掌握质量能力状态。

2）观察分析生产过程质量是否处于正常、稳定和受控状态以及质量水平是否保持在公差允许的范围内。

2. 直方图法的应用示例

首先是收集当前生产过程质量特性抽检的数据，然后制作直方图进行观察分析，判断生产过程的质量状况和能力。表 8-7 所示为某工程 10 组试块的抗压强度数据（50 个），从这些数据很难直接判断试块质量状况、稳定程度和受控情况，如将数据整理后绘制成直方图，就可以根据正态分布的特点进行分析判断，如图 8-5 所示。

表 8-7 数据整理表　　　　　　　　　　　（单位：N/mm²）

序　号	抗压强度					最　大　值	最　小　值
1	39.8	37.7	33.8	31.5	36.1	39.8	31.5
2	37.2	38.0	33.1	39.0	36.0	39.0	33.1
3	35.8	35.2	31.8	37.1	34.0	37.1	31.8
4	39.9	34.3	33.2	40.4	41.2	41.2	33.2
5	39.2	35.4	34.4	38.1	40.3	40.3	34.4
6	42.3	37.5	35.5	39.3	37.3	42.3	35.5
7	35.9	42.4	41.8	36.3	36.2	42.4	35.9
8	46.2	37.6	38.3	39.7	38.0	46.2	37.6
9	36.4	38.3	43.4	38.2	38.0	43.4	36.4
10	44.4	42.0	37.9	38.4	39.5	44.4	37.9

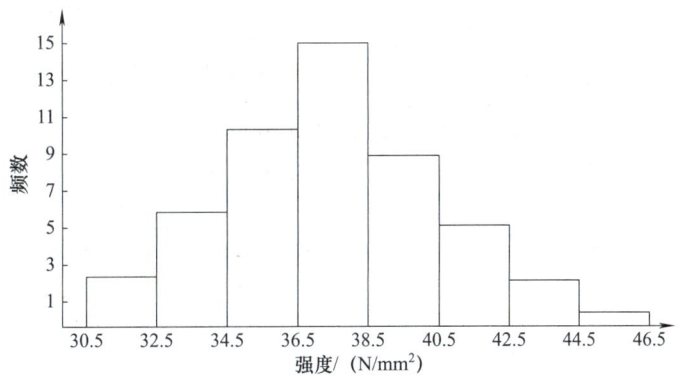

图 8-5　混凝土强度分布直方图

3. 直方图的观察分析

（1）通过分布形状观察分析。

1）所谓形状观察分析是指将绘制好的直方图形状与正态分布图的形状进行比较分析，一看形状是否相似，二看分布区间的宽窄。直方图的分布形状及分布区间宽窄是由质量特性统计数据的平均值和标准偏差所决定的。

2）正常直方图呈正态分布，其形状特征是中间高、两边低、成对称，如图 8-6a 所示。正常直方图反映生产过程质量处于正常、稳定状态。数理统计研究证明，当随机抽样方案合理且样本数量足够大时，在生产能力处于正常、稳定状态，质量特性检测数据趋于正态分布。

3）异常直方图呈偏态分布，常见的异常直方图有折齿型、缓坡型、孤岛型、双峰型、峭壁型，如图 8-6b、c、d、e、f 所示，出现异常的原因可能是生产过程存在影响质量的系统因素，或收集整理数据制作直方图的方法不当，要具体分析。

（2）通过分布位置观察分析。

1）所谓位置观察分析是指将直方图的分布位置与质量控制标准的上下限范围进行比较

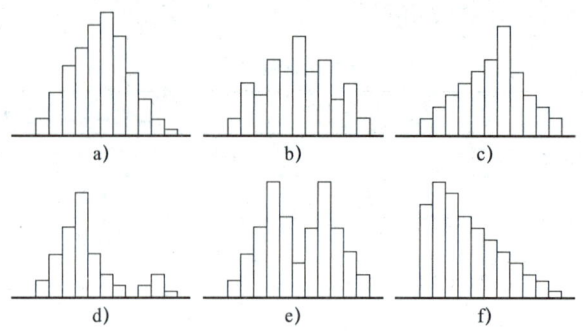

图 8-6　常见的直方图

a）正常型　b）折齿型　c）缓坡型　d）孤岛型　e）双峰型　f）峭壁型

分析，如图 8-7 所示。

2）生产过程的质量正常、稳定和受控，还必须在公差标准上下界限范围内达到质量合格的要求。只有这样的正常、稳定和受控才是经济合理的受控状态，如图 8-7a 所示。

3）图 8-7b 所示质量特性数据分布偏下限，易出现不合格，在管理上必须提高总体能力。

4）图 8-7c 所示质量特性数据的分布宽度边界达到质量标准的上下限，其质量能力处于临界状态，易出现不合格，必须分析原因，采取措施。

5）图 8-7d 所示质量特性数据的分布居中且边界与质量标准的上下限有较大的距离，说明其质量能力偏大，不经济。

6）图 8-7e、f 所示的数据分布均已出现超出质量标准的上下限，这些数据说明生产过程存在质量不合格，需要分析原因，采取措施进行纠偏。

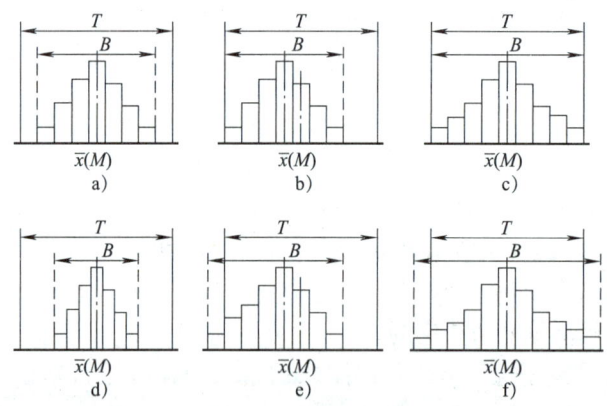

图 8-7　直方图与质量控制标准上下限

8.7　建设工程项目质量的政府监督

我国《建设工程质量管理条例》明确规定，国家实行建设工程质量监督管理制度。由政府行政主管部门设立专门机构对建设工程质量行使监督职能。

8.7.1 政府对工程项目质量的监督职能

为了加强房屋建筑和市政基础设施工程质量的监督，保护人民生命和财产安全，规范住房和城乡建设主管部门及工程质量监督机构（简称主管部门）的质量监督行为，根据《中华人民共和国建筑法》《建设工程质量管理条例》等有关法律、行政法规，住房和城乡建设部制定了《房屋建筑和市政基础设施工程质量监督管理规定》（住房和城乡建设部令2010年第5号）。在中华人民共和国境内主管部门实施对新建、扩建、改建房屋建筑和市政基础设施工程质量监督管理的，适用该规定；而抢险救灾工程、临时性房屋建筑工程和农民自建低层住宅工程，不适用该规定。

1. 监督管理部门职责的划分

国务院建设行政主管部门对全国的建设工程质量实施统一监督管理。国家交通、水利等有关部门按照国务院规定的职责分工，负责全国有关专业建设工程质量的监督管理。

县级以上地方人民政府建设行政主管部门对本行政区域内的建设工程质量实施监督管理。县级以上地方人民政府交通、水利等有关部门在各自的职责范围内，负责对本行政区域内的专业建设工程质量进行监督管理。

国务院发展计划部门按照国务院规定的职责，组织稽查特派员，对国家出资的重大建设项目实施监督检查。

国务院经济贸易主管部门按照国务院规定的职责，对国家重大技术改造项目实施监督检查。

2. 政府质量监督的性质与职权

（1）政府质量监督的性质。政府质量监督的性质属于行政执法行为，是主管部门依据有关法律法规和工程建设强制性标准，对工程实体质量和工程建设、勘察、设计、施工、监理单位（简称工程质量责任主体）和质量检测等单位的工程质量行为实施监督。

工程实体质量监督，是指主管部门对涉及工程主体结构安全、主要使用功能的工程实体质量情况实施监督。

工程质量行为监督，是指主管部门对工程质量责任主体和质量检测等单位履行法定质量责任和义务的情况实施监督。

（2）政府质量监督的职权。政府建设行政主管部门和其他有关部门履行工程质量监督检查职责时，有权采取下列措施：

1）要求被检查的单位提供有关工程质量的文件和资料。

2）进入被检查单位的施工现场进行检查。

3）发现有影响工程质量的问题时，责令改正。

有关单位和个人对政府建设行政主管部门和其他有关部门进行的监督检查应当支持与配合，不得拒绝或者阻碍建设工程质量监督检查人员依法执行职务。

3. 政府质量监督的机构

（1）监督机构。从事房屋建筑工程和市政基础设施工程质量监督的机构，必须按照国家有关规定经国务院建设行政主管部门或者省、自治区、直辖市人民政府建设行政主管部门考核；从事专业建设工程质量监督的机构，必须按照国家有关规定经国务院有关部门或者省、自治区、直辖市人民政府有关部门考核。监督机构经考核合格后，方可实施质量监督，并对工程质量监督承担监督责任。

监督机构应当具备下列条件：

1）具有符合规定条件的监督人员，人员数量由县级以上地方人民政府建设主管部门根据实际需要确定，监督人员应当占监督机构总人数的75%以上。

2）有固定的工作场所和满足工程质量监督检查工作所需要的仪器、设备和工具等。

3）有健全的质量监督工作制度，具备与质量监督工作相适应的信息化管理条件。

（2）监督人员。监督人员应当具备下列条件：

1）具有工程类专业大学专科以上学历或者工程类执业注册资格。

2）具有三年以上工程质量管理或者设计、施工、监理等工作经历。

3）熟悉和掌握相关法律法规和工程建设强制性标准。

4）具有一定的组织协调能力和良好职业道德。

监督人员符合上述条件经考核合格后，方可从事工程质量监督工作。

监督机构可以聘请中级职称以上的工程类专业技术人员协助实施工程质量监督。

省、自治区、直辖市人民政府建设主管部门每两年对监督人员进行一次岗位考核，每年进行一次法律法规、业务知识培训，并适时组织开展继续教育培训。

国务院住房和城乡建设主管部门对监督机构和监督人员的考核情况进行监督抽查。

主管部门工作人员玩忽职守、滥用职权、徇私舞弊，构成犯罪的，依法追究刑事责任；尚不构成犯罪的，依法给予行政处分。

8.7.2 政府对工程项目质量监督的内容和程序

1. 质量监督的内容

政府建设行政主管部门和其他有关部门的工程质量监督管理应当包括下列内容：

1）执行法律法规和工程建设强制性标准的情况。

2）抽查涉及工程主体结构安全和主要使用功能的工程实体质量。

3）抽查工程质量责任主体和质量检测等单位的工程质量行为。

4）抽查主要建筑材料、建筑构配件的质量。

5）对工程竣工验收进行监督。

6）组织或者参与工程质量事故的调查处理。

7）定期对本地区工程质量状况进行统计分析。

8）依法对违法违规行为实施处罚。

2. 质量监督的程序

（1）受理建设单位办理质量监督手续。在工程项目开工前，监督机构接受建设单位有关建设工程质量监督的申报手续，并对建设单位提供的有关文件进行审查，审查合格签发有关质量监督文件。建设单位凭工程质量监督文件，向建设行政主管部门申领施工许可证。

（2）制订工作计划并组织实施。监督机构根据项目情况，制订质量监督工作计划并组织实施。计划内容包括：

1）质量监督依据的法律、法规、规范、标准。

2）在项目施工的各个阶段，质量监督的内容、范围和重点。

3）实施质量监督的具体方法和步骤。

4）定期或不定期进入施工现场进行监督检查的时间计划安排。

5）质量监督记录用表式。

6）监督人员及需用资源安排。

(3) 对工程实体质量和工程质量行为进行抽查、抽测。

1）监督机构按计划在施工现场对建筑材料、设备和工程实体进行监督抽样，委托符合法定资质的检测单位进行检测。监督抽样检测的重点是涉及结构安全和重要使用功能的项目，例如，在工程基础和主体结构分部工程质量验收前，要对地基基础和主体结构混凝土强度分别进行监督检测，对在施工过程中发生的质量问题、质量事故进行查处。

2）对工程质量责任主体和质量检测等单位的质量行为进行检查。检查内容包括：参与工程项目建设各方的质量保证体系建立和运行情况；企业的工程经营资质证书和相关人员的资格证书；按建设程序规定的开工前必须办理的各项建设行政手续是否齐全完备；施工组织设计、监理规划等文件及其审批手续和实际执行情况；执行相关法律法规和工程建设强制性标准的情况；工程质量检查记录等。

(4) 监督工程竣工验收。重点对竣工验收的组织形式、程序等是否符合有关规定进行监督；同时对质量监督检查中提出质量问题的整改情况进行复查，检查其整改情况。

(5) 形成工程质量监督报告。工程质量监督报告的基本内容包括：工程项目概况、项目参建各方的质量行为检查情况、工程项目实体质量抽查情况、历次质量监督检查中提出质量问题的整改情况、工程竣工质量验收情况、项目质量评价（包括建筑节能和环保评价）、对存在的质量缺陷的处理意见等。

(6) 建立工程质量监督档案。项目工程质量监督档案按单位工程建立。要求归档及时，资料记录等各类文件齐全，经监督机构负责人签字后归档，按规定年限保存。

思考题与练习题

1. 什么是建设工程项目质量和工程项目质量管理？
2. 什么是工程项目质量控制？简述其目标与任务。
3. 简述建设工程项目质量的基本特性及其影响因素。
4. 项目实施过程中常见的质量风险有哪些？
5. 简述施工单位质量风险控制措施。
6. 简述全面质量管理思想和 PDCA 循环原理。
7. 简述项目质量控制体系的特点。
8. 施工质量控制的依据有哪些？
9. 简述施工质量计划的基本内容。
10. 一般选择工程哪些部位或环节作为质量控制点？
11. 工程项目质量控制点的重点控制对象有哪些？
12. 简述对施工工艺技术方案的质量控制的内容。
13. 简述工程项目现场质量检查的内容。
14. 从项目施工质量控制的角度，如何进行施工与设计的协调？
15. 什么是检验批？如何进行质量验收？

16. 简述施工过程质量验收不合格的处理。
17. 如何进行装配式混凝土预制构件的质量验收？
18. 简述竣工质量验收的依据和条件。
19. 如何组织竣工质量验收？
20. 根据建质〔2010〕111号文，从工程质量事故造成的人员伤亡或者直接经济损失角度，如何进行工程质量事故等级划分？
21. 简述施工质量事故发生的原因及预防措施。
22. 简述施工质量处理依据和处理程序。
23. 简述施工质量事故处理的基本要求。
24. 施工质量事故中，可不做专门处理的情况有哪些？
25. 简述政府建设行政主管部门和有关部门的工程质量监督管理的内容。
26. 简述政府建设行政主管部门质量监督程序。
27. 某市建筑集团公司承担一栋20层智能化办公楼工程的施工总承包任务，层高3.3m，其中智能化安装工程分包给某科技公司施工。在工程主体结构施工至第18层、填充墙施工至第8层时，该集团公司对项目经理部组织了一次工程质量、安全生产检查。部分检查情况如下：①现场安全标志设置部位有现场出入口、办公室门口、安全通道151、施工电梯吊笼内；②杂工搬外运的垃圾中混有废弃的有害垃圾；③第15层外脚手架上有工人在进行电焊作业，动火证是由电焊班组申请，项目责任工程师审批；④第5层砖墙砌体发现梁底位置出现水平裂缝；⑤科技公司工人在第3层后置埋件施工时，打凿砖墙导致墙体开裂。

问题：

（1）指出施工现场安全标志设置部位中的不妥之处。

（2）施工现场有毒有害的废弃物应如何处置？

（3）本案例中，电焊作业属几级动火作业？指出办理动火证的不妥之处，写出正确做法。

（4）分析墙体出现水平裂缝的原因并提出防治措施。

（5）针对墙体开裂事件，项目经理部应采取哪些纠正和预防措施？

28. 某建筑公司承接一项办公楼施工任务，建筑面积100828m²，地下3层，地上26层，箱形基础，框架结构，7度设防，二级抗震。该项目地处城市主要街道交叉路口，是该地区的标志性建筑物。

在施工过程中，现场发生了以下事件：

事件一：考虑到该项目处在主要街道边，施工方采用了高2.2m的砖砌围挡，并在项目经理办公室内设立了"五牌一图"。

事件二：现场在进行第5层砖砌体工程质量检查时，发现一些临时间断处没有留槎。施工单位非常重视，及时进行了返工处理。

事件三：在第10层混凝土部分试块检测时发现强度达不到设计要求，但实体经有资质的检测单位检测鉴定，实体强度达到了使用要求。

事件四：该楼最终按期顺利完工，达到验收条件后，总监理工程师组织了施工方和建设方的竣工验收。

问题：

（1）事件三中，第10层的质量问题是否需要处理？请说明理由。

(2) 如果第 10 层混凝土强度经检测达不到要求,施工单位应如何处理?

(3) 事件四中,该综合楼工程质量验收有何不妥?该楼应达到什么条件方可组织竣工验收?其验收包括哪些内容?

29. 某建筑公司承接该市一化工厂综合楼工程的施工任务,该工程为 5 层底框架砖混结构,东西长 39.9m,南北宽 8.8m,建筑面积 2250m², 采用十字交叉条形基础,其上布置底层框架。该公司为承揽该项施工任务,报价较低,为降低成本,采用了一小厂提供的价格便宜的砖,在砖进场前未向监理申报。

问题:

(1) 该施工单位对采购砖的做法是否正确?如果该做法不正确,施工单位应如何做?

(2) 针对该工程,施工单位应采取何种方法对工程质量进行控制?

(3) 施工单位现场质量检查的内容和方法有哪些?

(4) 为保证该工程质量,在施工过程中,应如何加强对参与工程建设人员的控制?

(5) 为保证质量而降低成本,施工单位对进场材料质量控制的要点是什么?

二维码形式客观题

手机微信扫描二维码,可自行做客观题,提交后可查看答案。

第 9 章 工程项目合同管理

本章重点内容

工程施工合同及专业分包中的权利义务；工程总承包合同的权利义务；施工合同风险管理、施工合同实施的控制；索赔费用和工期的计算。

本章学习目标

掌握工程施工合同、总承包合同中的权力义务、合同风险管理与控制；掌握索赔的计算。通过本章学习，培养辩证思维和思辨能力以及契约精神；形成社会责任意识和职业道德；建立自信、进取、知法守法的从业精神。

9.1 合同的谈判与签约

1. 合同订立的程序

与其他合同的订立程序相同，建设工程合同的订立也要采取要约和承诺方式。根据《中华人民共和国招标投标法》对招标、投标的规定，招标、投标、中标的过程实质就是要约、承诺的一种具体方式。招标人通过媒体发布招标公告，或向符合条件的投标人发出招标邀请，为要约邀请；投标人根据招标文件内容在约定的期限内向招标人提交投标文件，为要约；招标人通过评标确定中标人，发出中标通知书，为承诺；招标人和中标人按照中标通知书、招标文件和中标人的投标文件等订立书面合同时，合同成立并生效。

建设工程施工合同的订立往往要经历一个较长的过程。在明确中标人并发出中标通知书后，双方即可就建设工程施工合同的具体内容和有关条款展开谈判，直到最终签订合同。

2. 建设工程施工承包合同谈判的主要内容

（1）关于工程内容和范围的确认。招标人和中标人可就招标文件中的某些具体工作内容进行讨论、修改、明确或细化，从而确定工程承包的具体内容和范围。在谈判中双方达成一致的内容，包括在谈判讨论中经双方确认的工程内容和范围方面的修改或调整，应以文字方式确定下来，并以"合同补遗"或"会议纪要"方式作为合同附件，并明确它是合同的一部分。

对于为监理工程师提供的建筑物、家具、车辆以及各项服务，也应逐项详细地予以明确。

（2）关于技术要求、技术规范和施工技术方案。双方尚可对技术要求、技术规范和施工技术方案等进一步讨论和确认，必要的情况下甚至可以变更技术要求和施工方案。

（3）关于合同价格条款。依据计价方式的不同，建设工程施工合同可以分为总价合同、单价合同和成本加酬金合同。一般在招标文件中就会明确规定合同将采用什么计价方式，在合同谈判阶段往往没有讨论的余地。但在可能的情况下，中标人在谈判过程中仍然可以提出降低风险的改进方案。

（4）关于价格调整条款。对于工期较长的建设工程，容易遭受货币贬值或通货膨胀等因素的影响，可能给承包人造成较大损失。价格调整条款可以比较公正地解决这一承包人无法控制的风险损失。

无论是单价合同还是总价合同，都可以确定价格调整条款，即是否调整以及如何调整等。可以说，合同计价方式以及价格调整方式共同确定了工程承包合同的实际价格，直接影响承包人的经济利益。在建设工程实践中，由于各种原因导致费用增加的概率远远大于费用减少的概率，有时最终的合同价格调整金额会很大，远远超过原定的合同总价，因此承包人在投标过程中，尤其是在合同谈判阶段务必对合同的价格调整条款予以充分的重视。

（5）关于合同款支付方式的条款。建设工程施工合同的付款分四个阶段进行，即预付款、工程进度款、最终付款和退还保留金。关于支付时间、支付方式、支付条件和支付审批程序等有很多种可能的选择，并且可能对承包人的成本、进度等产生比较大的影响，因此，合同支付方式的有关条款是谈判的重要方面。

（6）关于工期和维修期。中标人与招标人可根据招标文件中要求的工期，或者根据投标人在投标文件中承诺的工期，并考虑工程范围和工程量的变动而产生的影响商定一个确定的工期。同时，还要明确开工日期、竣工日期等。双方可根据各自的项目准备情况、季节和施工环境因素等条件洽商适当的开工时间。

对于具有较多的单项工程的建设工程项目，可在合同中明确允许分部位或分批提交业主验收（例如成批的房屋建筑工程应允许分栋验收，分多段的公路维修工程应允许分段验收，分多片的大型灌溉工程应允许分片验收等），并从该批验收时起开始计算该部分的维修期，以缩短承包人的责任期限，最大限度保障自己的利益。

双方应通过谈判明确，由于工程变更（业主在工程实施中增减工程或改变设计等）、恶劣的气候影响，以及种种"作为一个有经验的承包人无法预料的工程施工条件的变化"等原因对工期产生不利影响时的解决办法，通常在上述情况下应该给予承包人要求合理延长工期的权利。

合同文本中应当对维修工程的范围、维修责任及维修期的开始和结束时间有明确的规定，承包人应该只承担由于材料、施工方法及操作工艺等不符合合同规定而产生的缺陷。

承包人应力争以维修保函来代替业主扣留的保留金。与保留金相比，维修保函对承包人有利，主要是因为可提前取回被扣留的保留金，而且保函是有时效的，期满将自动作废。同时，它对业主并无风险，真正发生维修费用，业主可凭保函向银行索回款项。因此，这一做法是比较公平的。维修期满后，承包人应及时从业主处撤回保函。

（7）合同条件中其他特殊条款的完善。主要包括：关于合同图纸，关于违约罚金和工期提前奖金，工程量验收以及衔接工序和隐蔽工程施工的验收程序，关于施工占地，关于向承包人移交施工现场和基础资料，关于工程交付，预付款保函的自动减额条款等。

3. 建设工程施工承包合同最后文本的确定和合同签订

（1）合同风险评估。在签订合同之前，承包人应对合同的合法性、完备性、合同双方的责任、权益以及合同风险进行评审、认定和评价。

（2）合同文件内容。建设工程施工承包合同文件构成：合同协议书；工程量及价格；合同条件，包括合同一般条件和合同特殊条件；投标文件；合同技术条件（含图纸）；中标通知书；双方代表共同签署的合同补遗（有时也以合同谈判会议纪要形式）；招标文件；其他双方认为应该作为合同组成部分的文件，如投标阶段业主要求投标人澄清问题的函件和承包人所做的文字答复，双方往来函件等。

对所有在招标投标及谈判前后各方发出的文件、文字说明、解释性资料进行清理。对凡是与上述合同构成内容有矛盾的文件，应宣布作废。可以在双方签署的《合同补遗》中，对此做出排除性质的声明。

（3）关于合同协议的补遗。在合同谈判阶段双方谈判的结果一般以《合同补遗》的形式，有时也可以以《合同谈判纪要》形式，形成书面文件。

同时应该注意的是，建设工程施工承包合同必须遵守法律。对于违反法律的条款，即使由合同双方达成协议并签字了，也不受法律保障。

（4）签订合同。双方在合同谈判结束后，应按上述内容和形式形成一个完整的合同文本草案，经双方代表认可后形成正式文件。双方核对无误后，由双方代表草签，至此合同谈判阶段即告结束。此时，承包人应及时准备和递交履约保函，准备正式签署施工承包合同。

9.2 工程施工合同及专业分包中的权利义务

9.2.1 施工合同文件中的权利义务

1. 施工合同示范文本

为了规范和指导合同当事人双方的行为，国际工程界许多著名组织（如 FIDIC——国际咨询工程师联合会、AIA——美国建筑师学会、AGC——美国总承包商协会、ICE——英国土木工程师学会等）都编制了指导性的合同示范文本，规定了合同双方的一般权利和义务，对引导和规范建设行为起到非常重要的作用。

住房和城乡建设部与国家工商行政管理总局于 2017 年颁发了修订的《建设工程施工合同（示范文本）》（GF—2017—0201），自 2017 年 10 月 1 日执行。相比 2013 版，2017 版施工合同主要针对缺陷责任和质量保证金两项内容进行了修订。该文本适用于房屋建筑工程、土木工程、线路管道和设备安装工程、装修工程等建设工程的施工发承包活动。

2. 施工承包合同文件

1）各种施工合同示范文本一般都由 3 部分组成：①协议书；②通用条款；③专用条款。

2）构成施工合同文件的组成部分，除了协议书、通用条款和专用条款以外，一般还应包括：中标通知书，投标书及其附件，有关的标准、规范及技术文件，图纸，工程量清单，工程报价单或预算书等。

3）作为施工合同文件组成部分的上述各个文件，其优先顺序是不同的。解释合同文件优先顺序的规定一般在合同通用条款内，可以根据项目的具体情况在专用条款内进行调整。原则上应把文件签署日期靠后的和内容重要的排在前面，即更加优先。以下是《建设工程施工合同（示范文本）》（GF—2017—0201）通用条款规定的优先顺序：

① 合同协议书。
② 中标通知书（如果有）。
③ 投标函及其附录（如果有）。
④ 专用合同条款及其附件。
⑤ 通用合同条款。
⑥ 技术标准和要求。
⑦ 图纸。
⑧ 已标价工程量清单或预算书。
⑨ 其他合同文件。

4）各种施工合同示范文本的内容一般包括：
① 词语定义与解释。
② 合同双方的一般权利和义务，包括代表业主利益进行监督管理的监理人员的权力和职责。
③ 工程施工的进度控制。
④ 工程施工的质量控制。
⑤ 工程施工的费用控制。
⑥ 施工合同的监督与管理。
⑦ 工程施工的信息管理。
⑧ 工程施工的组织与协调。
⑨ 施工安全管理与风险管理等。

5）发包方的责任与义务。发包人的责任与义务有许多，最主要的有：
① 图纸的提供和交底（第1.6.1项）。发包人应按照专用合同条款约定的期限、数量和内容向承包人免费提供图纸，并组织承包人、监理人和设计人进行图纸会审和设计交底。发包人最迟不得晚于第7.3.2项〔开工通知〕载明的开工日期前14天向承包人提供图纸。

② 对化石、文物的保护（第1.9款）。发包人、监理人和承包人应按有关政府行政管理部门要求，对施工现场发掘的所有文物、古迹以及具有地质研究或考古价值的其他遗迹、化石、钱币或物品采取妥善的保护措施，由此增加的费用和（或）延误的工期由发包人承担。

③ 出入现场的权利（第1.10.1项）。除专用合同条款另有约定外，发包人应根据施工需要，负责取得出入施工现场所需的批准手续和全部权利，以及取得因施工所需修建道路、桥梁以及其他基础设施的权利，并承担相关手续费用和建设费用。承包人应协助发包人办理修建场内外道路、桥梁以及其他基础设施的手续。

④ 场外交通（第1.10.2项）。发包人应提供场外交通设施的技术参数和具体条件，承包人应遵守有关交通法规，严格按照道路和桥梁的限制荷载行驶，执行有关道路限速、限行、禁止超载的规定，并配合交通管理部门的监督和检查。场外交通设施无法满足工程施工需要的，由发包人负责完善并承担相关费用。

⑤ 场内交通（第1.10.3项）。发包人应提供场内交通设施的技术参数和具体条件，并应按照专用合同条款的约定向承包人免费提供满足工程施工所需的场内道路和交通设施。因承包人原因造成上述道路或交通设施损坏的，承包人负责修复并承担由此增加的费用。

⑥ 许可或批准（第2.1款）。发包人应遵守法律，并办理法律规定由其办理的许可、批准或备案，包括但不限于建设用地规划许可证、建设工程规划许可证、建设工程施工许可证、施工所需临时用水、临时用电、中断道路交通、临时占用土地等许可和批准。发包人应协助承包人办理法律规定的有关施工证件和批件。因发包人原因未能及时办理完毕前述许可、批准或备案，由发包人承担由此增加的费用和（或）延误的工期，并支付承包人合理的利润。

⑦ 提供施工现场（第2.4.1项）。除专用合同条款另有约定外，发包人应最迟于开工日期7天前向承包人移交施工现场。

⑧ 提供施工条件（第2.4.2项）。除专用合同条款另有约定外，发包人应负责提供施工所需要的条件，包括：

A. 将施工用水、电力、通信线路等施工所必需的条件接至施工现场内。

B. 保证向承包人提供正常施工所需要的进入施工现场的交通条件。

C. 协调处理施工现场周围地下管线和邻近建筑物、构筑物、古树名木的保护工作，并承担相关费用。

D. 按照专用合同条款约定应提供的其他设施和条件。

⑨ 提供基础资料（第2.4.3项）。发包人应当在移交施工现场前向承包人提供施工现场及工程施工所必需的毗邻区域内供水、排水、供电、供气、供热、通信、广播电视等地下管线资料，气象和水文观测资料，地质勘查资料，相邻建筑物、构筑物和地下工程等有关基础资料，并对所提供资料的真实性、准确性和完整性负责。按照法律规定确需在开工后方能提供的基础资料，发包人应尽其努力及时地在相应工程施工前的合理期限内提供，合理期限应以不影响承包人的正常施工为限。

⑩ 资金来源证明及支付担保（第2.5款）。除专用合同条款另有约定外，发包人应在收到承包人要求提供资金来源证明的书面通知后28天内，向承包人提供能够按照合同约定支付合同价款的相应资金来源证明。除专用合同条款另有约定外，发包人要求承包人提供履约担保的，发包人应当向承包人提供支付担保。支付担保可以采用银行保函或担保公司担保等形式，具体由合同当事人在专用合同条款中约定。

⑪ 支付合同价款（第2.6款）。发包人应按合同约定向承包人及时支付合同价款。

⑫ 组织竣工验收（第2.7款）。发包人应按合同约定及时组织竣工验收。

⑬ 现场统一管理协议（第2.8款）。发包人应与承包人、由发包人直接发包的专业工程的承包人签订施工现场统一管理协议，明确各方的权利义务。施工现场统一管理协议作为专用合同条款的附件。

6）承包人的一般义务（第3.1款）。承包人在履行合同过程中应遵守法律和工程建设标准规范，并履行以下义务：

① 办理法律规定应由承包人办理的许可和批准，并将办理结果书面报送发包人留存。

② 按法律规定和合同约定完成工程，并在保修期内承担保修义务。

③ 按法律规定和合同约定采取施工安全和环境保护措施，办理工伤保险，确保工程及

人员、材料、设备和设施的安全。

④ 按合同约定的工作内容和施工进度要求，编制施工组织设计和施工措施计划，并对所有施工作业和施工方法的完备性和安全可靠性负责。

⑤ 在进行合同约定的各项工作时，不得侵害发包人与他人使用公用道路、水源、市政管网等公共设施的权利，避免对邻近的公共设施产生干扰。承包人占用或使用他人的施工场地，影响他人作业或生活的，应承担相应责任。

⑥ 按照第6.3款〔环境保护〕约定负责施工场地及其周边环境与生态的保护工作。

⑦ 按第6.1款〔安全文明施工〕约定采取施工安全措施，确保工程及其人员、材料、设备和设施的安全，防止因工程施工造成的人身伤害和财产损失。

⑧ 将发包人按合同约定支付的各项价款专用于合同工程，且应及时支付其雇用人员工资，并及时向分包人支付合同价款。

⑨ 按照法律规定和合同约定编制竣工资料，完成竣工资料立卷及归档，并按专用合同条款约定的竣工资料的套数、内容、时间等要求移交发包人。

⑩ 应履行的其他义务。

7) 进度控制的主要条款内容。

① 施工进度计划。

A. 施工进度计划的编制（第7.2.1项）。承包人应按照第7.1款〔施工组织设计〕约定提交详细的施工进度计划，施工进度计划的编制应当符合国家法律规定和一般工程实践惯例，施工进度计划经发包人批准后实施。施工进度计划是控制工程进度的依据，发包人和监理人有权按照施工进度计划检查工程进度情况。

B. 施工进度计划的修订（第7.2.2项）。施工进度计划不符合合同要求或与工程的实际进度不一致的，承包人应向监理人提交修订的施工进度计划，并附具有关措施和相关资料，由监理人报送发包人。除专用合同条款另有约定外，发包人和监理人应在收到修订的施工进度计划后7天内完成审核和批准或提出修改意见。发包人和监理人对承包人提交的施工进度计划的确认，不能减轻或免除承包人根据法律规定和合同约定应承担的任何责任或义务。

C. 开工通知（第7.3.2项）。发包人应按照法律规定获得工程施工所需的许可。经发包人同意后，监理人发出的开工通知应符合法律规定。监理人应在计划开工日期7天前向承包人发出开工通知，工期自开工通知中载明的开工日期起算。

除专用合同条款另有约定外，因发包人原因造成监理人未能在计划开工日期之日起90天内发出开工通知的，承包人有权提出价格调整要求，或者解除合同。发包人应当承担由此增加的费用和（或）延误的工期，并向承包人支付合理利润。

② 工期延误。

A. 因发包人原因导致工期延误（第7.5.1项）。在合同履行过程中，因下列情况导致工期延误和（或）费用增加的，由发包人承担由此延误的工期和（或）增加的费用，且发包人应支付承包人合理的利润：

发包人未能按合同约定提供图纸或所提供图纸不符合合同约定的。

发包人未能按合同约定提供施工现场、施工条件、基础资料、许可、批准等开工条件的。

发包人提供的测量基准点、基准线和水准点及其书面资料存在错误或疏漏的。

发包人未能在计划开工日期之日起 7 天内同意下达开工通知的。

发包人未能按合同约定日期支付工程预付款、进度款或竣工结算款的。

监理人未按合同约定发出指示、批准等文件的。

专用合同条款中约定的其他情形。

因发包人原因未按计划开工日期开工的，发包人应按实际开工日期顺延竣工日期，确保实际工期不低于合同约定的工期总日历天数。因发包人原因导致工期延误需要修订施工进度计划的，按照第 7.2.2 项〔施工进度计划的修订〕执行。

B. 因承包人原因导致工期延误（第 7.5.2 项）。因承包人原因造成工期延误的，可以在专用合同条款中约定逾期竣工违约金的计算方法和逾期竣工违约金的上限。承包人支付逾期竣工违约金后，不免除承包人继续完成工程及修补缺陷的义务。

③ 暂停施工。

A. 发包人原因引起的暂停施工（第 7.8.1 项）。因发包人原因引起暂停施工的，监理人经发包人同意后，应及时下达暂停施工指示。情况紧急且监理人未及时下达暂停施工指示的，按照第 7.8.4 项〔紧急情况下的暂停施工〕执行。

因发包人原因引起的暂停施工，发包人应承担由此增加的费用和（或）延误的工期，并支付承包人合理的利润。

B. 承包人原因引起的暂停施工（第 7.8.2 项）。因承包人原因引起的暂停施工，承包人应承担由此增加的费用和（或）延误的工期，且承包人在收到监理人复工指示后 84 天内仍未复工的，视为〔承包人违约的情形〕第 7 目约定的承包人无法继续履行合同的情形。

C. 指示暂停施工（第 7.8.3 项）。监理人认为有必要时，并经发包人批准后，可向承包人做出暂停施工的指示，承包人应按监理人指示暂停施工。

D. 紧急情况下的暂停施工（第 7.8.4 项）。因紧急情况需暂停施工，且监理人未及时下达暂停施工指示的，承包人可先暂停施工，并及时通知监理人。监理人应在接到通知后 24 小时内发出指示，逾期未发出指示，视为同意承包人暂停施工。监理人不同意承包人暂停施工的，应说明理由，承包人对监理人的答复有异议，按照第 20 条〔争议解决〕约定处理。

④ 提前竣工。发包人要求承包人提前竣工的，发包人应通过监理人向承包人下达提前竣工指示，承包人应向发包人和监理人提交提前竣工建议书，提前竣工建议书应包括实施的方案、缩短的时间、增加的合同价格等内容。发包人接受该提前竣工建议书的，监理人应与发包人和承包人协商采取加快工程进度的措施，并修订施工进度计划，由此增加的费用由发包人承担。承包人认为提前竣工指示无法执行的，应向监理人和发包人提出书面异议，发包人和监理人应在收到异议后 7 天内予以答复。任何情况下，发包人不得压缩合理工期（第 7.9.1 项）。

发包人要求承包人提前竣工，或承包人提出提前竣工建议能够给发包人带来效益的，合同当事人可以在专用合同条款中约定提前竣工的奖励（第 7.9.2 项）。

⑤ 竣工日期（第 13.2.3 项）。工程经竣工验收合格的，以承包人提交竣工验收申请报告之日为实际竣工日期，并在工程接收证书中载明；因发包人原因，未在监理人收到承包人提交的竣工验收申请报告 42 天内完成竣工验收，或完成竣工验收不予签发工程接收证书的，以提交竣工验收申请报告的日期为实际竣工日期；工程未经竣工验收，发包人擅自使用的，以转移占有工程之日为实际竣工日期。

8) 质量控制的主要条款内容。

① 承包人的质量管理（第5.2.2项）。承包人按照第7.1款〔施工组织设计〕约定向发包人和监理人提交工程质量保证体系及措施文件，建立完善的质量检查制度，并提交相应的工程质量文件。对于发包人和监理人违反法律规定和合同约定的错误指示，承包人有权拒绝实施。

承包人应对施工人员进行质量教育和技术培训，定期考核施工人员的劳动技能，严格执行施工规范和操作规程。

承包人应按照法律规定和发包人的要求，对材料、工程设备以及工程的所有部位及其施工工艺进行全过程的质量检查和检验，并做详细记录，编制工程质量报表，报送监理人审查。此外，承包人还应按照法律规定和发包人的要求，进行施工现场取样试验、工程复核测量和设备性能检测，提供试验样品、提交试验报告和测量成果以及其他工作。

② 监理人的质量检查和检验（第5.2.3项）。监理人按照法律规定和发包人授权对工程的所有部位及其施工工艺、材料和工程设备进行检查和检验。承包人应为监理人的检查和检验提供方便，包括监理人到施工现场，或制造、加工地点，或合同约定的其他地方进行察看和查阅施工原始记录。监理人为此进行的检查和检验，不免除或减轻承包人按照合同约定应当承担的责任。

监理人的检查和检验不应影响施工正常进行。监理人的检查和检验影响施工正常进行的，且经检查检验不合格的，影响正常施工的费用由承包人承担，工期不予顺延；经检查检验合格的，增加的费用和（或）延误的工期由发包人承担。

③ 隐蔽工程检查（第5.3款）。

A. 承包人自检（第5.3.1项）。承包人应当对工程隐蔽部位进行自检，并经自检确认是否具备覆盖条件。

B. 检查程序（第5.3.2项）。除专用合同条款另有约定外，工程隐蔽部位经承包人自检确认具备覆盖条件的，承包人应在共同检查前48小时书面通知监理人检查，通知中应载明隐蔽检查的内容、时间和地点，并应附有自检记录和必要的检查资料。

监理人应按时到场并对隐蔽工程及其施工工艺、材料和工程设备进行检查。经监理人检查确认质量符合隐蔽要求，并在验收记录上签字后，承包人才能进行覆盖。经监理人检查质量不合格的，承包人应在监理人指示的时间内完成修复，并由监理人重新检查，由此增加的费用和（或）延误的工期由承包人承担。

除专用合同条款另有约定外，监理人不能按时进行检查，应在检查前24小时向承包人提交书面延期要求，但延期不能超过48小时，由此导致工期延误的，工期应予以顺延。监理人未按时进行检查，也未提出延期要求的，视为隐蔽工程检查合格，承包人可自行完成覆盖工作，并做相应记录报送监理人，监理人应签字确认。监理人事后对检查记录有疑问的，可按第5.3.3项〔重新检查〕的约定重新检查。

C. 重新检查（第5.3.3项）。承包人覆盖工程隐蔽部位后，发包人或监理人对质量有疑问的，可要求承包人对已覆盖的部位进行钻孔探测或揭开重新检查，承包人应遵照执行，并在检查后重新覆盖恢复原状。经检查证明工程质量符合合同要求的，由发包人承担由此增加的费用和（或）延误的工期，并支付承包人合理的利润；经检查证明工程质量不符合合同要求的，由此增加的费用和（或）延误的工期由承包人承担。

D. 承包人私自覆盖（第5.3.4项）。承包人未通知监理人到场检查，私自将工程隐蔽部位覆盖的，监理人有权指示承包人钻孔探测或揭开检查，无论工程隐蔽部位质量是否合格，由此增加的费用和（或）延误的工期均由承包人承担。

④ 不合格工程的处理（第5.4款）。

A. 因承包人原因造成工程不合格的，发包人有权随时要求承包人采取补救措施，直至达到合同要求的质量标准，增加的费用和（或）延误的工期由承包人承担。无法补救的，按照第13.2.4项〔拒绝接收全部或部分工程〕约定执行（第5.4.1项）。

B. 因发包人原因造成工程不合格的，由此增加的费用和（或）延误的工期由发包人承担，并支付承包人合理的利润（第5.4.2项）。

⑤ 分部分项工程验收。除专用合同条款另有约定外，分部分项工程经承包人自检合格并具备验收条件的，承包人应提前48小时通知监理人进行验收。监理人不能按时进行验收的，应在验收前24小时向承包人提交书面延期要求，但延期不能超过48小时。监理人未按时进行验收，也未提出延期要求的，承包人有权自行验收，监理人应认可验收结果。分部分项工程未经验收的，不得进入下一道工序施工。分部分项工程的验收资料应当作为竣工资料的组成部分（第13.1.2项）。

⑥ 缺陷责任与保修。

A. 工程保修的原则（第15.1款）。在工程移交发包人后，因承包人原因产生的质量缺陷，承包人应承担质量缺陷责任和保修义务。缺陷责任期届满，承包人仍应按合同约定的工程各部位保修年限承担保修义务。

B. 缺陷责任期的起算。缺陷责任期从工程通过竣工验收之日起计算，合同当事人应在专用合同条款约定缺陷责任期的具体期限，但该期限最长不超过24个月。单位工程先于全部工程进行验收，经验收合格并交付使用的，该单位工程缺陷责任期自单位工程验收合格之日起算。因承包人原因导致工程无法按合同约定期限进行竣工验收的，缺陷责任期从实际通过竣工验收之日起计算。因发包人原因导致工程无法按合同约定期限进行竣工验收的，在承包人提交竣工验收报告90天后，工程自动进入缺陷责任期；发包人未经竣工验收擅自使用工程的，缺陷责任期自工程转移占有之日起开始计算（第15.2.1项）。

C. 缺陷责任期内，由承包人原因造成的缺陷，承包人应负责维修，并承担鉴定及维修费用。如承包人不维修也不承担费用，发包人可按合同约定从保证金或银行保函中扣除，费用超出保证金额的，发包人可按合同约定向承包人进行索赔。承包人维修并承担相应费用后，不免除对工程的损失赔偿责任。发包人有权要求承包人延长缺陷责任期，并应在原缺陷责任期届满前发出延长通知。但缺陷责任期（含延长部分）最长不能超过24个月。

由他人原因造成的缺陷，发包人负责组织维修，承包人不承担费用，且发包人不得从保证金中扣除费用（第15.2.2项）。

D. 任何一项缺陷或损坏修复后，经检查证明其影响了工程或工程设备的使用性能，承包人应重新进行合同约定的试验和试运行，试验和试运行的全部费用应由责任方承担（第15.2.3项）。

E. 除专用合同条款另有约定外，承包人应于缺陷责任期届满后7天内向发包人发出缺陷责任期届满通知，发包人应在收到缺陷责任期满通知后14天内核实承包人是否履行缺陷修复义务，承包人未能履行缺陷修复义务的，发包人有权扣除相应金额的维修费用。发包人应在收到缺陷责任期届满通知后 14 天内，向承包人颁发缺陷责任期终止证书（第 15.2.4 项）。

F. 保修责任（第 15.4.1 项）。工程保修期从工程竣工验收合格之日起算，具体分部分项工程的保修期由合同当事人在专用合同条款中约定，但不得低于法定最低保修年限。在工程保修期内，承包人应当根据有关法律规定以及合同约定承担保修责任。发包人未经竣工验收擅自使用工程的，保修期自转移占有之日起算。

G. 修复费用（第 15.4.2 项）。保修期内，修复的费用按照以下约定处理：

保修期内，因承包人原因造成工程的缺陷、损坏，承包人应负责修复，并承担修复的费用以及因工程的缺陷、损坏造成的人身伤害和财产损失。

保修期内，因发包人使用不当造成工程的缺陷、损坏，可以委托承包人修复，但发包人应承担修复的费用，并支付承包人合理利润。

因其他原因造成工程的缺陷、损坏，可以委托承包人修复，发包人应承担修复的费用，并支付承包人合理的利润，因工程的缺陷、损坏造成的人身伤害和财产损失由责任方承担。

H. 未能修复（第 15.4.4 项）。因承包人原因造成工程的缺陷或损坏，承包人拒绝维修或未能在合理期限内修复缺陷或损坏，且经发包人书面催告后仍未修复的，发包人有权自行修复或委托第三方修复，所需费用由承包人承担。但修复范围超出缺陷或损坏范围的，超出范围部分的修复费用由发包人承担。

9）费用控制的主要条款内容。

① 预付款。

A. 预付款的支付（第 12.2.1 项）。预付款的支付按照专用合同条款约定执行，但至迟应在开工通知载明的开工日期 7 天前支付。预付款应当用于材料、工程设备、施工设备的采购及修建临时工程、组织施工队伍进场等。

除专用合同条款另有约定外，预付款在进度付款中同比例扣回。在颁发工程接收证书前，提前解除合同的，尚未扣完的预付款应与合同价款一并结算。

发包人逾期支付预付款超过 7 天的，承包人有权向发包人发出要求预付的催告通知，发包人收到通知后 7 天内仍未支付的，承包人有权暂停施工，并按第 16.1.1 项〔发包人违约的情形〕执行。

B. 预付款担保（第 12.2.2 项）。发包人要求承包人提供预付款担保的，承包人应在发包人支付预付款 7 天前提供预付款担保，专用合同条款另有约定除外。预付款担保可采用银行保函、担保公司担保等形式，具体由合同当事人在专用合同条款中约定。在预付款完全扣回之前，承包人应保证预付款担保持续有效。

发包人在工程款中逐期扣回预付款后，预付款担保额度应相应减少，但剩余的预付款担保金额不得低于未被扣回的预付款金额。

② 计量。

A. 计量周期（第 12.3.2 项）。除专用合同条款另有约定外，工程量的计量按月进行。

B. 单价合同的计量（第 12.3.3 项）。除专用合同条款另有约定外，单价合同的计量按照本项约定执行：

承包人应于每月 25 日向监理人报送上月 20 日至当月 19 日已完成的工程量报告，并附具进度付款申请单、已完成工程量报表和有关资料。

监理人应在收到承包人提交的工程量报告后 7 天内完成对承包人提交的工程量报表的审

核并报送发包人，以确定当月实际完成的工程量。监理人对工程量有异议的，有权要求承包人进行共同复核或抽样复测。承包人应协助监理人进行复核或抽样复测，并按监理人要求提供补充计量资料。承包人未按监理人要求参加复核或抽样复测的，监理人复核或修正的工程量视为承包人实际完成的工程量。

监理人未在收到承包人提交的工程量报表后的 7 天内完成审核的，承包人报送的工程量报告中的工程量视为承包人实际完成的工程量，据此计算工程价款。

C. 总价合同的计量（第 12.3.4 项）。除专用合同条款另有约定外，按月计量支付的总价合同，按照本项约定执行：

承包人应于每月 25 日向监理人报送上月 20 日至当月 19 日已完成的工程量报告，并附具进度付款申请单、已完成工程量报表和有关资料。

监理人应在收到承包人提交的工程量报告后 7 天内完成对承包人提交的工程量报表的审核并报送发包人，以确定当月实际完成的工程量。监理人对工程量有异议的，有权要求承包人进行共同复核或抽样复测。承包人应协助监理人进行复核或抽样复测并按监理人要求提供补充计量资料。承包人未按监理人要求参加复核或抽样复测的，监理人审核或修正的工程量视为承包人实际完成的工程量。

监理人未在收到承包人提交的工程量报表后的 7 天内完成复核的，承包人提交的工程量报告中的工程量视为承包人实际完成的工程量。

③ 工程进度款支付。

A. 付款周期（第 12.4.1 项）。除专用合同条款另有约定外，付款周期应与计量周期保持一致。

B. 进度款审核和支付（第 12.4.4 项）。

Ⓐ 除专用合同条款另有约定外，监理人应在收到承包人进度付款申请单以及相关资料后 7 天内完成审查并报送发包人，发包人应在收到后 7 天内完成审批并签发进度款支付证书。发包人逾期未完成审批且未提出异议的，视为已签发进度款支付证书。

发包人和监理人对承包人的进度付款申请单有异议的，有权要求承包人修正和提供补充资料，承包人应提交修正后的进度付款申请单。监理人应在收到承包人修正后的进度付款申请单及相关资料后 7 天内完成审查并报送发包人，发包人应在收到监理人报送的进度付款申请单及相关资料后 7 天内，向承包人签发无异议部分的临时进度款支付证书。存在争议的部分，按照第 20 条〔争议解决〕的约定处理。

Ⓑ 除专用合同条款另有约定外，发包人应在进度款支付证书或临时进度款支付证书签发后 14 天内完成支付，发包人逾期支付进度款的，应按照中国人民银行发布的同期同类贷款基准利率支付违约金。

Ⓒ 发包人签发进度款支付证书或临时进度款支付证书，不表明发包人已同意、批准或接受了承包人完成的相应部分的工作。

C. 支付分解表（第 12.4.6 项）。

Ⓐ 支付分解表的编制要求：

a. 支付分解表中所列的每期付款金额，应为第 12.4.2 项〔进度付款申请单的编制〕第（1）目的估算金额。

b. 实际进度与施工进度计划不一致的，合同当事人可按照第 4.4 款〔商定或确定〕修改支付分解表。

c. 不采用支付分解表的，承包人应向发包人和监理人提交按季度编制的支付估算分解表，用于支付参考。

Ⓑ 总价合同支付分解表的编制与审批：

a. 除专用合同条款另有约定外，承包人应根据第 7.2 款〔施工进度计划〕约定的施工进度计划、签约合同价和工程量等因素对总价合同按月进行分解，编制支付分解表。承包人应当在收到监理人和发包人批准的施工进度计划后 7 天内，将支付分解表及编制支付分解表的支持性资料报送监理人。

b. 监理人应在收到支付分解表后 7 天内完成审核并报送发包人。发包人应在收到经监理人审核的支付分解表后 7 天内完成审批，经发包人批准的支付分解表为有约束力的支付分解表。

c. 发包人逾期未完成支付分解表审批的，也未及时要求承包人进行修正和提供补充资料的，则承包人提交的支付分解表视为已经获得发包人批准。

Ⓒ 单价合同的总价项目支付分解表的编制与审批：

除专用合同条款另有约定外，单价合同的总价项目，由承包人根据施工进度计划和总价项目的总价构成、费用性质、计划发生时间和相应工程量等因素按月进行分解，形成支付分解表，其编制与审批参照总价合同支付分解表的编制与审批执行。

9.2.2 施工专业分包合同中的权利义务

专业工程分包，是指施工总承包单位将其所承包工程中的专业工程发包给具有相应资质的其他建筑业企业完成的活动。

1. 专业工程分包合同的主要内容

专业工程分包合同示范文本的结构、主要条款和内容与施工承包合同相似，包括词语定义与解释，双方的一般权利和义务，分包工程的施工进度控制、质量控制、费用控制，分包合同的监督与管理，信息管理，组织与协调，施工安全管理与风险管理等。

分包合同内容的特点是，既要保持与主合同条件中相关分包工程部分的规定的一致性，又要区分负责实施分包工程的当事人变更后的两个合同之间的差异。分包合同所采用的语言文字和适用的法律、行政法规及工程建设标准一般应与主合同相同。

2. 工程承包人（总承包单位）的主要责任和义务

1) 分包人对总包合同的了解：承包人应提供总包合同（有关承包工程的价格内容除外）供分包人查阅。分包人应全面了解总包合同的各项规定（有关承包工程的价格内容除外）。

2) 项目经理应按分包合同的约定，及时向分包人提供所需的指令、批准、图纸并履行其他约定的义务，否则分包人应在约定时间后 24 小时内将具体要求、需要的理由及延误的后果通知项目经理，项目经理在收到通知后 48 小时内不予答复，应承担因延误造成的损失。

3) 承包人的工作。

① 向分包人提供与分包工程相关的各种证件、批件和各种相关资料，向分包人提供具备施工条件的施工场地。

② 组织分包人参加发包人组织的图纸会审，向分包人进行设计图纸交底。

③ 提供合同专用条款中约定的设备和设施，并承担因此发生的费用。

④ 随时为分包人提供确保分包工程施工所要求的施工场地和通道等，满足施工运输的需要，保证施工期间的畅通。

⑤ 负责整个施工场地的管理工作，协调分包人与同一施工场地的其他分包人之间的交叉配合，确保分包人按照经批准的施工组织设计进行施工。

3. 专业工程分包人的主要责任和义务

（1）分包人对有关分包工程的责任。除合同条款另有约定，分包人应履行并承担总包合同中与分包工程有关的承包人的所有义务与责任，同时应避免因分包人自身行为或疏漏造成承包人违反总包合同中约定的承包人义务的情况发生。

（2）分包人与发包人的关系。分包人须服从承包人转发的发包人或工程师与分包工程有关的指令。未经承包人允许，分包人不得以任何理由与发包人或工程师发生直接工作联系，分包人不得直接致函发包人或工程师，也不得直接接受发包人或工程师的指令。如分包人与发包人或工程师发生直接工作联系，将被视为违约，并承担违约责任。

（3）承包人指令。就分包工程范围内的有关工作，承包人随时可以向分包人发出指令，分包人应执行承包人根据分包合同所发出的所有指令。分包人拒不执行指令，承包人可委托其他施工单位完成该指令事项，发生的费用从应付给分包人的相应款项中扣除。

（4）分包人的工作。

1）按照分包合同的约定，对分包工程进行设计（分包合同有约定时）、施工、竣工和保修。

2）按照合同约定的时间，完成规定的设计内容，报承包人确认后在分包工程中使用。承包人承担由此发生的费用。

3）在合同约定的时间内，向承包人提供年、季、月度工程进度计划及相应进度统计报表。

4）在合同约定的时间内，向承包人提交详细的施工组织设计，承包人应在专用条款约定的时间内批准，分包人方可执行。

5）遵守政府有关主管部门对施工场地交通、施工噪声以及环境保护和安全文明生产等的管理规定，按规定办理有关手续，并以书面形式通知承包人，承包人承担由此发生的费用，因分包人责任造成的罚款除外。

6）分包人应允许承包人、发包人、工程师及其三方中任何一方授权的人员在工作时间内，合理进入分包工程施工场地或材料存放的地点，以及施工场地以外与分包合同有关的分包人的任何工作或准备的地点，分包人应提供方便。

7）已竣工工程未交付承包人之前，分包人应负责已完分包工程的成品保护工作，保护期间发生损坏，分包人自费予以修复；承包人要求分包人采取特殊措施保护的工程部位和相应的追加合同价款，双方在合同专用条款内约定。

4. 合同价款及支付

1）分包工程合同价款可以采用以下三种中的一种（应与总包合同约定的方式一致）：

① 固定价格，在约定的风险范围内合同价款不再调整。

② 可调价格，合同价款可根据双方的约定而调整，应在专用条款内约定合同价款调整方法。

③ 成本加酬金，合同价款包括成本和酬金两部分，双方在合同专用条款内约定成本构成和酬金的计算方法。

2）分包合同价款与总包合同相应部分价款无任何连带关系。

3）合同价款的支付。

① 实行工程预付款的，双方应在合同专用条款内约定承包人向分包人预付工程款的时间和数额，开工后按约定的时间和比例逐次扣回。

② 承包人应按专用条款约定的时间和方式，向分包人支付工程款（进度款），按约定时间承包人应扣回的预付款，与工程款（进度款）同期结算。

③ 分包合同约定的工程变更调整的合同价款、合同价款的调整、索赔的价款或费用以及其他约定的追加合同价款，应与工程进度款同期调整支付。

④ 承包人超过约定的支付时间不支付工程款（预付款、进度款），分包人可向承包人发出要求付款的通知，承包人不按分包合同约定支付工程款（预付款、进度款），导致施工无法进行，分包人可停止施工，由承包人承担违约责任。

⑤ 承包人应在收到分包工程竣工结算报告及结算资料后 28 天内支付工程竣工结算价款，在发包人不拖延工程价款的情况下无正当理由不按时支付，从第 29 天起按分包人同期向银行贷款利率支付拖欠工程价款的利息，并承担违约责任。

5. 禁止转包或再分包

1）分包人不得将其承包的分包工程转包给他人，也不得将其承包的分包工程的全部或部分再分包给他人，否则将被视为违约，并承担违约责任。

2）分包人经承包人同意可以将劳务作业再分包给具有相应劳务分包资质的劳务分包企业。

3）分包人应对再分包的劳务作业的质量等相关事宜进行督促和检查，并承担相关连带责任。

9.3 工程总承包合同的权利义务

1. 合同示范文本

为指导建设项目工程总承包合同当事人的签约行为，维护合同当事人的合法权益，依据《中华人民共和国民法典》《中华人民共和国建筑法》《中华人民共和国招标投标法》以及相关法律、法规，住房和城乡建设部、市场监管总局对《建设项目工程总承包合同示范文本（试行）》（GF—2011—0216）进行了修订，制定了《建设项目工程总承包合同（示范文本）》（GF—2020—0216）（简称《示范文本》）。

2. 工程总承包合同文件

1）各种总承包合同示范文本一般都由 3 部分组成：合同协议书、通用合同条件、专用合同条件。

2）合同文件构成。合同协议书与下列文件一起构成合同文件：

① 中标通知书（如果有）。

② 投标函及投标函附录（如果有）。

③ 专用合同条件及《发包人要求》等附件。

④ 通用合同条件。
⑤ 承包人建议书。
⑥ 价格清单。
⑦ 双方约定的其他合同文件。

专用合同条件及其附件须经合同当事人签字或盖章。

3) 组成合同的各项文件应互相解释，互为说明。

除专用合同条件另有约定外，解释合同文件的优先顺序如下：

① 合同协议书。
② 中标通知书（如果有）。
③ 投标函及投标函附录（如果有）。
④ 专用合同条件及《发包人要求》等附件。
⑤ 通用合同条件。
⑥ 承包人建议书。
⑦ 价格清单。
⑧ 双方约定的其他合同文件。

上述各项合同文件包括合同当事人就该项合同文件所做出的补充和修改，属于同一类内容的文件，应以最新签署的为准。

在合同订立及履行过程中形成的与合同有关的文件均构成合同文件组成部分，并根据其性质确定优先解释顺序。

3. 发包方的责任与义务

（1）提供基础资料（第 2.3 款）。发包人应按专用合同条件和《发包人要求》中的约定向承包人提供施工现场及工程实施所必需的毗邻区域内的供水、排水、供电、供气、供热、通信、广播电视等地上、地下管线和设施资料，气象和水文观测资料，地质勘查资料，相邻建筑物、构筑物和地下工程等有关基础资料，并根据第 1.12 款［《发包人要求》和基础资料中的错误］承担基础资料错误造成的责任。按照法律规定确需在开工后方能提供的基础资料，发包人应尽其努力及时地在相应工程实施前的合理期限内提供，合理期限应以不影响承包人的正常履约为限。因发包人原因未能在合理期限内提供相应基础资料的，由发包人承担由此增加的费用和延误的工期。

（2）提供施工现场（第 2.2.1 项）。发包人应按专用合同条件约定向承包人移交施工现场，给承包人进入和占用施工现场各部分的权利，并明确与承包人的交接界面，上述进入和占用权可不为承包人独享。如专用合同条件没有约定移交时间的，则发包人应最迟于计划开始现场施工日期 7 天前向承包人移交施工现场，但承包人未能按照第 4.2 款［履约担保］提供履约担保的除外。

（3）提供工作条件（第 2.2.2 项）。发包人应按专用合同条件约定向承包人提供工作条件。专用合同条件对此没有约定的，发包人应负责提供开展本合同相关工作所需要的条件，包括：

1) 将施工用水、电力、通信线路等施工所必需的条件接至施工现场内。
2) 保证向承包人提供正常施工所需要的进入施工现场的交通条件。
3) 协调处理施工现场周围地下管线和邻近建筑物、构筑物、古树名木、文物、化石及坟墓等的保护工作,并承担相关费用。

4)对工程现场临近发包人正在使用、运行或由发包人用于生产的建筑物、构筑物、生产装置、设施、设备等,设置隔离设施,竖立禁止入内、禁止动火的明显标志,并以书面形式通知承包人须遵守的安全规定和位置范围。

5)按照专用合同条件约定应提供的其他设施和条件。

(4)办理许可和批准(第2.4款)。发包人在履行合同过程中应遵守法律,并办理法律规定或合同约定由其办理的许可、批准或备案,包括但不限于建设用地规划许可证、建设工程规划许可证、建设工程施工许可证等许可和批准。对于法律规定或合同约定由承包人负责的有关设计、施工证件、批件或备案,发包人应给予必要的协助。

因发包人原因未能及时办理完毕前述许可、批准或备案,由发包人承担由此增加的费用和(或)延误的工期,并支付承包人合理的利润。

(5)支付合同价款(第2.5款)。发包人应按合同约定向承包人及时支付合同价款。

(6)现场管理配合(第2.6款)。发包人应负责保证在现场或现场附近的发包人人员和发包人的其他承包人(如有):

1)根据第7.3款[现场合作]的约定,与承包人进行合作。

2)遵守第7.5款[现场劳动用工]、第7.6款[安全文明施工]、第7.7款[职业健康]和第7.8款[环境保护]的相关约定。

发包人应与承包人、由发包人直接发包的其他承包人(如有)订立施工现场统一管理协议,明确各方的权利义务。

4. 承包人的一般义务(第4.1款)

1)办理法律规定和合同约定由承包人办理的许可和批准,将办理结果书面报送发包人留存,并承担因承包人违反法律或合同约定给发包人造成的任何费用和损失。

2)按合同约定完成全部工作并在缺陷责任期和保修期内承担缺陷保证责任和保修义务,对工作中的任何缺陷进行整改、完善和修补,使其满足合同约定的目的。

3)提供合同约定的工程设备和承包人文件,以及为完成合同工作所需的劳务、材料、施工设备和其他物品,并按合同约定负责临时设施的设计、施工、运行、维护、管理和拆除。

4)按合同约定的工作内容和进度要求,编制设计、施工的组织和实施计划,保证项目进度计划的实现,并对所有设计、施工作业和施工方法,以及全部工程的完备性和安全可靠性负责。

5)按法律规定和合同约定采取安全文明施工、职业健康和环境保护措施,办理员工工伤保险等相关保险,确保工程及人员、材料、设备和设施的安全,防止因工程实施造成的人身伤害和财产损失。

6)将发包人按合同约定支付的各项价款专用于合同工程,且应及时支付其雇用人员(包括建筑工人)工资,并及时向分包人支付合同价款。

7)在进行合同约定的各项工作时,不得侵害发包人与他人使用公用道路、水源、市政管网等公共设施的权利,避免对邻近的公共设施产生干扰。

5. 进度控制的主要条款内容

(1)项目实施计划的提交和修改(第8.3.2项)。除专用合同条件另有约定外,承包人应在合同订立后 14 天内,向工程师提交项目实施计划,工程师应在收到项目实施计划后 21 天内确认或提出修改意见。对工程师提出的合理意见和要求,承包人应自费修改完善。根据工程实施的实际情况需要修改项目实施计划的,承包人应向工程师提交修改后的项目实施计划。

(2) 项目进度计划(第 8.4 款)。

1) 项目进度计划的提交和修改(第 8.4.1 项)。承包人应按照第 8.3 款[项目实施计划]约定编制并向工程师提交项目初步进度计划,经工程师批准后实施。除专用合同条件另有约定外,工程师应在 21 天内批复或提出修改意见,否则该项目初步进度计划视为已得到批准。对工程师提出的合理意见和要求,承包人应自费修改完善。

经工程师批准的项目初步进度计划称为项目进度计划,是控制合同工程进度的依据,工程师有权按照进度计划检查工程进度情况。承包人还应根据项目进度计划,编制更为详细的分阶段或分项的进度计划,由工程师批准。

2) 项目进度计划的修订(第 8.4.3 项)。项目进度计划不符合合同要求或与工程的实际进度不一致的,承包人应向工程师提交修订的项目进度计划,并附具有关措施和相关资料。工程师也可以直接向承包人发出修订项目进度计划的通知,承包人如接受,应按该通知修订项目进度计划,报工程师批准。承包人如不接受,应当在 14 天内答复,如未按时答复视作已接受修订项目进度计划通知中的内容。

除专用合同条件另有约定外,工程师应在收到修订的项目进度计划后 14 天内完成审批或提出修改意见,如未按时答复视作已批准承包人修订后的项目进度计划。工程师对承包人提交的项目进度计划的确认,不能减轻或免除承包人根据法律规定和合同约定应承担的任何责任或义务。

(3) 进度报告(第 8.5 款)。项目实施过程中,承包人应进行实际进度记录,并根据工程师的要求编制月进度报告,并提交给工程师。

(4) 提前预警(第 8.6 款)。任何一方应当在下列情形发生时尽快书面通知另一方:

1) 该情形可能对合同的履行或实现合同目的产生不利影响。
2) 该情形可能对工程完成后的使用产生不利影响。
3) 该情形可能导致合同价款增加。
4) 该情形可能导致整个工程或单位/区段工程的工期延长。

(5) 工期延误(第 8.7 款)。

1) 因发包人原因导致工期延误(第 8.7.1 项)。在合同履行过程中,因下列情况导致工期延误和(或)费用增加的,由发包人承担由此延误的工期和(或)增加的费用,且发包人应支付承包人合理的利润:

① 根据第 13 条[变更与调整]的约定构成一项变更的。
② 发包人违反本合同约定,导致工期延误和(或)费用增加的。
③ 发包人、发包人代表、工程师或发包人聘请的任意第三方造成或引起的任何延误、妨碍和阻碍。
④ 发包人未能依据第 6.2.1 项[发包人提供的材料和工程设备]的约定提供材料和工程设备导致工期延误和(或)费用增加的。
⑤ 因发包人原因导致的暂停施工。

⑥ 发包人未及时履行相关合同义务，造成工期延误的其他原因。

2) 因承包人原因导致工期延误（第8.7.2项）。由于承包人的原因，未能按项目进度计划完成工作，承包人应采取措施加快进度，并承担加快进度所增加的费用。

由于承包人原因造成工期延误并导致逾期竣工的，承包人应支付逾期竣工违约金。逾期竣工违约金的计算方法和最高限额在专用合同条件中约定。承包人支付逾期竣工违约金，不免除承包人完成工作及修补缺陷的义务，且发包人有权从工程进度款、竣工结算款或约定提交的履约担保中扣除相当于逾期竣工违约金的金额。

（6）异常恶劣的气候条件（第8.7.4项）。异常恶劣的气候条件是指在施工过程中遇到的，有经验的承包人在订立合同时不可预见的，对合同履行造成实质性影响的，但尚未构成不可抗力事件的恶劣气候条件。合同当事人可以在专用合同条件中约定异常恶劣的气候条件的具体情形。

承包人应采取克服异常恶劣的气候条件的合理措施继续施工，并及时通知工程师。工程师应当及时发出指示，指示构成变更的，按第13条［变更与调整］约定办理。承包人因采取合理措施而延误的工期由发包人承担。

（7）工期提前（第8.8款）。

1) 发包人指示承包人提前竣工且被承包人接受的，应与承包人共同协商采取加快工程进度的措施和修订项目进度计划。发包人应承担承包人由此增加的费用，增加的费用按第13条［变更与调整］的约定执行；发包人不得以任何理由要求承包人超过合理限度压缩工期。承包人有权不接受提前竣工的指示，工期按照合同约定执行（第8.8.1项）。

2) 承包人提出提前竣工的建议且发包人接受的，应与发包人共同协商采取加快工程进度的措施和修订项目进度计划。发包人应承担承包人由此增加的费用，增加的费用按第13条［变更与调整］的约定执行，并向承包人支付专用合同条件约定的相应奖励金（第8.8.2项）。

（8）暂停工作（第8.9款）。

1) 由发包人暂停工作（第8.9.1项）。发包人认为必要时，可通过工程师向承包人发出经发包人签认的暂停工作通知，应列明暂停原因、暂停日期及预计暂停的期限。承包人应按该通知暂停工作。

承包人因执行暂停工作通知而造成费用的增加和（或）工期延误由发包人承担，并有权要求发包人支付合理利润，但由于承包人原因造成发包人暂停工作的除外。

2) 由承包人暂停工作（第8.9.2项）。因承包人原因所造成部分或全部工程的暂停，承包人应采取措施尽快复工并赶上进度，由此造成费用的增加或工期延误由承包人承担。因此造成逾期竣工的，承包人应按第8.7.2项［因承包人原因导致工期延误］承担逾期竣工违约责任。

合同履行过程中发生下列情形之一的，承包人可向发包人发出通知，要求发包人采取有效措施予以纠正。发包人收到承包人通知后的28天内仍不予以纠正，承包人有权暂停施工，并通知工程师。承包人有权要求发包人延长工期和（或）增加费用，并支付合理利润：

① 发包人拖延、拒绝批准付款申请和支付证书，或未能按合同约定支付价款，导致付款延误的。

② 发包人未按约定履行合同其他义务导致承包人无法继续履行合同的，或者发包人明

确表示暂停或实质上已暂停履行合同的。

3) 暂停工作期间的工程照管（第8.9.3项）。不论由于何种原因引起暂停工作的，暂停工作期间，承包人应负责对工程、工程物资及文件等进行照管和保护，并提供安全保障，由此增加的费用按第8.9.1项 [由发包人暂停工作] 和第8.9.2项 [由承包人暂停工作] 的约定承担。

因承包人未能尽到照管、保护的责任造成损失的，使发包人的费用增加，（或）竣工日期延误的，由承包人按本合同约定承担责任。

4) 拖长的暂停（第8.9.4项）。根据第8.9.1项 [由发包人暂停工作] 暂停工作持续超过56天的，承包人可向发包人发出要求复工的通知。如果发包人没有在收到书面通知后28天内准许已暂停工作的全部或部分继续工作，承包人有权根据第13条 [变更与调整] 的约定，要求以变更方式调减受暂停影响的部分工程。发包人的暂停超过56天且暂停影响到整个工程的，承包人有权根据 [由承包人解除合同] 的约定，发出解除合同的通知。

6. 质量控制的主要条款内容

（1）质量检查（第6.4款）。

1) 工程质量要求（第6.4.1项）。工程质量标准必须符合现行国家有关工程施工质量验收规范和标准的要求。有关工程质量的特殊标准或要求由合同当事人在专用合同条件中约定。

因承包人原因造成工程质量未达到合同约定标准的，发包人有权要求承包人返工直至工程质量达到合同约定的标准为止，并由承包人承担由此增加的费用和（或）延误的工期。因发包人原因造成工程质量未达到合同约定标准的，由发包人承担由此增加的费用和（或）延误的工期，并支付承包人合理的利润。

2) 质量检查（第6.4.2项）。发包人有权通过工程师或自行对全部工程内容及其施工工艺、材料和工程设备进行检查和检验。承包人应为工程师或发包人的检查和检验提供方便，包括到施工现场，或制造、加工地点，或专用合同条件约定的其他地方进行察看和查阅施工原始记录。承包人还应按工程师或发包人指示，进行施工现场的取样试验、工程复核测量和设备性能检测，提供试验样品、提交试验报告和测量成果以及工程师或发包人指示进行的其他工作。工程师或发包人的检查和检验，不免除承包人按合同约定应负的责任。

3) 隐蔽工程检查（第6.4.3项）。除专用合同条件另有约定外，工程隐蔽部位经承包人自检确认具备覆盖条件的，承包人应书面通知工程师在约定的期限内检查，通知中应载明隐蔽检查的内容、时间和地点，并应附有自检记录和必要的检查资料。

工程师应按时到场并对隐蔽工程及其施工工艺、材料和工程设备进行检查。经工程师检查确认质量符合隐蔽要求，并在验收记录上签字后，承包人才能进行覆盖。经工程师检查质量不合格的，承包人应在工程师指示的时间内完成修复，并由工程师重新检查，由此增加的费用和（或）延误的工期由承包人承担。

除专用合同条件另有约定外，工程师不能按时进行检查的，应提前向承包人提交书面延期要求，顺延时间不得超过48小时，由此导致工期延误的，工期应予以顺延，顺延超过48小时的，由此导致的工期延误及费用增加由发包人承担。工程师未按时进行检查，也未提出延期要求的，视为隐蔽工程检查合格，承包人可自行完成覆盖工作，并做相应记录报送工程师，工程师应签字确认。工程师事后对检查记录有疑问的，可按下列约定重新检查。

承包人覆盖工程隐蔽部位后，工程师对质量有疑问的，可要求承包人对已覆盖的部位进行钻孔探测或揭开重新检查，承包人应遵照执行，并在检查后重新覆盖恢复原状。经检查证明工程质量符合合同要求的，由发包人承担由此增加的费用和（或）延误的工期，并支付承包人合理的利润；经检查证明工程质量不符合合同要求的，由此增加的费用和（或）延误的工期由承包人承担。

承包人未通知工程师到场检查，私自将工程隐蔽部位覆盖的，工程师有权指示承包人钻孔探测或揭开检查，无论工程隐蔽部位质量是否合格，由此增加的费用和（或）延误的工期均由承包人承担。

（2）由承包人试验和检验（第6.5款）。

1）试验设备与试验人员（第6.5.1项）。

① 承包人根据合同约定或工程师指示进行的现场材料试验，应由承包人提供试验场所、试验人员、试验设备以及其他必要的试验条件。工程师在必要时可以使用承包人提供的试验场所、试验设备以及其他试验条件，进行以工程质量检查为目的的材料复核试验，承包人应予以协助。

② 承包人应按专用合同条件约定的试验内容、时间和地点提供试验设备、取样装置、试验场所和试验条件，并向工程师提交相应进场计划表。

承包人配置的试验设备要符合相应试验规程的要求并经过具有资质的检测单位检测，且在正式使用该试验设备前，需要经过工程师与承包人共同校定。

③ 承包人应向工程师提交试验人员的名单及其岗位、资格等证明资料，试验人员必须能够熟练进行相应的检测试验，承包人对试验人员的试验程序和试验结果的正确性负责。

2）取样（第6.5.2项）。试验属于自检性质的，承包人可以单独取样。试验属于工程师抽检性质的，可由工程师取样，也可由承包人的试验人员在工程师的监督下取样。

3）材料、工程设备和工程的试验和检验（第6.5.3项）。

① 承包人应按合同约定进行材料和工程设备的试验和检验，并为工程师对上述材料、工程设备和工程的质量检查提供必要的试验资料和原始记录。按合同约定应由工程师与承包人共同进行试验和检验的，由承包人负责提供必要的试验资料和原始记录。

② 试验属于自检性质的，承包人可以单独进行试验。试验属于工程师抽检性质的，工程师可以单独进行试验，也可由承包人与工程师共同进行。承包人对由工程师单独进行的试验结果有异议的，可以申请重新共同进行试验。约定共同进行试验的，工程师未按照约定参加试验的，承包人可自行试验，并将试验结果报送工程师，工程师应承认该试验结果。

③ 工程师对承包人的试验和检验结果有异议的，或为查清承包人试验和检验成果的可靠性要求承包人重新试验和检验的，可由工程师与承包人共同进行。重新试验和检验的结果证明该项材料、工程设备或工程的质量不符合合同要求的，由此增加的费用和（或）延误的工期由承包人承担；重新试验和检验结果证明该项材料、工程设备和工程符合合同要求的，由此增加的费用和（或）延误的工期由发包人承担。

4）现场工艺试验（第6.5.4项）。承包人应按合同约定进行现场工艺试验。对大型的现场工艺试验，发包人认为必要时，承包人应根据发包人提出的工艺试验要求，编制工艺试验措施计划，报送发包人审查。

(3) 缺陷和修补（第 6.6 款）。

1) 发包人可在颁发接收证书前随时指示承包人（第 6.6.1 项）。

① 对不符合合同要求的任何工程设备或材料进行修补，或者将其移出现场并进行更换。

② 对不符合合同的其他工作进行修补，或者将其去除并重新实施。

③ 实施因意外、不可预见的事件或其他原因引起的、为工程的安全迫切需要的任何修补工作。

2) 如果承包人未能遵守发包人的指示，发包人可以自行决定请第三方完成上述修补工作，并有权要求承包人支付因未履行指示而产生的所有费用（第 6.6.3 项）。

7. 合同解除

(1) 由发包人解除合同（第 16.1 款）。

1) 因承包人违约解除合同（第 16.1.1 项）。除专用合同条件另有约定外，发包人有权基于下列原因，以书面形式通知承包人解除合同：

① 承包人未能遵守第 4.2 款［履约担保］的约定。

② 承包人未能遵守第 4.5 款［分包］有关分包和转包的约定。

③ 承包人实际进度明显落后于进度计划，并且未按发包人的指令采取措施并修正进度计划。

④ 工程质量有严重缺陷，承包人无正当理由使修复开始日期拖延达 28 天以上。

⑤ 承包人破产、停业清理或进入清算程序，或情况表明承包人将进入破产和（或）清算程序，已有对其财产的接管令或管理令，与债权人达成和解，或为其债权人的利益在财产接管人、受托人或管理人的监督下营业，或采取了任何行动或发生任何事件（根据有关适用法律）具有与前述行动或事件相似的效果。

⑥ 承包人明确表示或以自己的行为表明不履行合同或经发包人以书面形式通知其履约后仍未能依约履行合同或以不适当的方式履行合同。

⑦ 未能通过的竣工试验、未能通过的竣工后试验，使工程的任何部分和（或）整个工程丧失了主要使用功能、生产功能。

⑧ 因承包人的原因暂停工作超过 56 天且暂停影响到整个工程，或因承包人的原因暂停工作超过 182 天。

⑨ 承包人未能遵守第 8.2 款［竣工日期］规定，延误超过 182 天。

⑩ 工程师根据第 15.2.2 项［通知改正］发出整改通知后，承包人在指定的合理期限内仍不纠正违约行为并致使合同目的不能实现的。

2) 因承包人违约解除合同后承包人的义务（第 16.1.2 项）。合同解除后，承包人应按以下约定执行：

① 除了为保护生命、财产或工程安全、清理和必须执行的工作外，停止执行所有被通知解除的工作，并将相关人员撤离现场。

② 经发包人批准，承包人应将与被解除合同相关的和正在执行的分包合同及相关的责任和义务转让至发包人和（或）发包人指定方的名下，包括永久性工程及工程物资，以及相关工作。

③ 移交已完成的永久性工程及负责已运抵现场的工程物资。在移交前，妥善做好已完工程和已运抵现场的工程物资的保管、维护和保养。

④ 将发包人提供的所有信息及承包人为本工程编制的设计文件、技术资料及其他文件移交给发包人。在承包人留有的资料文件中，销毁与发包人提供的所有信息相关的数据及资料的备份。

⑤ 移交相应实施阶段已经付款的并已完成的和尚待完成的设计文件、图纸、资料、操作维修手册、施工组织设计、质检资料、竣工资料等。

3）因承包人违约解除合同后的估价、付款和结算（第16.1.3项）。因承包人原因导致合同解除的，则合同当事人应在合同解除后28天内完成估价、付款和清算，并按以下约定执行：

① 合同解除后，按第3.6款［商定或确定］商定或确定承包人实际完成工作对应的合同价款，以及承包人已提供的材料、工程设备、施工设备和临时工程等的价值。

② 合同解除后，承包人应支付的违约金。

③ 合同解除后，因解除合同给发包人造成的损失。

④ 合同解除后，承包人应按照发包人的指示完成现场的清理和撤离。

⑤ 发包人和承包人应在合同解除后进行清算，出具最终结清付款证书，结清全部款项。

因承包人违约解除合同的，发包人有权暂停对承包人的付款，查清各项付款和已扣款项，发包人和承包人未能就合同解除后的清算和款项支付达成一致的，按照第20条［争议解决］的约定处理。

4）因承包人违约解除合同的合同权益转让（第16.1.4项）。合同解除后，发包人可以继续完成工程，和（或）安排第三人完成。发包人有权要求承包人将其为实施合同而订立的材料和设备的订货合同或任何服务合同利益转让给发包人，并在承包人收到解除合同通知后的14天内，依法办理转让手续。发包人和（或）第三人有权使用承包人在施工现场的材料、设备、临时工程、承包人文件和由承包人或以其名义编制的其他文件。

（2）由承包人解除合同（第16.2款）。

1）因发包人违约解除合同（第16.2.1项）。除专用合同条件另有约定外，承包人有权基于下列原因，以书面形式通知发包人解除合同：

① 承包人就发包人未能遵守关于发包人的资金安排发出通知后42天内，仍未收到合理的证明。

② 在第14条规定的付款时间到期后42天内，承包人仍未收到应付款项。

③ 发包人实质上未能根据合同约定履行其义务，构成根本性违约。

④ 发承包双方订立本合同协议书后的84天内，承包人未收到根据［开始工作］的开始工作通知。

⑤ 发包人破产、停业清理或进入清算程序，或情况表明发包人将进入破产和（或）清算程序或发包人资信严重恶化，已有对其财产的接管令或管理令，与债权人达成和解，或为其债权人的利益在财产接管人、受托人或管理人的监督下营业，或采取了任何行动或发生任何事件（根据有关适用法律）具有与前述行动或事件相似的效果。

⑥ 发包人未能遵守第2.2.8项的约定提交支付担保。

⑦ 发包人未能执行第15.1.2项［通知改正］的约定，致使合同目的不能实现的。

⑧ 因发包人的原因暂停工作超过56天且暂停影响到整个工程，或因发包人的原因暂停工作超过182天的。

⑨ 因发包人原因造成开始工作日期迟于承包人收到中标通知书（或在无中标通知书的情况下，订立本合同之日）后第 84 天的。

发包人接到承包人解除合同意向通知后 14 天内，发包人随后给予了付款，或同意复工或继续履行其义务或提供了支付担保等，承包人应尽快安排并恢复正常工作；因此造成工期延误的，竣工日期顺延；承包人因此增加的费用，由发包人承担。

2) 因发包人违约解除合同后承包人的义务（第 16.2.2 项）。合同解除后，承包人应按以下约定执行：

① 除为保护生命、财产、工程安全的工作外，停止所有进一步的工作；承包人因执行该保护工作而产生费用的，由发包人承担。

② 向发包人移交承包人已获得支付的承包人文件、生产设备、材料和其他工作。

③ 从现场运走除为了安全需要以外的所有属于承包人的其他货物，并撤离现场。

3) 因发包人违约解除合同后的付款（第 16.2.3 项）。承包人按照本款约定解除合同的，发包人应在解除合同后 28 天内支付下列款项，并退还履约担保：

① 合同解除前所完成工作的价款。

② 承包人为工程施工订购并已付款的材料、工程设备和其他物品的价款；发包人付款后，该材料、工程设备和其他物品归发包人所有。

③ 承包人为完成工程所发生的，而发包人未支付的金额。

④ 承包人撤离施工现场以及遣散承包人人员的款项。

⑤ 按照合同约定在合同解除前应支付的违约金。

⑥ 按照合同约定应当支付给承包人的其他款项。

⑦ 按照合同约定应返还的质量保证金。

⑧ 因解除合同给承包人造成的损失。

承包人应妥善做好已完工程和与工程有关的已购材料、工程设备的保护和移交工作，并将施工设备和人员撤出施工现场，发包人应为承包人撤出提供必要条件。

9.4 建设工程施工合同风险管理、工程保险和工程担保

9.4.1 施工合同风险管理

1. 工程合同风险的概念

合同风险是指合同中的以及由合同引起的不确定性。

工程合同风险可以按不同的方法进行分类。

1) 按合同风险产生的原因分，可以分为合同工程风险和合同信用风险。合同工程风险是由于客观原因和非主观故意导致的，如工程进展过程中发生不利的地质条件变化、工程变更、物价上涨、不可抗力等。合同信用风险是由于主观故意原因导致的。表现为合同双方的机会主义行为，如业主拖欠工程款、承包商层层转包、非法分包、偷工减料、以次充好、知假买假等。

2) 按合同的不同阶段进行划分，可以将合同风险分为合同订立风险和合同履约风险。

2. 工程合同风险产生的原因

1）合同的不确定性。由于人的有限理性，对外在环境的不确定性是无法完全预期的，不可能把所有可能发生的未来事件都写入合同条款中，更不可能制定好处理未来事件的所有具体条款。

2）在复杂的、无法预测的世界中，一个工程的实施会存在各种各样的风险事件，人们很难预测未来事件，无法根据未来情况做出计划，往往是计划不如变化，诸如不利的自然条件、工程变更、政策法规的变化、物价的变化等。

3）合同的语句表达不清晰、不细致、不严密、矛盾等可能造成合同的不完全，这容易导致双方理解上的分歧而发生纠纷，甚至发生争端。

4）由于合同双方的疏忽未就有关的事宜订立合同，而使合同不完全。

5）交易成本的存在。因为合同双方为订立某一条款以解决某特定事宜的成本超出了其收益而造成合同的不完全。由于存在着交易成本，人们签订的合同在某些方面肯定是不完全的。缔约各方愿意遗漏许多意外事件，认为等一等、看一看，要比把许多不大可能发生的事件考虑进去要好得多。

6）信息的不对称。信息的不对称是合同不完全的根源，多数问题都可以从信息的不对称中寻找到答案。建筑市场上的信息不对称主要表现为以下几个方面。

① 业主并不真正了解承包商实际的技术和管理能力以及财务状况。一方面，尽管其可以事先进行调查，但调查结果只能表明承包商过去在其他工程上的表现。由于人员的流动，承包商的实际能力随时发生变动。另一方面，由于工程彼此之间相差悬殊，承包商能够承担这一工程并不能说明也能承担其他工程。所以，业主对承包商并不真正了解。而承包商对自己目前的实际能力显然要比业主清楚得多。同时业主也并不知道自己想要得到的建筑物到底应当使用哪些材料，不知道运到现场的材料是否符合要求，而承包商却比业主清楚得多。

② 承包商也并不真正了解业主是否有足够的资金保证，不知道业主能否及时支付工程款，但是业主要比承包商清楚得多。

③ 总承包商对于分包商是否真有能力完成，并不十分有把握，承包商对建筑生产要素掌握的信息远不如这些要素的提供者清楚。

7）机会主义行为的存在。机会主义行为被定义为用虚假的或空洞的，也就是非真实的威胁或承诺来谋取个人利益的行为。经济学通常假定各种经济行为主体是具有利己心的，所追求的是自身利益的最大化，且最大化行为具有普遍性。经济学上的机会主义行为主要强调的是用掩盖信息和提供虚假信息损人利己。

任何交易都有可能发生机会主义行为，机会主义行为可分为事前的和事后的两种。前者不愿意袒露与自己真实条件有关的信息，甚至会制造扭曲的、虚假的或模糊的信息。事后的机会主义行为也称为道德风险。事前的机会主义行为可以通过减少信息不对称部分地消除，但不能完全消除；而避免事后的机会主义行为的方法之一就是在订立合同时进行有效的防范和在履约过程中进行监督管理。

3. 施工合同风险的类型

（1）项目外界环境风险。

1）在国际工程中，工程所在国政治环境的变化，如发生战争、禁运、罢工、社会动乱等造成工程施工中断或终止。

2) 经济环境的变化，如通货膨胀、汇率调整、工资和物价上涨。物价和货币风险在工程中经常出现，而且影响非常大。

3) 合同所依据的法律环境的变化，如新的法律颁布，国家调整税率或增加新税种，新的外汇管理政策等。在国际工程中，以工程所在国的法律为合同法律基础，对承包商的风险很大。

4) 自然环境的变化，如百年不遇的洪水、地震、台风等，以及工程水文、地质条件存在不确定性，复杂且恶劣的气候条件和现场条件，其他可能存在的对项目的干扰因素等。

(2) 项目组织成员资信和能力风险。

1) 业主资信和能力风险。例如，业主企业的经营状况恶化、濒于倒闭，支付能力差，资信不好，撤走资金，恶意拖欠工程款等；业主为了达到不支付或少支付工程款的目的，在工程中苛刻刁难承包商，滥用权力，施行罚款和扣款，对承包商的合理索赔要求不答复或拒不支付；业主经常改变主意，如改变设计方案、施工方案，打乱工程施工秩序，发布错误指令，非正常地干预工程但又不愿意给予承包商以合理补偿等；业主不能完成合同责任，如不能及时供应设备、材料，不及时交付场地，不及时支付工程款；业主的工作人员存在私心和其他不正之风等。

2) 承包商（分包商、供货商）资信和能力风险，主要包括：承包商的技术能力、施工力量、装备水平和管理能力不足，没有合适的技术专家和项目管理人员，不能积极地履行合同；财务状况恶化，企业处于破产境地，无力采购和支付工资，工程被迫中止；承包商信誉差，不诚实，在投标报价和工程采购、施工中有欺诈行为；设计单位设计错误（如钢结构深化设计错误），不能及时交付设计图纸或无力完成设计工作；国际工程中对当地法律、语言、风俗不熟悉，对技术文件、工程说明和规范理解不准确或出错等；承包商的工作人员不积极履行合同责任，罢工、抗议或软抵抗等。

3) 其他方面，如政府机关工作人员、城市公共供应部门的干预；项目周边或涉及的居民或单位的干预、抗议或苛刻的要求等。

(3) 管理风险。

1) 对环境调查和预测的风险。对现场和周围环境条件缺乏足够全面和深入的调查，对影响投标报价的风险、意外事件和其他情况的资料缺乏足够的了解和预测。

2) 合同条款不严密、错误、二义性，工程范围和标准存在不确定性。

3) 承包商投标策略错误，错误地理解业主意图和招标文件，导致实施方案错误、报价失误等。

4) 承包商的技术设计、施工方案、施工计划和组织措施存在缺陷和漏洞，计划不周。

5) 实施控制过程中的风险。例如：合作伙伴争执、责任不明；缺乏有效措施保证进度、安全和质量要求；由于分包层次太多，造成计划执行、调整、实施的困难等。

4. 工程合同风险分配

(1) 工程合同风险分配的重要性。业主起草招标文件和合同条件，确定合同类型，对风险的分配起主导作用，有更大的主动权和责任。业主不能随心所欲地不顾主客观条件，任意在合同中增加对承包商的单方面约束性条款和对自己的免责条款，把风险全部推给对方，一定要理性分配风险，否则可能产生如下后果：

1) 如果业主不承担风险，也缺乏工程控制的积极性和内在动力，工程就不能顺利进行。

2) 如果合同不平等，承包商没有合理利润，不可预见的风险太大，则会对工程缺乏信心和履约积极性。如果风险事件发生，不可预见风险费用不足以弥补承包商的损失，其通常会采取其他各种办法弥补损失或减少开支。例如偷工减料、减少工作量、降低材料设备和施工质量标准以降低成本，甚至放慢施工速度，或停工等，最终影响工程的整体效益。

3) 如果合同所定义的风险没有发生，则业主多支付了报价中的不可预见风险费，承包商取得了超额利润。

合理地分配风险的好处是：

1) 业主可以获得一个合理的报价，承包商报价中的不可预见风险费较少。
2) 减少合同的不确定性，承包商可以准确地计划和安排工程施工。
3) 可以最大限度发挥合同双方风险控制和履约的积极性。
4) 整个工程的产出效益可能会更好。

(2) 工程风险分配的原则。合同风险应该按照效率原则和公平原则进行分配。

1) 从工程整体效益出发，最大限度发挥双方的积极性，尽可能做到：

① 谁能最有效地（有能力和经验）预测、防止和控制风险，或能有效地降低风险损失，或能将风险转移给其他方面，则应由其承担相应的风险责任。

② 承担者控制相关风险是经济的，即能够以最低的成本来承担风险损失，其管理风险的成本、自我防范和市场保险费用最低，同时又是有效、方便、可行的。

③ 通过风险分配，加强责任，发挥双方管理和技术革新的积极性等。

2) 公平合理，责权利平衡，体现在：

① 承包商提供的工程（或服务）与业主支付的价格之间应体现公平，这种公平通常以当地当时的市场价格为依据。

② 风险责任与权利之间应平衡。
③ 风险责任与机会对等，即风险承担者同时应能享有风险控制获得的收益和机会收益。
④ 承担的可能性和合理性，即给风险承担者以风险预测、计划、控制的条件和可能性。

3) 符合现代工程管理理念。
4) 符合工程惯例，即符合通常的工程处理方法。

9.4.2 工程担保的内容

1. 担保的方式

《中华人民共和国民法典》规定的担保方式有：保证、抵押、质押、留置和定金。

保证是指保证人和债权人约定，当债务人不能履行债务时，由保证人按照约定履行与合同的义务或承担责任的行为。

抵押是指债务人或者第三人不转移抵押财产的占有，将抵押财产作为债权的担保。

质押是指债务人或者第三人将其动产移交债权人占有，或者将其财产权利交由债权人控制，将该动产或者财产权利作为债权的担保。

留置是指在保管合同、运输合同、加工承揽合同中，债权人依照合同约定占有债务人的动产。定金是指合同当事人一方为了担保合同的履行，预先支付另一方一定数额的金钱的行为，债务人履行债务后，定金应当抵作价款或者收回。

2. 工程担保

工程担保中大量采用的是第三方担保，即保证担保。工程保证担保在发达国家已有100多年的历史，已经成为一种国际惯例。

工程担保制度以经济责任链条建立起担保人与建设市场主体之间的责任关系。工程承包商作为被担保人在工程建设中的任何不规范行为都可能危害担保人的利益，担保人为维护自身的经济利益，在提供工程担保时，必然对申请人的资信、实力、履约记录等进行全面的审核，根据被担保人的资信情况实行差别费率，并在建设过程中对被担保人的履约行为进行监督。通过这种制约机制和经济杠杆，可以迫使工程承包商提高素质，规范行为，保证工程质量、工期和施工安全。另外，承包商拖延工期、拖欠工人工资与分包商工程款和货款、保修期内不履行保修义务，设计人延迟交付图纸，业主拖欠工程款等问题的解决也必须借助工程担保。实践证明，工程保证担保制度对规范建筑市场、防范建筑风险特别是违约风险、降低建筑业的社会成本、保障工程建设的顺利进行等都有十分重要和不可替代的作用。

建设工程中经常采用的担保种类有：投标担保、履约担保、预付款担保、支付担保、工程保修担保等。

（1）投标担保。

1）投标担保的含义。投标担保，是指投标人向招标人提供的担保，保证投标人一旦中标即按中标通知书、投标文件和招标文件等有关规定与业主签订承包合同。

2）投标担保的形式。投标担保可以采用银行投标保函、担保公司担保书、同业担保书和投标保证金担保方式，多数采用银行投标保函和投标保证金担保方式，具体方式由招标人在招标文件中规定。未能按照招标文件要求提供投标担保的投标，可被视为不响应招标而被拒绝。

3）担保额度和有效期。根据《工程建设项目施工招标投标办法》规定，施工投标保证金的数额一般不得超过投标总价的2%，但最高不得超过80万元人民币。投标保证金有效期应当超出投标有效期30天。投标人不按招标文件要求提交投标保证金的，该投标文件将被拒绝，做废标处理。

根据《中华人民共和国招标投标法实施条例》（中华人民共和国国务院令第613号），投标保证金不得超过招标项目估算价的2%。投标保证金有效期应当与投标有效期一致。

根据《工程建设项目勘察设计招标投标办法》规定，招标文件要求投标人提交投标保证金的，保证金数额一般不超过勘察设计费投标报价的2%，最多不超过10万元人民币。

国际上常见的投标担保为保证金数额的2%~5%。

4）投标担保的作用。投标担保的主要目的是保护招标人不因中标人不签约而蒙受经济损失。投标担保要确保投标人在投标有效期内不要撤回投标书，以及投标人在中标后保证与业主签订合同并提供业主所要求的履约担保、预付款担保等。

投标担保的另一个作用是在一定程度上筛选投标人。

（2）履约担保。

1）履约担保的含义。所谓履约担保，是指招标人在招标文件中规定的要求中标人提交的保证履行合同义务和责任的担保。这是工程担保中最重要也是担保金额最大的工程担保。

履约担保的有效期始于工程开工之日，终止日期则可以约定为工程竣工交付之日或者保修期满之日。由于合同履行期限应该包括保修期，履约担保的时间范围也应该覆盖保修期，如果确定履约担保的终止日期为工程竣工交付之日，则需要另外提供工程保修担保。

2）履约担保的形式。履约担保可以采用银行保函、履约担保书和履约保证金的形式，也可以采用同业担保的方式，即由实力强、信誉好的承包商为其提供履约担保，但应当遵守国家有关企业之间提供担保的有关规定，不允许两家企业互相担保或多家企业交叉互保。在保修期内，工程保修担保可以采用预留保留金的方式。

3）履约担保的作用。履约担保将在很大程度上促使承包商履行合同约定，完成工程建设任务，从而有利于保护业主的合法权益。一旦承包人违约，担保人要代为履约或者赔偿经济损失。

履约保证金额的大小取决于招标项目的类型与规模，但必须保证承包人违约时，发包人不受损失。在投标须知中，发包人要规定使用哪一种形式的履约担保。中标人应当按照招标文件中的规定提交履约担保。

根据《中华人民共和国招标投标法实施条例》（中华人民共和国国务院令第613号）第58条，招标文件要求中标人提交履约保证金的，中标人应当按照招标文件的要求提交。履约保证金不得超过中标合同金额的10%。

（3）预付款担保。

1）预付款担保的含义。建设工程合同签订以后，发包人往往会支付给承包人一定比例的预付款，一般为合同金额的10%，如果发包人有要求，承包人应该向发包人提供预付款担保。预付款担保是指承包人与发包人签订合同后、领取预付款之前，为保证正确、合理使用发包人支付的预付款而提供的担保。

2）预付款担保的形式。预付款担保包括银行保函、由担保公司提供保证担保，或采取抵押等担保形式。

3）预付款担保的作用。预付款担保的主要作用在于保证承包人能够按合同规定进行施工，偿还发包人已支付的全部预付金额。如果承包人中途毁约，中止工程，使发包人不能在规定期限内从应付工程款中扣除全部预付款，则发包人作为保函的受益人有权凭预付款担保向银行索赔该保函的担保金额作为补偿。

（4）支付担保。

1）支付担保的含义。支付担保是中标人要求招标人提供的保证履行合同中约定的工程款支付义务的担保。

在国际上还有一种特殊的担保——付款担保，即在有分包人的情况下，业主要求承包人提供的保证向分包人付款的担保，即承包人向业主保证，将把业主支付的用于实施分包工程的工程款及时、足额地支付给分包人。在美国等许多国家的公共投资领域，付款担保是一种法定担保。付款担保在私人项目中也有所应用。

2）支付担保的形式。支付担保通常采用如下的几种形式：银行保函、履约保证金、担保公司担保。

发包人的支付担保实行分段滚动担保。支付担保的额度为工程合同总额的20%~25%。本段清算后进入下段。已完成担保额度，发包人未能按时支付的，承包人可依据担保合同暂停施工，并要求担保人承担支付责任和相应的经济损失。

3）支付担保的作用。工程款支付担保的作用在于，通过对业主资信状况进行严格审查并落实各项担保措施，确保工程费用及时支付到位；一旦业主违约，付款担保人将代为履约。

发包人要求承包人提供保证向分包人付款的付款担保，可以保证工程款真正支付给实施工程的单位或个人。如果承包人不能及时、足额地将分包工程款支付给分包人，业主可以向担保人索赔，并可以直接向分包人付款。

上述对工程款支付担保的规定，对解决我国建筑市场工程款拖欠现象具有特殊重要的意义。

9.5 建设工程施工合同实施

9.5.1 施工合同分析的任务

1. 合同分析的含义

合同分析是从合同执行的角度去分析、补充和解释合同的具体内容和要求，将合同目标和合同规定落实到合同实施的具体问题和具体时间上，用以指导具体工作，使合同能符合日常工程管理的需要，使工程按合同要求实施，为合同执行和控制确定依据。

合同分析不同于招标投标过程中对招标文件的分析，其目的和侧重点都不同。

合同分析往往由企业的合同管理部门或项目中的合同管理人员负责。

2. 合同分析的必要性和作用

（1）合同分析的必要性。由于以下诸多因素的存在，承包人在签订合同后、履行和实施合同前有必要进行合同分析：

1）许多合同条文采用法律用语，往往不够直观明了，不容易理解，通过补充和解释，可以使之简单、明确、清晰。

2）同一个工程中的不同合同形成一个复杂的体系，十几份、几十份甚至上百份合同之间有十分复杂的关系。

3）合同事件和工程活动的具体要求（如工期、质量、费用等）、合同各方的责任关系、事件和活动之间的逻辑关系等极为复杂。

4）许多工程小组，项目管理职能人员所涉及的活动和问题不是合同文件的全部，而仅为合同的部分内容，全面理解合同对合同的实施将会产生重大影响。

5）在合同中依然存在问题和风险，包括合同审查时已经发现的问题和风险，以及还可能隐藏着的尚未发现的问题和风险。

6）合同中的任务需要分解和落实。

7）在合同实施过程中，合同双方会有许多争执，在分析时就可以预测预防。

（2）合同分析的作用。合同分析的作用体现在以下几个方面。

1）分析合同中的漏洞，解释有争议的内容。在合同起草和谈判过程中，双方都会力争完善，但仍然难免会有所疏漏，通过合同分析，找出漏洞，可以将完善后的内容作为履行合同的依据。

在合同执行过程中，合同双方有时也会发生争议，这往往是对合同条款的理解不一致所造成的。通过分析，就合同条文达成一致理解，从而解决争议。在遇到索赔事件后，合同分析也可以为索赔提供理由和根据。

2）分析合同风险，制定风险对策。不同的工程合同，其风险的来源和风险量的大小都不同，要根据合同进行分析，并采取相应的对策。

3）合同任务分解、落实。在实际工程中，合同任务需要分解落实到具体的工程小组或部门、人员，要将合同中的任务进行分解，将合同中与各部分任务相对应的具体要求明确，然后落实到具体的工程小组或部门、人员身上，以便于实施与检查。

3. 建设工程施工合同分析的内容

合同分析，在不同的时期，为了不同的目的，有不同的内容，通常有以下几个方面。

(1) 合同的法律基础。合同的法律基础即合同签订和实施的法律背景。通过分析，承包人了解适用于合同的法律的基本情况（范围、特点等），用以指导整个合同实施和索赔工作。对合同中明示的法律应重点分析。

(2) 承包人的主要任务。

1）承包人的总任务，即合同标的。合同标的明确了承包人在设计、采购、制作、试验、运输、土建施工、安装、验收、试生产、缺陷责任期维修等方面的主要责任，施工现场的管理，给业主的管理人员提供生活和工作条件等责任。

2）工程范围。它通常由合同中的工程量清单、图纸、工程说明、技术规范所定义。工程范围的界限应很清楚，否则会影响工程变更和索赔，特别对固定总价合同。

在合同实施中，如果工程师指令的工程变更属于合同规定的工程范围，则承包人必须无条件执行；如果工程变更超过承包人应承担的风险范围，则可向业主提出工程变更的补偿要求。

3）关于工程变更的规定。在合同实施过程中，变更程序非常重要，通常要做工程变更工作流程图，并交付相关的职能人员。

工程变更的补偿范围，通常以合同金额一定的百分比表示。通常这个百分比越大，承包人的风险越大。

工程变更的索赔有效期，由合同具体规定，一般为28天，也有14天的。一般这个时间越短，对承包人管理水平的要求越高，对承包人越不利。

(3) 发包人的责任。

1）业主雇用工程师并委托其在授权范围内履行业主的部分合同责任。

2）业主和工程师有责任对平行的各承包人和供应商之间的责任界限做出划分，对这方面的争执做出裁决，对他们的工作进行协调，并承担管理和协调失误造成的损失。

3）及时做出承包人履行合同所必需的决策，如下达指令、履行各种批准手续、做出认可、答复请示，完成各种检查和验收手续等。

4）提供施工条件，如及时提供设计资料、图纸、施工场地、道路等。

5）按合同规定及时支付工程款，及时接收已完工程等。

(4) 合同价格。对合同的价格，应重点分析以下几个方面：

1）合同所采用的计价方法及合同价格所包括的范围。

2）工程量计量程序，工程款结算（包括进度付款、竣工结算、最终结算）方法和程序。

3）合同价格的调整，即费用索赔的条件、价格调整方法、计价依据、索赔有效期规定。

4）拖欠工程款的合同责任。

(5) 施工工期。在实际工程中，工期拖延极为常见和频繁，而且对合同实施和索赔的影响很大，所以要特别重视。

(6) 违约责任。如果合同一方未遵守合同规定，造成对方损失，应受到相应的合同处罚。通常分析：

1) 承包人不能按合同规定工期完成工程的违约金或承担业主损失的条款。
2) 由于管理上的疏忽造成对方人员和财产损失的赔偿条款。
3) 由于预谋或故意行为造成对方损失的处罚和赔偿条款等。
4) 由于承包人不履行或不能正确地履行合同责任，或出现严重违约时的处理规定。
5) 由于业主不履行或不能正确地履行合同责任，或出现严重违约时的处理规定，特别是对业主不及时支付工程款的处理规定。

(7) 验收、移交和保修。验收包括许多内容，如材料和机械设备的现场验收，隐蔽工程验收，单项工程验收，全部工程竣工验收等。

在合同分析中，应对重要的验收要求、时间、程序以及验收所带来的法律后果做说明。

(8) 索赔程序和争执的解决。它决定着索赔的解决方法。这里要分析：

1) 索赔的程序。
2) 争议的解决方式和程序。
3) 仲裁条款，包括仲裁所依据的法律、仲裁地点、方式和程序、仲裁结果的约束力等。

9.5.2 施工合同交底的任务

合同和合同分析的资料是工程实施管理的依据。合同分析后，应向各层次管理者做"合同交底"，即由合同管理人员在对合同的主要内容进行分析、解释和说明的基础上，通过组织项目管理人员和各个工程小组学习合同条文和合同总体分析结果，使大家熟悉合同中的主要内容、规定、管理程序，了解合同双方的合同责任和工作范围，各种行为的法律后果等，使大家树立全局观念，使各项工作协调一致，避免执行中的违约行为。

在传统的施工项目管理系统中，人们十分重视图纸交底工作，却不重视合同分析和合同交底工作，导致各个项目组和各个工程小组对项目的合同体系、合同基本内容不太了解，影响了合同的履行。

项目经理或合同管理人员应将各种任务或事件的责任分解，落实到具体的工作小组、人员或分包单位。合同交底的目的和任务如下：

1) 对合同的主要内容达成一致理解。
2) 将各种合同事件的责任分解落实到各工程小组或分包人。
3) 将工程项目和任务分解，明确其质量和技术要求以及实施的注意要点等。
4) 明确各项工作或各个工程的工期要求。
5) 明确成本目标和消耗标准。
6) 明确相关事件之间的逻辑关系。
7) 明确各个工程小组（分包人）之间的责任界限。
8) 明确完不成任务的影响和法律后果。
9) 明确合同有关各方（如业主、监理工程师）的责任和义务。

9.5.3 施工合同实施的控制

1. 施工合同跟踪

合同签订以后,合同中各项任务的执行要落实到具体的项目经理部或具体的项目参与人员身上。承包单位作为履行合同义务的主体,必须对合同执行者(项目经理部或项目参与人)的履行情况进行跟踪、监督和控制,确保合同义务的完全履行。

施工合同跟踪有两个方面的含义。一是承包单位的合同管理职能部门对合同执行者(项目经理部或项目参与人)的履行情况进行的跟踪、监督和检查,二是合同执行者(项目经理部或项目参与人)本身对合同计划的执行情况进行的跟踪、检查与对比。在合同实施过程中二者缺一不可。

对合同执行者而言,应该掌握合同跟踪的以下方面。

(1) 合同跟踪的依据。合同跟踪的重要依据是合同以及依据合同而编制的各种计划文件;其次还要依据各种实际工程文件如原始记录、报表、验收报告等;另外,还要依据管理人员对现场情况的直观了解,如现场巡视、交谈、会议、质量检查等。

(2) 合同跟踪的对象。

1) 承包的任务。

① 工程施工的质量,包括材料、构件、制品和设备等的质量,以及施工或安装质量,是否符合合同要求等。

② 工程进度,是否在预定期限内施工,工期有无延长,延长的原因是什么等。

③ 工程数量,是否按合同要求完成全部施工任务,有无合同规定以外的施工任务等。

④ 成本的增加和减少。

2) 工程小组或分包人的工程和工作。可以将工程施工任务分解交由不同的工程小组或发包给专业分包完成,工程承包人必须对这些工程小组或分包人及其所负责的工程进行跟踪检查、协调关系,提出意见、建议或警告,保证工程总体质量和进度。

对专业分包人的工作和其负责的工程,总承包商负有协调和管理的责任,并承担由此造成的损失,所以专业分包人的工作和其负责的工程必须纳入总承包工程的计划和控制中,防止因分包人工程管理失误而影响全局。

3) 业主和其委托的工程师的工作。

① 业主是否及时、完整地提供了工程施工的实施条件,如场地、图纸、资料等。

② 业主和工程师是否及时给予了指令、答复和确认等。

③ 业主是否及时并足额地支付了应付的工程款项。

2. 合同实施的偏差分析

通过合同跟踪,可能会发现合同实施中存在着偏差,即工程实施实际情况偏离了工程计划和工程目标,应该及时分析原因,采取措施,纠正偏差,避免损失。

合同实施偏差分析的内容包括以下几个方面。

(1) 产生偏差的原因分析。通过对合同执行实际情况与实施计划的对比分析,不仅可以发现合同实施的偏差,而且可以探索引起偏差的原因。原因分析可以采用鱼刺图、因果关系分析图(表)、成本量差、价差、效率差分析等方法定性或定量地进行。

(2) 合同实施偏差的责任分析。即分析产生合同偏差的原因是由谁引起的,应该由谁承担责任。

责任分析必须以合同为依据，按合同规定落实双方的责任。

(3) 合同实施趋势分析。针对合同实施偏差情况，可以采取不同的措施，应分析在不同措施下合同执行的结果与趋势，包括：

1) 最终的工程状况，如总工期的延误、总成本的超支、质量标准、所能达到的生产能力（或功能要求）等。

2) 承包商将承担什么样的后果，如被罚款、被清算，甚至被起诉，对承包商资信、企业形象、经营战略的影响等。

3) 最终工程经济效益（利润）水平。

3. 合同实施偏差处理

根据合同实施偏差分析的结果，承包商应该采取相应的调整措施，调整措施可以分为：

1) 组织措施，如增加人员投入，调整人员安排，调整工作流程和工作计划等。

2) 技术措施，如变更技术方案，采用新的高效率的施工方案等。

3) 经济措施，如增加投入，采取经济激励措施等。

4) 合同措施，如进行合同变更，签订附加协议，采取索赔手段等。

4. 工程变更管理

工程变更一般是指在工程施工过程中，根据合同约定对施工的程序、工程的内容、数量要求、质量要求及标准等做出的变更。

(1) 工程变更的原因。工程变更一般主要有以下几个方面的原因：

1) 业主新的变更指令，对建筑的新要求，如业主有新的意图、修改项目计划、削减项目预算等。

2) 由于设计人员、监理方人员、承包商事先没有很好地理解业主的意图，或设计的错误，导致图纸修改。

3) 工程环境变化，预定的工程条件不准确，要求实施方案或实施计划变更。

4) 由于产生新技术和新知识，有必要改变原设计、原实施方案或实施计划，或由于业主指令及业主责任的原因造成承包商施工方案的改变。

5) 政府部门对工程新的要求，如国家计划变化、环境保护要求、城市规划变动等。

6) 由于合同实施出现问题，因此必须调整合同目标或修改合同条款。

(2) 工程变更的范围。根据 FIDIC 施工合同条件，工程变更的内容可能包括以下几个方面：

1) 改变合同中所包括的任何工作的数量。

2) 改变任何工作的质量和性质。

3) 改变工程任何部分的标高、基线、位置和尺寸。

4) 删减任何工作，但要交他人实施的工作除外。

5) 任何永久工程需要的任何附加工作、工程设备、材料或服务。

6) 改动工程的施工顺序或时间安排。

根据我国《建设工程施工合同（示范文本）》（GF—2017—0201）变更的范围，除专用合同条款另有约定外，合同履行过程中发生以下情形的，应按照约定进行变更：

1) 增加或减少合同中任何工作，或追加额外的工作。

2）取消合同中任何工作，但转由他人实施的工作除外。

3）改变合同中任何工作的质量标准或其他特性。

4）改变工程的基线、标高、位置和尺寸。

5）改变工程的时间安排或实施顺序。

（3）工程变更的程序。根据统计，工程变更是索赔的主要起因。由于工程变更对工程施工过程影响很大，会造成工期的拖延和费用的增加，容易引起双方的争执，所以要十分重视工程变更管理问题。

一般工程施工承包合同中都有关于工程变更的具体规定。工程变更一般按照如下程序进行。

1）提出工程变更。根据工程实施的实际情况，以下单位都可以根据需要提出工程变更：承包人、业主方、设计方。

2）工程变更的批准。承包人提出的工程变更，应该交予工程师审查并批准；由设计方提出的工程变更应该与业主协商或经业主审查并批准；由业主方提出的工程变更，涉及设计修改的应该与设计单位协商，并一般通过工程师发出。工程师发出工程变更的权力，一般会在施工合同中明确约定，通常在发出变更通知前应征得业主批准。

3）工程变更指令的发出及执行。为了避免耽误工程，工程师和承包人就变更价格和工期补偿达成一致意见之前有必要先行发布变更指示，先执行工程变更工作，然后再就变更价格和工期补偿进行协商和确定。

工程变更指示的发出有两种形式：书面形式和口头形式。一般情况下要求用书面形式发布变更指示，如果由于情况紧急而来不及发出书面指示，承包人应该根据合同规定要求工程师书面认可。

根据工程惯例，除非工程师明显超越合同权限，承包人应该无条件地执行工程变更的指示。即使工程变更价款没有确定，或者承包人对工程师答应给予付款的金额不满意，承包人也必须一边进行变更工作，一边根据合同寻求解决办法。

（4）工程变更的责任分析与补偿要求。根据工程变更的具体情况可以分析确定工程变更的责任和费用补偿。

1）由于业主要求、政府部门要求、环境变化、不可抗力、原设计错误等导致的设计修改，应该由业主承担责任。由此所造成的施工方案的变更以及工期的延长和费用的增加应该向业主索赔。

2）由于承包人的施工过程、施工方案出现错误、疏忽而导致的设计修改，应该由承包人承担责任。

3）施工方案变更要经过工程师的批准，不论这种变更是否会对业主带来好处（如工期缩短、节约费用）。

由于承包人的施工过程、施工方案本身的缺陷而导致的施工方案的变更，所引起的费用增加和工期延长应该由承包人承担责任。

业主向承包人授标前（或签订合同前），可以要求承包人对施工方案进行补充、修改或做出说明，以便符合业主的要求。在授标后（或签订合同后），业主为了缩短工期、提高质量等要求变更施工方案，由此所引起的费用增加可以向业主索赔。

9.6 建设工程索赔

9.6.1 索赔的证据及成立条件

建设工程索赔通常是指在工程合同履行过程中,合同当事人一方因对方不履行或未能正确履行合同或者由于其他非自身因素而受到经济损失或权利损害,通过合同规定的程序向对方提出经济或时间补偿要求的行为。索赔是一种正当的权利要求,它是合同当事人之间一项正常的而且普遍存在的合同管理业务,也是一种以法律和合同为依据的合情合理的行为。

1. 索赔的起因

索赔可能由以下一个或几个方面的原因引起:

1) 合同对方违约,不履行或未能正确履行合同义务与责任。
2) 合同错误,如合同条文不全、错误等,设计图、技术规范错误等。
3) 合同变更。
4) 工程环境变化,包括法律、物价和自然条件的变化等。
5) 不可抗力因素,如恶劣气候条件、地震、洪水、战争状态等。

2. 索赔的依据

总体而言,索赔的依据主要是三个方面:

1) 合同文件。
2) 法律、法规。
3) 工程建设惯例。

根据具体的索赔要求(工期或费用)不同,索赔的具体依据也不相同,例如,有关工期的索赔就要依据有关的进度计划、变更指令等。

3. 索赔证据

(1) 可以作为证据使用的材料。可以作为证据使用的材料有以下七种。

1) 书证:以其文字或数字记载的内容起证明作用的书面文书和其他载体。如合同文本、财务账册、欠据、收据、往来信函以及确定有关权利的判决书、法律文件等。

2) 物证:以其存在、存放的地点外部特征及物质特性来证明案件事实真相的证据。如购销过程中封存的样品,被损坏的机械、设备,有质量问题的产品等。

3) 证人证言:知道、了解事实真相的人所提供的证词,或向司法机关所做的陈述。

4) 视听材料:能够证明案件真实情况的音像资料,如录音带、录像带等。

5) 被告人供述和有关当事人陈述。它包括:犯罪嫌疑人、被告人向司法机关所做的承认犯罪并交代犯罪事实的陈述,或否认犯罪或具有从轻、减轻、免除处罚的辩解、申诉;被害人、当事人就案件事实向司法机关所做的陈述。

6) 鉴定结论:专业人员就案件有关情况向司法机关提供的专门性的书面鉴定意见,如损伤鉴定、痕迹鉴定、质量责任鉴定等。

7) 勘验、检验笔录:司法人员或行政执法人员对与案件有关的现场物品、人身等进行勘察、试验或检查的文字记载。这项证据也具有专门性。

（2）常见的工程索赔证据。常见的工程索赔证据有以下多种类型：

1）各种合同文件，包括施工合同协议书及其附件、中标通知书、投标书、标准和技术规范、图纸、工程量清单、工程报价单或者预算书、有关技术资料和要求、施工过程中的补充协议等。

2）工程各种往来函件、通知、答复等。

3）各种会谈纪要。

4）经过发包人或者工程师批准的承包人的施工进度计划、施工方案、施工组织设计和现场实施情况记录。

5）工程各项会议纪要。

6）气象报告和资料，如有关温度、风力、雨雪的资料。

7）施工现场记录，包括有关设计交底、设计变更、施工变更指令、验收与使用等方面的凭证、材料供应清单、合格证书，工程现场水、电、道路等开通、封闭的记录，停水、停电等各种干扰事件的时间和影响记录等。

8）工程有关照片和录像等。

9）施工日记、备忘录等。

10）发包人或者工程师签认的签证。

11）发包人或者工程师发布的各种书面指令和确认书，以及承包人的要求、请求、通知书等。

12）工程中的各种检查验收报告和各种技术鉴定报告。

13）工地的交接记录（应注明交接日期，场地平整情况，水、电、路情况等），图纸和各种资料交接记录。

14）建筑材料和设备的采购、订货、运输、进场、使用方面的记录、凭证和报表等。

15）市场行情资料，包括市场价格、官方的物价指数、工资指数、中央银行的外汇汇率等公布材料。

16）投标前发包人提供的参考资料和现场资料。

17）工程结算资料、财务报告、财务凭证等。

18）各种会计核算资料。

19）国家法律、法令、政策文件。

（3）索赔证据的基本要求。索赔证据应该具有：①真实性；②及时性；③全面性；④关联性；⑤有效性。

4. 索赔成立的条件

（1）构成施工项目索赔条件的事件。索赔事件，又称为干扰事件，是指那些使实际情况与合同规定不符合，最终引起工期和费用变化的各类事件。在工程实施过程中，要不断地跟踪、监督索赔事件，就可以不断地发现索赔机会。通常，承包人可以提起索赔的事件有：

1）发包人违反合同给承包人造成时间、费用的损失。

2）因工程变更（含设计变更、发包人提出的工程变更、监理工程师提出的工程变更，以及承包人提出并经监理工程师批准的变更）造成的时间、费用损失。

3）由于监理工程师对合同文件的歧义解释、技术资料不确切，或由于不可抗力导致施工条件的改变，造成了时间、费用的增加。

4)发包人提出提前完成项目或缩短工期而造成承包人的费用增加。
5)发包人延误支付期限造成承包人的损失。
6)对合同规定以外的项目进行检验,且检验合格,或非承包人的原因导致项目缺陷的修复所发生的损失或费用。
7)非承包人的原因导致工程暂时停工。
8)物价上涨,法规变化及其他。

(2)索赔成立的前提条件。
1)与合同对照,事件已造成了承包人工程项目成本的额外支出,或直接工期损失。
2)造成费用增加或工期损失的原因,按合同约定不属于承包人的行为责任或风险责任。
3)承包人按合同规定的程序和时间提交索赔意向通知和索赔报告。

以上三个条件必须同时具备,缺一不可。

9.6.2　承包人和发包人提出的索赔

1. 承包人向业主提出的索赔

(1)因合同文件引起的索赔。
1)有关合同文件的组成问题引起的索赔。
2)关于合同文件有效性引起的索赔。
3)因图纸或工程量表中的错误而引起的索赔。

(2)有关工程施工的索赔。
1)地质条件变化引起的索赔。
2)工程中人为障碍引起的索赔。
3)增减工程量的索赔。
4)各种额外的试验和检查费用的偿付。
5)工程质量要求的变更引起的索赔。
6)指定分包商违约或延误造成的索赔。
7)其他有关施工的索赔。

(3)关于价款方面的索赔。
1)关于价格调整方面的索赔。
2)关于货币贬值和严重经济失调导致的索赔。
3)拖延支付工程款的索赔。

(4)关于工期的索赔。
1)关于延长工期的索赔。
2)由于延误产生损失的索赔。
3)赶工费用的索赔。

(5)特殊风险和人力不可抗拒灾害的索赔。
1)特殊风险的索赔。特殊风险一般是指战争、敌对行动、入侵行为、核污染及冲击波破坏、叛乱、暴动、军事政变或篡权、内战等。
2)人力不可抗拒灾害的索赔。人力不可抗拒灾害主要是指自然灾害,由这类灾害造成的损失应向承保的保险公司索赔。在许多合同中承包人以业主和承包人共同的名义投保工程一切险，这种索赔承包人可同业主一起进行。

（6）工程暂停、终止合同的索赔。

1）施工过程中，工程师有权下令暂停全部或任何部分工程，只要这种暂停命令并非承包人违约或其他意外风险造成的，承包人不仅可以得到要求工期延长的权利，而且可以就其停工损失获得合理的额外费用补偿。

2）终止合同和暂停工程的意义是不同的。有些是由于意外风险造成的损害十分严重因而终止合同，也有些是由"错误"引起的合同终止，例如业主认为承包人不能履约而终止合同，甚至从工地驱逐该承包人。

（7）财务费用补偿的索赔。财务费用的损失要求补偿，是指因各种原因使承包人财务开支增大而导致的贷款利息等财务费用。

2. 业主向承包人索赔

在承包人未按合同要求实施工程时，除了工程师可向承包人发出批评或警告，要求承包人及时改正外，在许多情况下，工程师可以代表业主根据合同向承包人提出索赔。

（1）索赔费用和利润。承包人未按合同要求实施工程，发生下列损害业主权益或违约的情况时，业主可索赔费用和（或）利润：

1）工程进度太慢，要求承包人赶工时，可索赔工程师的加班费。

2）合同工期已到而工程仍未完工，可索赔误期损害赔偿费。

3）质量不满足合同要求，如不按照工程师的指示拆除不合格工程和材料，不进行返工或不按照工程师的指示在缺陷责任期内修复缺陷，则业主可找另一家公司完成此类工作，并向承包人索赔成本及利润。

4）质量不满足合同要求，工程被拒绝接收，在承包人自费修复后，业主可索赔重新检验费。

5）未按合同要求办理保险，业主可前去办理并扣除或索赔相应的费用。

6）由于合同变更或其他原因造成工程施工的性质、范围或进度计划等方面发生变化，承包人未按合同要求去及时办理保险，由此造成的损失或损害可向承包人索赔。

7）未按合同要求采取合理措施，造成运输道路、桥梁等的破坏。

8）未按合同条件要求，无故不向分包商付款。

9）严重违背合同（如工程进度一拖再拖，质量经常不合格等），工程师一再警告而没有明显改进时，业主可没收履约保函。

（2）索赔工期。FIDIC 于 1999 年出版的合同条件——《施工合同条件》（"新红皮书"）规定，当承包人的工程质量不能满足要求，即某项缺陷或损害使工程、区段或某项主要生产设备不能按原定目的使用时，业主有权延长工程或某一区段的缺陷通知期。

9.6.3 索赔的基本程序

1. 索赔意向通知

在工程实施过程中发生索赔事件以后，或者承包人发现索赔机会，首先要提出索赔意向，即在合同规定时间内将索赔意向用书面形式及时通知发包人或者工程师，向对方表明索赔愿望、要求或者声明保留索赔权利，这是索赔工作程序的第一步。

索赔意向通知要简明扼要地说明索赔事件发生的时间、地点、简单事实情况和发展动态、索赔依据和理由、索赔事件的不利影响等。

2. 索赔资料的准备

在索赔资料准备阶段，主要工作有：
1) 跟踪和调查干扰事件，掌握事件产生的详细经过。
2) 分析干扰事件产生的原因，划清各方责任，确定索赔根据。
3) 损失或损害调查分析与计算，确定工期索赔和费用索赔值。
4) 搜集证据，获得充分而有效的各种证据。
5) 起草索赔文件。

3. 索赔文件的提交

提出索赔的一方应该在合同规定的时限内向对方提交正式的书面索赔文件。例如，FIDIC 合同条件和我国《建设工程施工合同（示范文本）》（GF—2017—0201）都规定，承包人必须在发出索赔意向通知后的 28 天内或经过工程师同意的其他合理时间内向工程师提交一份详细的索赔文件和有关资料。如果干扰事件对工程的影响持续时间长，承包人则应按工程师要求的合理间隔（一般为 28 天），提交中间索赔报告，并在干扰事件影响结束后的 28 天内提交一份最终索赔报告，否则将失去就该事件请求补偿的索赔权利。

索赔文件的主要内容包括以下几个方面。

（1）总述部分。概要论述索赔事项发生的日期和过程；承包人为该索赔事项付出的努力和附加开支；承包人的具体索赔要求。

（2）论证部分。论证部分是索赔报告的关键部分，其目的是说明承包人有索赔权，是索赔能否成立的关键。

（3）索赔款项（和/或工期）计算部分。如果说索赔报告论证部分的任务是解决索赔权能否成立，则款项计算的任务是确定能得多少款项。前者定性，后者定量。

（4）证据部分。要注意引用的每个证据的效力或可信程度，对重要的证据资料最好附以文字说明，或附以确认件。

4. 索赔文件的审核

当承包人向发包人提出索赔请求，索赔文件首先应该交由工程师审核。工程师根据发包人的委托或授权，对承包人索赔的审核工作主要分为判定索赔事件是否成立和核查承包人的索赔计算是否正确、合理两个方面，并可在授权范围内做出判断：初步确定补偿额度，或者要求补充证据，或者要求修改索赔报告等。对索赔的初步处理意见要提交发包人。

5. 发包人审查

对于工程师的初步处理意见，发包人需要进行审查和批准，然后工程师才可以签发有关证书。

如果索赔额度超过了工程师权限范围时，应由工程师将审查的索赔报告报请发包人审批，并与承包人谈判解决。

6. 协商

对于工程师的初步处理意见，发包人和承包人可能都不接受或者其中的一方不接受，三方可就索赔的解决进行协商，达成一致，其中可能包括复杂的谈判过程，经过多次协商才能达成一致。

如果经过努力无法就索赔事宜达成一致意见，则发包人和承包人可根据合同约定选择采用仲裁或者诉讼方式解决。

9.6.4 索赔费用和工期的计算

1. 索赔费用的计算

（1）索赔费用的组成。

1）人工费。人工费包括施工人员的基本工资、工资性质的津贴、加班费、奖金以及法定的安全福利等费用。对于索赔费用中的人工费部分而言，人工费是指完成合同之外的额外工作所花费的人工费用；由于非承包人责任的工效降低所增加的人工费用；超过法定工作时间加班劳动所产生的费用；法定人工费增长以及非承包人责任工程延期导致的人员窝工费和工资上涨费等。

2）材料费。材料费的索赔包括：由于索赔事项材料实际用量超过计划用量而增加的材料费；由于客观原因导致材料价格大幅度上涨；由于非承包人责任工程延期导致的材料价格上涨和超期储存费用。材料费中应包括运输费、仓储费以及合理的损耗费用。如果由于承包人管理不善而造成材料损坏失效，则不能列入索赔计价。承包人应该建立健全物资管理制度，记录建筑材料的进货日期和价格，建立领料耗用制度，以便索赔时能准确地分离出索赔事项所引起的材料额外耗用量。为了证明材料单价的上涨，承包人应提供可靠的订货单、采购单，或官方公布的材料价格调整指数。

3）施工机具使用费。施工机具使用费的索赔包括：由于完成额外工作增加的机械使用费；非承包人责任工效降低增加的机械使用费；由于业主或监理工程师原因导致机械停工的窝工费。窝工费的计算，如是租赁设备，一般按实际租金和调进调出费的分摊计算；如是承包人自有设备，一般按台班折旧费计算，而不能按台班费计算，因台班费中包括了设备使用费。

4）分包费用。分包费用索赔指的是分包人的索赔费，一般也包括人工、材料、机械使用费的索赔。分包人的索赔应如数列入总承包人的索赔款总额以内。

5）现场管理费。索赔款中的现场管理费是指承包人完成额外工程、索赔事项工作以及工期延长期间的现场管理费，包括管理人员工资、办公、通信、交通费等。

6）利息。在索赔款额的计算中，经常包括利息。利息的索赔通常发生于下列情况：拖期付款的利息、错误扣款的利息。至于具体利率应是多少，在实践中可采用不同的标准，主要有这样几种规定：

① 按当时的银行贷款利率。

② 按当时的银行透支利率。

③ 按合同双方协议的利率。

④ 按中央银行贴现率加三个百分点。

7）总部（企业）管理费。索赔款中的总部管理费主要指的是工程延期期间所增加的管理费，包括总部职工工资、办公大楼、办公用品、财务管理、通信设施以及总部领导人员赴工地检查指导工作等的开支。这项索赔款的计算，目前没有统一的方法。在国际工程施工索赔中总部管理费的计算有以下几种：

① 按照投标书中总部管理费的比例（3%~8%）计算。
总部管理费=合同中总部管理费比率（%）×(直接费索赔款额+现场管理费索赔款额等）
② 按照公司总部统一规定的管理费比率计算。
总部管理费=公司管理费比率（%）×(直接费索赔款额+现场管理费索赔款额等）
③ 以工程延期的总天数为基础，计算总部管理费的索赔额。

$$该工程的每日管理费 = \frac{该工程向总部上缴的管理费}{合同实施天数}$$

8）利润。一般来说，由于工程范围的变更、文件有缺陷或技术性错误、业主未能提供现场等引起的索赔，承包人可以列入利润。但对于工程暂停的索赔，由于利润通常包括在每项实施工程内容的价格之内，而延长工期并未影响或削减某些项目的实施，也未导致利润减少。所以，一般监理工程师很难同意在工程暂停的费用索赔中加进利润损失。

索赔利润的款额计算通常与原报价单中的利润百分率保持一致。

(2) 索赔费用的计算方法。索赔费用的计算方法有：实际费用法、总费用法和修正的总费用法。

1）实际费用法。实际费用法是计算工程索赔时最常用的一种方法。这种方法的计算原则是以承包人为某项索赔工作所支付的实际开支为根据，向业主要求费用补偿。

用实际费用法计算时，在直接费的额外费用部分的基础上，再加上应得的间接费和利润，即承包人应得的索赔金额。由于实际费用法所依据的是实际发生的成本记录或单据，所以，在施工过程中，系统而准确地积累记录资料是非常重要的。

2）总费用法。总费用法就是当发生多次索赔事件以后，重新计算该工程的实际总费用，实际总费用减去投标报价时的估算总费用，即为索赔金额：

$$索赔金额 = 实际总费用 - 投标报价估算总费用$$

不少人对采用该方法计算索赔费用持批评态度，因为实际发生的总费用中可能包括了承包人的原因，如施工组织不善而增加的费用；同时投标报价估算的总费用也可能为了中标而过低。所以这种方法只有在难以采用实际费用法时才应用。

3）修正的总费用法。修正的总费用法是对总费用法的改进，即在总费用计算的原则上，去掉一些不合理的因素，使其更合理。修正的内容如下：①将计算索赔款的时段局限于受到外界影响的时间，而不是整个施工期；②只计算受影响时段内的某项工作所受影响的损失，而不是计算该时段内所有施工工作所受的损失；③与该项工作无关的费用不列入总费用中；④对投标报价费用重新进行核算，按受影响时段内该项工作的实际单价进行核算，乘以实际完成的该项工作的工程量，得出调整后的报价费用。

按修正后的总费用计算索赔金额的公式如下：

$$索赔金额 = 某项工作调整后的实际总费用 - 该项工作的报价费用$$

修正的总费用法与总费用法相比，有了实质性改进，它的准确程度已接近实际费用法。

2. 工期索赔的计算

(1) 工期索赔的分析。工期索赔的分析包括延误原因分析、延误责任的界定、网络计划（CPM）分析、工期索赔的计算等。

运用网络计划（CPM）分析延误事件是否发生在关键线路上，以决定延误是否可以索赔。在工期索赔中，一般只考虑对关键线路上的延误，或者非关键线路因延误而变为关键线路时才给予顺延工期。

（2）工期索赔的计算方法。

1）直接法。如果某干扰事件直接发生在关键线路上，造成总工期的延误，可以直接将该干扰事件的实际干扰时间（延误时间）作为工期索赔值。

2）比例分析法。如果某干扰事件仅仅影响某单项工程、单位工程或分部分项工程的工期，要分析其对总工期的影响，可以采用比例分析法。

3）网络分析法。在实际工程中，影响工期的干扰事件可能会很多，每个干扰事件的影响程度可能都不一样，有的直接在关键线路上，有的不在关键线路上，多个干扰事件的共同影响结果究竟是多少，这个问题可能引起合同双方很大的争议。采用网络分析法是比较科学合理的方法，其思路是：假设工程按照双方认可的工程网络计划确定的施工顺序和时间施工，当某个或某几个干扰事件发生后，网络中的某个工作或某些工作受到影响，使其持续时间延长或开始时间推迟，从而影响总工期，则将这些工作受干扰后的新的持续时间和开始时间等代入网络中，重新进行网络分析和计算，得到的新工期与原工期之间的差值就是干扰事件对总工期的影响，也就是承包人可以提出的工期索赔值。

网络分析法通过分析干扰事件发生前和发生后网络计划的计算工期之差来计算工期索赔值，可以用于各种干扰事件和多种干扰事件共同作用所引起的工期索赔。

思考题与练习题

1. 简述建设工程施工承包合同谈判的主要内容。
2. 根据《建设工程施工合同（示范文本）》（GF—2017—0201）通用条款规定，简述施工合同文件解释的优先顺序。
3. 根据《建设工程施工合同（示范文本）》（GF—2017—0201），简述承包人的一般义务。
4. 简述施工专业分包合同中承包人的工作内容。
5. 简述施工专业分包合同中分包人的工作内容。
6. 简述施工专业分包合同中禁止转包或再分包的情况。
7. 简述工程总承包合同中解释合同文件的优先顺序。
8. 简述工程总承包合同中发包方的责任与义务。
9. 简述工程总承包合同中承包人的一般义务。
10. 简述工程总承包合同中发包人提出合同解除的情况。
11. 简述工程总承包合同中由承包人解除合同的情况。
12. 简述工程合同风险产生的原因。
13. 简述工程风险分配的原则。
14. 什么是合同分析？简述其必要性和作用。
15. 简述施工合同交底的目的和任务。
16. 简述工程项目索赔的起因及依据。
17. 简述构成施工项目索赔条件的事件。
18. 简述工程项目索赔成立的前提条件。

19. 简述工程项目索赔的基本程序。

20. 简述工程项目产生索赔时其索赔费用组成。

21. 某办公楼工程，地下1层，地上10层，现浇钢筋混凝土框架结构，预应力管桩基础。建设单位与施工总承包单位签订了施工总承包合同，合同工期为29个月。按合同约定，施工总承包单位将预应力管桩工程分包给了符合资质要求的专业分包单位。施工总承包单位提交的施工总进度计划如图9-1所示（时间单位：月），该计划通过了监理工程师的审查和确认。

合同履行过程中，发生了如下事件。

事件1：专业分包单位将管桩专项施工方案报送监理工程师审批，遭到了监理工程师拒绝。在桩基施工过程中，由于专业分包单位没有按设计图纸要求对管桩进行封底施工，监理工程师向施工总承包单位下达了停工令。施工总承包单位认为监理工程师应直接向专业分包单位下达停工令，拒绝签收停工令。

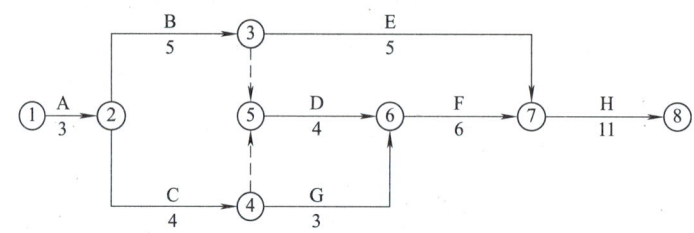

图9-1 施工总进度计划

事件2：在工程施工进行到第7个月时，因建设单位提出设计变更，导致G工作停止施工1个月。由于建设单位要求按期完工，施工总承包单位据此向监理工程师提出了赶工费索赔。根据合同约定，赶工费标准为18万元/月。

事件3：在H工作开始前，为了缩短工期，施工总承包单位将原施工方案中H工作的异节奏流水施工调整为成倍节拍流水施工。原施工方案中H工作异节奏流水施工横道图如图9-2所示（时间单位：月）。

施工工序	施工进度（月）										
	1	2	3	4	5	6	7	8	9	10	11
P	Ⅰ		Ⅱ		Ⅲ						
R					Ⅰ		Ⅱ		Ⅲ		
Q							Ⅰ		Ⅱ		Ⅲ

图9-2 原施工方案中H工作异节奏流水施工横道图

问题：

（1）施工总承包单位计划工期能否满足合同工期要求？为保证工程进度目标，施工总承包单位应重点控制哪条施工线路？

（2）事件1中，监理工程师及施工总承包单位的做法是否妥当？分别说明理由。

（3）事件2中，施工总承包单位可索赔的赶工费为多少万元？说明理由。

(4) 事件3中，流水施工调整后，H工作相邻工序的流水步距为多少个月？工期可缩短多少个月？

22. 建筑公司（承包方）与某建设单位（发包方）签订了建筑面积为2100m² 的单层工业厂房的施工合同，合同工期为20周。承包方按时提交了施工方案和施工网络计划，如图9-3和表9-1所示，并获得工程师代表的批准。该项工程中各项工作的计划资金需用量由承包方提交，经工程师代表审查批准后，作为施工阶段投资控制的依据。

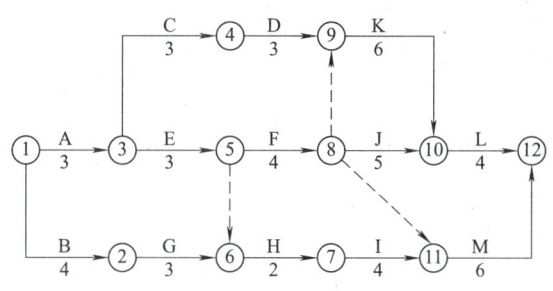

图9-3 施工网络计划

表9-1 网络计划工作时间及费用

工作名称	A	B	C	D	E	F	G	H	I	J	K	L	M
持续时间	3	4	3	3	3	4	3	2	4	5	6	4	6
费用（万元）	10	12	8	15	24	28	22	16	12	26	30	23	24

实际施工过程中发生了如下事件：

(1) 在工程进行到第9周结束时，检查发现A、B、C、E、G工作均全部完成，D、F和H三项工作实际完成的资金用量分别为15万元、14万元和8万元，且前9周各项工作的实际投资均与计划投资相符。

(2) 在随后的施工过程中，J工作由于施工质量问题，工程师代表下达了停工令使其暂停施工，并进行返工处理1周，造成返工费用2万元；M工作因发包方要求的设计变更，施工图晚到，而推迟2周施工，并造成承包方因停工和机械闲置而损失1.2万元。为此承包方向发包方提出了3周工期索赔和3.2万元的费用索赔。

问题：

(1) 试绘制该工程的早时标网络进度计划，根据第9周末的检查结果标出实际进度前锋线，分析D、F和H三项工作的实际进度与计划进度的偏差。计算到第9周末的实际累计投资额。

(2) 如果后续施工按计划进行，试分析上述三项工作的进度偏差对计划工期产生什么影响，以及其总工期是否大于合同工期。

(3) 试重新绘制第10周开始至完工的早时标网络进度计划。

(4) 承包方提出的索赔要求是否合理？说明原因。

(5) 正确的工期索赔应如何计算？索赔工期为多少周？

(6) 承包方合理的费用索赔额是多少？

23. 某综合楼工程，地下1层，地上10层，钢筋混凝土框架结构，建筑面积28500m²，某施工单位与建设单位签订了工程施工合同，合同工期约定为20个月。施工单位根据合同工期编制了该工程项目的施工进度计划，并且绘制出施工进度网络计划如图9-4所示（单位：月）。

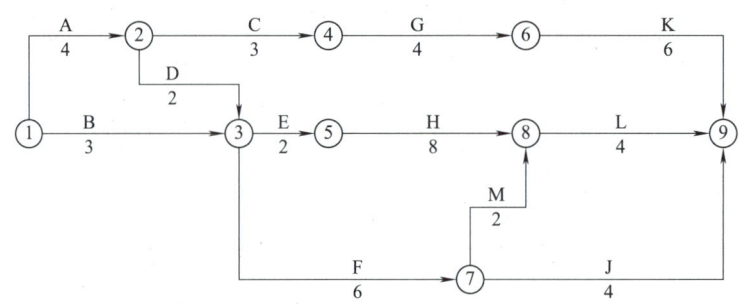

图9-4 施工进度网络计划

在工程施工中发生了如下事件。
事件1：因建设单位修改设计，致使工作K停工2个月。
事件2：因建设单位供应的建筑材料未按时进场，致使工作H延期1个月。
事件3：因不可抗力原因致使工作F停工1个月。
事件4：因施工单位原因发生质量事故返工，使工作M实际进度延迟1个月。
问题：
（1）指出该网络计划的关键线路，并指出由哪些关键工作组成。
（2）针对上述事件，施工单位是否可以提出工期索赔的要求？说明理由。
（3）发生上述事件后，网络计划的关键线路是否改变？如有改变，指出新的关键线路。
（4）对于索赔成立的事件，工期可以顺延几个月？实际工期是多少？

24. 某多层办公楼建设项目业主与承包商签订了工程施工承包合同，根据合同及其附件的有关条文，对索赔内容有如下规定：

（1）因窝工发生的人工费以25元/工日计算，监理方提前1周通知承包方时不以窝工处理，以补偿费4元/工日支付。

（2）机械设备台班费。塔吊：300元/台班；混凝土搅拌机：70元/台班；砂浆搅拌机：30元/台班。因窝工而闲置时，只考虑折旧费，按台班费70%计算。

（3）临时停工一般不补偿管理费和利润。

在施工过程中发生了以下情况：

（1）于6月8日至6月21日施工到第七层时，因业主提供的模板未到使1台塔吊、1台混凝土搅拌机和35名支模工停工（业主已于5月30日通知承包方）。

（2）于6月10日至6月21日，因公用网停电停水使进行第四层砌砖工作的1台砂浆搅拌机和30名砌砖工停工。

（3）于6月20日至6月23日，因砂浆搅拌机故障使在第二层抹灰的1台砂浆搅拌机和35名抹灰工停工。

问题：
承包商在有效期内提出索赔要求，监理工程师认为合理的索赔金额是多少？

二维码形式客观题

手机微信扫描二维码,可自行做客观题,提交后可查看答案。

第 10 章 工程项目风险管理

> **本章重点内容**
>
> 项目建议书与可行性研究阶段风险管理；招投标风险管理；工程项目施工阶段风险的识别；工程项目施工阶段风险衡量；工程项目施工阶段风险防范策略与措施。

> **本章学习目标**
>
> 了解项目前期决策阶段的风险管理，数字招标阶段风险管理，掌握施工阶段的风险识别与衡量，熟悉施工阶段的风险防范。通过本章学习，培养学生的使命感和责任感，职业道德和忧患意识，风险防范意识和责任意识。

10.1 工程项目风险管理概述

10.1.1 工程风险管理的基本概念

1. 相关定义

（1）风险。我国风险管理学界主流的风险定义分为两个层次。

第一层次：强调风险的不确定性，可以用概率来衡量风险的不确定性。

第二层次：强调风险对人们所带来的损害，可以用风险度来衡量风险的各种结果差异给风险承担主体带来的损害。

风险三要素包括风险因素、风险事故、风险损失。

风险因素：是指产生、诱发风险的条件或潜在原因，它是造成损失的直接原因。不同领域的风险因素的表现形态各异，根据其性质，可分为物理风险因素、道德风险因素和心理风险因素。

风险事故：是指造成生命财产损失的偶发事件，它是导致损失的媒介物。

风险损失：是指非正常的、非预期的经济价值的减少，通常以货币单位来衡量，并且必须满足以上所有条件才能称其为损失。

风险作用链条如图 10-1 所示。

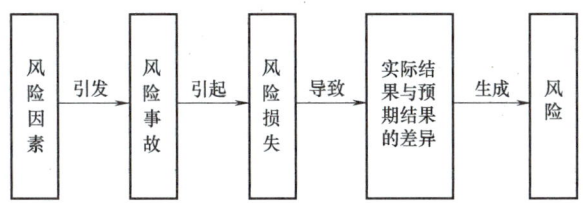

图 10-1 风险作用链条

（2）工程风险。工程风险是一种特定的风险。对于工程风险的含义，比较有代表性的有两种。一种是指标的物在工程各个阶段过程中因遇到各种自然灾害和意外事故而受损的风险。另一种是指所有影响工程项目目标实现的不确定因素的集合。结合工程项目特点，本书对工程风险的定义为：在整个建筑工程项目全生命过程中，因自然灾害和各种意外事故的发生而造成的人身伤亡、财产损失和其他经济损失的不确定性。工程风险与工程项目各阶段、各管理主体、各项目目标有紧密联系。

按产生风险的原因可将工程风险分成以下几类：

1）自然风险：由于自然因素带来的风险，在工程项目施工过程中出现的洪水、暴雨、地震、飓风等，造成财产毁损或人员伤亡。

2）政治风险：是指由于政局变化、政权更迭、罢工、战争等引起社会动荡而造成财产损失和损害以及人员伤亡的风险。

3）经济风险：指人们在从事经济活动中，国家和社会一些大的经济因素的变化带来的风险以及由于经营管理不善、市场预测失误、价格波动、供求关系发生变化、通货膨胀、汇率变动等所导致经济损失的风险。

4）技术风险：指伴随科学技术的发展而来的风险。

5）信用风险：指合同一方的业务能力、管理能力、财务能力等有缺陷或者没有圆满履行合同而给另一方带来的风险。

6）社会风险：包括宗教信仰的影响和冲击，社会治安的稳定性、社会的禁忌、劳动者的文化素质、社会风气等带来的风险。

7）组织风险：由于项目有关各方关系不协调以及其他不确定性而引起的风险。

8）行为风险：由于个人或组织的过失、疏忽、侥幸、恶意等不当行为造成财产毁损、人员伤亡的风险。

（3）风险管理。风险管理是指经济单位通过对风险的识别和衡量，采用合理的经济和技术手段对风险加以处理，以最小的成本获得最大的安全保障的一种管理活动，是对风险进行认识、估计、评价乃至采取防范和处理措施等的一系列过程。

风险管理作为一种管理活动，是由一系列行为构成的。它描述的是一种风险管理机制，其过程共可分为四个步骤：风险辨识、风险估计、风险评价和风险处理。

风险辨识是整个风险管理工作的基础，如果不经过识别并用语言表述，则风险是无法衡量、无法进行科学管理的。风险辨识是指风险管理人员通过对大量来源可靠的信息资料进行系统了解和分析，认清经济单位存在的各种风险因素，进而确定经济单位所面临的风险及其性质，并把握其发展趋势。

风险估计是在风险辨识的基础上，通过对所收集的大量资料的分析，利用概率统计理论，估计和预测风险发生的可能性和相应损失的大小。

风险评价是在风险辨识和风险估计的基础上，对风险发生的概率、损失程度和其他因素进行综合考虑，得到描述风险的综合指标——风险度，以便对工程的单个风险因素进行重要性排序和评价工程项目的总体风险。

风险处理是指针对经过风险辨识、风险估计和风险评价之后的风险问题采取行动或不采取行动，它是风险管理过程的一个关键性阶段。风险管理人员对于经济单位所面临的风险，在弄清了风险的性质和大小（或等级）之后，必须运用合理而有效的方法对风险加以处理。这一阶段的核心是风险处理手段的选择。

2. 工程风险管理

（1）工程风险管理的概念。工程风险管理是对工程风险进行辨识、分析并采取相应措施，进行处理以达到减少意外损失或利用风险盈利之目的的工作。该工作包含两个环节，即工程风险分析、制定并实施风险处置方案。它同样分为四个步骤：工程风险辨识、工程风险估计、工程风险评价和工程风险处理。

（2）工程风险管理的目标与责任范围。

1）工程风险管理的目标。工程风险管理最主要的目标是控制与处置风险，以防止和减少损失，保障社会生产及各项活动的顺利进行。风险管理的目标通常被分为两部分，一部分是损失前的目标，另一部分则是损失后的目标。损失前的管理目标是避免或减少损失的发生，损失后的管理目标是尽快恢复到损失前的状态，两者构成了风险管理的完整目标。

损失前的目标：节约成本；减少忧虑心理；履行有关义务。

损失后的目标：维持生存；保证生产服务的持续，尽快恢复正常的生产生活秩序；实现稳定的收入；实现生产的持续增长；履行社会责任。

2）工程风险管理的责任范围。承担工程管理的单位，其负责风险管理人员的一般责任范围是：确定和评估风险，识别潜在损失因素及估算损失大小；制定风险财务对策（确定自负额水平和保险限额、投保还是自留风险，确定投保范围）；采取预防措施；制定保护措施，提出保护方案；落实安全措施；管理索赔，负责一切可索赔事项的准备、谈判并签证有关索赔的协议和文件；负责保险谈判、分配保费、统计损失；完成有关风险管理的预算。

10.1.2 工程风险管理的过程

工程风险管理的过程与风险管理的基本程序是一致的，包括四个步骤：风险辨识、风险估计、风险评价、风险处置。

1. 工程风险辨识

工程风险辨识是对面临的及潜在的风险所做的认识、判断、归类并鉴定风险性质的工作。该工作目的是认清直接、间接、隐蔽、净收入、责任和人身损失等风险。

风险辨识首先要弄清项目的组成、各变数的性质和相互间的关系、项目与环境之间的关系等。在此基础上利用系统的、有章可循的步骤和方法查明对项目可能产生风险的诸事项。风险辨识可分三步进行：收集资料，估计项目风险形势，根据直接或间接的症状将潜在的风险识别出来。

风险辨识包括：确定风险的来源，风险产生的条件，描述风险特征和确定哪些风险会对本项目产生影响。风险辨识的参与者应尽可能包括项目队伍、风险管理小组、来自公司其他部门的某一问题专家、客户、最终使用者、其他项目经理、项目利益相关者、外界专家等。

2. 工程风险估计

工程风险估计指通过各种风险分析技术，采用定性或定量分析方法，估计各种风险的风险度的工作。它是联系风险辨识和风险评估的纽带，该工作的目的是：对各种风险对项目的影响程度尽量给予量化描述，反映出种种风险间相互作用，使业主全面理解，为选择正确管理措施打下基础。

工程风险估计的原则有：系统性原则、谨慎性原则、相对性原则、定性估计与定量估计相结合原则。

3. 工程风险评价

工程风险评价是在工程风险辨识和估计的基础上，综合考虑风险属性、风险管理的目标和风险主体的风险承受能力，确定工程风险和风险处置措施对系统的影响程度。

（1）风险评价的目的。

1）对工程项目风险进行比较和评价，确定它们的先后顺序。

2）从工程项目整体出发，弄清各个风险事件之间确切的因果关系。这是因为表面上看似不相干的风险事件，常常是由一个共同的风险源造成的。

3）考虑各种不同风险之间相互转化的条件，研究如何才能化威胁为机会。有时，机会与威胁会相互转化。

4）进一步量化已识别风险的发生概率和后果，减少风险发生概率和后果估计中的不确定性。必要时根据项目形势的变化重新分析风险发生的概率和可能的后果。

（2）风险评价的步骤。

1）确定风险评价基准。风险评价基准就是项目主体针对每一种风险后果确定的可接受水平。单个风险和整体风险都要确定评价基准，可分别称为单个评价基准和整体评价基准。风险的可接受水平可是绝对的，也可是相对的。

2）确定项目整体风险水平。项目整体风险水平是综合了所有的个别风险之后确定的。

3）将单个风险水平与单个评价基准、项目整体风险水平与整体评价基准对比，分析项目风险是否在可接受的范围内，进而确定该项目应该就此止步，还是继续进行。

4. 工程风险处置

工程风险处置指面对风险应采取措施，尽可能地规避、减少或降低风险损失，完成工程预期目标的工作。该工作顺序为：分析评价风险辨识、估计及评价阶段的结论→比选风险处理方案→提出处理方案及措施→组织落实。

10.2 工程项目决策阶段的风险管理

10.2.1 项目建议书与可行性研究阶段风险管理

1. 项目建议书与可行性研究阶段风险管理概述

（1）项目建议书与可行性研究阶段风险管理概念。项目建议书与可行性研究阶段风险是指在项目投资决策前，在对拟建项目的所有方面（工程、技术、经济、财务、生产、销售、环境、法律等）进行全面的、综合的调查研究的基础上分析项目建设必要性，说明技术上、市场上、工程上和经济上的可能在过程中出现的不确定因素，以及这些因素对项目目标产生的有利或不利影响的机会事件的不确定性和损失的可能性。

项目建议书与可行性研究阶段风险管理就是对项目建议书与可行性研究阶段的风险进行管理，即风险管理人员对可能导致损失的不确定性进行识别、预测、分析、评估和有效处置，以最低的成本为项目的成功完成提供最大限度安全保障的科学管理方法。

（2）项目建议书与可行性研究阶段风险管理目标和任务。

1）保证市场调查资料的真实性、可靠性。

2）选择正确的估算方法，防止估算错误。如在投资额的估算、市场需求的预测以及项目投入产出物价格的选取等方面，由于对通货膨胀处理方式的不当，采用的预测方法不妥以及价格选取得不对，对投资额及项目费用、效益的估算与实际情况有很大偏差，直接影响项目决策的正确性。

3）防止考虑不周、缺项漏项现象的发生。建设项目投资前期工作需要分析研究各方面有关因素，并进行大量计算。由于时间紧，出现项目考虑不周的情况，特别是在工程设计中的配套工程、环境保护措施的设计与计算、外部条件与项目本身的衔接、各种技术方案的费用效益权衡比较，以及建设施工时间进度安排等方面。

本阶段风险管理的任务就是综合应用风险管理技术进行风险管理规划。认真、明确的规划可提高风险管理过程成功的概率。风险管理规划是指决定如何进行项目风险管理活动的过程。风险管理过程的规划对保证风险管理（包括风险管理程度、类型和可见度）、项目风险程度和项目对组织的重要性相适应起着重要作用，它可保证为风险管理活动提供充足的资源和时间，并确定风险评估一致同意的基础。

风险管理规划过程应在项目规划过程的早期完成，因为其对项目的成功完成至关重要。

（3）项目建议书与可行性研究阶段风险管理特点。风险管理本质上就是价值管理，就是考虑如何以最小的成本把风险降到最低。项目建议书与可行性研究阶段项目变动的灵活性比较大。这时要减少项目变更的风险，则成本小、收效大，而且有助于选择项目的最优方案。

2. 项目建议书与可行性研究阶段风险辨识

本阶段风险辨识综合运用多种风险识别工具进行全面的风险辨识，首先对项目建议书与可行性研究内容进行工作分解，然后对不同的工作采用相适应的风险识别方法。

（1）对项目建议书与可行性研究内容进行工作分解。项目建议书是要求建设某一具体项目的建议文件，是基本建设程序中最初阶段的工作，是投资决策前对拟建项目的轮廓设想。项目建议书的主要作用是推荐一个拟建设的项目的初步说明，论述它建设的必要性、条件的可行性和获利的可能性，供基本建设部门选择并确定是否进行下一步工作。

项目建议书一经批准，即可着手进行可行性研究。可行性研究是在投资决策之前，对拟建项目进行全面技术经济分析论证的科学方法，也是投资前期工作的重要内容，是投资建设程序的重要环节。在投资项目管理中，可行性研究具体是指在项目投资决策前，调查、研究与拟建项目有关的自然、社会、经济、技术资料，分析、比较可能的投资建设方案，预测评价项目建成后的社会经济效益，并在此基础上，综合论证项目投资建设的必要性、财务上的盈利性和经济的合理性、技术上的先进性和适用性以及建设条件上的可能性和可行性，从而为投资决策提供科学依据的工作。对于不同种类的项目，其可行性研究的内容不尽相同。

(2) 工程环境的风险辨别。环境分析是对工程项目所在外部环境的宏观上的分析，寻找影响该工程项目的有利因素和不利因素。PEST（政治，Political；经济，Economic；社会，Social；技术，Technological）是目前常用的环境分析方法。

环境分析方面的风险可以分为政治（法律）环境风险、经济环境风险、社会文化环境风险、技术环境风险四类。政治的角度主要有：垄断法律、环境保护法、税法、对外贸易规定、劳动法、政府稳定性。经济的角度主要有：经济周期、国民生产总值（GNP）趋势、利率、货币供给、通货膨胀、失业率、可支配收入、能源供给、成本。社会文化的角度主要有：收入分配、社会稳定、生活方式的变化、教育水平、消费、政府对研究的投入。技术的角度主要有：政府和行业对技术的重视、技术的发明和进展、技术传播的速度、折旧和报废速度。

(3) 其他工作的风险辨别。

1) 项目实施计划与进度方面的风险。项目实施计划与进度是根据制定建设工期和勘察设计、设备制造、工程施工、安装、试生产所需时间与进度要求，选择整个工程项目实施方案和总进度，用线条图或网格图表述最佳实施计划方案的选择。项目实施计划与进度涉及工程项目的实施全过程，所以风险因素比较复杂，存在的风险主要包括自然风险、社会风险、融资风险、设计风险、施工风险、技术风险、接口风险等。

2) 投资估算和资金筹措方面的风险。投资估算方面的风险因素对建设项目至关重要，主要分为工程量估算不足，设备材料劳动力价格上涨使投资不足，计划失误或外部条件因素导致建设工期拖延，外汇汇率不利变化导致投资增加等。

资金筹措方面的风险：业主资金筹措不足导致支付不及时，导致工程停工待料，影响工程进度；项目资本金、财政补助资金、项目贷款及其他来源结构不合理；资金头寸储备过多，造成资金闲置，增加财务费用等。

3) 社会、经济效益评价方面的风险。社会、经济效益评价为决策者提供最后的决策依据，主要的风险包括：数据、资料来源的可靠性风险；评价指标的取舍不恰当；计算失误的风险等。

3. 项目建议书与可行性研究阶段风险评价

风险评价是指应用管理科学技术，采用定性与定量相结合的方式，对项目的整体风险、各风险之间的相互影响和作用以及对项目总体影响、项目主体对风险的承受能力进行分析和评价，以便以此为依据，对风险采取相应的对策。

常用的风险评价方法：①概率法；②蒙特卡罗模拟法；③调查和专家打分法；④层次分析法；⑤模糊综合评判法。

在项目建议书与可行性研究阶段风险管理中，对于一些必须首先给予保障的风险，应投保强制性保险，如投保工程一切险、第三者责任险、业主责任险与人身意外伤害险等；对于其他的风险，在考虑采用规避手段时，可按以下程序选择：

1) 首先分析风险事件可否回避，如果可以回避，且又不损害根本利益（即不会把机会也回避掉），则首选风险回避。否则，考虑下一步。

2) 预防和减轻风险。预防需要有措施，就会有费用，减轻风险也会有费用。要考虑效果与费用。如果效果好，费用又不高，则可选择之。

3) 风险自留。采用风险自留，首先是由于这些风险造成的后果可以承受（当然，对于自己可能有利的，首选是自留）。如果在采取预防、减轻风险或风险分散、风险转移等对策所花费的费用超过这些风险发生所造成损失的费用，则选择自留。

4) 风险分散。如果认定采取分散风险的办法，相较于集中由自己一家承担更为有利（因为分散了风险，也就可能分散了机会），则应选择风险分散。

5) 风险转移。多数风险不可能靠分散的办法解决，因为分散只能解除一部分风险，因此可考虑选择风险转移。风险转移包括"非保险转移"和"保险转移"两种。非保险转移是指通过各种契约，将本应由自己承担的风险转移给别人。保险转移则是通过买保险的方式转移风险。

10.2.2　项目评价与决策阶段风险管理

1. 项目评价与决策阶段风险概念

在建设项目和投资方案的经济评价中，所研究的问题都是发生在未来，所引用的数据是根据假设和现有统计资料进行预测和估算的，加之时间的推移、条件的变化和一些未考虑因素的影响，使项目评价不可避免地带有不确定性，从而使投资决策存在潜在的风险。

项目评价与决策阶段风险管理是对项目评价与决策阶段的风险进行管理，即风险管理人员对可能导致损失的不确定性进行识别、预测、分析、评估和有效处置，以最低的成本为项目的成功完成提供最大限度安全保障的科学管理方法。

2. 项目评价与决策阶段风险管理目标和任务

不同建设阶段风险管理的目标不是单一不变的，应该是一个有机的目标系统。在总的风险控制目标下，不同的阶段需要有不同的风险管理目标。当然风险管理的目标必须与项目管理的总目标一致，包括项目的盈利、信誉及影响等；同时风险管理的目标也必须与项目的环境因素和项目的特有属性相一致，包括将来的顾客、项目投资决策人的个性与经历等。这些因素可能是相对稳定的，也可能是变幻不定的。在确定风险管理目标时，必须充分考虑这些因素，否则即使在理论上已经确立目标，在实践中也无法实现。本阶段风险管理的目标就是识别出项目可能承担的风险，然后尽可能地降低这些风险因素对经济评价指标的影响，确定项目经济上的可靠性，保证投资决策的正确性。

本阶段风险管理的任务就是识别出该阶段的主要风险因素，然后进行风险规划并制订风险管理计划。

3. 项目评价与决策阶段风险辨识

由于客观环境的不断发展变化，项目评估时可能缺乏足够的信息资料或没有全面考虑到未来可能发生的情况，加上人们对客观事物变化的认识有一定的局限性，所以目前的预测和假设与未来的情况不可避免地会产生误差，还会包含不同程度的风险和不确定性。本阶段主要通过应用不确定性分析工具进行风险辨识。在企业和国民经济评价中，分析和研究项目投资、生产成本、销售收入、汇率、产品价格和寿命期等主要不确定性因素的变化，所引起的项目投资收益等各种经济效益指标的变化和变化程度，就称为不确定性分析。不确定性分析一般包括盈亏平衡分析、敏感性分析、概率分析等。

通过上述分析方法找到影响项目评价指标的因素，然后探索不确定性因素的产生原因即风险因素，这样就完成了风险辨识。从工程项目评估工作的实践来看，各种不确定性因素的存在是不可避免的。一般情况下，产生不确定性的风险因素包括：物价的浮动、技术装备的变化、生产工艺的变革、生产能力的变化、建设资金不足、建设工期的延长、政府政策和法规的变化。

除上述主要原因外，还会有许多难以控制的、影响项目经济效果和决策的风险，尤其是有些国家经常发生的罢工、市场竞争行为、重大技术突破、政治事件、恐怖袭击、国际性金融危机和经济贸易情况的变化，甚至自然灾害等。

4. 项目评价与决策阶段风险评价

随机型风险评价。著名经济学家弗兰克·奈特认为，当各种可能出现的自然状态的概率可以估量时，这种风险估计就成为随机型风险评价，它是运用概率论与数理统计方法预测和研究各种不确定因素对投资价值指标影响的一种定量分析方法。通过概率分析可以对项目的风险情况做出比较准确的判断。

不确定型风险评价。当出现的自然状态概率无法确定时，这种评价就成为不确定型风险评价。这时候往往采用由经验丰富的评估人员根据各种经济、技术、政策等资料来估计概率的方法。这样估计出的概率就是主观概率。

5. 项目评价与决策阶段风险处置

项目评价与决策阶段风险处置过程就是进行风险管理规划过程。风险管理规划指决定在工程项目寿命期内如何进行风险管理活动的过程。

风险管理规划的依据包括：①事业环境因素；②组织过程资产；③项目范围说明书；④项目管理计划。

风险管理规划的工具与技术是规划会议与分析。项目团队举行规划会议，制订风险管理计划。参与者可包括项目经理、项目团队成员、利益相关者、实施组织中负责风险管理规划和实施活动的人员。在会议期间，将界定风险管理活动的基本计划，确定风险费用因素和所需的进度计划活动，并分别将其纳入项目预算和进度计划中，同时对风险职责进行分配。风险管理规划的成果是风险管理计划。风险管理计划描述如何安排与实施项目风险管理，它是项目管理计划的从属计划。

10.3 项目准备阶段的风险管理

10.3.1 项目融资阶段风险管理概述

项目融资是以项目的资产和所产生的现金流量为基础，筹集该项目建设所需资金的融资方式，项目筹建和运营过程中的不确定性，使得项目融资的风险是客观存在的。项目融资风险是指在项目融资过程中出现的不确定因素，以及该因素对项目目标产生的有利或不利的影响的机会事件的不确定性和损失的可能性。

项目融资风险管理有别于一般风险管理的特点，主要有四个方面：
1) 以项目可行性研究报告作为风险控制的首要前提。
2) 以风险的识别作为设计融资结构的依据。
3) 以项目的当事人作为风险分担的主体。

4）以合同作为风险处理的首要手段和主要形式。

项目融资风险分析常用的方法有故障树分析法、调查和专家打分法、风险报酬法、层次分析法等。

项目融资风险辨识首要的是识别风险属性。为了更好地判断和规避项目融资风险，可从项目的进展阶段、项目风险的表现形式、项目风险的可控性三个角度，识别项目融资风险属性。

1）从项目的进展阶段分析，项目融资风险具体表现为项目开发阶段风险、项目试生产阶段风险和项目经营阶段风险。

2）从表现形式划分，项目融资风险分为信用风险和完工风险。

3）从项目风险的可控制性划分，项目融资风险分为项目的核心风险和项目的环境风险。

一般来说，风险对任何经济实体来说，都是一种威胁。但是如果对风险运用得当，非但不会带来损失，反而会获得收益。在项目融资风险中，各参与方都希望自身承担的风险最小，并且采取使自身承担的风险最小化的措施，这是项目融资成功的保障。项目中任何一个风险完全由该风险的偏好系数最大的项目参与方承担时，项目整体满意度最大。某参与方对某种风险的偏好系数最大，意味着其最适合承受该风险。于是得到了风险分配的最基本原则：将风险分配给最适合承担它的参与方（风险偏好系数最大的一方），从而得到风险的最优分配。

项目融资风险控制策略包括：

1）信用风险的控制。主要措施是实地考察项目有关参与方的资信，通过各类资金承诺函、支持函等文件获得保障。

2）建设和开发风险的控制。贷款人主要通过对合同、履约保函的控制来确保项目工程设计、设备采购和工程建设按原计划进行，以锁定建设和开发风险。"交钥匙"建设合同建立的项目完工和质量保证机制是控制建设风险的基础。

3）市场运营风险的控制。决定项目现金流量的因素有两个：一是价格，二是需求量。它们是影响项目经济强度及贷款偿还能力的基础性指标。

4）金融风险的控制。人民币的可兑换性及能否汇至国外构成了国外投资者以及贷款银行的外汇风险。目前我国规定，凡是合法且在国家外汇管理局登记的融资项目，都有资格在外汇市场兑换外币。但国家外汇管理总局一般不向项目出具人民币可兑换的保证支持文件。我国同时还规定，项目中属于还本付息或分红的外汇可以汇出，但不能在境外开立外汇账户。

5）项目融资风险转移策略。转移风险一般采用三种形式：一是随所有权转移而实现的风险转嫁，属于风险控制型转移，即将可能遭受损失的财产所有权及有关活动转移出去，随着财产所有权的转移，风险损失也转移出去，这是转移风险的一种重要形式。另外两种风险转移的形式同属于财务型风险转移工具，即将风险及损失的有关后果转嫁出去而不转移财产本身，如通过变更合同的某些条款或巧妙运用合同语言、谈判技巧将某些潜在损失后果转移给合同另一方；或是保险转嫁，即将标的物的财务损失转嫁给保险人承担，保险是财务型转移的重要形式。

10.3.2 招投标风险管理

在工程施工招投标过程中，业主对于工程招标方式、发包方式以及合同类型的选择正确与否至关重要，这直接关系到工程项目的成功和顺利进行，正确的决策有利于保证工程质量、降低工程成本和缩短建设工期。因此，本节从业主角度，介绍工程施工招投标过程中的业主风险以及其防范和化解措施。

在招投标过程中，由于招标方式、发包方式和合同形式的选择以及招投标、发包和签订合同过程给业主带来损失的不确定性，是业主面临的招投标风险。招投标风险按照招投标过程分为招投标前期策划阶段的风险和招投标实施阶段的风险。

1. 招投标前期策划阶段的风险分析及处置策略

（1）招标方式的风险分析和对策。

1）公开招标。对业主来说，公开招标存在资格预审及评标工作量较大、费用支出多、耗费时间长的风险，并且增加了因对中标单位可能不了解，导致今后协调困难和合同履行中承包商违约的风险。

2）邀请招标。虽然业主可以有效地减少招标工作量、节省招标费用开支、缩短招标时间以及降低合同履行中承包方违约的风险，但也限制了竞争范围，使业主失去了可能获得更低报价、技术上更有竞争力的潜在承包商的机会。因此，邀请招标方式在大型工程招标过程中很少应用。

（2）两种发包模式的风险分析和对策。

1）平行发包模式的风险分析和对策。平行发包模式的运作程序是设计—招投标—施工—竣工验收。在该模式下各专业单位特长易得到发挥，但也增加了业主组织、协调和控制的难度，导致工程质量、进度和成本存在风险。一方面，由于业主提供设计，承包商只是按图施工，一旦业主有新的要求或发生设计变更，承包商就有理由就此提出索赔，因而业主要承担较大的风险；另一方面，设计施工往往分别由设计院和承包商承担，双方分别与业主签订合同，互相之间无合同约束，出现矛盾时，由业主协调设计和施工两方面的工作，为此业主需耗费较多精力。

鉴于平行发包模式目前在我国广泛使用，为减少乃至避免承担此类不必要的风险，业主应做好以下工作：尽早确定对建设对象的功能、性能、外观等的要求，特别是对主观因素较强的期望要求，尽量减少设计变更；给设计单位留有充足时间，使其能最大限度地满足业主的要求及期望，充分表达自己的设计思想和设计理念，同时也在时间上给业主留有对设计方案提出修改建议的可能；业主应具备一定的设计、管理、协调能力，能够很好地实现与设计方以及施工方的沟通；通过招标选择资质高、信誉好、能力强的施工单位，特别是要选择好项目经理；在工程实施过程中做好合同跟踪、现场签证、认质认价以及竣工结算。

2）总承包模式的风险分析和对策。业主需要提出对建设项目的一些基本设想与要求。投标单位首先必须充分领会业主的建设意图，在这样一个框架内再进行细化、深化乃至全面设计，根据自己的设计方案，进行工程量的测算和投标报价。这种操作模式减少了业主在协调上的困难，缩短了设计—修改—招标—开标过程的时间，将部分市场及现场的风险因素转移给了投标单位。但业主同时也面临着设计过程中投标单位故意设置陷阱或缺陷的风险。

针对这些风险因素，业主作为招标人应采取积极的风险防范措施加以控制：尽量将自己的设计意图表达明确，将设计框架搭建完善；对投标单位的资格预审应从严执行，提高要求，尽量避免挂靠现象；方案和技术标的评审要细致，纵向比较与横向比较紧密结合，对一些方案上和技术上的缺陷最好能够在开标的过程中澄清，淘汰与设想差距较大的方案；在分值的设定与分配上应充分考虑方案、报价之间的紧密联系，通过方案的对比来确定报价的可比性；做好技术澄清及合同谈判工作，做好实施过程中的合同跟踪、质量监控以及索赔与反索赔管理。

2. 招投标实施阶段的风险分析和处置策略

（1）资格预审策略。业主首先应对投标的企业进行资格预审，对参加投标的企业的资质提出明确而合理的要求，确保入围的企业都是资质较高、信誉优良、业绩突出的企业，在理论上先排除投标企业采取不正当竞争行为的隐患。对于公开招标方式，业主应严格对投标单位进行资格预审，认真考察投标人的技术、经济和管理等综合实力，侧重于考察其总体能力是否适合招标工程的要求。

（2）招标策略。业主应根据工程规模、工程特点和工程性质等，以及自身招投标管理能力，合理确定招标范围和招标方式。根据工程规模、工程特点和工程性质、业主合同管理能力以及工程管理能力，确定工程发包方式。招标文件对招标内容的描述一定要严密、完整，特别是项目交接的地方更要规定清楚、交代明白，承包商在确定投标报价时会十分关注工程图纸和说明的准确程度。招标文件对工程项目的技术要求（特别是在设计不充分的情况下）、验收规范、合理的工期要求及延期条件、移交手续等要规定明确，对投标人应承担的义务要写明、写全，以保证业主在合同谈判、合同签订以及实施的过程中掌握主动，最大限度减小风险。

（3）评标策略。评标是对投标的评价和比较。一般采用评议制和评分制评标方式。常用的是综合评标法。评标主要应考虑四个方面并且以百分制计分：业绩和信誉、施工管理能力、施工组织设计、投标价。实践证明，合理低价的判断不应按标底或评标价的一定范围来确定，而应按投标单位的建造成本来确定合理的低价，即评标时以评标价最低，而不是以投标价最低为准选择承包商。

（4）合同主要条款的设置策略。合同主要条款随标书一起发售，有利于合同谈判和合同签订工作的开展，也有利于业主掌握合同谈判和合同签订的主动权。在主要条款起草过程中应当做到对合同中关键词语的定义解释要严密、不留漏洞，讲明双方权利、义务关系，明确合同款支付方式，明确对企业及项目经理的特殊要求，尽量规避一些可能引起索赔的条款以及硬性规定业主义务的条款，说明不可预见事件发生时的处理方案，说明合同发生争议时的解决方法及诉讼或仲裁地点。

10.3.3 工程项目设计风险管理

1. 工程项目设计的风险概念

工程项目设计风险是指由于设计过程中出现的失误或错误引起工程事故而导致经济损失的不确定性。工程项目设计风险主要表现为法律风险、技术风险、人为风险和程序风险。

2. 工程项目设计的主要风险源及风险分析

（1）开发商的个人行为对项目设计的干预。由于业主地位的优势，往往会使开发商具有很强的发言权。在设计进行过程当中，开发商往往会根据自己的意见，要求设计师更改前期设计。开发商个人行为引起的设计变更和前面所述的因为策划定位问题引起的设计变更同样都是来自于业主方，但是两者有本质的区别。个人行为引起设计变更是由开发商发起的，是主动行为；策划定位失误而引起设计更改是业主被动地接受，是为了弥补前面工作的失误而不得不做出的举动。开发商可以在事先同设计方协商订立的设计合同中加入对随意行为约束的条款，减少设计变更概率，降低设计风险。

（2）设计单位因素。首先是设计单位设计人员的专业素质；其次是由于项目的规划设计是庞大的综合工作，包括建筑、结构、水电、暖通、市政、安装等各种专业部门的工作内容；最后是一些设计人员单纯追求高效率，为了接受更多的工作，赢取更多的利润，短时间完成大量设计任务，人为地压缩了正常的设计周期，降低了设计质量。

（3）施工原因。施工必须在设计图交付以后开始，但设计人员必须跟踪工程施工直到竣工完毕。这是因为施工人员在按照设计图施工时，需要和设计人员沟通，而设计人员也可以在施工现场及时发现设计上存在的问题。在施工过程中发现设计更改是非常普遍的，通常有四种情况：一是设计图不符合实际或存在某种缺陷，这属于设计单位的工作失误，责任由设计单位承担；二是按原设计施工技术难度太高，必须要更改设计才能继续工作；三是施工环节失误，对建筑质量造成损坏，必须要改变原设计才可以恢复或者部分补偿损失；四是施工后期设备安装问题。

3. 工程项目设计的风险处置

（1）工程项目设计风险规避。

1）加强对工程设计人员的职业教育和培训。

2）工程设计人员必须严格遵守工程设计基本程序。

3）建立科学的薪酬分配制度及严格的绩效考核制度，形成对工程设计人员的激励和约束机制。

（2）工程项目设计风险自留与风险控制。

1）明确的工作界面。

2）约束开发商要求变更前期设计的权限。

3）明确进度控制要求。

4）明确付款办法。

5）进行现场设计，及时解决问题。

6）设计阶段经济师的参与。

10.4 工程项目施工阶段的风险管理

10.4.1 工程项目施工阶段风险管理概述

1. 工程项目施工阶段的主要风险

工程项目施工阶段一般都是规模大、工期长、关联单位多、与环境接口复杂，包含着大量的风险，其主要风险见表 10-1。

表 10-1 工程项目施工阶段的主要风险

分类依据	种类	内容
风险原因	自然风险	自然力的不确定性变化给工程项目施工阶段带来的风险，如地震、洪水、沙尘暴等 未预测到的工程项目施工阶段的复杂水文地质条件、不利的现场条件、恶劣的理环境等，使交通运输受阻，施工无法正常进行，造成人财损失等风险
	社会风险	社会治安状况、宗教信仰的影响，风俗习惯、人际关系及劳动者素质等形成的障碍或不利条件给项目施工带来的风险
	政治风险	项目所在国政治方面的各种事件和原因给项目施工带来意外干扰的风险，如战争、政变、动乱、恐怖袭击、国际关系变化、政策多变、权力部门专制和腐败等
	法律风险	法律不健全、有法不依、执法不严，相关法律内容变化给项目带来的风险 未能正确全面地理解有关法规，施工中发生触犯法律行为被起诉和处罚的风险
	经济风险	项目所在国或地区的经济领域出现的或潜在的各种因素变化，如经济政策的变化、产业结构的调整、市场供求变化带来的风险（如汇率风险、金融风险等）
	管理风险	经营者因不能适应客观形势的变化，或因主观判断失误，或因对已发生的事件处理不当而带来的风险，包括财务风险、市场风险、投资风险、生产风险等
	技术风险	科技进步、技术结构及相关因素的变动给工程项目施工阶段技术管理带来的风险 项目所处施工条件或项目复杂程度带来的风险 施工中采用新技术、新工艺、新材料、新设备带来的风险
风险的行为主体	承包商	企业经济实力差，财务状况恶化，处于破产境地，无力采购和支付工资 对项目环境调查、预测不准确，错误理解业主意图和招标文件，投标报价失误 项目合同条款遗漏、表达不清，合同索赔管理工作不力 施工技术、方案不合理，施工工艺落后，施工安全措施不当 工程价款估算错误、结算错误 没有适合的项目经理和技术专家，技术、管理能力不足，造成失误，工程中断 项目经理部没有认真履行合同和保证进度、质量、安全、成本目标的有效措施 项目经理部初次承担施工技术复杂的项目，缺少经验，控制风险能力差 项目组织结构不合理、不健全，人员素质差，纪律涣散，责任心差 项目经理缺乏权威，指挥不力 没有选择好合作伙伴（分包商、供应商），责任不明，产生合同纠纷和索赔
	业主	经济实力不强，抵御工程项目施工阶段风险能力差 经营状况恶化，支付能力差或撤走资金，改变投资方向或项目目标 缺乏诚信，不能履行合同：不能及时交付场地、供应材料、支付工程款 管理能力差，不能很好地与项目相关单位协调沟通，影响施工顺利进行 业主违约、苛刻刁难，发出错误指令，干扰正常施工活动
	监理工程师	起草错误的招标文件、合同条件 管理组织能力低，不能正确执行合同，下达错误指令，要求苛刻 缺乏职业道德和公正性
	其他方面	设计内容不全，有错误、遗漏，或不能及时交付图纸，造成返工或延误工期 分包商、供应商违约，影响工程进度、质量和成本 中介人的资信、可靠性差，水平低难以胜任其职，或为获私利不择手段 施工现场周边居民、单位的干预

(续)

分类依据	种类	内容
风险对目标的影响	工期风险	造成局部或整个工程的工期延长，项目不能及时投产
	费用风险	包括报价风险、财务风险、利润降低、成本超支、投资追加、收入减少等
	质量风险	包括材料、工艺、工程不能通过验收，试生产不合格，工程质量评价为不合格
	信誉风险	造成对企业形象和信誉的损害
	安全风险	造成人身伤亡、工程或设备的损坏

2. 工程项目施工阶段风险管理流程

工程项目施工阶段风险管理流程一般分为风险识别、风险衡量、风险防范策略和风险防范措施四个阶段，各阶段及其内容如图10-2所示。

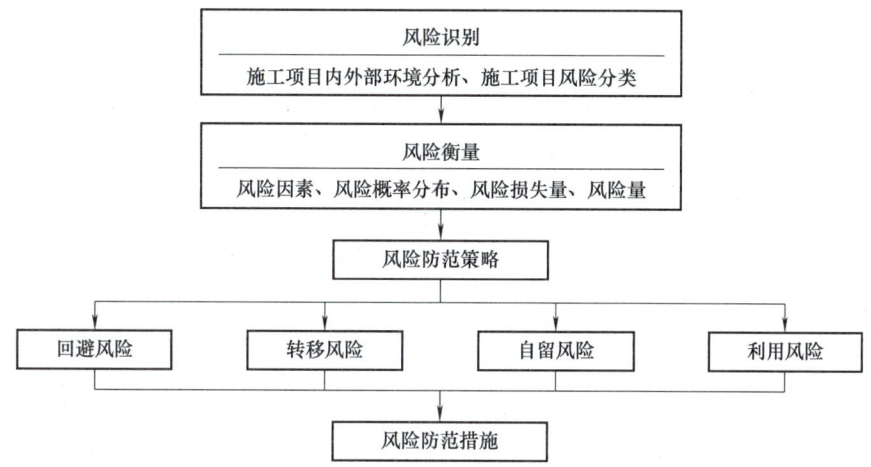

图10-2 工程项目施工阶段风险管理流程示意图

10.4.2 工程项目施工阶段风险的识别

1. 风险识别的基本步骤

（1）在调查研究的基础上列出初步风险清单。初步风险清单一般根据企业对过去项目管理的历史资料整理，也包括搜集同类项目、同地区项目档案资料或其他公开资料，包括商业数据库、学术研究成果、行业标准、规章制度等。将各种资料与本项目的特点相结合，包括本项目的目标、范围、任务、进度计划、费用计划、资源计划、采购计划、WBS，以及业主、出资人、承包商等，对项目目标的期望值等，最后列出初步风险清单。

（2）对列入清单的风险进行分析评价。列出初步风险清单后，要对产生这些风险的源头、促成风险产生的条件、风险发生概率、风险影响面和危害程度进行分析评价。

（3）在风险分析评价的基础上，对各项风险进行分类排队。风险分类排队的目的，是对不同类型的风险采取不同的对策和措施。可以从不同的角度进行分类：按影响程度分类以便确定管理的重点；按可能发生概率的时段和部门分类，如分为地下作业风险、高空作业风险等，以利于有关部门加强风险管理；也可以按风险处理途径分类，如可以分为通过保险转移的风险，通过与合作者签订协议或合同分散或转移的风险等。

2. 风险识别的依据

（1）企业外部有关风险管理的信息资源。在风险识别过程中，搜集已发表的资料，包括商业数据库、学术研究成果、基准或其他行业研究成果等。

（2）组织内部信息资源。可以从以前项目的档案中获得相关信息，包括实际数据和经验教训。

（3）项目范围说明书。通过项目范围说明书可以查到项目假设信息，应当把项目假设中的不确定性作为项目风险的可能原因进行评价。

（4）风险管理体系文件。风险管理体系文件包括风险分类、岗位职责、在预算和进度计划中为风险管理活动所做的准备等。风险分类可以用风险分解结构（RBS）表示，如图 10-3 所示。

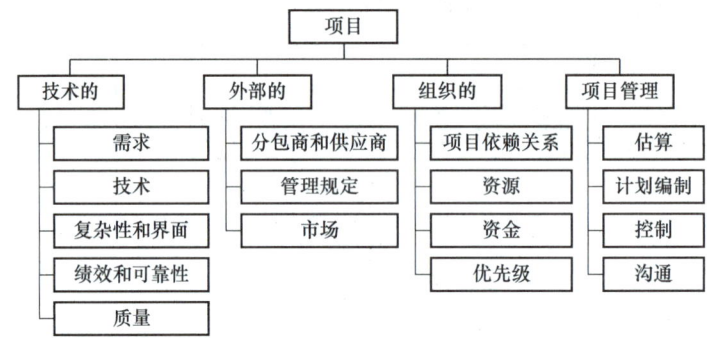

图 10-3　风险分解结构举例

注：风险分解结构列出了一个典型项目中可能发生的风险分类和风险子分类。不同的风险分解结构适用于不同类型的项目和组织。这种方法的一个好处是提醒风险识别人员认清风险产生的原因是多种多样的。

（5）相关项目管理计划。对项目管理计划中的进度计划、费用计划和质量管理计划有所了解。

3. 风险识别的基本方法

项目风险的分解就是根据项目风险的相互关系将其分解成若干个子系统，而且分解的程度足以使人们较为容易地识别出项目的风险，使风险识别具有较好的准确性、完整性和系统性。项目风险的分解可以根据工程项目的特点以及风险管理人员的知识按以下途径进行。

1）目标维：按项目目标进行分解，即考虑影响项目费用、进度、质量和安全目标实现的风险。

2）时间维：按项目建设的阶段分解，即考虑工程项目进展不同阶段的不同风险。

3）结构维：按项目结构组成分解，同时相关技术群也能按其并列或相互支持的关系进行分解。

4）环境维：按项目与其所在环境的关系分解。在此，环境包括自然环境和社会、政治、军事、社会心理等非自然环境中一切同项目建设有关的部分。

5）因素维：按项目风险因素的分类分解。

4. 风险识别的结果

（1）风险清单。风险识别过程的结果一般载入风险清单。风险识别的主要成果写入风险清单。随着风险管理过程的继续，风险清单作为风险管理流程的成果，可以用于项目风险管理过程和其他项目管理过程。风险清单描述已经识别出来的风险，包括其根本原因、不确定的项目假设等。风险几乎可以涉及任何方面。

（2）可能的应对措施。在风险识别过程中，可以确定针对一种风险的可能的应对措施。如果确定了这样的措施，它可作为风险应对计划过程的依据。

（3）风险因素。风险因素包括风险发生的基本条件或事件、风险征兆或预警信号。

（4）更新的风险分类。识别风险的过程可能产生需要加入风险分类清单的新风险分类。根据风险识别过程的成果，可能需要扩大或改进风险管理计划过程中形成的风险分解结构。

10.4.3 工程项目施工阶段风险衡量

1. 风险衡量指标

1）风险量（R）：衡量风险大小的指标，它是风险事件可能发生的概率 p 和该事件发生对项目的影响程度 q（损失量）的综合结果，其函数表达式为

$$R=f(p,q)$$

2）风险量的性质：项目风险事件发生概率与损失量形成的函数值就是风险的期望值。

3）等风险量曲线：根据风险量的性质和影响因素，可以在二维风险坐标中表示风险量与风险事件发生概率及其损失量的关系，即可得到等风险量曲线群，如图 10-4 所示。曲线群中每一条曲线均表示相同的风险；各条曲线之间的风险量则不同，曲线距原点越远，风险就越大。

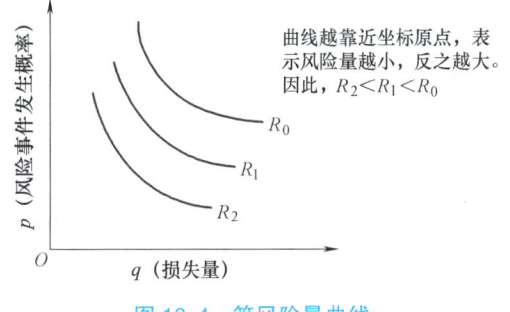

图 10-4　等风险量曲线

2. 风险因素的衡量

（1）风险损失的衡量。风险损失可以表现为费用超支、进度延期、质量事故和安全事故等多方面，有些可用货币表示，有些可用时间表示或者更为复杂，为了便于综合和比较，其度量的尺度可统一为用风险引起的经济损失来衡量，即用风险损失值衡量。

风险损失值是指项目风险导致的各种损失发生后，为恢复项目正常进行所需要的最大费用支出，即统一用货币表示。主要有：

1）费用超支风险。项目费用各组成部分的超支，如价格、汇率和利率等的变化，或资金使用安排不当等风险事件引起的实际费用超出计划费用的那一部分即为损失值。

2）进度延期风险。当项目施工各个阶段延误或总体进度延误时，为追赶计划进度所发生的包括加班的人工费、机械使用费和管理费等一切额外的非计划费用即损失值。另外，进度风险的发生可能会对现金流动造成影响，考虑货币的时间价值，应根据利率作用计算出损失费用。

3）质量风险。工程质量不合格导致的损失包括质量事故引起的直接经济损失，修复和补救等措施发生的费用，以及第三者责任损失等。如建筑物、构筑物或其他结构倒塌所造成的直接经济损失；复位纠偏、加固补强等补救措施的费用；返工损失；造成工期拖延的损失；永久性缺陷对于项目使用造成的损失；第三者责任损失等。

4）安全风险。在施工活动中，由于操作者失误、操作对象的缺陷以及环境因素等导致的人身伤亡、财产损失和第三者责任等损失。如受伤人员的医疗费用和补偿费用；材料、设备等财产的损毁或被盗损失；因引起工期延误而带来的损失；为恢复项目正常施工所发生的费用；第三者责任损失等。

（2）风险事件发生概率的衡量。

1）统计概率法。实践中，经常用在基本条件不变的情况下，以对类似事件进行大量观察得到的风险统计数据发生的频率分布来代替概率分布，收集数据时，应注意参考相同条件下的历史资料和借鉴统计部门、保险公司、同行业及专家的经验和建议。

2）相对比较法。由专家根据以往经验做出判断、打分，一般分为：几乎是0、很小的、中等的、一定。这时项目风险导致的损失大小也将相对划分为重大损失、中等损失和轻度损伤，于是通过在风险坐标上对项目风险定位，反映风险量的大小。

10.4.4　工程项目施工阶段风险防范策略与措施

1. 工程项目施工阶段风险防范策略

承包商在对工程项目施工阶段进行风险识别和衡量之后，应根据工程项目施工阶段风险的性质、发生概率和损失程度，以及承包商自身的状态和外部环境，针对各种风险采取不同的防范策略。常用的防范风险策略有回避风险、转移风险、自留风险、利用风险。

（1）回避风险。回避风险是指承包商设法远离、躲避可能发生风险的行为和环境，从而达到避免风险发生或遏制其发展的可能性的一种策略。

单纯回避风险是一种消极的风险防范手段，因为对于投机风险来讲，回避了风险虽然避免了损失，但也意味着失去了获利的机会。另外，现代社会经济活动中广泛存在着各种风险，如果处处回避，只能是无所作为，实质上是承受了放弃发展的风险，因而单纯回避风险是有局限性的。积极回避风险策略是承担小风险回避大风险，损失一定小利益避免更大的损失，避重就轻，趋利避害，控制损失。具体做法见表10-2。

表10-2　回避风险的措施及内容

回避风险措施	内　　容
拒绝承担风险	不参与存在致命风险或风险很大的工程项目投标 放弃明显亏损的项目、风险损失超过自己承受能力和把握不大的项目 利用合同保护自己，不承担应该由业主或其他方承担的风险 不与实力差、信誉不佳的分包商和材料、设备供应商合作 不委托道德水平低下或综合素质不高的中介组织或个人
控制损失	选择风险小或适中的项目，回避风险大的项目，降低风险损失严重性 施工活动（方案、技术、材料）有多种选择时，面临不同风险，采用损失最小化方案 回避一种风险将面临新的风险时，选择风险损失较小而收益较大的风险防范措施 损失一定小利益避免更大的损失，如：投标时加上不可预见费，承担减少竞争力的风险，但可回避成本亏损的风险 选择信誉好的分包商、供应商和中介，价格虽高些，但可减小其违约造成的损失 对产生项目风险的行为、活动，订立禁止性规章制度，回避和减小风险损失 按国际惯例（标准合同文本），公平合理地规定业主和承包商之间的风险分配

（2）转移风险。转移风险是承包商通过财务手段，寻求用外来资金补偿确实会发生或者已发生的风险，从而将自身面临的风险转移给其他主体承担，以保护自己的一种防范风险的策略，因而又称风险的财务转移，一般包括保险转移和非保险的合同转移。

所谓转移风险，不是转嫁风险，因为有些承包商无法控制的风险因素，在转移后并非给其他主体造成损失，或者是由于其他主体具有的优势能够有效地控制风险，因而转移风险是工程项目施工阶段风险管理中非常重要而且广泛采用的一项策略。具体做法见表10-3。

表10-3　转移风险的措施及内容

转移风险措施	内　容
合同转移	通过与业主、分包商、材料设备供应商、设计方等非保险方签订合同（承包、分包、租赁）或协商等方式，明确规定双方工作范围和责任，以及工程技术的要求，从而将风险转移给对方，具体包括： 　　将有风险因素的活动、行为本身转移对方，或由双方合理分担风险 　　减少承包商对对方损失的责任 　　减少承包商对第三方损失的责任 　　通过工程担保可将债权人违约风险损失转移给担保人
保险转移	承包商通过购买保险，将工程项目施工阶段的可保风险转移给保险公司承担，使自己免受损失，工程承包领域的主要险别有： 　　建筑工程一切险，包括建筑工程第三者责任险（亦称民事责任险） 　　安装工程一切险，包括安装工程第三者责任险 　　社会保险（包括人身意外伤害险） 　　机动车辆险 　　10年责任险（房屋建筑的主体工程）和两年责任险（细小工程）

（3）自留风险。自留风险是指承包商以自身的风险准备金来承担风险的一种策略。与风险控制损失不同的是，自留风险的对策并不能改变风险的性质，即其发生的频率和损失的严重性。自留风险一般有以下三种情况，具体做法见表10-4。

表10-4　自留风险的措施及内容

自留风险措施	内　容
风险预防	增强全体人员的风险意识，进行风险防范措施的培训、教育和考核 根据项目特点，对重要的风险因素进行随时监控，做到及早发现，有效控制 制订完善的安全计划，有针对性地预防风险，避免或减小损失发生 评估及监控有关系统及安全装置，经常检查预防措施的落实情况 制订灾难性计划，为人们提供损失发生时必要的技术组织措施和紧急处理事故的程序 制订应急性计划，指导人们在事故发生后，如何以最小的代价使施工活动恢复正常
风险分离	将项目的各风险单位分离间隔，避免发生连锁反应或互相牵连波及，而使损失扩大，如： 　　向不同地区（国家）供应商采购材料、设备，减小或平衡价格、汇率浮动带来的风险 　　将材料进行分隔存放，分离了风险单位，减少了风险源影响的范围和损失
风险分散	通过增加风险单位减轻总体风险的压力，达到共同分担集体风险的目的，如： 　　承包商承包若干个工程，避免单一工程项目上的过大风险 　　在国际承包工程中，工程付款采用多种货币组合也可分散国际金融风险

1) 被动自留，对风险的程度估计不足，认为该风险不会发生，或没有识别出这种风险的存在，但是在承包商毫无准备时风险发生了。

2) 被迫自留，即这种风险无法回避，而且又没有转移的可能性，承包商别无选择。

3) 主动自留，是经分析和权衡，承包商认为风险损失微不足道，或者自留比转移更有利，而决定由自己承担风险。

其中被迫自留、主动自留又可称为计划自留，因为这时候承包商都已做好了应对风险的准备。

（4）利用风险。利用风险，是指对于风险与利润并存的投机风险，承包商可以在确认可行性和效益性的前提下，所采取的一种承担风险并排除（减小）风险损失而获取利润的策略。如前所述，投机风险的不确定性结果表现为造成损失、没有损失、获得收益三种。因此利用风险并不一定保证次次利用成功，它本身也是一种风险。

承包商采取利用风险策略的条件：所面临的是投机风险，并具有利用的可行性；承包商有承担风险损失的经济实力，有远见卓识、善抓机遇的风险管理人才；慎重决策，权衡冒风险所付出的代价，确认利用风险的利大于弊；分析形势，事先制定利用风险的策略和实施步骤，并随时监测风险态势及其因素的变化，做好应变的紧急措施。

2. 常见的工程项目施工阶段风险防范措施

常见的工程项目施工阶段风险及其防范策略和措施见表10-5。

表10-5 常见的工程项目施工阶段风险及其防范策略和措施

风 险 目 录		风险防范策略	风险防范措施
政治风险	战争、内乱、恐怖袭击	转移风险	保险
		回避风险	放弃投标
	政策法规的不利变化	自留风险	索赔
	没收	自留风险	援引不可抗力条款索赔
	禁运	损失控制	降低损失
	污染及安全规则约束	自留风险	采取环保措施、制订安全计划
自然风险	对永久结构的损坏	转移风险	保险
	对材料设备的损坏	风险控制	预防措施
	造成人员伤亡	转移风险	保险
	火灾、洪水、地震	转移风险	保险
	塌方	转移风险	保险
		风险控制	预防措施
经济风险	商业周期	利用风险	扩张时抓住机遇，紧缩时争取生存
	通货膨胀，通货紧缩	自留风险	合同中列入价格调整条款
	汇率浮动	自留风险	合同中列入汇率保值条款
		转移风险	投保汇率险，套汇交易
		利用风险	市场调汇
	分包商或供应商违约	转移风险	履约保函
		回避风险	对分包商或供应商资格进行预审

(续)

风险目录		风险防范策略	风险防范措施
经济风险	业主违约	自留风险	索赔
		转移风险	严格合同条款
	项目资金无保证	回避风险	放弃承包
	标价过低	转移风险	分包
		自留风险	加强管理,控制成本,做好索赔
设计施工风险	设计错误、内容不全、图纸不及时	自留风险	索赔
	工程项目水文地质条件复杂	转移风险	合同中分清责任
	恶劣的自然条件	自留风险	索赔,预防措施
	劳务争端,内部罢工	自留风险 损失控制	预防措施
	施工现场条件差	自留风险	加强现场管理,改善现场条件
		转移风险	保险
	工作失误,设备损毁,工伤事故	转移风险	保险
社会风险	节假日影响施工	自留风险	合理安排进度,留出损失费
	相关部门工作效率低	自留风险	留出损失费
	社会风气影响	自留风险	留出损失费
	现场周边单位或居民干扰	自留风险	遵纪守法、沟通交流,处理好关系

思 考 题

1. 什么是工程风险?按产生的原因可将工程风险分为哪几类?
2. 简述风险管理的步骤。
3. 什么是工程风险管理?简述其目标。
4. 简述工程风险管理的过程。
5. 什么是项目建议书与可行性研究阶段风险管理?简述其目标和任务。
6. 如何进行项目评价与决策阶段风险处置?
7. 什么是项目融资阶段风险?简述项目融资风险管理的特点。
8. 简述项目融资风险控制的策略。
9. 简述总承包模式下招标的风险分析和对策。
10. 什么是工程项目设计风险?简述其风险源。
11. 简述工程项目施工阶段风险的识别步骤及依据。
12. 简述工程项目回避风险的措施及内容。
13. 简述工程项目转移风险的措施及内容。
14. 简述工程项目自留风险的措施及内容。

二维码形式客观题

手机微信扫描二维码，可自行做客观题，提交后可查看答案。

第 11 章
建设工程职业健康安全与环境管理

本章重点内容

职业健康安全管理体系与环境管理体系建立和运行；安全生产管理预警体系的建立和运行；职业健康安全事故的分类和处理；施工现场文明施工的要求；施工现场环境保护的要求。

本章学习目标

了解职业健康安全与环境管理体系的运行，掌握安全生产预警体系；熟悉安全事故的分类，熟悉施工现场文明施工和环境保护的要求。通过本章学习，培养学生生命之上的价值观和科学发展观，建立生态环保理念和共享发展的理念。

11.1 职业健康安全管理体系与环境管理体系

11.1.1 职业健康安全管理体系与环境管理体系概述

1. 职业健康安全管理体系标准与环境管理体系的标准

（1）职业健康安全管理体系标准。职业健康安全管理体系是企业总体管理体系的一部分。作为我国推荐性标准的职业健康安全管理体系标准，目前被企业普遍采用，用以建立职业健康安全管理体系。2020 年 3 月，国家市场监管总局、国家标准化管理委员会批准《职业健康安全管理体系 要求及使用指南》（GB/T 45001—2020）。

根据《职业健康安全管理体系 要求及使用指南》（GB/T 45001—2020）规定，职业健康安全管理体系的目的是防止对工作人员造成与工作相关的伤害和健康损害，并提供健康安全的工作场所。

（2）环境管理体系标准。随着全球经济的发展，人类赖以生存的环境不断恶化。20 世纪 80 年代，联合国组建了世界环境与发展委员会，提出了"可持续发展"的观点。国际标准化制定的 ISO 14000 体系标准，被我国等同采用，即《环境管理体系 要求及使用指南》（GB/T 24001—2016）、《环境管理体系 通用实施指南》（GB/T 24004—2017）。

在《环境管理体系 要求及使用指南》(GB/T 24001—2016)中,环境是指"组织运行活动的外部存在,包括空气、水、土地、自然资源、植物、动物、人,以及它(他)们之间的相互关系"。这个定义是以组织运行活动为主体的,其外部存在主要是指人类认识到的、直接或间接影响人类生存的各种自然因素及其相互关系。

2. 职业健康安全管理体系和环境管理体系的结构和模式

(1) 职业健康安全管理体系的结构和运行模式。

1) 职业健康安全管理体系的结构。《职业健康安全管理体系 要求及使用指南》(GB/T 45001—2020)有关职业健康安全管理体系的结构如图11-1所示。该标准由"范围""规范性引用文件""术语和定义""组织所处环境""领导作用和工作人员参与""策划""支持""运行""绩效评价"和"改进"10部分组成。

"范围"中规定了管理体系标准中的一般要求,即规定了职业健康安全管理体系的要求,并给出了其使用指南,以使组织能够通过防止与工作相关的伤害和健康损害以及主动改进其职业健康安全绩效来提供安全和健康的工作场所。本标准有助于组织实现其职业健康安全管理体系的预期结果。本标准使组织能够借助其职业健康安全管理体系整合健康和安全的其他方面,如工作人员福利或幸福等。

2) 职业健康安全管理体系的运行模式。为适应现代职业健康安全管理的需要,《职业健康安全管理体系 要求及使用指南》(GB/T 45001—2020)强调,职业健康安全管理体系的目的和预期结果是防止对工作人员造成与工作相关的伤害和健康损害,并提供健康安全的工作场所。实施符合本标准的职业健康安全管理体系有助于组织满足法律法规要求和其他要求。具体实施中采用了戴明模型,即一种动态循环并螺旋上升的系统化管理模式。职业健康安全管理体系运行模式如图11-2所示。

3) 各要素之间的相互关系。职业健康安全管理体系的实施和保持,其有效性和实现预期结果的能力取决于诸多关键因素,这些因素包括:

① 最高管理者的领导作用、承诺、职责和担当。

② 最高管理者在组织内建立、引导和促进支持实现职业健康安全管理体系预期结构的变化。

③ 沟通。

④ 工作人员及其代表的协商和参与。

⑤ 保持职业健康安全管理体系所需的资源配置。

⑥ 符合组织总体战略目标和方向的职业健康安全方针。

⑦ 辨识危险源、控制风险和利用职业健康安全机遇的有效过程。

⑧ 为提升职业健康安全绩效而对职业健康安全管理主体绩效的持续监视和评价。

⑨ 将职业健康安全管理体系融入组织的业务过程。

⑩ 符合职业健康安全方针并必须考虑组织的危险源、职业健康安全风险和职业健康安全所基于的职业健康安全目标。

(2) 环境管理体系的结构和运行模式。

1) 环境管理体系的结构。根据《环境管理体系 要求及使用指南》(GB/T 24001—2016),组织应根据本标准的要求建立环境管理体系,形成文件、实施、保持和持续改进环境管理体系,并确定它将如何实现这些要求。组织应确定环境管理体系覆盖的范围并形成文件。

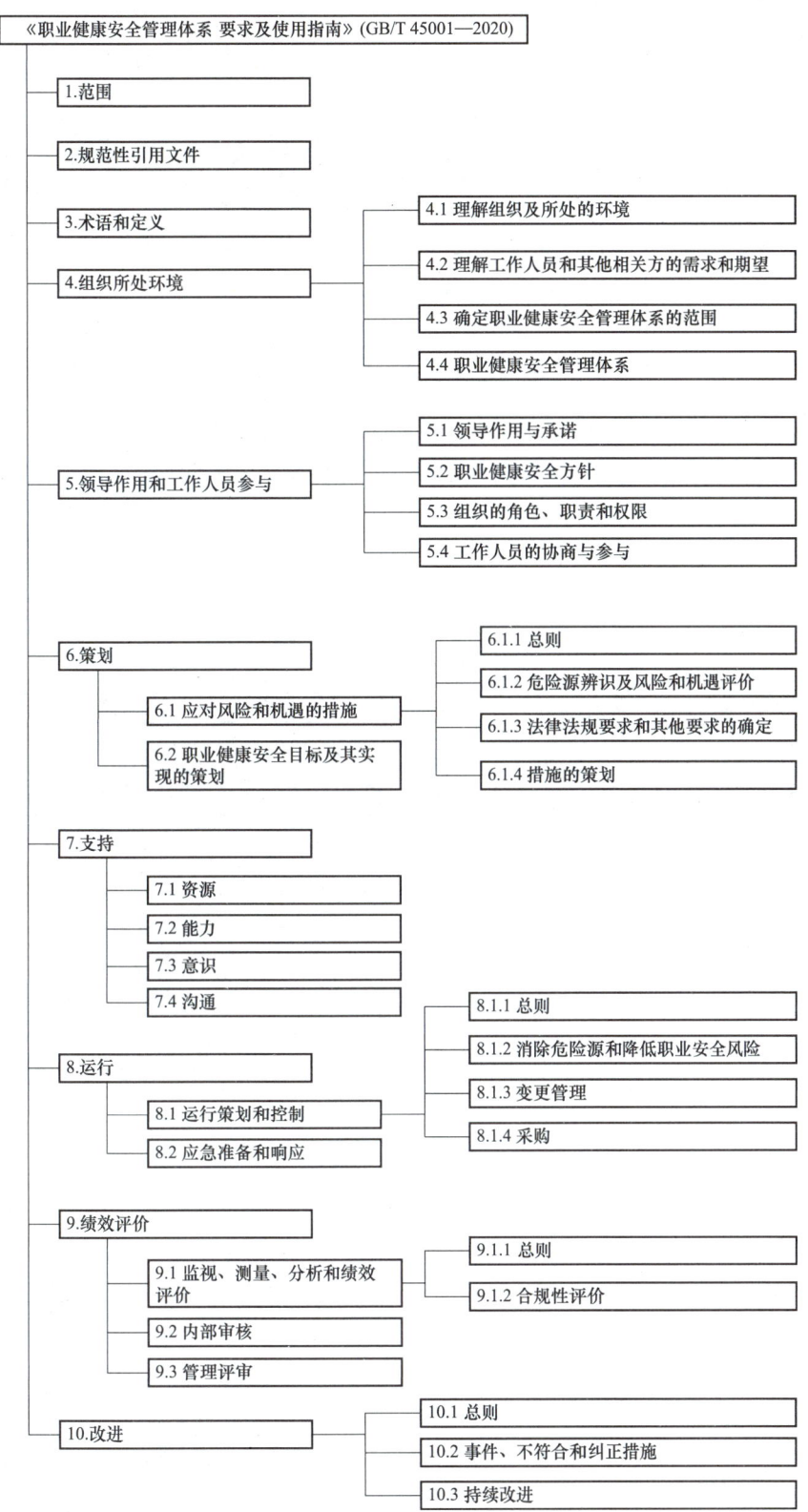

图 11-1 职业健康安全管理体系总体结构

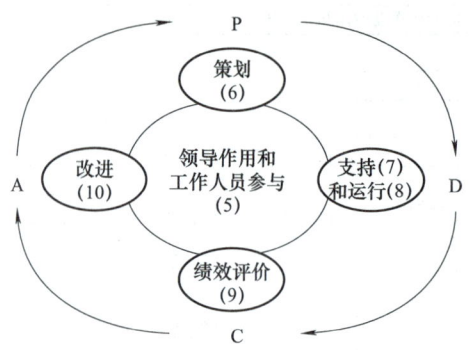

图 11-2　职业健康安全管理体系运行模式

《环境管理体系 要求及使用指南》（GB/T 24001—2016）的结构如图 11-3 所示。该标准由"范围""规范性引用文件""术语和定义""组织所处环境""领导作用""策划""支持""运行""绩效评价"和"改进"10 部分组成。

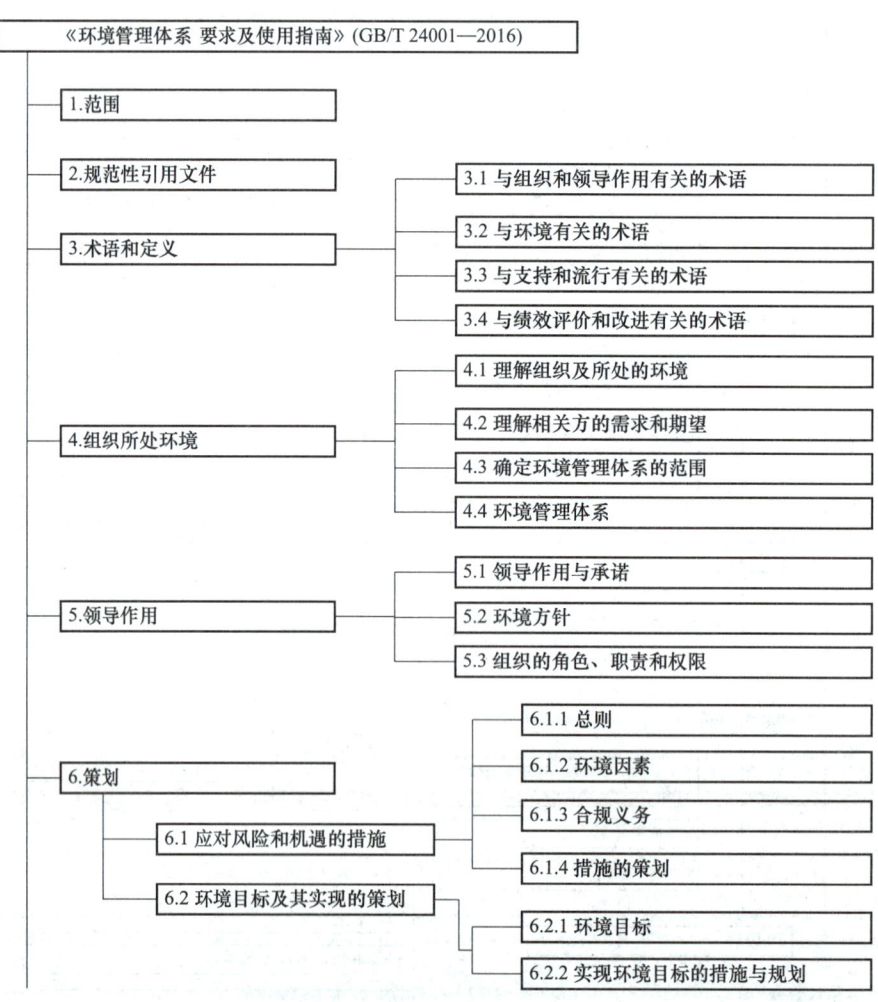

图 11-3　《环境管理体系 要求及使用指南》（GB/T 24001—2016）结构

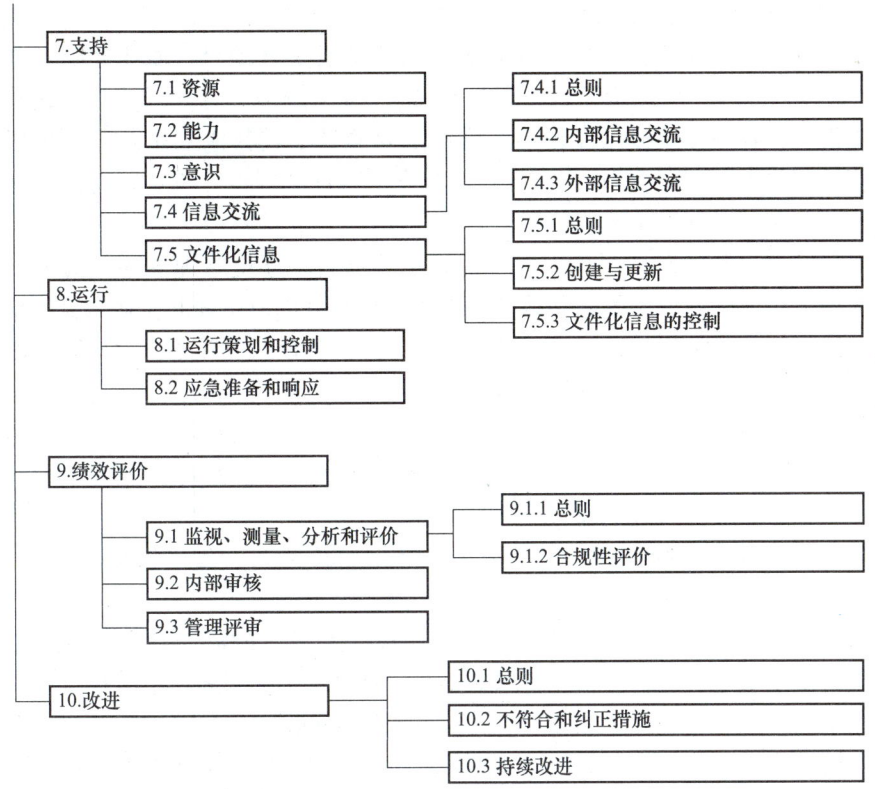

图 11-3 《环境管理体系 要求及使用指南》(GB/T 24001—2016) 结构（续）

2）环境管理体系的运行模式。《环境管理体系 要求及使用指南》(GB/T 24001—2016) 是环境管理体系系列标准的主要标准，也是在环境管理体系标准中唯一可供认证的管理标准。

图 11-4 所示为环境管理体系的运行模式，该模式为环境管理体系提供了一套系统化的方法，指导其组织合理有效地推行环境管理工作。该模式是由"策划、实施、检查、评审和改进"构成的动态循环过程，与戴明的 PDCA 循环模式是一致的。

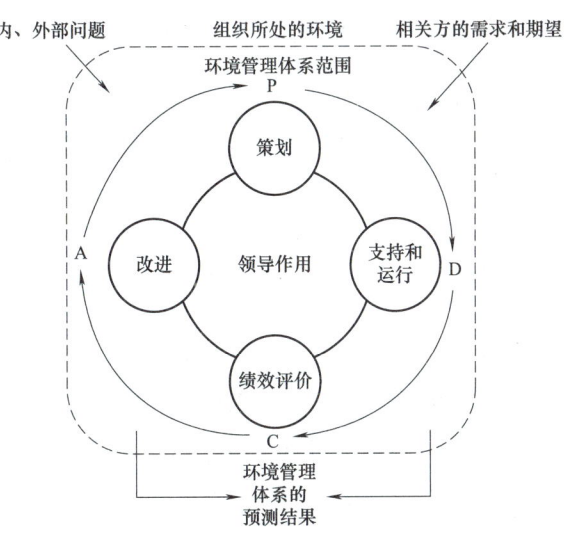

图 11-4 环境管理体系运行模式

3. 建设工程职业健康安全与环境管理的目的

(1) 建设工程职业健康安全管理的目的。对于建设工程项目，职业健康安全管理的目的是防止和尽可能减少生产安全事故、保护产品生产者的健康与安全、保障人民群众的生命和财产免受损失，控制影响或可能影响工作场所内的员工或其他工作人员（包括临时工和承包方员工）、访问者或任何其他人员的健康安全的条件和因素，避免因管理不当对在组织控制下工作的人员健康和安全造成危害。

(2) 建设工程环境管理的目的。对于建设工程项目，环境管理主要是指保护和改善施工现场的环境。企业应当遵照国家和地方的相关法律法规以及行业和企业自身的要求，采取措施控制施工现场的各种粉尘、废水、废气、固体废弃物以及噪声、振动对环境的污染和危害，并且要注意节约资源和避免资源的浪费。

11.1.2 职业健康安全与环境管理的特点和要求

1. 建设工程职业健康安全与环境管理的特点

(1) 复杂性。建设项目的职业健康安全和环境管理涉及大量露天作业，受气候条件、工程地质和水文地质、地理条件和地域资源等不可控因素的影响较大。

(2) 多变性。一方面是项目建设现场材料、设备和工具的流动性大；另一方面由于技术进步，项目不断引入新材料、新设备和新工艺，这些都加大了相应的管理难度。

(3) 协调性。项目建设涉及的工种甚多，包括大量的高空作业、地下作业、用电作业、爆破作业、施工机械、起重作业等较危险的工程，并且各工种经常需要交叉或平行作业。

(4) 持续性。项目建设一般具有建设周期长的特点，从设计、实施直至投产阶段，诸多工序环环相扣。前一道工序的隐患，可能在后续的工序中暴露，酿成安全事故。

(5) 经济性。产品的时代性、社会性与多样性决定了环境管理的经济性。

(6) 多样性。产品的时代性和社会性决定了环境管理的多样性。

2. 建设工程职业健康安全与环境管理的要求

(1) 建设工程项目决策阶段。建设单位应按照有关建设工程法律法规的规定和强制性标准的要求，办理各种有关安全与环境保护方面的审批手续。对需要进行环境影响评价或安全预评价的建设工程项目，应组织或委托有相应资质的单位进行建设工程项目环境影响评价和安全预评价。

(2) 建设工程设计阶段。设计单位应按照有关建设工程法律法规的规定和强制性标准的要求，进行环境保护设施和安全设施的设计，防止因设计考虑不周而导致生产安全事故的发生或对环境造成不良影响。

在进行工程设计时，设计单位应当考虑施工安全和防护需要，对涉及施工安全的重点部分和环节在设计文件中应注明，并对防范生产安全事故提出指导意见。

对于采用新结构、新材料、新工艺的建设工程和特殊结构的建设工程，设计单位应在设计中提出保障施工作业人员安全和预防生产安全事故的措施建议。

在工程总概算中，应明确工程安全环保设施费用、安全施工和环境保护措施费等。

设计单位和注册建筑师等执业人员应当对其设计负责。

(3) 建设工程施工阶段。建设单位在申请领取施工许可证时，应当提供建设工程有关安全施工措施的资料。

对于依法批准开工报告的建设工程，建设单位应当自开工报告批准之日起 15 日内，将保证安全施工的措施报送至建设工程所在地的县级以上地方人民政府建设行政主管部门或者其他有关部门备案。

对于应当拆除的工程，建设单位应当在拆除工程施工 15 日前，将拆除施工单位资质等级证明，拟拆除建筑物、构筑物及可能涉及毗邻建筑的说明，拆除施工组织方案，堆放、清除废弃物的措施的资料报送至建设工程所在地的县级以上地方人民政府建设行政主管部门或者其他有关部门备案。

施工企业在其经营生产的活动中必须对本企业的安全生产负全面责任。企业的代表人是安全生产的第一负责人，项目经理是施工项目生产的主要负责人。施工企业应当具备安全生产的资质条件，取得安全生产许可证的施工企业应设立安全机构，配备合格的安全人员，提供必要的资源；施工企业要建立健全职业健康安全体系以及有关的安全生产责任制和各项安全生产规章制度。对项目要编制切合实际的安全生产计划，制定职业健康安全保障措施；实施安全教育培训制度，不断提高员工的安全意识和安全生产素质。

建设工程实行总承包的，由总承包单位对施工现场的安全生产负总责并自行完成工程主体结构的施工。分包单位应当接受总承包单位的安全生产管理，分包合同中应当明确各自的安全生产方面的权利、义务。分包单位不服从管理导致生产安全事故的，由分包单位承担主要责任，总承包单位对分包工程的安全生产承担连带责任。

（4）项目验收试运行阶段。项目竣工后，建设单位应向审批建设工程项目环境影响报告书、环境影响报告或者环境影响登记表的环境保护行政主管部门申请，对环保设施进行竣工验收。环保行政主管部门应在收到申请环保设施竣工验收之日起 30 日内完成验收。验收合格后，才能投入生产和使用。

对于需要试生产的建设工程项目，建设单位应当在项目投入试生产之日起 3 个月内向环保行政主管部门申请对其项目配套的环保设施进行竣工验收。

11.1.3　职业健康安全管理体系与环境管理体系的建立和运行

1. 职业健康安全管理体系与环境管理体系的建立

（1）领导决策。最高管理者决策，以便获得各方面的支持，有助于获得体系建立过程中所需的资源。

（2）成立工作组。最高管理者或授权管理者代表组建工作小组负责建立体系。工作小组的成员要覆盖组织的主要职能部门，组长负责协调各职能部门间人力、资金、信息获取工作。

（3）人员培训。培训的目的是使有关人员具有完成对职业健康与环境有影响的任务的相应能力，了解建立体系的重要性，了解标准的主要思想和内容。

（4）初始状态评审。初始状态评审是对组织过去和现在的职业健康安全与环境的信息、状态进行收集、调查分析、识别，获取现行法律法规和其他要求，进行危险源辨识和风险评价、环境因素识别和重要环境因素评价。评审结果将作为确定职业健康安全与环境方针、制定管理方案、编制体系文件的基础。

（5）制定方针、目标、指标和管理方案。方针是组织对其职业健康安全与环境行为的原则和意图的声明，也是组织自觉承担其责任和义务的承诺。方针不仅为组织确定了总的指导方向和行动准则，而且是评价一切后续活动的依据，并为更加具体的目标和指标提供了一个框架。

职业健康安全及环境目标、指标的制定是组织为了实现其在职业健康安全及环境方针中所体现出的管理理念及其对整体绩效的期许与原则，与企业的总目标相一致。

管理方案是实现目标、指标的行动方案。为保证职业健康安全和环境管理体系目标的实现，需结合年度管理目标和企业客观实际情况，策划和制定职业健康安全和环境管理方案，方案中应明确旨在实现目标、指标的相关部门的职责、方法、时间表以及资源的要求。

(6) 管理体系策划与设计。体系策划与设计是依据制定的方针、目标和指标、管理方案确定组织机构职责和筹划各种运行程序。策划与设计的主要工作有：①确定文件结构；②确定文件编写格式；③确定各层文件名称及编号；④制订文件编写计划；⑤安排文件的审查、审批和发布工作。

(7) 体系文件编写。体系文件包括管理手册、程序文件、作业文件三个层次。

1) 体系文件编写的原则。职业健康安全与环境管理体系是系统化、结构化、程序化的管理体系，是遵循 PDCA 管理模式并以文件为支持的管理制度和管理办法。

体系文件编写和实施应遵循以下原则：标准要求的要写到、文件写到的要做到、做到的要有有效记录。

2) 管理手册的编写。管理手册是对组织整个管理体系的整体性描述，为体系的进一步展开以及后续程序文件的制定提供了框架要求和原则规定，是管理体系的纲领性文件。管理手册可使组织的各级管理者明确体系概况，了解各部门的职责权限和相互关系，以便统一分工和协调管理。

管理手册除了反映了组织管理体系需要解决的问题所在，也反映了组织的管理思路和理念，同时也向组织内外部人员提供了查询所需文件和记录的途径，相当于体系文件的索引。

其主要内容包括：

① 方针、目标、指标、管理方案。

② 管理、运行、审核和评审工作人员的主要职责、权限和相互关系。

③ 关于程序文件的说明和查询途径。

④ 关于管理手册的管理、评审和修订工作的规定。

3) 程序文件的编写。程序文件的编写应符合以下要求：

① 程序文件要针对需要编制程序文件体系的管理要素。

② 程序文件的内容可按 "4W1H" 的顺序和内容来编写，即明确程序中管理要素由谁做（who）、什么时间做（when）、在什么地点做（where）、做什么（what）、怎么做（how）。

③ 程序文件一般格式可按照目的和适用范围、引用的标准及文件、术语和定义、职责、工作程序、报告和记录的格式以及相关文件等的顺序编写。

4) 作业文件的编制。作业文件是指管理手册、程序文件之外的文件，一般包括作业指导书（操作规程）、管理规定、监测活动准则及程序文件引用的表格。其编写的内容和格式与程序文件的要求基本相同。在编写之前应对原有的作业文件进行清理，摘其有用，删除无关。

(8) 文件的审查、审批和发布。文件编写完成后应进行审查，经审查、修改、汇总后进行审批，然后发布。

2. 职业健康安全管理体系与环境管理体系的运行和维持

（1）管理体系的运行。

体系运行是指按照已建立体系的要求实施，实施的重点包括培训意识和能力，信息交流，文件管理，执行控制程序文件的规定，监测，不符合、纠正和预防措施，记录等。上述运行活动简述如下：

1）培训意识和能力。组织应确定与职业健康安全管理风险、环境风险及体系相关的培训需求，应提供培训或采取其他措施来满足这些需求，评价培训或采取的措施的有效性，并保存相关记录。

2）信息交流。信息交流是确保各要素构成一个完整的、动态的、持续改进的体系的基础，应关注信息交流的内容和方式。

3）文件管理。

① 对现有有效文件进行整理编号，方便查询索引。

② 对适用的规范、规程等行业标准应及时购买补充，对适用的表格要及时发放。

③ 对在内容上有抵触的文件和过期的文件要及时作废并妥善处理。

4）执行控制程序文件的规定。体系的运行离不开程序文件的指导，程序文件及其相关的作业文件在组织内部都具有法定效力，必须严格执行，才能保证体系正确运行。

5）监测。为保证体系正确有效运行，必须严格监测体系的运行情况。监测中应明确监测的对象和监测的方法。

6）不符合、纠正和预防措施。在体系运行过程中，不符合的出现是不可避免的，包括事故也难免要发生，关键是相应的纠正与预防措施是否及时有效。组织应建立、实施并保持程序，以处理实际和潜在的不符合，并采取纠正措施和预防措施。

7）记录。在体系运行过程中及时按文件要求进行记录，如实反映体系运行情况。

（2）管理体系的维持。

1）内部审核。内部审核是组织对其自身的管理体系进行的审核，是对体系是否正常运行以及是否达到了规定的目标所做的独立的检查和评价，是管理体系自我保证和自我监督的一种机制。

内部审核前要明确审核的方式方法和步骤，形成审核计划，并发至相关部门。

2）管理评审。管理评审是由组织的最高管理者对管理体系的系统评价，判断组织的管理体系面对内部情况和外部环境的变化是否充分适应有效，由此决定是否对管理体系做出调整，包括方针、目标、机构和程序等。

管理评审中应注意以下问题：

① 信息输入的充分性和有效性。

② 评审过程充分严谨，应明确评审的内容和对相关信息的收集、整理，并进行充分的讨论和分析。

③ 评审结论应该清楚明了，表述准确。

④ 对评审中提出的问题应认真进行整改，不断持续改进。

3）合规性评价。为了履行遵守法律法规要求的承诺，合规性评价分为项目组级和公司级评价两个层次进行。

项目组级评价，是指由项目经理组织有关人员对施工中应遵守的法律法规和其他要求的执行情况进行合规性评价。当某个阶段施工时间超过半年时,合规性评价不少于一次。项目工程结束时应针对整个项目工程进行系统的合规性评价。

公司级评价每年进行一次,制定计划后由管理者代表组织企业相关部门和项目组,对公司应遵守的法律法规和其他要求的执行情况进行合规性评价。

各级合规性评价后,对不能充分满足要求的相关活动或行为,通过管理方案或纠正措施等方式进行逐步改进。上述评价和改进的结果,应形成必要的记录和证据,作为管理评审的输入。

管理评审时,最高管理者应结合上述合规性评价的结果、企业的客观管理实际、相关法律法规和其他要求,系统评价体系运行过程中对适用法律法规和其他要求的遵守执行情况,并由相关部门或最高管理者提出改进要求。

11.2 建设工程安全生产管理

11.2.1 安全生产管理制度

2016年2月颁布的《中共中央 国务院关于进一步加强城市规划建设管理工作的若干意见》和2017年2月颁布的《国务院办公厅关于促进建筑业持续健康发展的意见》中强调,建设工程应完善工程质量安全管理制度,落实工程质量安全主体责任,强化工程质量安全监管,提高工程质量安全管理水平。现阶段正在执行的主要安全生产管理制度包括:安全生产责任制度,安全生产许可证制度,政府安全生产监督检查制度,安全生产教育培训制度,安全措施计划制度,特种作业人员持证上岗制度,专项施工方案专家论证制度,危及施工安全工艺、设备、材料淘汰制度,施工起重机械使用登记制度,安全检查制度,生产安全事故报告和调查处理制度,"三同时"制度,安全预评价制度,意外伤害保险制度等。

1. 安全生产责任制度

安全生产责任制度是最基本的安全管理制度,是所有安全生产管理制度的核心。安全生产责任制度是按照安全生产管理方针和"管生产的同时必须管安全"的原则,将各级负责人员、各职能部门及其工作人员和各岗位生产工人在安全生产方面应做的事情及应负的责任加以明确规定的一种制度。具体来说,就是将安全生产责任分解到相关单位的主要负责人、项目负责人、班组长以及每个岗位的作业人员身上。根据《建设工程安全生产管理条例》和《建筑施工安全检查标准》的相关规定,安全生产责任制度的主要内容如下:

1)安全生产责任制度主要包括企业主要负责人的安全责任,负责人或其他副职的安全责任,项目负责人(项目经理)的安全责任,生产、技术、材料等各职能管理负责人及其工作人员的安全责任,技术负责人(工程师)的安全责任,专职安全生产管理人员的安全责任,施工员的安全责任,班组长的安全责任和岗位人员的安全责任等。

2)项目应对各级、各部门安全生产责任制规定检查和考核办法,并按规定期限进行考核,对考核结果及兑现情况应有记录。

3)项目独立承包的工程在签订承包合同中必须有安全生产工作的具体指标和要求。工程由多单位施工时,总分包单位在签订分包合同的同时要签订安全生产合同(协议),签订合同前要检查分包单位的营业执照、企业资质证、安全资格证等。分包队伍的资质应与工要求相符，在安全合同中应明确总分包单位各自的安全职责，原则上，实行总承包的由总承包单位负责，分包单位向总包单位负责，服从总包单位对施工现场的安全管理，分包单位在其分包范围内建立施工现场安全生产管理制度，并组织实施。

4）项目的主要工种应有相应的安全技术操作规程，如砌筑、抹灰、混凝土、木工、电工、钢筋、机械、起重机司机、信号指挥、脚手架、水暖、油漆、塔吊、电梯、电气焊等工种，特殊作业应另行补充。应将安全技术操作规程列为日常安全活动和安全教育的主要内容，并应悬挂在操作岗位前。

5）工程项目部专职安全人员的配备应按住建部的规定，1万 m^2 以下工程 1 人，1 万 ~ 5 万 m^2 的工程不少于 2 人，5 万 m^2 以上的工程不少于 3 人。

2. 安全生产许可证制度

《安全生产许可证条例》规定国家对建筑施工企业实施安全生产许可证制度。其目的是严格规范安全生产条件，进一步加强安全生产监督管理，防止和减少生产安全事故。

省、自治区、直辖市人民政府建设主管部门负责建筑施工企业安全生产许可证的颁发和管理，并接受国务院建设主管部门的指导和监督。

企业进行生产前，应当依照该条例的规定向安全生产许可证颁发管理机关申请领取安全生产许可证，并提供该条例第六条规定的相关文件、资料。安全生产许可证颁发管理机关应当自收到申请之日起45日内审查完毕，经审查符合该条例规定的安全生产条件的，颁发安全生产许可证；不符合该条例规定的安全生产条件的，不予颁发安全生产许可证，书面通知企业并说明理由。

安全生产许可证的有效期为3年。安全生产许可证有效期满需要延期的，企业应当于期满前3个月向原安全生产许可证颁发管理机关办理延期手续。

企业在安全生产许可证有效期内，严格遵守有关安全生产的法律法规，未发生死亡事故的，安全生产许可证有效期届满时，经原安全生产许可证颁发管理机关同意，不再审查，安全生产许可证有效期延期3年。

企业不得转让、冒用安全生产许可证或者使用伪造的安全生产许可证。

3. 政府安全生产监督检查制度

《建设工程安全生产管理条例》第五章"监督管理"对建设工程安全监督管理的规定内容如下：

1）国务院负责安全生产监督管理的部门依照《中华人民共和国安全生产法》的规定，对全国建设工程安全生产工作实施综合监督管理。

县级以上地方人民政府负责安全生产监督管理的部门依照《中华人民共和国安全生产法》的规定，对本行政区域内建设工程安全生产工作实施综合监督管理。

2）国务院建设行政主管部门对全国的建设工程安全生产实施监督管理。国务院铁路、交通、水利等有关部门按照国务院规定的职责分工，负责有关专业建设工程安全生产的监督管理。

县级以上地方人民政府建设行政主管部门对本行政区域内的建设工程安全生产实施监督管理。县级以上地方人民政府交通、水利等有关部门在各自的职责范围内，负责本行政区域内的专业建设工程安全生产的监督管理。

3）县级以上人民政府负有建设工程安全生产监督管理职责的部门在各自的职责范围内

履行安全监督检查职责时,有权纠正施工中违反安全生产要求的行为,责令立即排除检查中发现的安全事故隐患,对重大隐患可以责令暂时停止施工。

4) 建设行政主管部门或者其他有关部门可以将施工现场安全监督检查委托给建设工程安全监督机构具体实施。

4. 安全生产教育培训制度

企业安全生产教育培训一般包括对管理人员、特种作业人员和企业员工的安全教育。

(1) 管理人员的安全教育。

1) 企业领导的安全教育。企业领导安全教育的主要内容包括:①国家有关安全生产的方针、政策、法律、法规及有关规章制度;②安全生产管理职责、企业安全生产管理知识及安全文化;③有关事故案例及事故应急处理措施等。

2) 项目经理、技术负责人和技术干部的安全教育。项目经理、技术负责人和技术干部安全教育的主要内容包括:①安全生产方针、政策和法律、法规;②项目经理部安全生产责任;③典型事故案例剖析;④本系统安全及其相应的安全技术知识。

3) 行政管理干部的安全教育。行政管理干部安全教育的主要内容包括:①安全生产方针、政策和法律、法规;②基本的安全技术知识;③本职的安全生产责任。

4) 企业安全管理人员的安全教育。企业安全管理人员安全教育的主要内容包括:①国家有关安全生产的方针、政策、法律、法规和安全生产标准;②企业安全生产管理、安全技术、职业病知识以及安全文件;③员工伤亡事故和职业病统计报告及调查处理程序;④有关事故案例及事故应急处理措施。

5) 班组长和安全员的安全教育。班组长和安全员的安全教育内容包括:①安全生产法律、法规、安全技术及技能、职业病和安全文化的知识;②本企业、本班组和工作岗位的危险因素、安全注意事项;③本岗位安全生产职责;④典型事故案例;⑤事故抢救与应急处理措施。

(2) 特种作业人员的安全教育。特种作业人员必须经专门的安全技术培训并考核合格,取得"中华人民共和国特种作业操作证"后,方可上岗作业。

特种作业人员应当接受与其所从事的特种作业相应的安全技术理论培训和实际操作培训。已经取得职业高中、技工学校及中专以上学历的毕业生从事与其所学专业相应的特种作业,持学历证明经考核发证机关同意,可以免予相关专业的培训。

跨省、自治区、直辖市从业的特种作业人员,可以在户籍所在地或者从业所在地参加培训。

(3) 企业员工的安全教育。企业员工的安全教育主要有新员工上岗前的三级安全教育、改变工艺和变换岗位时的安全教育、经常性安全教育三种形式。

1) 新员工上岗前的三级安全教育。三级安全教育的三级通常是指进厂、进车间、进班组三级。对建设工程来说,具体指企业(公司)、项目(或工区、工程处、施工队)、班组三级。

企业新员工上岗前必须进行三级安全教育,企业新员工须按规定通过三级安全教育和实际操作训练,并经考核合格后方可上岗。企业新上岗的从业人员,岗前培训时间不得少于24学时。

① 企业(公司)级安全教育由企业主管领导负责,企业职业健康安全管理部门会同有

关部门组织实施,内容应包括安全生产法律、法规,通用安全技术、职业卫生和安全文化的基本知识,本企业安全生产规章制度及状况、劳动纪律和有关事故案例等内容。

② 项目(或工区、工程处、施工队)级安全教育由项目级负责人组织实施,专职或兼职安全员协助,内容包括工程项目的概况,安全生产状况和规章制度,主要危险因素及安全事项,预防工伤事故和职业病的主要措施,典型事故案例及事故应急处理措施等。

③ 班组级安全教育由班组长组织实施,内容包括遵章守纪,岗位安全操作规程,岗位间工作衔接配合的安全生产事项,典型事故及发生事故后应采取的紧急措施,劳动防护用品(用具)的性能及正确使用方法等内容。

2)改变工艺和变换岗位时的安全教育。

① 企业(或工程项目)在实施新工艺、新技术或使用新设备、新材料时,必须对有关人员进行相应级别的安全教育,要按新的安全操作规程教育和培训参加操作的岗位员工和有关人员,使其了解新工艺、新设备、新材料的安全性能及安全技术,以适应新的岗位作业的安全要求。

② 当组织内部员工发生从一个岗位调到另外一个岗位,或从某工种改变为另一工种,或因放长假离岗一年以上重新上岗的情况,企业必须进行相应的安全技术培训和教育,以使其掌握现岗位安全生产特点和要求。

3)经常性安全教育。无论何种教育都不可能是一劳永逸的,安全教育同样如此,必须坚持不懈、经常不断地进行,这就是经常性安全教育。在经常性安全教育中,安全思想、安全态度教育最重要。进行安全思想、安全态度教育,要通过采取多种多样形式的安全教育活动,激发员工做好安全生产的热情,促使员工重视和真正实现安全生产。经常性安全教育的形式有:每天的班前班后会上说明安全注意事项,安全活动日,安全生产会议,事故现场会,张贴安全生产招贴画、宣传标语及标志等。

5. 安全措施计划制度

安全措施计划制度是指企业进行生产活动时,必须编制安全措施计划,它是企业有计划地改善劳动条件和安全卫生设施、防止工伤事故和职业病的重要措施之一,对企业加强劳动保护、改善劳动条件、保障职工的安全和健康、促进企业生产经营的发展都起着积极作用。

安全措施计划的范围应包括改善劳动条件、防止事故发生、预防职业病和职业中毒等内容,具体包括:

(1)安全技术措施。安全技术措施是预防企业员工在工作过程中发生工伤事故的各项措施,包括防护装置、保险装置、信号装置和防爆炸装置等。

(2)职业卫生措施。职业卫生措施是预防职业病和改善职业卫生环境的必要措施,包括防尘、防毒、防噪声、通风、照明、取暖、降温等措施。

(3)辅助用房间及设施。辅助用房间及设施是保证生产过程安全卫生所必需的房间及一切设施,包括更衣室、休息室、淋浴室、消毒室、妇女卫生室、厕所和冬期作业取暖室等。

(4)安全宣传教育措施。安全宣传教育措施是宣传普及有关安全生产法律、法规、基本知识所需要的措施,其主要内容包括安全生产教材、图书、资料,安全生产展览,安全生产规章制度,安全操作方法训练设施,劳动保护和安全技术的研究与实验等。

6. 特种作业人员持证上岗制度

《建设工程安全生产管理条例》第二十五条规定：垂直运输机械作业人员、安装拆卸工、爆破作业人员、起重信号工、登高架设作业人员等特种作业人员，必须按照国家有关规定经过专门的安全作业培训，并取得特种作业操作资格证书后，方可上岗作业。

专门的安全作业培训，是指由有关主管部门组织的专门针对特种作业人员的培训，也就是特种作业人员在独立上岗作业前，必须进行与本工种相适应的、专门的安全技术理论学习和实际操作训练。经培训考核合格，取得特种作业操作证后，才能上岗作业。特种作业操作证在全国范围内有效，离开特种作业岗位6个月以上的特种作业人员，应当重新进行实际操作考试，经确认合格后方可上岗作业。对于未经培训考核即从事特种作业的，《建设工程安全生产管理条例》第六十二条规定了行政处罚，造成重大安全事故，构成犯罪的，对直接责任人员，依照刑法的有关规定追究刑事责任。

7. 专项施工方案专家论证制度

依据《建设工程安全生产管理条例》第二十六条的规定：施工单位应当在施工组织设计中编制安全技术措施和施工现场临时用电方案，对下列达到一定规模的危险性较大的分部分项工程编制专项施工方案，并附具安全验算结果，经施工单位技术负责人、总监理工程师签字后实施，由专职安全生产管理人员进行现场监督，包括：基坑支护与降水工程，土方开挖工程，模板工程，起重吊装工程，脚手架工程，拆除、爆破工程，国务院建设行政主管部门或者其他有关部门规定的其他危险性较大的工程。

对上述所列工程中涉及深基坑、地下暗挖工程、高大模板工程的专项施工方案，施工单位还应当组织专家进行论证、审查。

8. 危及施工安全工艺、设备、材料淘汰制度

严重危及施工安全的工艺、设备、材料是指不符合生产安全要求，极有可能导致生产安全事故发生，致使人民生命和财产遭受重大损失的工艺、设备和材料。

《建设工程安全生产管理条例》第四十五条规定：国家对严重危及施工安全的工艺、设备、材料实行淘汰制度。具体目录由国务院建设行政主管部门会同国务院其他有关部门制定并公布。本条明确规定，国家对严重危及施工安全的工艺、设备和材料实行淘汰制度。这一方面有利于保障安全生产；另一方面也体现了优胜劣汰的市场经济规律，有利于提高生产经营单位的工艺水平，促进设备更新。

根据本条的规定，对严重危及施工安全的工艺、设备和材料，实行淘汰制度，需要国务院建设行政主管部门会同国务院其他有关部门确定哪些是严重危及施工安全的工艺、设备和材料，并且以明示的方法予以公布。对于已经公布的严重危及施工安全的工艺、设备和材料，建设单位和施工单位都应当严格遵守和执行，不得继续使用此类工艺和设备，也不得转让给他人使用。

9. 施工起重机械使用登记制度

《建设工程安全生产管理条例》第三十五条规定：施工单位应当自施工起重机械和整体提升脚手架、模板等自升式架设设施验收合格之日起30日内，向建设行政主管部门或者其他有关部门登记。登记标志应当置于或者附着于该设备的显著位置。

这是对施工起重机械的使用进行监督和管理的一项重要制度，能够有效防止不合格机械和设施投入使用；同时，还有利于监管部门及时掌握施工起重机械和整体提升脚手架、模板

等自升式架设设施的使用情况，以利于监督管理。

监管部门应当对登记的施工起重机械建立相关档案，及时更新，加强监管，减少生产安全事故的发生。施工单位应当将标志置于显著位置，便于使用者监督，保证施工起重机械的安全使用。

10. 安全检查制度

（1）安全检查的目的。安全检查制度是清除隐患、防止事故、改善劳动条件的重要手段，是企业安全生产管理工作的一项重要内容。通过安全检查可以发现企业及生产过程中的危险因素，以便有计划地采取措施，保证安全生产。

（2）安全检查的方式。检查方式有企业组织的定期安全检查，各级管理人员的日常巡回检查，专业性检查，季节性检查，节假日前后的安全检查，班组自检、交接检查，不定期检查等。

（3）安全检查的内容。安全检查的主要内容包括查思想、查制度、查管理、查隐患、查整改、查伤亡事故处理等。安全检查的重点是检查"三违"和安全责任制的落实。检查后应编写安全检查报告，报告应包括以下内容：已达标项目，未达标项目，存在问题，原因分析，纠正和预防措施。

（4）安全隐患的处理程序。对查出的安全隐患，不能立即整改的要制订整改计划，定人、定措施、定经费、定完成日期，在未消除安全隐患前，必须采取可靠的防范措施，如有危及人身安全的紧急险情，应立即停工。应按照"登记—整改—复查—销案"的程序处理安全隐患。

11. 生产安全事故报告和调查处理制度

关于生产安全事故报告和调查处理制度，《中华人民共和国安全生产法》《中华人民共和国建筑法》《建设工程安全生产管理条例》《生产安全事故报告和调查处理条例》《特种设备安全监察条例》等法律法规都对此做了相应的规定。

《中华人民共和国安全生产法》第八十三条规定："生产经营单位发生生产安全事故后，事故现场有关人员应当立即报告本单位负责人。单位负责人接到事故报告后，应当迅速采取有效措施，组织抢救，防止事故扩大，减少人员伤亡和财产损失，并按照国家有关规定立即如实报告当地负有安全生产监督管理职责的部门，不得隐瞒不报、谎报或者拖延不报，不得故意破坏事故现场、毁灭有关证据。"

《中华人民共和国建筑法》第五十一条规定："施工中发生事故时，建筑施工企业应当采取紧急措施减少人员伤亡和事故损失，并按照国家有关规定及时向有关部门报告。"

《建设工程安全生产管理条例》第五十条对建设工程生产安全事故报告制度的规定为："施工单位发生生产安全事故，应当按照国家有关伤亡事故报告和调查处理的规定，及时、如实地向负责安全生产监督管理的部门、建设行政主管部门或者其他有关部门报告；特种设备发生事故的，还应当同时向特种设备安全监督管理部门报告。接到报告的部门应当按照国家有关规定，如实上报。"本条是关于发生伤亡事故时的报告义务的规定。一旦发生安全事故，及时报告有关部门是及时组织抢救的基础，也是认真调查分清责任的基础。因此，施工单位在发生安全事故时，不能隐瞒事故情况。

2007年6月1日起实施的《生产安全事故报告和调查处理条例》对生产安全事故报告和调查处理制度做了更加明确的规定。

12. "三同时"制度

"三同时"制度是指凡是我国境内新建、改建、扩建的基本建设项目（工程），技术改建项目（工程）和引进的建设项目，其安全生产设施必须符合国家规定的标准，必须与主体工程同时设计、同时施工、同时投入生产和使用。安全生产设施主要是指安全技术方面的设施、职业卫生方面的设施、生产辅助性设施。

《中华人民共和国劳动法》第五十三条规定："新建、改建、扩建工程的劳动安全卫生设施必须与主体工程同时设计、同时施工、同时投入生产和使用。"

《中华人民共和国安全生产法》第三十一条规定："生产经营单位新建、改建、扩建工程项目的安全设施，必须与主体工程同时设计、同时施工、同时投入生产和使用。安全设施投资应当纳入建设项目概算。"

新建、改建、扩建工程的初步设计要经过行业主管部门、安全生产管理部门、卫生部门和工会的审查，同意后方可进行施工；工程项目完成后，必须经过主管部门、安全生产管理行政部门、卫生部门和工会的竣工检验；建设工程项目投产后，不得将安全设施闲置不用，生产设施必须和安全设施同时使用。

13. 安全预评价制度

安全预评价是在建设工程项目前期，应用安全评价的原理和方法对工程项目的危险性、危害性进行预测性评价。

开展安全预评价工作，是贯彻落实"安全第一，预防为主"方针的重要手段，是企业实施科学化、规范化安全管理的工作基础。科学、系统地开展安全评价工作，不仅直接起到了消除危险有害因素、减少事故发生的作用，有利于全面提高企业的安全管理水平，而且有利于系统地、有针对性地加强对不安全状况的治理、改造，最大限度地降低安全生产风险。

14. 意外伤害保险制度

《工伤保险条例》规定，工伤保险是属于法定的强制性保险。工伤保险费的征缴按照《社会保险费征缴暂行条例》的征缴规定执行。

《中华人民共和国建筑法》第四十八条规定："建筑施工企业应当依法为职工参加工伤保险缴纳工伤保险费。鼓励企业为从事危险作业的职工办理意外伤害保险，支付保险费。"《中华人民共和国建筑法》与《中华人民共和国社会保险法》和《工伤保险条例》等法律法规的规定保持一致，明确了建筑施工企业作为用人单位，为职工参加工伤保险并缴纳工伤保险费是其应尽的法定义务，但为从事危险作业的职工投保意外伤害险并非强制性规定，是否投保意外伤害险由建筑施工企业自主决定。

11.2.2 安全生产管理预警体系的建立和运行

1. 安全生产管理预警体系的要素

一个完整的预警体系应由外部环境预警系统、内部管理不良预警系统、预警信息管理系统和事故预警系统四部分构成。

（1）外部环境预警系统。

1）自然环境突变的预警。生产活动所处的自然环境突变诱发的事故主要是自然灾害以及人类活动造成的破坏。

2）政策法规变化的预警。国家对行业政策的调整、法规体系的修正和变更，对安全生产管理的影响非常大,应经常予以监测。

3)技术变化的预警。现代安全生产一个重要标志是对科学技术进步的依赖越来越大,因而预警体系也应当关注技术创新、技术标准变动的预警。

(2)内部管理不良预警系统。

1)质量管理预警。企业质量管理的目的是生产出合格的产品(工程),基本任务是确定企业的质量目标,制定企业规划和建立健全企业的质量保证体系。

2)设备管理预警。设备管理预警对象是生产过程的各种设备的维修、操作、保养等活动。

3)人的行为活动管理预警。事故发生诱因之一是由人的不安全行为所引发的,人的行为活动预警对象主要是思想上的疏忽、知识和技能欠缺、性格上的缺陷、心理和生理弱点等。

(3)预警信息管理系统。预警信息管理系统以管理信息系统(MIS)为基础,专用于预警管理的信息管理,主要是监测外部环境与内部管理的信息。预警信息的管理包括信息收集、处理、辨伪、存储、推断等过程。

(4)事故预警系统。事故预警系统是综合运用事故致因理论(如系统安全理论)、安全生产管理原理(如预防原理),以事故预防和控制为目的,通过对生产活动和安全管理过程中各种事故征兆的监测、识别、诊断与评价,以及对事故严重程度和发生可能性的判别给出安全风险预警级别,并根据预警分析的结果对事故征兆的不良趋势进行矫正、预防与控制。当事故难以控制时,及时做出警告,并提供对策措施和建议。

2. 安全生产管理预警体系的建立

预警体系是以事故现象的成因、特征及其发展作为研究对象,运用现代系统理论和预警理论,构建对灾害事故能够起到"免疫",并能够预防和"矫正"各种事故现象的一种"自组织"系统。它是以警报为导向,以"矫正"为手段,以"免疫"为目的的防错、纠错系统。

预警体系功能的实现主要依赖于预警分析和预控对策作用的发挥。

(1)预警分析。预警分析主要由预警监测、预警信息管理、预警评价指标体系构建和预警评价等工作内容组成。

1)预警监测。实现和完成与事故有关的外部环境与内部管理状况的监测任务,并将采集的原始信息实时存入计算机,供预警信息系统分析使用。

2)预警信息管理。预警信息管理是一个系统性的动态管理过程,包括信息收集、处理、辨伪、存储和推断等管理工作。

3)预警评价指标体系的构建。预警评价指标是能敏感地反映危险状态及存在问题的指标,是预警体系开展识别、诊断、预控等活动的前提,也是预警管理活动中的关键环节之一。构建预警评价指标体系的目的是使信息定量化、条理化和可操作化。预警评价指标体系内容一般包括以下内容:

① 预警评价指标的确定:一般可分为人的安全可靠性指标,生产过程的环境安全性指标,安全管理有效性的指标以及机(物)安全可靠性指标等。

② 预警准则的确定:预警准则指一套判别标准或原则,用来决定在不同预警级别情况下,是否应当发出警报以及发出何种程度的警报。

③ 预警方法的确定：预警方法包括指标预警、因素预警、综合预警、误警和漏警等。

④ 预警阈值的确定：预警阈值的确定原则上既要防止误报又要避免漏报，若采用指标预警，一般可根据具体规程设定报警阈值，或者根据具体实际情况，确定适宜的报警阈值。若为综合预警，一般根据经验和理论来确定预警阈值（即综合指标临界值），如综合指标值接近或达到这个阈值时，意味着将有事故出现，可以将此时的综合预警指标值确定为报警阈值。

4）预警评价。预警评价包括确定评价的对象、内容和方法，建立相应的预测系统，确定预警级别和预警信号标准等工作。评价对象是导致事故发生的人、机、环、管等方面的因素，预测系统建立的目的是实现必要的未来预测和预警。预警信号一般采用国际通用的颜色表示不同的安全状况，如：

Ⅰ级预警，表示安全状况特别严重，用红色表示。

Ⅱ级预警，表示受到事故的严重威胁，用橙色表示。

Ⅲ级预警，表示处于事故的上升阶段，用黄色表示。

Ⅳ级预警，表示生产活动处于正常状态，用蓝色表示。

（2）预控对策。预警的目标是实现对各种事故现象的早期预防与控制，并能对事故实施危机管理。预警是制定预控对策的前提，预控对策是根据具体的警情确定控制方案，尽早采取必要的预防和控制措施，避免事故的发生和人员的伤亡，减少财产损失等。预控对策一般包括组织准备、日常监控和事故危机管理三个活动阶段。

1）组织准备。组织准备的目的在于预警分析以及为预控对策的实施提供组织保障，其任务：一是确定预警体系的组织构成、职能分配及运行方式；二是为事故状态下预警体系的运行和管理提供组织保障，确保预控对策的实施。

2）日常监控。日常监控是对预警分析所确定的主要事故征兆（现象）进行特别监视与控制的管理活动。它包括培训员工的预警知识和对各种逆境的预测，模拟预警管理方案，总结预警监控活动的经验或教训，在特别状态时提出建议供决策层采纳等。

3）事故危机管理。事故危机管理是在日常监控活动无法有效扭转危险状态时的管理对策，是预警管理活动陷入危机状态时采取的一种特殊性质的管理，只有在特殊情况下才采用的特别管理方式。

3. 预警体系的运行

完善的预警体系为事故预警提供了物质基础。预警体系通过预警分析和预控对策实现事故的预警和控制，预警分析完成监测、识别、诊断与评价功能，而预控对策完成对事故征兆的不良趋势进行纠错和治错的功能。

（1）监测。监测是预警活动的前提，监测的任务包括两个方面：一是对生产中的薄弱环节和重要环节进行全方位、全过程的监测；二是利用预警信息管理系统对大量的监测信息进行处理（整理、分类、存储、传输）并建立信息档案。通过对前后数据、实时数据的收集、整理、分析、存储和比较，建立预警信息档案，信息档案中的信息是整个预警系统共享的，它将监测信息及时、准确地输入下一预警环节。

（2）识别。识别是运用评价指标体系对监测信息进行分析，以识别生产活动中各类事故征兆、事故诱因，以及将要发生的事故活动趋势。识别的主要任务是应用适宜的识别指标，判断已经发生的异常征兆、可能的连锁反应。

(3) 诊断。对已被识别的各种事故现象，进行成因过程的分析和发展趋势预测。诊断的主要任务是在诸多致灾因素中找出危险性最高、危险程度最严重的主要因素，并对其成因进行分析，对发展过程及可能的发展趋势进行准确定量的描述。诊断的工具是企业特性和行业安全生产共性相统一的评价指标体系。

(4) 评价。对已被确认的主要事故征兆进行描述性评价，以明确生产活动在这些事故征兆现象冲击下会遭受什么样的打击，通过预警评价判断此时生产所处状态是正常、警戒，还是危险、极度危险、危机状态，并把握其发展趋势，在必要时准确报警。

(5) 监测、识别、诊断、评价的关系。监测、识别、诊断、评价这四个环节预警活动，是前后顺序的因果联系。其中，监测活动的检测信息系统，是整个预警管理系统所共享的，识别、诊断、评价这三个环节的活动结果将以信息方式存入预警信息管理系统中。另外，这四个环节活动所使用的评价指标，也具有共享性和统一性。

11.2.3 施工安全技术措施和安全技术交底

1. 建设工程施工安全技术措施

(1) 施工安全控制。

1) 安全控制的目标。①减少或消除人的不安全行为的目标；②减少或消除设备、材料的不安全状态的目标；③改善生产环境和保护自然环境的目标。

2) 施工安全的控制程序。

① 确定每项具体建设工程项目的安全目标。按"目标管理"方法在以项目经理为首的项目管理系统内进行分解，从而确定每个岗位的安全目标，实现全员安全控制。

② 编制建设工程项目安全技术措施计划。工程施工安全技术措施计划是对生产过程中的不安全因素，用技术手段加以消除和控制的文件，是落实"预防为主"方针的具体体现，是进行工程项目安全控制的指导性文件。

③ 安全技术措施计划的落实和实施。安全技术措施计划的落实和实施包括建立健全安全生产责任制，设置安全生产设施，采用安全技术和应急措施，进行安全教育和培训，安全检查，事故处理，沟通和交流信息，通过一系列安全措施的贯彻，使生产作业的安全状况处于受控状态。

④ 安全技术措施计划的验证。安全技术措施计划的验证是通过施工过程中对安全技术措施计划实施情况的安全检查，纠正不符合安全技术措施计划的情况，保证安全技术措施的贯彻和实施。

⑤ 持续改进。根据安全技术措施计划的验证结果，对不适宜的安全技术措施计划进行修改、补充和完善。

(2) 施工安全技术措施的一般要求和主要内容。

1) 施工安全技术措施的一般要求。

① 施工安全技术措施必须在工程开工前制定。施工安全技术措施是施工组织设计的重要组成部分，应在工程开工前与施工组织设计一同编制。为保证各项安全设施的落实，在工程图纸会审时，就应特别注意考虑安全施工的问题，并在开工前制定好安全技术措施，使得用于该工程的各种安全设施有较充分的时间进行采购、制作和维护等准备工作。

② 施工安全技术措施要有全面性。按照有关法律法规的要求，在编制工程施工组织设

计时，应当根据工程特点制定相应的施工安全技术措施。对于大中型工程项目、结构复杂的重点工程，除必须在施工组织设计中编制施工安全技术措施外，还应编制专项工程施工安全技术措施，详细说明有关安全方面的防护要求和措施，确保单位工程或分部分项工程的施工安全。对爆破、拆除、起重吊装、水下、基坑支护和降水、土方开挖、脚手架、模板等危险性较大的作业，必须编制专项安全施工技术方案。

③ 施工安全技术措施要有针对性。施工安全技术措施是针对每项工程的特点制定的，编制安全技术措施的技术人员必须掌握工程概况、施工方法、施工环境、条件等一手资料，并熟悉安全法规、标准等，才能制定有针对性的安全技术措施。

④ 施工安全技术措施应力求全面、具体、可靠。施工安全技术措施应把可能出现的各种不安全因素考虑周全，制定的对策、措施方案应力求全面、具体、可靠，这样才能真正做到预防事故的发生。但是，全面具体不等于罗列一般通常的操作工艺、施工方法以及日常安全工作制度、安全纪律等。这些制度性规定，在安全技术措施中虽不需要再做抄录，但必须严格执行。

对大型群体工程或一些面积大、结构复杂的重点工程，除必须在施工组织总设计中编制施工安全技术总体措施外，还应编制单位工程或分部分项工程安全技术措施，详细地制定出有关安全方面的防护要求和措施，确保该单位工程或分部分项工程的安全施工。

⑤ 施工安全技术措施必须包括应急预案。由于施工安全技术措施是在相应的工程施工实施之前制定的，所涉及的施工条件和危险情况大都建立在可预测的基础上，而建设工程施工过程是开放的过程，在施工期间的变化是经常发生的，还可能出现预测不到的突发事件或灾害（如地震、火灾、台风、洪水等），所以，施工技术措施计划必须包括面对突发事件或紧急状态的各种应急设施、人员逃生和救援预案，以便在紧急情况下，能及时启动应急预案，减少损失，保护人员安全。

⑥ 施工安全技术措施要有可行性和可操作性。施工安全技术措施应能够在每个施工工序之中得到贯彻实施，既要考虑保证安全要求，又要考虑现场环境条件和施工技术条件。

2）施工安全技术措施的主要内容。①进入施工现场的安全规定；②地面及深槽作业的防护；③高处及立体交叉作业的防护；④施工用电安全；⑤施工机械设备的安全使用；⑥在采取"四新"技术时，有针对性地采用专门安全技术措施；⑦有针对自然灾害预防的安全措施；⑧预防有毒、有害、易燃、易爆等作业造成危害的安全技术措施；⑨现场消防措施。

安全技术措施中必须包含施工总平面图，在图中必须对危险的油库、易燃材料库、变电设备、材料和构配件的堆放位置、塔式起重机、物料提升机（井架、龙门架）、施工用电梯、垂直运输设备位置、搅拌台的位置等按照施工需求和安全规程的要求明确定位，并提出具体要求。

结构复杂、危险性大、特性较多的分部分项工程，应编制专项施工方案和安全措施，如基坑支护与降水工程、土方开挖工程、模板工程、起重吊装工程、脚手架工程、拆除工程、爆破工程等，必须编制单项的安全技术措施，并要有设计依据、有计算、有详图、有文字要求。

季节性施工安全技术措施，就是考虑夏季、雨季、冬季等不同季节的气候对施工生产带来的不安全因素可能造成的各种突发性事故，而从防护上、技术上、管理上采取的防护措施。一般工程可在施工组织设计或施工方案的安全技术措施中编制季节性施工安全措施；危险性大、高温期长的工程，应单独编制季节性的施工安全措施。

2. 安全技术交底

（1）安全技术交底的内容。

1）工程项目和分部分项工程的概况。

2）本施工项目的施工作业特点和危险点。

3）针对危险点的具体预防措施。

4）作业中应遵守的安全操作规程以及应注意的安全事项。

5）作业人员发现安全事故隐患应采取的措施。

6）发生事故后应及时采取的避难和急救措施。

（2）安全技术交底的要求。

1）项目经理部必须实行逐级安全技术交底制度，纵向延伸到班组全体作业人员。

2）技术交底必须具体、明确，针对性强。

3）技术交底的内容应针对分部分项工程施工中给作业人员带来的潜在危险因素和存在问题。

4）应优先采用新的安全技术措施。

5）对于涉及"四新"项目或技术含量高、技术难度大的单项技术设计，必须经过两阶段技术交底，即初步设计技术交底和实施性施工图技术设计交底。

6）应将工程概况、施工方法、施工程序、安全技术措施等向工长、班组长进行详细交底。

7）定期向由两个以上作业队和多工种进行交叉施工的作业队伍进行书面交底。

8）保存书面安全技术交底签字记录。

11.2.4 安全生产检查监督的类型和内容

1. 安全生产检查监督的主要类型

（1）全面安全检查。全面安全检查应包括职业健康安全管理方针、管理组织机构及其安全管理的职责、安全设施、操作环境、防护用品、卫生条件、运输管理、危险品管理、火灾预防、安全教育和安全检查制度等内容。对全面安全检查的结果必须进行汇总分析，详细探讨所出现的问题及相应对策。

（2）经常性安全检查。工程项目和班组应开展经常性安全检查，及时排除事故隐患。工作人员必须在工作前，对所用的机械设备和工具进行仔细检查，发现问题立即上报。下班前，还必须进行班后检查，做好设备的维修保养和清整场地等工作，保证交接安全。

（3）专业或专职安全管理人员的专业安全检查。专业或专职安全管理人员在进行安全检查时，必须不徇私情，按章检查，发现违章操作情况要立即纠正，发现隐患及时指出并提出相应防护措施，并及时上报检查结果。

（4）季节性安全检查。要对防风防沙、防涝抗旱、防雷电、防暑防害等工作进行季节性检查，根据各个季节自然灾害的发生规律，及时采取相应的防护措施。

（5）节假日检查。在节假日，坚持上班的人员较少，往往放松思想警惕，容易发生意外，而且一旦发生意外事故，也难以进行有效的救援和控制。因此，节假日必须安排专业安全管理人员进行安全检查，对重点部位要进行巡视。同时配备一定数量的安全保卫人员，做好安全保卫工作，绝不能麻痹大意。

（6）要害部门重点安全检查。对于企业要害部门和重要设备必须进行重点检查。由于其重要性和特殊性，一旦发生意外，会造成大的伤害，给企业的经济效益和社会效益带来不良的影响。为了确保安全，对设备的运转和零件的状况要定时进行检查，发现损伤立刻更换，决不能"带病"作业；一过有效年限即使没有故障，也应该予以更新，不能因小失大。

2. 安全生产检查监督的主要内容

（1）查思想。检查企业领导和员工对安全生产方针的认识程度，对建立健全安全生产管理和安全生产规章制度的重视程度，对安全检查中发现的安全问题或安全隐患的处理态度等。

（2）查制度。为了实施安全生产管理制度，工程承包企业应结合本身的实际情况，建立健全一整套本企业的安全生产规章制度，并落实到具体的工程项目施工任务中。在安全检查时，应对企业的施工安全生产规章制度进行检查。

（3）查管理。主要检查安全生产管理是否有效，安全生产管理和规章制度是否真正得到落实。

（4）查隐患。主要检查生产作业现场是否符合安全生产要求，检查人员应深入作业现场，检查工人的劳动条件、卫生设施、安全通道、零部件的存放、防护设施状况、电气设备、压力容器、化学用品的储存、粉尘及有毒有害作业部位点的达标情况，车间内的通风照明设施，个人劳动防护用品的使用是否符合规定等。要特别注意对一些要害部位和设备加强检查，如锅炉房、变电所、各种剧毒、易燃、易爆等场所。

（5）查整改。主要检查对过去提出的安全问题和发生安全生产事故及安全隐患后是否采取了安全技术措施和安全管理措施，进行整改的效果如何。

（6）查事故处理。检查对伤亡事故是否及时报告，对责任人是否已经做出严肃处理。在安全检查中必须成立一个适应安全检查工作需要的检查组，配备适当的人力物力。检查结束后应编写安全检查报告，说明已达标项目、未达标项目、存在问题、原因分析，给出纠正和预防措施的建议。

11.2.5 安全隐患的处理

1. 建设工程安全的隐患

建设工程安全隐患包括三个部分的不安全因素：人的不安全因素、物的不安全状态和组织管理上的不安全因素。

（1）人的不安全因素。人的不安全因素有：能够使系统发生故障或发生性能不良的事件的个人的不安全因素和违背安全要求的错误行为。

1）个人的不安全因素。包括人员的心理、生理、能力中所具有的不能适应工作、作业岗位要求的影响安全的因素。

①心理上的不安全因素有影响安全的性格、气质和情绪（如急躁、懒散、粗心等）。

②生理上的不安全因素大致有五个方面：视觉、听觉等感觉器官不能适应作业岗位要求的因素；体能不能适应作业岗位要求的因素；年龄不能适应作业岗位要求的因素；有不适合作业岗位要求的疾病；疲劳和酒醉或感觉朦胧。

③能力上的不安全因素包括知识技能、应变能力、资格等不能适应工作和作业岗位要求的影响因素。

2）人的不安全行为。人的不安全行为指能造成事故的人为错误，是人为地使系统发生故障或发生性能不良事件，也是违背设计和操作规程的错误行为。

不安全行为的类型有：操作失误、忽视安全、忽视警告；造成安全装置失效；使用不安全设备；手代替工具操作；物体存放不当；冒险进入危险场所；攀坐不安全位置；在起吊物下作业、停留；在机器运转时进行检查、维修、保养；有分散注意力的行为；未正确使用个人防护用品、用具；不安全装束；对易燃易爆等危险物品处理错误。

（2）物的不安全状态。物的不安全状态是指能导致事故发生的物质条件，包括机械设备或环境所存在的不安全因素。

1）物的不安全状态的内容。①物本身存在的缺陷；②防护保险方面的缺陷；③物的放置方法的缺陷；④作业环境场所的缺陷；⑤外部的和自然界的不安全状态；⑥作业方法导致的物的不安全状态；⑦保护器具信号、标志和个体防护用品的缺陷。

2）物的不安全状态的类型。①防护等装置缺陷；②设备、设施等缺陷；③个人防护用品缺陷；④生产场地环境的缺陷。

（3）组织管理上的不安全因素。组织管理上的缺陷，也是事故潜在的不安全因素，作为间接的原因有以下方面：①技术上的缺陷；②教育上的缺陷；③生理上的缺陷；④心理上的缺陷；⑤管理工作上的缺陷；⑥学校教育和社会、历史上的原因造成的缺陷。

2. 建设工程安全隐患的处理

在工程建设过程中，安全事故隐患是难以避免的，但要尽可能地预防和消除安全事故隐患的发生。首先需要项目参与各方加强安全意识，做好事前控制，建立健全各项安全生产管理制度，落实安全生产责任制，注重安全生产教育培训，保证安全生产条件所需资金的投入，将安全隐患消除在萌芽之中；其次是根据工程的特点确保各项安全施工措施的落实，加强对工程安全生产的检查监督，及时发现安全事故隐患；最后是对发现的安全事故隐患及时进行处理，查找原因，防止事故隐患的进一步扩大。

（1）安全事故隐患治理原则。

1）冗余安全度治理原则。为确保安全，在治理事故隐患时应考虑设置多道防线，即使有一两道防线无效，还有冗余的防线可以控制事故隐患。例如，道路上有一个坑，既要设防护栏及警示牌，又要设照明及夜间警示红灯。

2）单项隐患综合治理原则。人、机、料、法、环境五者任一个环节产生安全事故隐患，都要从五者安全匹配的角度考虑，调整匹配的方法，提高匹配的可靠性。一件单项隐患问题的整改需综合（多角度）治理。人的隐患，既要治人也要治机具及生产环境等各环节。例如某工地发生触电事故，既要进行人的安全用电操作教育，同时现场也要设置漏电开关，对配电箱、用电线路进行防护改造，还要严禁非专业电工乱接乱拉电线。

3）事故直接隐患与间接隐患并治原则。对人、机、环境系统进行安全治理的同时，还需治理安全管理措施。

4）预防与减灾并重治理原则。治理安全事故隐患时，需尽可能减少发生事故的可能性，如果不能安全控制事故的发生，也要设法将事故等级减低。但是不论预防措施如何完善，都不能保证事故绝对不会发生，还必须对事故减灾做好充分准备，研究应急技术操作规范。如：应及时切断供料及切断能源的操作方法；应及时降压、降温、降速以及停止运行的方法；应及时排放毒物的方法；应及时疏散及抢救的方法；应及时请求救援的方法等。还应定期组织训练和演习，使该生产环境中每名干部及工人都真正掌握这些减灾技术。

5）重点治理原则。按对隐患的分析评价结果实行危险点分级治理，也可以用安全检查表打分，对隐患危险程度分级。

6）动态治理原则。动态治理就是对生产过程进行动态随机安全化治理，生产过程中发现问题及时治理，既可以及时消除隐患，又可以避免小的隐患发展成大的隐患。

(2) 安全事故隐患的处理。在建设工程中，安全事故隐患的发现可以来自于各参与方，包括建设单位、设计单位、监理单位、施工单位、供货商、工程监管部门等。各方对于事故安全隐患处理的义务和责任，以及相关的处理程序在《建设工程安全生产管理条例》中已有明确的界定。这里仅从施工单位角度谈其对事故安全隐患的处理方法。

1）当场指正，限期纠正，预防隐患发生。对于违章指挥和违章作业行为，检查人员应当场指出，并限期纠正，预防事故的发生。

2）做好记录，及时整改，消除安全隐患。对检查中发现的各类安全事故隐患，应做好记录，分析安全隐患产生的原因，制定消除隐患的纠正措施，报相关方审查批准后进行整改，及时消除隐患。对重大安全事故隐患排除前或者排除过程中无法保证安全的，责令从危险区域内撤出作业人员或者暂时停止施工，待隐患消除再行施工。

3）分析统计，查找原因，制定预防措施。对于反复发生的安全隐患，应通过分析统计，属于多个部位存在的同类型隐患，即"通病"；属于重复出现的隐患，即"顽症"。查找产生"通病"和"顽症"的原因，修订和完善安全管理措施，制定预防措施，从源头上消除安全事故隐患的发生。

4）跟踪验证。检查单位应对受检单位的纠正和预防措施的实施过程和实施效果，进行跟踪验证，并保存验证记录。

11.3 职业健康安全事故的分类和处理

职业健康安全事故分两大类型，即职业伤害事故与职业病。其中职业伤害事故是指因生产过程及工作原因或与其相关的其他原因造成的伤亡事故。

1. 职业伤害事故的分类

(1) 按照事故发生的原因分类。按照我国《企业职工伤亡事故分类标准》（GB 6441—1986）规定，职业伤害事故分为20类，其中与建筑业有关的有以下12类：物体打击、车辆伤害、机械伤害、起重伤害、触电、灼烫、火灾、高处坠落、坍塌、火药爆炸、中毒和窒息、其他伤害等。

以上12类职业伤害事故中，在建设工程领域中最常见的是高处坠落、物体打击、机械伤害、触电、坍塌、中毒、火灾7类。

(2) 按事故严重程度分类。我国《企业职工伤亡事故分类标准》（GB 6441—1986）规定，按事故严重程度分类，事故分为：

1）轻伤事故，是指造成职工肢体或某些器官功能性或器质性轻度损伤，能引起劳动能力轻度或暂时丧失的伤害的事故，一般每个受伤人员休息1个工作日以上（含1个工作日），105 个工作日以下。

2）重伤事故，一般指受伤人员肢体残缺或视觉、听觉等器官受到严重损伤，能引起人体长期存在功能障碍或劳动能力有重大损失的伤害，或者造成每个受伤人损失 105 工作日以上（含 105 个工作日）的失能伤害的事故。

3）死亡事故，其中，重大伤亡事故指一次事故中死亡 1~2 人的事故，特大伤亡事故指一次事故死亡 3 人以上（含 3 人）的事故。

(3) 按事故造成的人员伤亡或者直接经济损失分类。依据 2007 年 6 月 1 日起实施的《生产安全事故报告和调查处理条例》规定，按生产安全事故（简称事故）造成的人员伤亡或者直接经济损失，事故分为：

1）特别重大事故，是指造成 30 人以上死亡，或者 100 人以上重伤（包括急性工业中毒，下同），或者 1 亿元以上直接经济损失的事故。

2）重大事故，是指造成 10 人以上 30 人以下死亡，或者 50 人以上 100 人以下重伤，或者 5000 万元以上 1 亿元以下直接经济损失的事故。

3）较大事故，是指造成 3 人以上 10 人以下死亡，或者 10 人以上 50 人以下重伤，或者 1000 万元以上 5000 万元以下直接经济损失的事故。

4）一般事故，是指造成 3 人以下死亡，或者 10 人以下重伤，或者 1000 万元以下直接经济损失的事故。

目前，在建设工程领域中，判别事故等级较多采用的是《生产安全事故报告和调查处理条例》。

2. 建设工程安全事故的处理

一旦事故发生，可通过应急预案的实施，尽可能防止事态的扩大和减少事故的损失。通过事故处理程序，查明原因，制定相应的纠正和预防措施，避免类似事故的再次发生。

(1) 事故处理的原则（"四不放过"原则）。国家对发生事故后的"四不放过"处理原则，其具体内容如下：

1）事故原因未查清不放过。要求在调查处理伤亡事故时，首先要把事故原因分析清楚，找出导致事故发生的真正原因，未找到真正原因决不轻易放过。直到找到真正原因并搞清各因素之间的因果关系，才算达到事故原因分析的目的。

2）责任人员未处理不放过。这是安全事故责任追究制的具体体现。对事故责任者要严格按照安全事故责任追究的法律法规的规定进行严肃处理；不仅要追究事故直接责任人的责任，同时要追究有关负责人的领导责任。当然，处理事故责任者必须谨慎，避免事故责任追究的扩大化。

3）有关人员受到教育不放过。使事故责任者和广大群众了解事故发生的原因及造成的危害，并深刻认识到做好安全生产的重要性，从事故中吸取教训，提高安全意识，改进安全管理工作。

4）整改措施未落实不放过。必须针对事故发生的原因，提出防止相同或类似事故发生的切实可行的预防措施，并督促事故发生单位加以实施。只有这样，才算达到了事故调查和处理的最终目的。

(2) 建设工程安全事故处理措施。

1）按规定向有关部门报告事故情况。事故发生后，事故现场有关人员应当立即向本单位负责人报告；单位负责人接到报告后，应当于1小时内向事故发生地县级以上人民政府安全生产监督管理部门和负有安全生产监督管理职责的有关部门报告，并有组织、有指挥地抢救伤员、排除险情；应当防止人为或自然因素的破坏，便于事故原因的调查。

由于建设行政主管部门是建设安全生产的监督管理部门，对建设安全生产实行的是统一的监督管理，因此，各个行业的建设施工中出现了安全事故，都应当向建设行政主管部门报告。对于专业工程的施工中出现生产安全事故的，由于有关的专业主管部门也承担着对建设安全生产的监督管理职能，因此，专业工程出现安全事故，还需要向有关行业主管部门报告。

① 情况紧急时，事故现场有关人员可以直接向事故发生地县级以上人民政府安全生产监督管理部门和负有安全生产监督管理职责的有关部门报告。

② 安全生产监督管理部门和负有安全生产监督管理职责的有关部门接到事故报告后，应当依照下列规定上报事故情况，并通知公安机关、劳动保障行政部门、工会和人民检察院：

特别重大事故、重大事故逐级上报至国务院安全生产监督管理部门和负有安全生产监督管理职责的有关部门。

较大事故逐级上报至省、自治区、直辖市人民政府安全生产监督管理部门和负有安全生产监督管理职责的有关部门。

一般事故上报至设区的市级人民政府安全生产监督管理部门和负有安全生产监督管理职责的有关部门。

安全生产监督管理部门和负有安全生产监督管理职责的有关部门依照前款规定上报事故情况，应当同时报告本级人民政府。国务院安全生产监督管理部门和负有安全生产监督管理职责的有关部门以及省级人民政府接到发生特别重大事故、重大事故的报告后，应当立即报告国务院。必要时，安全生产监督管理部门和负有安全生产监督管理职责的有关部门可以越级上报事故情况。

安全生产监督管理部门和负有安全生产监督管理职责的有关部门逐级上报事故情况，每级上报的时间不得超过2小时。事故报告后出现新情况的，应当及时补报。

2）组织调查组，开展事故调查。

① 特别重大事故由国务院或者国务院授权有关部门组织事故调查组进行调查。重大事故、较大事故、一般事故分别由事故发生地省级人民政府、设区的市级人民政府、县级人民政府负责调查。省级人民政府、设区的市级人民政府、县级人民政府可以直接组织事故调查组进行调查，也可以授权或者委托有关部门组织事故调查组进行调查。未造成人员伤亡的一般事故，县级人民政府也可以委托事故发生单位组织事故调查组进行调查。

② 事故调查组有权向有关单位和个人了解与事故有关的情况，并要求其提供相关文件、资料，有关单位和个人不得拒绝。事故发生单位的负责人和有关人员在事故调查期间不得擅离职守，并应当随时接受事故调查组的询问，如实提供有关情况。事故调查中发现涉嫌犯罪的，事故调查组应当及时将有关材料或者其复印件移交司法机关处理。

3）现场勘查。事故发生后，调查组应迅速到现场进行及时、全面、准确和客观的勘查，包括现场笔录、现场拍照和现场绘图。

4）分析事故原因。通过调查分析，查明事故经过，按受伤部位、受伤性质、起因物、致害物、伤害方法、不安全状态、不安全行为等，查清事故原因，包括人、物、生产管理和技术管理等方面的原因。通过直接和间接分析，确定事故的直接责任者、间接责任者和主要责任者。

5) 制定预防措施。根据事故原因分析，制定防止类似事故再次发生的预防措施。根据事故后果和事故责任者应负的责任提出处理意见。

6) 提交事故调查报告。事故调查组应当自事故发生之日起60日内提交事故调查报告；特殊情况下，经负责事故调查的人民政府批准，提交事故调查报告的期限可以适当延长，但延长的期限最长不超过60日。事故调查报告应当包括下列内容：事故发生单位概况；事故发生经过和事故救援情况；事故造成的人员伤亡和直接经济损失；事故发生的原因和事故性质；事故责任的认定以及对事故责任者的处理建议；事故防范和整改措施。

7) 事故的审理和结案。对于重大事故、较大事故、一般事故，负责事故调查的人民政府应当自收到事故调查报告之日起15日内做出批复；对于特别重大事故，30日内做出批复，特殊情况下，批复时间可以适当延长，但延长的时间最长不超过30日。

有关机关应当按照人民政府的批复，依照法律、行政法规规定的权限和程序，对事故发生单位和有关人员进行行政处罚，对负有事故责任的国家工作人员进行处分。事故发生单位应当按照负责事故调查的人民政府的批复，对本单位负有事故责任的人员进行处理。

负有事故责任的人员涉嫌犯罪的，依法追究刑事责任。

事故处理的情况由负责事故调查的人民政府或者其授权的有关部门、机构向社会公布，依法应当保密的除外。事故调查处理的文件记录应长期完整地保存。

11.4 建设工程施工现场职业健康安全与环境管理的要求

11.4.1 施工现场文明施工的要求

1. 建设工程现场文明施工的要求

依据我国相关标准，文明施工的要求主要包括现场围挡、封闭管理、施工场地管理、材料堆放、现场住宿、现场防火、治安综合治理、施工现场标牌、生活设施管理、保健急救、社区服务11项内容。总体上应符合以下要求：

1) 有整套的施工组织设计或施工方案，施工总平面布置紧凑，施工场地规划合理，符合环保、市容、卫生的要求。

2) 有健全的施工组织管理机构和指挥系统，岗位分工明确；工序交叉合理，交接责任明确。

3) 有严格的成品保护措施和制度，大小临时设施和各种材料构件、半成品按平面布置堆放整齐。

4) 施工场地平整，道路畅通，排水设施得当，水电线路整齐，机具设备状况良好，使用合理，施工作业符合消防和安全要求。

5) 做好环境卫生管理，包括施工区、生活区环境卫生和食堂卫生管理。

6) 文明施工应贯穿施工结束后的清场。

实现文明施工，不仅要抓好现场的场容管理，而且要做好现场材料、机械、安全、技术、保卫、消防和生活卫生等方面的工作。

2. 建设工程现场文明施工的措施

(1) 加强现场文明施工的管理。

1) 建立文明施工的管理组织。应确立项目经理为现场文明施工的第一责任人，以各专业工程师，施工质量、安全、材料、保卫等现场项目经理部人员为成员的施工现场文明管理组织，共同负责本工程现场文明施工工作。

2) 健全文明施工的管理制度。包括建立各级文明施工岗位责任制，将文明施工工作考核列入经济责任制，建立定期的检查制度，实行自检、互检、交接检制度，建立奖惩制度，开展文明施工立功竞赛，加强文明施工教育培训，等等。

(2) 落实现场文明施工的各项管理措施。针对现场文明施工的各项要求，落实相应的各项管理措施。

1) 施工平面布置。施工总平面图是现场管理、实现文明施工的依据。施工总平面图应对施工机械设备、材料和构配件的堆场，现场加工场地，以及现场临时运输道路、临时供水供电线路和其他临时设施进行合理布置，并随工程实施的不同阶段进行场地布置和调整。

2) 现场围挡、标牌。

① 施工现场必须实行封闭管理，设置进出口大门，制定门卫制度，严格执行外来人员进场登记制度。沿工地四周连续设置围挡，市区主要路段和其他涉及市容景观路段的工地设置围挡的高度不低于2.5m，其他工地的围挡高度不低于1.8m，围挡材料要求坚固、稳定、统一、整洁、美观。

② 施工现场必须设有"五牌一图"，即工程概况牌、管理人员名单及监督电话牌、消防保卫（防火责任）牌、安全生产牌、文明施工牌和施工现场总平面图。

③ 施工现场应合理悬挂安全生产宣传和警示牌，标牌悬挂牢固可靠，特别是主要施工部位、作业点和危险区域以及主要通道口都必须有针对性地悬挂醒目的安全警示牌。

3) 施工场地。

① 施工现场应积极推行硬地坪施工，作业区、生活区主干道地面必须用一定厚度的混凝土硬化，场内其他道路地面也应硬化处理。

② 施工现场道路畅通、平坦、整洁，无散落物。

③ 施工现场设置排水系统，排水畅通，不积水。

④ 严禁泥浆、污水、废水外流或未经允许排入河道，严禁堵塞下水道和排水河道。

⑤ 施工现场在适当地方设置吸烟处，作业区内禁止随意吸烟。

⑥ 积极美化施工现场环境，根据季节变化，适当进行绿化布置。

4) 材料堆放、周转设备管理。

① 建筑材料、构配件、料具必须按施工现场总平面布置图堆放，布置合理。

② 建筑材料、构配件及其他料具等必须做到安全、整齐堆放（存放），不得超高。堆料分门别类，悬挂标牌，标牌应统一制作，标明名称、品种、规格数量等。

③ 建立材料收发管理制度，仓库、工具间材料堆放整齐，易燃易爆物品分类堆放，专人负责，确保安全。

④ 施工现场建立清扫制度，落实到人，做到工完料尽场地清，车辆进出场应有防泥带出措施。建筑垃圾应及时清运，临时存放现场的也应集中堆放整齐、悬挂标牌。不用的施工

机具和设备应及时出场。

⑤ 施工设施、大模板、砖夹等，集中堆放整齐，大模板成对放稳，角度正确。钢模及零配件、脚手扣件分类分规格，集中存放。竹木杂料，分类堆放、规则成方，不散不乱，不做他用。

5）现场生活设施。

① 施工现场作业区与办公、生活区必须明显划分，确因场地狭窄不能划分的，要有可靠的隔离栏防护措施。

② 宿舍内应确保主体结构安全，设施完好。宿舍周围环境应保持整洁、安全。

③ 宿舍内应有保暖、消暑、防煤气中毒、防蚊虫叮咬等措施。严禁使用煤气灶、煤油炉、电饭煲、热得快、电炒锅、电炉等器具。

④ 食堂应有良好的通风和洁卫措施，保持卫生整洁，炊事员持健康证上岗。

⑤ 建立现场卫生责任制，设卫生保洁员。

⑥ 施工现场应设固定的男、女简易淋浴室和厕所，并要保证结构稳定、牢固和防风雨，并实行专人管理、及时清扫，保持整洁，要有灭蚊蝇滋生措施。

6）现场消防、防火管理。

① 现场建立消防管理制度，建立消防领导小组，落实消防责任制和责任人员，做到思想重视、措施跟上、管理到位。

② 定期对有关人员进行消防教育，落实消防措施。

③ 现场必须有消防平面布置图，临时设施按消防条例有关规定搭设，做到标准规范。

④ 易燃易爆物品堆放间、油漆间、木工间、总配电室等消防防火重点部位要按规定设置灭火器和消防沙箱，并有专人负责，对违反消防条例的有关人员进行严肃处理。

⑤ 施工现场用明火，应做到严格按动用明火规定执行，审批手续齐全。

7）医疗急救的管理。展开卫生防病教育，准备必要的医疗设施，配备经过培训的急救人员，有急救措施、急救器材和保健医药箱。在现场办公室的显著位置张贴急救车和有关医院的电话号码等。

8）社区服务的管理。建立施工不扰民的措施。现场不得焚烧有毒、有害物质等。

9）治安管理。

① 建立现场治安保卫领导小组，有专人管理。

② 新入场的人员做到及时登记，做到合法用工。

③ 按照治安管理条例和施工现场的治安管理规定做好各项管理工作。

④ 建立门卫值班管理制度，严禁无证人员和其他闲杂人员进入施工现场，避免安全事故和失盗事件的发生。

（3）建立检查考核制度。对于建设工程文明施工，国家和各地大多制定了标准或规定，也有比较成熟的经验。在实际工作中，项目应结合相关标准和规定建立文明施工考核制度，推进各项文明施工措施的落实。

（4）抓好文明施工建设工作。

1）建立宣传教育制度。现场宣传安全生产、文明施工、国家大事、社会形势、企业精神、优秀事迹等。

2）坚持以人为本，加强管理人员和班组文明建设。教育职工遵纪守法，提高企业整体管理水平和文明素质。

3) 主动与有关单位配合，积极开展共建文明活动，树立企业良好的社会形象。

11.4.2 施工现场环境保护的要求

1. 建设工程施工现场环境保护的要求

根据《中华人民共和国环境保护法》和《中华人民共和国环境影响评价法》的有关规定，建设工程项目对环境保护的基本要求如下：

1) 涉及依法划定的自然保护区、风景名胜区、生活饮用水水源保护区及其他需要特别保护的区域时，应当符合国家有关法律法规及该区域内建设工程项目环境管理的规定，不得建设污染环境的工业生产设施；建设的工程项目设施的污染物排放不得超过规定的排放标准。已经建成的设施，其污染物排放超过排放标准的，限期整改。

2) 开发利用自然资源的项目，必须采取措施保护生态环境。

3) 建设工程项目选址、选线、布局应当符合区域、流域规划和城市总体规划。

4) 应满足项目所在区域环境质量、相应环境功能区划和生态功能区划标准或要求。

5) 拟采取的污染防治措施应确保污染物排放达到国家和地方规定的排放标准，满足污染物总量控制要求；涉及可能产生放射性污染的，应采取有效预防和控制放射性污染措施。

6) 建设工程应当采用节能、节水等有利于环境与资源保护的建筑设计方案、建筑材料、装修材料、建筑构配件及设备。建筑材料和装修材料必须符合国家标准。禁止生产、销售和使用有毒、有害物质超过国家标准的建筑材料和装修材料。

7) 尽量减少建设工程施工中所产生的干扰周围生活环境的噪声。

8) 应采取生态保护措施，有效预防和控制生态破坏。

9) 对环境可能造成重大影响、应当编制环境影响报告书的建设工程项目，可能严重影响项目所在地居民生活环境质量的建设工程项目，以及存在重大意见分歧的建设工程项目，环保部门可以举行听证会，听取有关单位、专家和公众的意见，并公开听证结果，说明对有关意见采纳或不采纳的理由。

10) 建设工程项目中防治污染的设施，必须与主体工程同时设计、同时施工、同时投产使用。防治污染的设施必须经原审批环境影响报告书的环境保护行政主管部门验收合格后，该建设工程项目方可投入生产或者使用。防治污染的设施不得擅自拆除或者闲置，确有必要拆除或者闲置的，必须征得所在地的环境保护行政主管部门同意。

11) 新建工业企业和现有工业企业的技术改造，应当采取资源利用率高、污染物排放量少的设备和工艺，采用经济合理的废弃物综合利用技术和污染物处理技术。

12) 排放污染物的单位，必须依照国务院环境保护行政主管部门的规定申报登记。

13) 禁止引进不符合我国环境保护规定要求的技术、设备、材料和产品。

14) 任何单位不得将产生严重污染的生产设备转移给没有污染防治能力的单位使用。

2. 建设工程施工现场环境保护的措施

建设工程环境保护措施主要包括大气污染的防治、水污染的防治、噪声污染的防治、固体废物的处理以及文明施工措施等。

（1）大气污染的防治措施。

1) 施工现场垃圾渣土要及时清理出现场。

2）高大建筑物清理施工垃圾时，要使用封闭式的容器或者采取其他措施处理高空废弃物，严禁凌空随意抛撒。

3）施工现场道路应指定专人定期洒水清扫，形成制度，防止道路扬尘。

4）对于细颗粒散体材料（如水泥、粉煤灰、白灰等）的运输、储存要注意遮盖、密封，防止和减少扬尘。

5）车辆开出工地要做到不带泥沙，基本做到不洒土、不扬尘，减少对周围环境污染。

6）除设有符合规定的装置外，禁止在施工现场焚烧油毡、橡胶、塑料、皮革、树叶、枯草、各种包装物等废弃物品以及其他会产生有毒、有害烟尘和恶臭气体的物质。

7）机动车都要安装减少尾气排放的装置，确保符合国家标准。

8）工地茶炉应尽量采用电热水器。若只能使用烧煤茶炉和锅炉时，应选用消烟除尘型茶炉和锅炉，大灶应选用消烟节能回风炉灶，使烟尘降至允许排放范围为止。

9）大城市市区的建设工程已不容许搅拌混凝土。在容许设置搅拌站的工地，应将搅拌站封闭严密，并在进料仓上方安装除尘装置，采用可靠措施控制工地粉尘污染。

10）拆除旧建筑物时，应适当洒水，防止扬尘。

（2）施工过程水污染的防治措施。

1）禁止将有毒有害废弃物做土方回填。

2）施工现场搅拌站废水、现制水磨石的污水、电石（碳化钙）的污水须经沉淀池沉淀合格后再排放，最好将沉淀水用于工地洒水降尘或采取措施回收利用。

3）现场存放油料，必须对库房地面进行防渗处理，如采用防渗混凝土地面、铺油毡等措施。使用时，要采取防止油料跑、冒、滴、漏的措施，以免污染水体。

4）施工现场100人以上的临时食堂，在污水排放时可设置简易有效的隔油池，定期清理，防止污染。

5）工地临时厕所、化粪池应采取防渗漏措施。中心城市施工现场的临时厕所可采用水冲式厕所，并有防蝇灭蛆措施，防止污染水体和环境。

6）化学用品、外加剂等要妥善保管，库内存放，防止污染环境。

（3）施工现场噪声的控制措施。噪声控制技术可从声源、传播途径、接收者防护等方面来考虑。

1）声源控制。

① 声源上降低噪声，这是防止噪声污染的最根本的措施。

② 尽量采用低噪声设备和加工工艺代替高噪声设备与加工工艺，如低噪声振捣器、风机、电动空压机、电锯等。

③ 在声源处安装消声器消声，即在通风机、鼓风机、压缩机、燃气机、内燃机及各类排气放空装置等进出风管的适当位置设置消声器。

2）传播途径的控制。

① 吸声：利用吸声材料（大多由多孔材料制成）或由吸声结构形成的共振结构（金属或木质薄板钻孔制成的空腔体）吸收声能，降低噪声。

② 隔声：应用隔声结构，阻碍噪声向空间传播，将接收者与噪声声源分隔。隔声结构包括隔声室、隔声罩、隔声屏障、隔声墙等。

③ 消声：利用消声器阻止传播。允许气流通过的消声降噪是防治空气动力性噪声的主

要装置,如对空气压缩机、内燃机产生的噪声消声等。

④ 减振降噪:对振动引起的噪声,通过降低机械振动减小噪声,如将阻尼材料涂在振动源上,或改变振动源与其他刚性结构的连接方式等,实现降噪。

3)接收者的防护。让处于噪声环境下的人员使用耳塞、耳罩等防护用品,减少相关人员在噪声环境中的暴露时间,以减轻噪声对人体的危害。

4)严格控制人为噪声。

① 进入施工现场不得高声喊叫、无故甩打模板、乱吹哨,限制高音扬声器的使用,最大限度地减少噪声扰民。

② 凡在人口稠密区进行强噪声作业时,须严格控制作业时间,一般晚10点到次日早6点之间停止强噪声作业。确系特殊情况必须昼夜施工时,尽量采取降低噪声措施,并会同建设单位找当地居委会、村委会或当地居民协调,出安民告示,求得群众谅解。

(4)固体废物的处理和处置。固体废物处理的基本思想是:采取资源化、减量化和无害化的处理,对固体废物产生的全过程进行控制。固体废物的主要处理方法如下:

1)回收利用。回收利用是对固体废物进行资源化的重要手段之一。粉煤灰在建设工程领域的广泛应用就是对固体废物进行资源化利用的典型范例。又如发达国家炼钢原料中有70%是利用回收的废钢铁,所以,钢材可以看成是可再生利用的建筑材料。

2)减量化处理。减量化是对已经产生的固体废物进行分选、破碎、压实浓缩、脱水等减少其最终处置量,减低处理成本,减少对环境的污染。在减量化处理的过程中,也包括和其他处理技术相关的工艺方法,如焚烧、热解、堆肥等。

3)焚烧。焚烧用于不适合再利用且不宜直接予以填埋处置的废物,除有符合规定的装置外,不得在施工现场熔化沥青和焚烧油毡、油漆,也不得焚烧其他可产生有毒有害和恶臭气体的废弃物。垃圾焚烧处理应使用符合环境要求的处理装置,避免对大气的二次污染。

4)稳定和固化。稳定和固化处理是利用水泥、沥青等胶结材料,将松散的废物胶结包裹起来,减少有害物质从废物中向外迁移、扩散,使得废物对环境的污染减少。

5)填埋。填埋是将固体废物经过无害化、减量化处理的废物残渣集中到填埋场进行处置。禁止将有毒有害废弃物现场填埋,填埋场应利用天然或人工屏障。尽量使需处置的废物与环境隔离,并注意废物的稳定性和长期安全性。

11.4.3 施工现场职业健康安全卫生的要求和措施

1. 建设工程现场职业健康安全卫生的要求

根据我国相关标准,施工现场职业健康安全卫生主要包括现场宿舍、现场食堂、现场厕所、其他卫生管理等内容。基本要符合以下要求:

1)施工现场应设置办公室、宿舍、食堂、厕所、淋浴间、开水房、文体活动室、密闭式垃圾站(或容器)及盥洗设施等临时设施。临时设施所用建筑材料应符合环保、消防要求。

2)办公区和生活区应设密闭式垃圾容器。

3)办公室内布局合理,文件资料宜归类存放,并应保持室内清洁卫生。

4)施工企业应根据法律、法规的规定,制定施工现场的公共卫生突发事件应急案。

5)施工现场应配备常用药品及绷带、止血带、颈托、担架等急救器材。

6）施工现场应设专职或兼职保洁员，负责卫生清扫和保洁。

7）办公区和生活区应采取灭鼠、蚊、蝇、蟑螂等措施，并应定期投放和喷洒药物。

8）施工企业应结合季节特点，做好作业人员的饮食卫生和防暑降温、防寒保暖、防煤气中毒、防疫等工作。

9）施工现场必须建立环境卫生管理和检查制度，并应做好检查记录。

2. 建设工程现场职业健康安全卫生的措施

施工现场的卫生与防疫应由专人负责，全面管理施工现场的卫生工作，监督和执行卫生法规规章、管理办法，落实各项卫生措施。

（1）现场宿舍的管理。

1）宿舍内应保证有必要的生活空间，室内净高不得小于 2.4m，通道宽度不得小于 0.9m，每间宿舍居住人员不得超过 16 人。

2）施工现场宿舍必须设置可开启式窗户，宿舍内的床铺不得超过 2 层，严禁使用通铺。

3）宿舍内应设置生活用品专柜，有条件的宿舍宜设置生活用品储藏室。

4）宿舍内应设置垃圾桶，宿舍外宜设置鞋柜或鞋架，生活区内应提供为作业人员晾晒衣服的场地。

（2）现场食堂的管理。

1）食堂必须有卫生许可证，炊事人员必须持健康证上岗。

2）炊事人员上岗应穿戴洁净的工作服、工作帽和口罩，并应保持个人卫生。不得穿工作服出食堂，非炊事人员不得随意进入制作间。

3）食堂炊具、餐具和公用饮水器具必须清洗消毒。

4）施工现场应加强食品、原料的进货管理，食堂严禁出售变质食品。

5）食堂应设置在远离厕所、垃圾站、有毒有害场所等污染源的地方。

6）食堂应设置独立的制作间、储藏间，门扇下方应设不低于 0.2m 的防鼠挡板。制作间灶台及其周边应贴瓷砖，所贴瓷砖高度不宜小于 1.5m，地面应做硬化和防滑处理。粮食存放台距墙和地面应大于 0.2m。

7）食堂应配备必要的排风设施和冷藏设施。

8）食堂的燃气罐应单独设置存放间，存放间应通风良好并严禁存放其他物品。

9）食堂制作间的炊具宜存放在封闭的橱柜内，刀、盆、案板等炊具应生熟分开。食品应有遮盖，遮盖物品应用正反面标识。各种作料和副食应存放在密闭器皿内，并应有标识。

10）食堂外应设置密闭式泔水桶，并应及时清运。

（3）现场厕所的管理。

1）施工现场应设置水冲式或移动式厕所，厕所地面应硬化，门窗应齐全。蹲位之间宜设置隔板，隔板高度不宜低于 0.9m。

2）厕所大小应根据作业人员的数量设置。高层建筑施工超过 8 层以后，每隔 4 层宜设置临时厕所。厕所应设专人负责清扫、消毒，化粪池应及时清掏。

（4）其他临时设施的管理。

1）淋浴间应设置满足需要的淋浴喷头，可设置储衣柜或挂衣架。

2）盥洗设施应设置满足作业人员使用的盥洗池，并应使用节水龙头。

3）生活区应设置开水炉、电热水器或饮用水保温桶，施工区应配备流动保温水桶。

4）文体活动室应配备电视机、书报、杂志等文体活动设施、用品。

5）施工现场作业人员发生法定传染病、食物中毒或急性职业中毒时，必须在 2 小时内向施工现场所在地建设行政主管部门和有关部门报告，并应积极配合调查处理。

6）现场施工人员患有法定传染病时，应及时进行隔离，并由卫生防疫部门进行处置。

思考题与练习题

1. 简述建设工程职业健康安全与环境管理的目的。
2. 简述建设工程职业健康安全与环境管理的特点。
3. 简述建设工程职业健康安全与环境管理在工程施工阶段的要求。
4. 简述职业健康安全管理体系与环境管理体系的建立过程。
5. 简述职业健康安全管理体系与环境管理体系的运行活动。
6. 简述现阶段正在执行的主要安全生产管理制度的内容。
7. 简述安全生产责任制度的主要内容。
8. 简述《建设工程安全生产管理条例》中"监督管理"对建设工程安全监督管理的规定内容。
9. 简述安全生产管理预警体系的构成要素。
10. 简述预警评价指标体系内容。
11. 简述预警体系的运行过程。
12. 简述施工安全控制的目标和程序。
13. 简述施工安全技术措施的一般要求。
14. 简述施工安全技术措施的主要内容。
15. 简述安全技术交底的内容。
16. 简述安全技术交底的要求。
17. 简述安全生产检查监督的类型和内容。
18. 简述建设工程安全的隐患因素。
19. 简述建设工程安全隐患的处理原则。
20. 简述安全事故隐患的处理方式。
21. 根据《生产安全事故报告和调查处理条例》规定，简述按生产安全事故造成的人员伤亡或者直接经济损失分类。
22. 简述建设工程安全事故处理措施。
23. 简述建设工程现场文明施工的要求。
24. 根据《中华人民共和国环境保护法》和《中华人民共和国环境影响评价法》的有关规定，简述建设工程项目对环境保护的基本要求。
25. 某高层办公楼，总建筑面积 137500m^2，地下 3 层，地上 25 层。业主与施工总承包单位签订了施工总承包合同，并委托了工程监理单位。

施工总承包单位完成桩基工程后，将深基坑支护工程的设计委托给了专业设计单位，并自行决定将基坑支护和土方开挖工程分包给了一家专业分包单位施工。专业设计单位根据业主提供的勘察报告完成了基坑支护设计后，即将设计文件直接给了专业分包单位。专业分包单位在收到设计文件后编制了基坑支护工程和降水工程专项施工组织方案,方案经施工总承包单位项目经理签字后即由专业分包单位组织了施工,专业分包单位在开工前进行了三级安全教育。

专业分包单位在施工过程中,由负责质量管理工作的施工人员兼任现场安全生产监督工作。土方开挖到接近基坑设计标高(自然地坪下8.5m)时,总监理工程师发现基坑四周地表出现裂缝,即向施工总承包单位发出书面通知,要求停止施工,并要求立即撤离现场施工人员,查明原因后再恢复施工。但总承包单位认为地表裂缝属正常现象没有予以理睬。不久基坑发生了严重坍塌,并造成4名施工人员被掩埋,经抢救3人死亡,1人重伤。

事故发生后,专业分包单位立即向有关安全生产监督管理部门上报了事故情况。经事故调查组调查,造成坍塌事故的主要原因是地质勘查资料中未表明地下存在古河道,基坑支护设计中未能考虑这一因素。事故造成直接经济损失80万元,于是专业分包单位要求设计单位赔偿事故损失80万元。

问题:

(1) 请指出上述事件中有哪些做法不妥,并写出正确的做法。
(2) 三级安全教育是指哪三级?
(3) 该事故可定为哪种等级的事故?请说明理由。
(4) 该事故中的主要责任者是谁?请说明理由。

26. 某新建工程,建筑面积28000m²,地下1层,地上6层,框架结构,建筑总高28.5m,建设单位与某施工单位签订了施工合同,合同约定项目施工创省级安全文明工地。在施工过程中,发生了如下事件。

事件1:建设单位组织监理单位、施工单位对工程施工安全进行检查,检查内容包括安全思想、安全责任、安全制度、安全措施。

事件2:施工单位编制的项目安全措施计划的内容包括管理目标、规章制度、应急准备与响应、教育培训。检查组认为安全措施计划内容不全,要求补充。

事件3:施工现场入口仅设置了企业标识牌、工程概况牌,检查组认为制度牌设置不完整,要求补充。公认宿舍室内净高2.3m,封闭式窗户,每个房间住20个工人,检查组认为不符合相关要求,对此下发了整改通知单。

事件4:检查组按照《建筑施工安全检查标准》(JGJ 59)对本次安全检查进行了评价,汇总表得分为68分。

问题:

(1) 除事件1所述检查内容外,施工安全检查还应检查哪些内容?
(2) 事件2中,安全措施计划中还应补充哪些内容?
(3) 事件3中,施工现场入口还应设置哪些制度牌?现场工人宿舍应如何整改?
(4) 事件4中,建筑施工安全检查评定结论有哪些等级?本次检查应评定为哪个等级?

27. 某住宅楼是一幢地上6层、地下1层的砖混结构,总建筑面积3200m²。在现浇顶层一间屋面的混凝土施工过程中出现坍塌事故,坍塌物将与之垂直对应的下面各层预应力空心板依次砸穿,10名施工人员与4辆手推车、模板及支架、混凝土一起落入地下室,造成2人死亡,3人重伤,经济损失26万元,从施工事故现场调查得知,屋面现浇混凝土模板采用200mm×1200mm×55mm和300mm×1500mm×55mm定型钢模,分3段支承在平放的方木龙骨上，龙骨下为间距 800mm 均匀支撑的 4 根直径 100mm 圆立木，这 4 根圆木顺向支承在作为 6 层楼面的 3 块独立的预应力空心板上，并且这些预应力空心板的板缝、浇缝混凝土浇筑仅 4 天，其下面也没有任何支撑措施，从而造成这些预应力空心板超载。施工单位未对模板支撑系统进行计算，也无施工方案，监理方也未提出异议，便允许施工单位进行施工，出事故时，监理人员未在现场。

问题：

（1）请简要说明本次事故发生的原因。

（2）对本次事故，可以定为几级事故？依据是什么？

（3）监理单位在这起事故中应否承担责任？为什么？

（4）针对类似模板工程，通常采取什么样的质量安全措施？

二维码形式客观题

手机微信扫描二维码，可自行做客观题，提交后可查看答案。

第 11 章 客观题

第 12 章 工程项目应急管理

\ 本章重点内容 \

生产安全事故应急预案的内容；生产安全事故应急预案的管理；建设工程项目生产安全事故应急救援；突发重大疫情防控期施工现场管理区域管理。

\ 本章学习目标 \

熟悉生产安全事故应急预案及管理；掌握工程项目安全事故应急救援；了解重大疫情的现场管理。通过本章学习，培养学生在安全生产中的生命至上的价值理念和对生命的责任感；培养学生遵纪守法和遵守规则的纪律意识以及在突发性事件下的应变能力和处理问题的综合能力。

12.1 建设工程生产安全事故应急预案

12.1.1 生产安全事故应急预案的内容

应急预案是对特定的潜在事件和在紧急情况发生时所采取措施的计划安排，是应急响应的行动指南。编制应急预案的目的，是一旦紧急情况发生时防止出现混乱，能够按照合理的响应流程采取适当的救援措施，预防和减少可能随之引发的职业健康安全和环境影响。

应急预案的制定，首先必须与重大环境因素和重大危险源相结合，特别是与这些环境因素和危险源一旦控制失效可能导致的后果相适应，还要考虑在实施应急救援过程中可能产生的新的伤害和损失。

1. 应急预案体系的构成

应急预案应形成体系，针对各级各类可能发生的事故和所有危险源制定专项应急预案和现场应急处置方案，并明确事前、事发、事中、事后的各个过程中相关部门和有关人员的职责。生产规模小、危险因素少的生产经营单位，其综合应急预案和专项应急预案可以合并编写。

（1）综合应急预案。综合应急预案从总体上阐述事故的应急方针、政策，应急组织结构及相关应急职责，应急行动、措施和保障等基本要求和程序，是应对各类事故的综合性文件。

（2）专项应急预案。专项应急预案是针对具体的事故类别（如基坑开挖、脚手架拆除等事故）、危险源和应急保障而制定的计划或方案，是综合应急预案的组成部分，应按照综合应急预案的程序和要求组织制定，并作为综合应急预案的附件。专项应急预案应制定明确的救援程序和具体的应急救援措施。

（3）现场处置方案。现场处置方案是针对具体的装置、场所或设施、岗位所制定的应急处置措施。现场处置方案应具体、简单、针对性强。现场处置方案应根据风险评估及危险性控制措施逐一编制，做到事故相关人员应知应会、熟练掌握，并通过应急演练，做到迅速反应、正确处置。

2. 生产安全事故应急预案编制的要求和内容

（1）生产安全事故应急预案编制的要求。
1）符合有关法律、法规、规章和标准的规定。
2）结合本地区、本部门、本单位的安全生产实际情况。
3）结合本地区、本部门、本单位的危险性分析情况。
4）应急组织和人员的职责分工明确，并有具体的落实措施。
5）有明确、具体的事故预防措施和应急程序，并与其应急能力相适应。
6）有明确的应急保障措施，并能满足本地区、本部门、本单位的应急工作要求。
7）预案基本要素齐全、完整，预案附件提供的信息准确。
8）预案内容与相关应急预案相互衔接。

（2）生产安全事故应急预案编制的内容。
1）综合应急预案编制的主要内容。

第一部分 总则，主要内容包括：
① 编制目的。简述应急预案编制的目的、作用等。
② 编制依据。简述应急预案编制所依据的法律法规、规章，以及有关行业管理规定、技术规范和标准等。
③ 适用范围。说明应急预案适用的区域范围，以及事故的类型、级别。
④ 应急预案体系。说明本单位应急预案体系的构成情况。
⑤ 应急工作原则。说明本单位应急工作的原则，内容应简明扼要、明确具体。

第二部分 施工单位的危险性分析，主要内容包括：
① 施工单位概况。主要包括单位总体情况及生产活动特点等内容。
② 危险源与风险分析。主要阐述本单位存在的危险源及风险分析结果。

第三部分 组织机构及职责，主要内容包括：
① 应急组织体系。明确应急组织形式、构成单位或人员，并尽可能地以结构图的形式表示出来。
② 指挥机构及职责。明确应急救援指挥机构总指挥、副总指挥、各成员单位及其相应职责。应急救援指挥机构根据事故类型和应急工作需要，可以设置相应的应急救援工作小组，并明确各小组的工作任务及职责。

第四部分 预防与预警，主要内容包括：

① 危险源监控。明确本单位对危险源监测监控的方式、方法,以及采取的预防措施。
② 预警行动。明确事故预警的条件、方式、方法和信息的发布程序。
③ 信息报告与处置。按照有关规定,明确事故及未遂伤亡事故信息报告与处置办法。

第五部分 应急响应,主要内容包括:

① 响应分级。针对事故危害程度、影响范围和单位控制事态的能力,将事故分为不同的等级。按照分级负责的原则,明确应急响应级别。
② 响应程序。根据事故的大小和发展态势,明确应急指挥、应急行动、资源调配、应急避险、扩大应急等响应程序。
③ 应急结束。明确应急终止的条件。事故现场得以控制,环境符合有关标准,导致的次生、衍生事故隐患消除后,经事故现场应急指挥机构批准后,现场应急结束。结束后明确:事故情况上报事项;需向事故调查处理小组移交的相关事项;事故应急救援工作总结报告。

第六部分 信息发布,主要内容包括:明确事故信息发布的部门,发布原则。事故信息应由事故现场指挥部及时准确地向新闻媒体通报。

第七部分 后期处置,主要内容包括:污染物处理、事故后果影响消除、生产秩序恢复、善后赔偿、抢险过程和应急救援能力评估及应急预案的修订等内容。

第八部分 保障措施,主要内容包括:

① 通信与信息保障。明确与应急工作相关联的单位或人员的通信联系方式和方法,并提供备用方案。建立信息通信系统及维护方案,确保应急期间信息通畅。
② 应急队伍保障。明确各类应急响应的人力资源,包括专业应急队伍、兼职应急队伍的组织与保障方案。
③ 应急物资装备保障。明确应急救援需要使用的应急物资和装备的类型、数量、性能、存放位置、管理责任人及其联系方式等内容。
④ 经费保障。明确应急专项经费来源、使用范围、数量和监督管理措施,保障应急状态时生产经营单位应急经费及时到位。
⑤ 其他保障。根据本单位应急工作需求而确定的其他相关保障措施(如交通运输保障、治安保障、技术保障、医疗保障、后勤保障等)。

第九部分 培训与演练,主要内容包括:

① 培训。明确对本单位人员开展应急培训的计划、方式和要求。如果预案涉及社区和居民,要做好宣传教育和告知等工作。
② 演练。明确应急演练的规模、方式、频次、范围、内容、组织、评估、总结等内容。

第十部分 奖惩,主要内容包括:明确事故应急救援工作中奖励和处罚的条件和内容。

第十一部分 附则,主要内容包括:

① 术语和定义。对应急预案涉及的一些术语进行定义。
② 应急预案备案。明确本应急预案的报备部门。
③ 维护和更新。明确应急预案维护和更新的基本要求,定期进行评审,实现可持续改进。
④ 制定与解释。明确应急预案负责制定与解释的部门。
⑤ 应急预案实施。明确应急预案实施的具体时间。

2) 专项应急预案编制的主要内容。

第一部分 事故类型和危害程度分析。在危险源评估的基础上，对其可能发生的事故类型和可能发生的季节以及事故严重程度进行确定。

第二部分 应急处置基本原则。明确处置安全生产事故应当遵循的基本原则。

第三部分 组织机构及职责，主要内容包括：

① 应急组织体系。明确应急组织形式、构成单位或人员，并尽可能以结构图的形式表示出来。

② 指挥机构及职责。根据事故类型，明确应急救援指挥机构总指挥、副总指挥以及各成员单位或人员的具体职责。应急救援指挥机构可以设置相应的应急救援工作小组，明确各小组的工作任务及主要负责人职责。

第四部分 预防与预警，主要内容包括：

① 危险源监控。明确本单位对危险源监测监控的方式、方法，以及采取的预防措施。

② 预警行动。明确具体事故预警的条件、方式、方法和信息的发布程序。

第五部分 信息报告程序，主要内容包括：

① 确定报警系统及程序。

② 确定现场报警方式，如电话、警报器等。

③ 确定24小时与相关部门的通信、联络方式。

④ 明确相互认可的通告、报警形式和内容。

⑤ 明确应急响应人员向外求援的方式。

第六部分 应急处置，主要内容包括：

① 响应分级。针对事故危害程度、影响范围和单位控制事态的能力，将事故分为不同的等级。按照分级负责的原则，明确应急响应级别。

② 响应程序。根据事故的大小和发展态势，明确应急指挥、应急行动、资源调配、应急避险、扩大应急等响应程序。

③ 处置措施。针对本单位事故类别和可能发生的事故特点、危险性，制定应急处置措施（如煤矿瓦斯爆炸、冒顶片帮、火灾、透水等事故应急处置措施，危险化学品火灾、爆炸、中毒等事故应急处置措施）。

第七部分 应急物资与装备保障，主要内容包括：明确应急处置所需的物资与装备数量，以及相关管理维护和使用方法等。

3) 现场处置方案的主要内容。

第一部分 事故特征，主要内容包括：

① 危险性分析，可能发生的事故类型。

② 事故发生的区域、地点或装置的名称。

③ 事故可能发生的季节和造成的危害程度。

④ 事故前可能出现的征兆。

第二部分 应急组织与职责，主要内容包括：

① 基层单位应急自救组织形式及人员构成情况。

② 应急自救组织机构、人员的具体职责，应同单位或车间、班组人员工作职责紧密结合，明确相关岗位和人员的应急工作职责。

第三部分 应急处置，主要内容包括：

① 事故应急处置程序。根据可能发生的事故类别及现场情况，明确事故报警、各项应急措施启动、应急救护人员的引导、事故扩大及同企业应急预案衔接的程序。

② 现场应急处置措施。针对可能发生的火灾、爆炸、危险化学品泄漏、坍塌、水患、机动车辆伤害等，从操作措施、工艺流程、现场处置、事故控制、人员救护、消防、现场恢复等方面制定明确的应急处置措施。

③ 报警电话及上级管理部门、相关应急救援单位的联络方式和联系人员，事故报告的基本要求和内容。

第四部分 注意事项，主要内容包括：

① 佩戴个人防护器具方面的注意事项。
② 使用抢险救援器材方面的注意事项。
③ 采取救援对策或措施方面的注意事项。
④ 现场自救和互救注意事项。
⑤ 现场应急处置能力确认和人员安全防护等事项。
⑥ 应急救援结束后的注意事项。
⑦ 其他需要特别警示的事项。

12.1.2 生产安全事故应急预案的管理

建设工程生产安全事故应急预案的管理包括应急预案的评审、备案、实施和奖惩。

国家安全生产监督管理总局负责应急预案的综合协调管理工作。国务院其他负有安全生产监督管理职责的部门按照各自的职责负责本行业、本领域内应急预案的管理工作。

县级以上地方各级人民政府安全生产监督管理部门负责本行政区域内应急预案的综合协调管理工作。县级以上地方各级人民政府其他负有安全生产监督管理职责的部门按照各自的职责负责辖区内本行业、本领域应急预案的管理工作。

1. 应急预案的评审

地方各级安全生产监督管理部门应当组织有关专家对本部门编制的应急预案进行审定，必要时可以召开听证会，听取社会有关方面的意见。涉及相关部门职能或者需要有关部门配合的，应当征得有关部门同意。

参加应急预案评审的人员应当包括应急预案涉及的政府部门工作人员和有关安全生产及应急管理方面的专家。

评审人员与所评审预案的生产经营单位有利害关系的，应当回避。

应急预案的评审或者论证应当注重应急预案的实用性、基本要素的完整性、预防措施的针对性、组织体系的科学性、响应程序的操作性、应急保障措施的可行性、应急预案的衔接性等内容。

2. 应急预案的备案

地方各级安全生产监督管理部门的应急预案，应当报同级人民政府和上一级安全生产监督管理部门备案。

其他负有安全生产监督管理职责的部门的应急预案，应当抄送至同级安全生产监督管理部门。

由中央管理的总公司（总厂、集团公司、上市公司）的综合应急预案和专项应急预案，报国务院国有资产监督管理部门、国务院安全生产监督管理部门和国务院有关主管部门备案；其所属单位的应急预案分别抄送至所在地的省、自治区、直辖市或者设区的市人民政府安全生产监督管理部门和有关主管部门备案。

上述规定以外的其他生产经营单位中涉及实行安全生产许可的，其综合应急预案和专项应急预案，按照隶属关系报所在地县级以上地方人民政府安全生产监督管理部门和有关主管部门备案；未实行安全生产许可的，其综合应急预案和专项应急预案的备案，由省、自治区、直辖市人民政府安全生产监督管理部门确定。

3. 应急预案的实施

各级安全生产监督管理部门、生产经营单位应当采取多种形式开展应急预案的宣传教育，普及生产安全事故预防、避险、自救和互救知识，提高从业人员的安全意识和应急处置技能。

施工单位应当组织开展本单位的应急预案、应急知识、自救互救和避难逃生技能的培训活动，使有关人员了解应急预案的内容，熟悉应急职责、应急处置程序和措施。

生产经营单位应当制订本单位的应急预案演练计划，根据本单位的事故预防重点，每年至少组织一次综合应急预案演练或者专项应急预案演练，每半年至少组织一次现场处置方案演练。

有下列情形之一的，应急预案应当及时修订：

1）生产经营单位因兼并、重组、转制等导致隶属关系、经营方式、法定代表人发生变化的。
2）生产经营单位生产工艺和技术发生变化的。
3）周围环境发生变化，形成新的重大危险源的。
4）应急组织指挥体系或者职责已经调整的。
5）依据的法律、法规、规章和标准发生变化的。
6）应急预案演练评估报告要求修订的。
7）应急预案管理部门要求修订的。

施工单位应急预案修订设计组织指挥体系与职责、应急处置程序、主要处置措施、应急响应分级等内容变更的，修订工作应参照《生产安全事故应急预案管理办法》规定的应急预案编制程序进行，并按照有关应急预案报备程序重新备案。

12.2 建设工程项目生产安全事故应急管理

根据 2019 年 4 月开始实施的《生产安全事故应急条例》，国务院统一领导全国的生产安全事故应急工作，县级以上地方人民政府统一领导本行政区域内的生产安全事故应急工作。生产安全事故应急工作涉及两个以上行政区域的，由有关行政区域共同的上一级人民政府负责，或者由各有关行政区域的上一级人民政府共同负责。

县级以上人民政府应急管理部门和其他对有关行业、领域的安全生产工作实施监督管理的部门（以下统称负有安全生产监督管理职责的部门）在各自职责范围内，做好有关行业、领域的生产安全事故应急工作。

生产经营单位应当加强生产安全事故应急工作，建立、健全生产安全事故应急工作责任制，其主要负责人对本单位的生产安全事故应急工作全面负责。

12.2.1 应急准备

1)县级以上人民政府及其负有安全生产监督管理职责的部门和乡、镇人民政府以及街道办事处等地方人民政府派出机关,应当针对可能发生的生产安全事故的特点和危害,进行风险辨识和评估,制定相应的生产安全事故应急救援预案,并依法向社会公布。

生产经营单位应当针对本单位可能发生的生产安全事故的特点和危害,进行风险辨识和评估,制定相应的生产安全事故应急救援预案,并向本单位从业人员公布。

2)生产安全事故应急救援预案应当符合有关法律、法规、规章和标准的规定,具有科学性、针对性和可操作性,明确规定应急组织体系、职责分工以及应急救援程序和措施。

有下列情形之一的,生产安全事故应急救援预案制定单位应当及时修订相关预案:
① 制定预案所依据的法律、法规、规章、标准发生重大变化。
② 应急指挥机构及其职责发生调整。
③ 安全生产面临的风险发生重大变化。
④ 重要应急资源发生重大变化。
⑤ 在预案演练或者应急救援中发现需要修订预案的重大问题。
⑥ 其他应当修订的情形。

3)县级以上人民政府负有安全生产监督管理职责的部门应当将其制定的生产安全事故应急救援预案报送本级人民政府备案;易燃易爆物品、危险化学品等危险物品的生产、经营、储存、运输单位,矿山、金属冶炼、城市轨道交通运营、建筑施工单位,以及宾馆、商场、娱乐场所、旅游景区等人员密集场所经营单位,应当将其制定的生产安全事故应急救援预案按照国家有关规定报送县级以上人民政府负有安全生产监督管理职责的部门备案,并依法向社会公布。

4)县级以上地方人民政府以及县级以上人民政府负有安全生产监督管理职责的部门,乡、镇人民政府以及街道办事处等地方人民政府派出机关,应当至少每2年组织1次生产安全事故应急救援预案演练。

易燃易爆物品、危险化学品等危险物品的生产、经营、储存、运输单位,矿山、金属冶炼、城市轨道交通运营、建筑施工单位,以及宾馆、商场、娱乐场所、旅游景区等人员密集场所经营单位,应当至少每半年组织1次生产安全事故应急救援预案演练,并将演练情况报送所在地县级以上地方人民政府负有安全生产监督管理职责的部门。

县级以上地方人民政府负有安全生产监督管理职责的部门应当对本行政区域内前款规定的重点生产经营单位的生产安全事故应急救援预案演练进行抽查;发现演练不符合要求的,应当责令限期改正。

5)县级以上人民政府应当加强对生产安全事故应急救援队伍建设的统一规划、组织和指导。

县级以上人民政府负有安全生产监督管理职责的部门根据生产安全事故应急工作的实际需要,在重点行业、领域单独建立或者依托有条件的生产经营单位、社会组织共同建立应急救援队伍。

国家鼓励和支持生产经营单位和其他社会力量建立提供社会化应急救援服务的应急救援队伍。

6）易燃易爆物品、危险化学品等危险物品的生产、经营、储存、运输单位、矿山、金属冶炼、城市轨道交通运营、建筑施工单位，以及宾馆、商场、娱乐场所、旅游景区等人员密集场所经营单位，应当建立应急救援队伍；其中，小型企业或者微型企业等规模较小的生产经营单位，可以不建立应急救援队伍，但应当指定兼职的应急救援人员，并且可以与邻近的应急救援队伍签订应急救援协议。

工业园区、开发区等产业聚集区域内的生产经营单位，可以联合建立应急救援队伍。

7）应急救援队伍的应急救援人员应当具备必要的专业知识、技能、身体素质和心理素质。

应急救援队伍建立单位或者兼职应急救援人员所在单位应当按照国家有关规定对应急救援人员进行培训；应急救援人员经培训合格后，方可参加应急救援工作。

应急救援队伍应当配备必要的应急救援装备和物资，并定期组织训练。

8）生产经营单位应当及时将本单位应急救援队伍建立情况按照国家有关规定报送县级以上人民政府负有安全生产监督管理职责的部门，并依法向社会公布。

县级以上人民政府负有安全生产监督管理职责的部门应当定期将本行业、本领域的应急救援队伍建立情况报送本级人民政府，并依法向社会公布。

9）县级以上地方人民政府应当根据本行政区域内可能发生的生产安全事故的特点和危害，储备必要的应急救援装备和物资，并及时更新和补充。

易燃易爆物品、危险化学品等危险物品的生产、经营、储存、运输单位、矿山、金属冶炼、城市轨道交通运营、建筑施工单位，以及宾馆、商场、娱乐场所、旅游景区等人员密集场所经营单位，应当根据本单位可能发生的生产安全事故的特点和危害，配备必要的灭火、排水、通风以及危险物品稀释、掩埋、收集等应急救援器材、设备和物资，并进行经常性维护、保养，保证正常运转。

10）下列单位应当建立应急值班制度，配备应急值班人员：

① 县级以上人民政府及其负有安全生产监督管理职责的部门。

② 危险物品的生产、经营、储存、运输单位以及矿山、金属冶炼、城市轨道交通运营、建筑施工单位。

③ 应急救援队伍。

规模较大、危险性较高的易燃易爆物品、危险化学品等危险物品的生产、经营、储存、运输单位应当成立应急处置技术组，实行24小时应急值班。

11）生产经营单位应当对从业人员进行应急教育和培训，保证从业人员具备必要的应急知识，掌握风险防范技能和事故应急措施。

12）国务院负有安全生产监督管理职责的部门应按照国家有关规定建立生产安全事故应急救援信息系统，并采取有效措施，实现数据互联互通、信息共享。

生产经营单位可以通过生产安全事故应急救援信息系统办理生产安全事故应急救援预案备案手续，报送应急救援预案演练情况和应急救援队伍建设情况；但依法需要保密的除外。

12.2.2　应急救援

1）发生生产安全事故后，生产经营单位应当立即启动生产安全事故应急救援预案，采取下列一项或者多项应急救援措施，并按照国家有关规定报告事故情况：

① 迅速控制危险源，组织抢救遇险人员。
② 根据事故危害程度，组织现场人员撤离或者采取可能的应急措施后撤离。
③ 及时通知可能受到事故影响的单位和人员。
④ 采取必要措施，防止事故危害扩大和次生、衍生灾害发生。
⑤ 根据需要请求邻近的应急救援队伍参加救援，并向参加救援的应急救援队伍提供相关技术资料、信息和处置方法。
⑥ 维护事故现场秩序，保护事故现场和相关证据。
⑦ 法律、法规规定的其他应急救援措施。

2）有关地方人民政府及其部门接到生产安全事故报告后，应当按照国家有关规定上报事故情况，启动相应的生产安全事故应急救援预案，并按照应急救援预案的规定采取下列一项或者多项应急救援措施：

① 组织抢救遇险人员，救治受伤人员，研判事故发展趋势以及可能造成的危害。
② 通知可能受到事故影响的单位和人员，隔离事故现场，划定警戒区域，疏散受到威胁的人员，实施交通管制。
③ 采取必要措施，防止事故危害扩大和次生、衍生灾害发生，避免或者减少事故对环境造成的危害。
④ 依法发布调用和征用应急资源的决定。
⑤ 依法向应急救援队伍下达救援命令。
⑥ 维护事故现场秩序，组织安抚遇险人员和遇险遇难人员亲属。
⑦ 依法发布有关事故情况和应急救援工作的信息。
⑧ 法律、法规规定的其他应急救援措施。

有关地方人民政府不能有效控制生产安全事故的，应当及时向上级人民政府报告。上级人民政府应当及时采取措施，统一指挥应急救援。

3）应急救援队伍接到有关人民政府及其部门的救援命令或者签有应急救援协议的生产经营单位的救援请求后，应当立即参加生产安全事故应急救援。

应急救援队伍根据救援命令参加生产安全事故应急救援所耗费用，由事故责任单位承担；事故责任单位无力承担的，由有关人民政府协调解决。

4）发生生产安全事故后，有关人民政府认为有必要的，可以设立由本级人民政府及其有关部门负责人、应急救援专家、应急救援队伍负责人、事故发生单位负责人等人员组成的应急救援现场指挥部，并指定现场指挥部总指挥。

5）现场指挥部实行总指挥负责制，按照本级人民政府的授权组织制定并实施生产安全事故现场应急救援方案，协调、指挥有关单位和个人参加现场应急救援。

参加生产安全事故现场应急救援的单位和个人应当服从现场指挥部的统一指挥。

6）在生产安全事故应急救援过程中，发现可能直接危及应急救援人员生命安全的紧急情况时，现场指挥部或者统一指挥应急救援的人民政府应当立即采取相应措施消除隐患，降低或者化解风险，必要时可以暂时撤离应急救援人员。

7）生产安全事故发生地人民政府应当为应急救援人员提供必需的后勤保障，并组织通信、交通运输、医疗卫生、气象、水文、地质、电力、供水等单位协助应急救援。

8）现场指挥部或者统一指挥生产安全事故应急救援的人民政府及其有关部门应当完

整、准确地记录应急救援的重要事项，妥善保存相关原始资料和证据。

9）生产安全事故的威胁和危害得到控制或者消除后，有关人民政府应当决定停止执行依照《生产安全事故应急条例》和有关法律、法规采取的全部或者部分应急救援措施。

10）有关人民政府及其部门根据生产安全事故应急救援需要依法调用和征用的财产，在使用完毕或者应急救援结束后，应当及时归还。财产被调用、征用或者调用、征用后毁损、灭失的，有关人民政府及其部门应当按照国家有关规定给予补偿。

11）按照国家有关规定成立的生产安全事故调查组应当对应急救援工作进行评估，并在事故调查报告中做出评估结论。

12）县级以上地方人民政府应当按照国家有关规定，对在生产安全事故应急救援中伤亡的人员及时给予救治和抚恤；符合烈士评定条件的，按照国家有关规定评定为烈士。

12.2.3 法律责任

1）地方各级人民政府和街道办事处等地方人民政府派出机关以及县级以上人民政府有关部门违反《生产安全事故应急条例》规定的，由其上级行政机关责令改正；情节严重的，对直接负责的主管人员和其他直接责任人员依法给予处分。

2）生产经营单位未制定生产安全事故应急救援预案、未定期组织应急救援预案演练、未对从业人员进行应急教育和培训，生产经营单位的主要负责人在本单位发生生产安全事故时不立即组织抢救的，由县级以上人民政府负有安全生产监督管理职责的部门依照《中华人民共和国安全生产法》有关规定追究法律责任。

3）生产经营单位未对应急救援器材、设备和物资进行经常性维护、保养，导致发生严重生产安全事故或者生产安全事故危害扩大，或者在本单位发生生产安全事故后未立即采取相应的应急救援措施，造成严重后果的，由县级以上人民政府负有安全生产监督管理职责的部门依照《中华人民共和国突发事件应对法》有关规定追究法律责任。

4）生产经营单位未将生产安全事故应急救援预案报送备案、未建立应急值班制度或者配备应急值班人员的，由县级以上人民政府负有安全生产监督管理职责的部门责令限期改正；逾期未改正的，处3万元以上5万元以下的罚款，对直接负责的主管人员和其他直接责任人员处1万元以上2万元以下的罚款。

5）违反《生产安全事故应急条例》规定，构成违反治安管理行为的，由公安机关依法给予处罚；构成犯罪的，依法追究刑事责任。

12.3 突发重大疫情防控期间建设工程施工现场管理

12.3.1 突发重大疫情防控期施工现场管理一般要求

1. 综合管理

1）施工现场应建立疫情防控领导小组，并制定《项目防控方案》《疫情处置应急预案》，细化落实责任到人。

2）施工现场应统一设置隔离区，配备隔离间。

3）施工现场应配备足够防控物资，包括购置口罩、消毒液、洗手液、消杀设施设备、测温仪。物资配备数量应满足下列要求：

① 医用防护口罩应符合《医用防护口罩技术要求》（GB 19083—2010）的要求。

② 一次性使用医用口罩应符合《一次性使用医用口罩》（YY/T 0969—2013）的要求。

③ 医用外科口罩应符合《医用外科口罩》（YY 0469—2011）的要求。

④ 医用一次性防护服应符合《医用一次性防护服技术要求》（GB 19082—2009）的要求。

⑤ 一次性使用医用橡胶检查手套应符合《一次性使用橡胶检查手套》（GB 10213—2016）的要求。

⑥ 护目镜应符合《个人用眼护具技术要求》（GB 14866—2006）的要求。

⑦ 医用红外体温计应符合《医用红外体温计 第1部分：耳腔式》（GB/T 21417.1—2008）的要求。

⑧ 乙醇消毒剂应符合《乙醇消毒剂卫生标准》（GB/T 26373—2020）的要求，二氧化氯消毒剂应符合《二氧化氯消毒剂卫生要求》（GB/T 26366—2021）的要求，其他消毒液应符合相关标准要求。

⑨ 洗手液应符合《洗手液》（GB/T 34855—2017）的要求。

4）应建立返岗员工健康卡制度。

5）待入职员工进场前应核查身份信息，检查健康码，并报地方有关部门进行核实轨迹，当符合疾控部门发布的疫情相关症状且无路过疫区时方可进入施工现场，并按有关疫情控制要求进行隔离观察，观察期限应符合疾控部门要求。当出现以下情况时，不应进入所有办公、施工等场所，并及时送医就诊：

① 15日内有疫情多发地区逗留经历的。

② 有与疫情区域重点人员接触的。

③ 有与已确诊或疑似病例接触史的。

④ 口腔温度≥37.2℃、腋下温度≥37.0℃或额温≥37.3℃的。

⑤ 有咳嗽、流涕等呼吸道症状的。

⑥ 有呕吐、腹泻等消化道症状的。

⑦ 有其他疑似症状的。

6）施工现场生产区、生活区、办公区、隔离区均应实行封闭式管理，所有出入人员实行实名制信息登记。

7）在各区域出入口设置固定疫情检查点，组织实施基本筛查工作，并配备必要的检查设备和消毒设施，如测温计、登记表以及消毒液等，做到逢物必检、逢液必查、逢疑必查。

8）施工现场应建立防疫工作检查制度，对发现的问题"定时定责"进行整改，督促各项防疫措施落实到位。

9）施工现场应建立每日疫情报告制度，对场内人员数量异常情况、防疫工作开展及需要协调解决的问题等内容进行报告。建立统一的防疫信息报送组，各项目以信息模式报送，完善工作流程。

2. 防疫卫生管理

1）施工现场消毒应符合《疫源地消毒总则》（GB 19193—2015）的要求，消毒剂使用应符合《疫源地消毒剂通用要求》（GB 27953—2020）的要求。施工现场应落实人员做好消毒杀菌工作并由管理人员进行检查督促。要求每日至少消毒两次，对各个区域进行全覆盖的消毒处理。

2）后勤卫生服务人员应进行相应的培训工作，掌握消毒剂基本知识、配制方法和配制比例，熟悉消杀设备使用方法以及消杀重点区域和频率等卫生防疫知识。落实对办公场所、生活区、通勤车辆、卫生间、地下室、垃圾存放点等人员聚集区、封闭区和重点位置的定时消杀制度，配备必要的移动雾炮车、迷雾消杀机、药物喷洒机等设备，便于实施。

3）一次性使用防护服一次性使用。可重复使用的防护服如需重复使用，脱下前应在表面喷洒75%酒精作用15min，并应注意远离明火，或按厂家说明书复用，脱卸过程中手避免接触防护服外表面，脱下悬挂于指定位置，应与洁净的防护服明显区分。

4）加强环境卫生整治工作，应符合下列要求：

① 做好垃圾清运、污水处理等工作，消除发病诱因和隐患。

② 疫情期间应加强生活垃圾分类投放、收集、运输、处置等工作，严禁任何医疗垃圾混入生活垃圾处理系统，防止出现二次污染。

③ 设置口罩等一次性防护用品专用垃圾桶，垃圾桶内套黄色医疗废物袋，垃圾桶处应标明"医疗废旧口罩收集点专用"等标识，并对专用垃圾桶每日进行消毒。

④ 应设置洗手设施，洗手设施应保持正常运行。如无洗手设施，应配备免洗消毒用品。

5）建筑内部走道应采取拖拭消毒；面积大的区域可采取喷洒消毒。

6）电梯按钮、门把手等频繁接触部位应适当增加消毒次数。

7）在条件允许情况下应进行自然通风，严禁集中使用空调。

3. 宣传培训教育

1）应在大门出入口、围墙、脚手架等醒目位置设置宣传栏，以及利用现场条幅标语和组织班前教育等形式进行疫情防控知识的宣传。

2）结合短信、微信、网络平台等开展个人防护用品使用卫生健康知识、良好个人卫生习惯等疫情防控相关培训。

3）培训和宣传应覆盖所有现场管理人员和工作人员。

12.3.2 突发重大疫情防控期施工现场区域管理

1. 生产区管理

1）生产区应执行24小时值班和巡逻制度，设置专职安全员加强检查，督促施工管理人员做好人员管控。

2）对配送材料、物资的外来车辆进入施工现场，核查驾驶人身体健康及行驶轨迹情况，确保驾驶人健康，方可进场。货物、物资由项目部安排工地内人员接收和装卸，并做好登记工作。

3）人货两用施工升降机应每天不少于两次消毒。

2. 办公区管理

1）杜绝员工聚集和集体活动，引导员工在使用通道、楼梯、吸烟区时有序排队，保持适当间距，吸烟时不与他人交谈。

2）减少召开聚集性的会议，参会人员必须佩戴口罩，尽量缩短会议时间并控制规模，保持会议室空气流通。提倡召开视频或电话会议。

3) 根据实际情况可采取错时上下班、弹性工作制或居家办公方式。

4) 项目经理部必须做好医务服务。设立医务室的单位要调配必要的药物、防护物资及医护人员,配合疾控部门规范开展隔离观察与追踪管理。未设立医务室的单位应当就近与医疗机构建立联系,确保员工及时得到救治或医疗服务。

3. 生活区管理

(1) 一般要求。

1) 应设置门禁管理系统,员工出入必须佩戴工作牌,陌生闲杂人员不得出入;疫情期间22:00—次日6:00禁止出入特殊人员,加班及其他紧急事宜出入提前向防疫组申请出门条,并经施工现场项目负责人电话或书面确认,外出回来需要向防疫组提供活动路线并登记在案。

2) 应设置24小时专职安保人员进行体温监测和健康码检查,登记台账和出入管理。

3) 由专人对进入人员进行相应鞋底消毒、行李消毒。

(2) 宿舍管理。

1) 项目经理部应安排安全专员,将同一居住区域、同一分包单位(或班组)的作业人员安排在同一施工部位、工序或时段实施分层管理,尽量避免交叉作业。

2) 严格控制每间宿舍居住人数不超过4人,保证宿舍通风、卫生清洁条件,严禁使用无冲水设施和无隔断的厕所。

3) 作业人员应按规定线路上下班。生产区远离生活区、办公区的,项目经理部应组织专车接送作业人员上下班。

4) 非上班职工,应按照"封闭管理"要求,不得随意外出;宿舍内保持清洁卫生,每天由专人进行消毒。

(3) 食堂管理。

1) 食堂应保持卫生、清洁、通风。

2) 施工人员应分时段就餐并实行分餐制,推行"1米线"安全措施,用餐间隔1m以上,杜绝对向就餐。也可采用各班组安排专人打包回宿舍单独就餐方式。

3) 应配备专人管理食堂食材和其他食品卫生工作,确保食品安全。

(4) 卫生清洁管理。

1) 生活区公共区域、卫生间、餐厅、浴室等,统一由安全保卫组安排清洁人员;住宿人员应维持宿舍卫生,随时清除垃圾并集中放到指定位置,保持整洁卫生。

2) 员工应维护公共卫生,注意洗浴期间的自我防护。必须按指定的浴位洗浴;男浴室一次沐浴人数不多于3人,女浴室一次沐浴人数不多于2人,防止交叉感染。有外伤或皮肤破损的沐浴期间特别注意感染和自我防护,不能沐浴的情况或有其他传染病的不能到浴室沐浴。

4. 隔离区管理

(1) 一般要求。

1) 施工现场隔离区内的隔离间数量不应少于总人数的3%,且不少于5间。隔离区内隔离室、卫生间、浴室、洗手槽均应单独设置并有相应编号。

2) 隔离区应尽量远离生活区或安置于生活区的一角,并设置从施工入口至隔离区的独立通道。

3）项目部对本项目隔离区工作负有主体责任，应落实场地、物资等保障，履行日常隔离管理职责，并为隔离人员提供食宿；项目部指导工作人员应负起监督指导责任，做好医用物资保障，做好疑似人员的转送就医工作。

（2）设施及配置。

1）隔离区入口醒目位置应张贴"医学隔离观察点"标识，配备物资应包括下列内容：

① 红外体温计（额温）等体温监测仪器。

② 75%酒精、84消毒液、免洗手消毒液和消毒棉签等消毒、防护物资。

③ 防护服、口罩、手套、鞋套等个人防护用品。

④ 黄色医疗废物袋、医疗废物垃圾桶等垃圾存放设施。

⑤ 隔离人员信息汇总登记表、隔离人员接收登记表、隔离人员迁出登记表、隔离人员医学观察日报表等记录台账。

2）隔离区宜安装无线路由器，便于隔离期间可进行防疫政策、企业管理制度和相关安全生产教育的线上培训。

3）隔离区配备管理人员，至少指定2名工作人员负责跟踪管理和监督指导，并按每30人配备具有基本医护常识的人员至少1名。

（3）日常管理。

1）隔离区工作流程应符合下列要求：

① 对新进员工应由项目部逐个排查是否是疑似病人或疫区返回人员等，同时把其信息报送施工现场属地政府备案。应征求新进员工意见采取居家隔离、集中隔离或其他隔离方式，如员工采取居家隔离则要求其按规定规范做好自行隔离，如员工同意集中隔离则送公司集中隔离点。

② 隔离区管理人员对需隔离人员进行个人信息登记和接收登记，引导入住并告知相关隔离要求。

③ 组织医务人员告知入住隔离人员疫情临床特点、传播途径、预防感染等知识，对其进行健康告知、心理辅导、每日检查须知等。

④ 发现隔离人员有发热、咳嗽等病症立即专车由专业医护人员转送至当地定点医疗机构进行诊断排查；转送医护人员及驾驶人应做好自身防护，转运车辆按要求进行有效消毒。

⑤ 在隔离期间，隔离人员不应走出隔离间，隔离人员用餐、防疫用品、生活所需品，统一由隔离区工作人员负责，无接触送至隔离间门外。

2）隔离区工作人员、隔离人员全部要求佩戴口罩，医护工作人员应统一穿防护服作业。隔离人员隔离期限按照规定要求执行。医护人员对隔离人员每日不少于两次体温测量，并询问其健康状况，填写隔离人员医学观察日报表，同时给予必要的帮助和指导。

3）隔离期间，隔离人员不得外出、不得陪护、不得探视、不得使用空调，各房间隔离人员不得相互串门，原则上仅限于房间内活动，确需出隔离房间，需戴医用口罩；吃饭前、吃饭后、如厕后、进出隔离房间前后须洗手，或者手消毒；生理性咳嗽、打喷嚏时，注意咳嗽礼仪，用纸巾或手肘遮挡，咳嗽和打喷嚏后立即清洁双手。

4）隔离期间，如隔离人员因个人原因确实有事须办理，可委托隔离区工作人员代为处理或延后处理，尽量避免和减少与外界人员接触。

隔离期满，隔离人员如未出现发热、咳嗽等不良症状，解除隔离，做好迁出隔离区登记。

5) 隔离区日常管理和消毒应符合下列要求：

① 保持隔离区及隔离房间空气流通、通风，对隔离点每日湿式清洁两次，每日9：00消毒一次，使用含有效氯2000mg/L消毒液进行消毒。

② 隔离人员衣物等纺织品以65℃热水清洗30min以上再洗涤烘干，也可煮沸30min后或用500mg/L含氯消毒液浸泡30min以上，再进行常规洗涤烘干。不同隔离者衣物不得混同洗涤。

③ 为科学防范，建议隔离人员使用一次性餐饮工具。

④ 隔离区内工作人员及隔离人员使用过的、废弃口罩统一放入套有黄色医疗废物袋的专用医疗废物垃圾桶中，纳入感染性医疗废物管理，统一处理；隔离人员正常解除隔离离开后，无须进行终末消毒。

(4) 个人防护管理。

1) 应保持双手清洁，减少接触公共场所的公共物品；应掌握正确的七步洗手法，勤洗手，洗手时应使用洗手液，使用流动水洗手。

2) 上下班时应佩戴一次性医用口罩，戴口罩前应保持双手卫生，分清口罩的正、反面，佩戴时应全部遮盖口鼻处，双手压紧鼻两侧的金属条，使口罩与面部紧密贴合。当口罩污染或潮湿后应及时更换。

3) 应保持良好的卫生习惯，不随地吐痰，打喷嚏或咳嗽时应用手肘部或纸巾遮住，不应用手接触口鼻眼，对口鼻分泌物或吐痰时应用纸巾包好，弃置于有盖垃圾箱内。

4) 所有人员应做到与他人交流保持至少1m远的距离。

5) 应实行每日健康监测制度，设置工作人员体温监测登记本，工作人员应每天进行体温测量并记录健康状况，上岗前换好工作服，做好双手消毒、佩戴口罩的防护准备。

6) 工作服应保持清洁卫生。

(5) 生产组织管理。

1) 项目部应掌握疫情防控进展，提前安排生产计划，根据生产计划组织施工人员分批进场。

2) 项目部应根据进场施工人员的情况，合理安排施工，做到关键工序合理安排，非关键工序服从关键工序安排。

3) 施工现场应做好分时、分段、分散施工，有序进行。

4) 项目部应建立分散错峰上班制度，细化各项工作安排，精细划分人员作业区域与人员配备标准，采取"分区、分班、分组"的施工组织模式，楼与楼、楼层与楼层、房间与房间之间要相对独立，减少交叉作业；实行"分散班前会、分散交底、分散上班"，避免人员在某一区域聚集。

5) 建设单位、监理单位、施工单位关键岗位人员应到岗履职；对大型机械进行维修检查和运行调试；对临边防护、临电、脚手架等安全设施进行排查。

6) 项目部应完善施工机械使用制度，施工机械必须严格执行消毒制度，每日不少于两次，宜采用一机一人，指定专人管理。人货两用梯乘坐不宜大于3人/次，10层以下宜用楼梯上下。避免人员扎堆，减少交叉感染。

7) 项目部必须加强分包队伍管理，保持劳务队伍稳定，避免频繁调动。每日根据务工人员花名册认真对务工人员逐一核对，发现外来人员一律清退。

8）项目部应加强疾病检查工作。每日由施工班组长做好工人的检查，突出以班组为单位的询问制，细致地观测每一名工人的情绪与身体状况，发现可疑病症，立即上报项目部。

（6）应急处理。

1）发现施工人员和其他工作人员有可疑症状时，应及时报告预防工作小组并通知其亲属，在有效防护的前提下送到规定的医院就诊。

2）管理人员有可疑症状时，应停止工作并到医疗机构就诊排查。确诊不属于疑似病例时，可正常复岗，应加强防护和医学观察。

3）现场人员诊断为疑似病例或确诊病例时，必须送定点医疗机构就诊，预防控制工作小组应落实疫情监测报告责任，2小时内向属地卫生健康或疾控机构报告。

4）在属地卫生健康行政主管部门或疾控机构指导下对密切接触者开展排查，应在指定的隔离室（区）实施14天隔离观察。

5）应协助属地卫生健康行政主管部门或疾控机构开展终末消毒，规范处置个人物品。

6）应制定相应的突发公共事件应急预案，并根据制定的预案进行应急演练。

思 考 题

1. 什么是应急预案和应急预案体系？简述应急预案体系的构成。
2. 简述生产安全事故应急预案编制的要求。
3. 简述生产安全事故应急预案编制的内容。
4. 简述专项应急预案编制的主要内容。
5. 简述应急预案应当及时修订的情形。
6. 简述生产安全事故应急救援预案制定单位应当及时修订相关预案的情形。
7. 简述发生生产安全事故后，生产经营单位应当立即启动生产安全事故应急救援预案的措施。
8. 简述有关地方人民政府及其部门接到生产安全事故报告后，启动相应的生产安全事故应急救援预案的措施。
9. 简述突发重大疫情防控期施工现场生产区的管理。

二维码形式客观题

手机微信扫描二维码，可自行做客观题，提交后可查看答案。

第 13 章
工程项目信息管理与 BIM 技术

\ 本章重点内容 \

工程项目信息管理的理解；工程项目管理信息系统的功能；基于 BIM 技术的建筑信息管理平台。

\ 本章学习目标 \

熟悉工程项目管理的概念，掌握工程项目管理信息系统功能，熟悉 BIM 技术的建筑信息平台。通过本章学习，培养学生的创新能力、理论与实践相结合的能力；认清科学技术是第一生产力，科技推动行业和经济发展；了解工程项目管理未来的发展方向，培养对行业的认同感。

13.1 建设工程项目信息与信息管理

13.1.1 建设工程项目信息的理解

1. 信息

信息指的是用口头的方式、书面的方式或电子的方式传输（传达、传递）的知识、新闻，或可靠的或不可靠的情报。声音、文字、数字和图像等都是信息表达的形式。建设工程项目的实施需要人力资源和物质资源，应认识到信息也是项目实施的重要资源之一。

2. 建设工程项目信息的分类

建设工程项目有各种信息，如图 13-1 所示。

业主方和项目参与各方可根据各自项目管理的需求确定其信息的分类，但为了信息交流的方便和实现部分信息共享，应尽可能做一些统一分类的规定，如项目的分解结构应统一。

可以从不同的角度对建设工程项目的信息进行分类，如：

1）按项目管理工作的对象，即按项目的分解结构，如子项目 1、子项目 2 等进行信息分类。

2）按项目实施的工作过程，如设计准备、设计、招标投标和施工过程等进行信息分类。

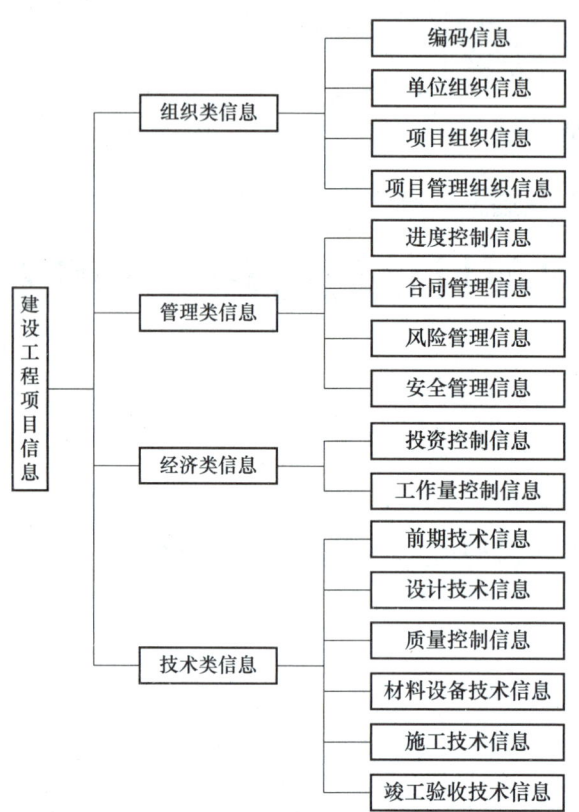

图 13-1 建设工程项目的信息类别

3）按项目管理工作的任务，如投资控制、进度控制、质量控制等进行信息分类。

4）按信息的内容属性，如组织类信息、管理类信息、经济类信息、技术类信息和法规类信息。

为满足项目管理工作的要求，往往需要对建设工程项目信息进行综合分类，即按多维进行分类，如：

1）第一维：按项目的分解结构。

2）第二维：按项目实施的工作过程。

3）第三维：按项目管理工作的任务。

3. 建设工程项目信息资源

（1）信息资源的含义。狭义信息资源指的是信息本身或信息内容，即经过加工处理，对决策有用的数据。开发利用信息资源的目的，就是充分发挥信息的效用，实现信息的价值。广义信息资源指的是信息活动中各种要素的总称。"要素"包括信息、信息技术以及相应的设备、资金和人等。信息资源由信息生产者、信息、信息技术三大要素组成。

（2）信息资源三大要素。

1）信息生产者。信息生产者是为某种目的生产信息的劳动者，包括原始信息生产者、信息加工者或信息再生产者。

2）信息。信息既是信息生产的原料，也是产品。它是信息生产者的劳动成果，对社会各种活动直接产生效用,是信息资源的目标要素。

3)信息技术。信息技术是能够延长或扩展人信息能力的各种技术的总称,是对声音、图像、文字等数据和各种传感信号的信息进行收集、加工、存储、传递和利用的技术。

(3)信息资源的特征。

1)对象的选择性。信息资源的开发利用对使用对象有一定的选择性,同一内容的信息对于不同的使用者所产生的影响和效果将会大不相同。

2)可共享性。由于信息对于物质载体有相对独立性,信息资源可以多次反复地被不同的人利用,在利用过程中信息量不仅不会被消耗掉,反而会得到不断扩充和升华。

3)驾驭性。信息资源的分布和利用非常广泛,几乎渗透到了人类社会的各个方面。而且,信息资源具有驾驭其他资源的能力。

4)无穷无尽性。由于信息资源是人类智慧的产物,它产生于人类社会实践活动并作用于未来的社会实践,而人类的社会实践活动是一个永不停息的过程,因此信息资源的来源是永不枯竭的。

4. 项目信息编码的方法

(1)编码的内涵。编码由一系列符号(如文字)和数字组成,编码是信息处理的一项重要的基础工作。

(2)服务于各种用途的信息编码。一个建设工程项目有不同类型和不同用途的信息,为了有组织地存储信息、方便信息的检索和信息的加工整理,必须对项目的信息进行编码。

1)项目的结构编码,即依据项目结构图对项目结构的每一层的每一个组成部分进行编码。

2)项目管理组织结构编码,即依据项目管理的组织结构图,对每一个工作部门进行编码。

3)项目的政府主管部门和各参与单位编码(组织编码),包括:

① 政府主管部门。

② 业主方的上级单位或部门。

③ 金融机构。

④ 工程咨询单位。

⑤ 设计单位。

⑥ 施工单位。

⑦ 物资供应单位。

⑧ 物业管理单位等。

4)项目实施的工作项编码(项目实施的工作过程的编码)应覆盖项目实施的工作任务目录的全部内容,包括:

① 设计准备阶段的工作项。

② 设计阶段的工作项。

③ 招标投标工作项。

④ 施工和设备安装工作项。

⑤ 项目动用前的准备工作项等。

5)项目的投资项编码(业主方)/成本项编码(施工方),它并不是概预算定额确定的分部分项工程的编码，它应综合考虑概算、预算、标底、合同价和工程款的支付等因素，建立统一的编码，以服务于项目投资目标的动态控制。

6）项目的进度项（进度计划的工作项）编码，应综合考虑不同层次、不同深度和不同用途的进度计划工作项的需要，建立统一的编码，服务于项目进度目标的动态控制。

7）项目进展报告和各类报表编码，应包括项目管理形成的各种报告和报表的编码。

8）合同编码，应参考项目的合同结构和合同的分类，应反映合同的类型、相应的项目结构和合同签订的时间等特征。

9）函件编码，应反映发函者、收函者、函件内容所涉及的分类和时间等，以便函件的查询和整理。

10）工程档案编码，应根据有关工程档案的规定、项目的特点和项目实施单位的需求等而建立。

以上这些编码是因不同的用途而编制的，如投资项编码（业主方）/成本项编码（施工方）服务于投资控制工作/成本控制工作，进度项编码服务于进度控制工作。但是有些编码并不是针对某一项管理工作而编制的，如投资控制/成本控制、进度控制、质量控制、合同管理、编制项目进展报告等都要使用项目的结构编码，因此就需要进行编码的组合。

5. 项目信息处理的方法

在当今的时代，信息处理已逐步向电子化和数字化的方向发展，但建筑业和基本建设领域的信息化已明显落后于许多其他行业，建设工程项目信息处理基本上还沿用传统的方法和模式。应采取措施，使信息处理由传统的方法和模式向基于网络的信息处理平台方向发展，以充分发挥信息资源的价值，以及信息对项目目标控制的作用。

基于网络的信息处理平台由一系列硬件和软件构成：

1）数据处理设备（包括计算机、打印机、扫描仪、绘图仪等）。

2）数据通信网络（包括形成网络的有关硬件设备和相应的软件）。

3）软件系统（包括操作系统和服务于信息处理的应用软件）等。

数据通信网络主要有如下三种类型：

1）局域网（LAN，由与各网点连接的网线构成网络，各网点对应于装备有实际网络接口的用户工作站）。

2）城域网（MAN，在大城市范围内两个或多个网络的互联）。

3）广域网（WAN，在数据通信中，用来连接分散在广阔地域内的大量终端和计算机的一种多态网络）。

互联网是目前最大的全球性网络，它连接了覆盖100多个国家的各种网络，如商业性的网络（.com 或 .co）、大学网络（.ac 或 .edu）、研究网络（.org 或 .net）和军事网络（.mil）等，并通过网络连接数以千万台的计算机，以实现连接互联网的计算机之间的数据通信。互联网由若干个学会、委员会和集团负责维护和运行管理。

建设工程项目的业主方和项目参与各方往往分散在不同的地点，或不同的城市，或不同的国家，因此其信息处理应充分利用远程数据通信的方式，如：

1）通过电子邮件收集信息和发布信息。

2）通过基于互联网的项目专用网站（Project Specific Web Site，PSWS）实现业主方内部、业主方和项目参与各方，以及项目参与各方之间的信息交流、协同工作和文档管理；或通过基于互联网的项目信息门户（Project Information Portal，PIP）应用服务提供方（ASP）模式为众多项目服务的公用信息平台实现业主方内部、业主方和项目参与各方，以及项目参与各方之间的信息交流、协同工作和文档管理。

3）召开网络会议。
4）基于互联网的远程教育与培训等。

13.1.2 工程项目信息管理的理解

1. 工程项目信息管理概述

（1）信息管理的定义。信息管理是人类为了有效地开发和利用信息资源，以现代信息技术为手段，对信息资源进行计划、组织、领导及控制的社会活动。简单地说，信息管理就是人对信息资源和信息活动的管理。

1）信息管理的对象是信息资源和信息活动。
2）信息管理是管理活动的一种。
3）信息管理是一种社会规模的活动。

（2）信息管理的分类。

1）按管理层次分类：宏观信息管理、中观信息管理、微观信息管理。
2）按管理性质分类：信息生产管理、信息组织管理、信息系统管理、信息市场管理等。
3）按应用范围分类：企业信息管理、政务信息管理、商务信息管理、公共事业信息管理等。
4）按管理手段分类：手工信息管理、信息技术管理、信息资源管理等。
5）按信息内容分类：经济信息管理、科技信息管理、教育信息管理、军事信息管理等。

（3）信息管理的特征。

1）管理类型特征。信息管理是管理的一种，具有管理的一般性特征。信息管理作为一个专门的管理类型，有自己的独有特征：管理的对象不是人、财、物，而是信息资源和信息活动；贯穿于整个管理过程之中。

2）时代特征。信息技术的快速发展，使得信息处理和传播的速度越来越快；随着管理工作要求的提高，信息处理的方法越来越复杂。不仅需要一般的数学方法，还要运用数理统计方法、运筹学方法等；信息管理所涉及的领域不断扩大，从知识范畴上看，信息管理涉及管理学、社会科学、行为科学、经济学、心理学、计算机科学等。

2. 项目信息管理的任务

（1）信息管理手册。业主方和项目参与各方都有各自的信息管理任务，为充分利用和发挥信息资源的价值，提高信息管理的效率以及实现有序的和科学的信息管理，各方都应编制各自的信息管理手册，以规范信息管理工作。信息管理手册描述和定义信息管理做什么、谁做、什么时候做和其工作成果是什么等，它的主要内容包括：

1）信息管理的任务（信息管理任务目录）。
2）信息管理的任务分工表和管理职能分工表。
3）信息的分类。

4）信息的编码体系和编码。

5）信息输入输出模型。

6）各项信息管理工作的工作流程图。

7）信息流程图。

8）信息处理的工作平台及其使用规定。

9）各种报表和报告的格式，以及报告周期。

10）项目进展的月度报告、季度报告、年度报告和工程总报告的内容及其编制。

11）工程档案管理制度。

12）信息管理的保密制度等。

（2）信息管理部门的工作任务。项目管理班子中各个工作部门的管理工作都与信息处理有关，而信息管理部门的主要工作任务是：

1）负责编制信息管理手册，在项目实施过程中进行信息管理手册的必要修改和补充，并检查和督促其执行。

2）负责协调和组织项目管理班子中各个工作部门的信息处理工作。

3）负责信息处理工作平台的建立和运行维护。

4）与其他工作部门协同组织收集信息、处理信息和形成各种反映项目进展和项目目标控制的报表和报告。

5）负责工程档案管理等。

在国际上，许多建设工程项目都专门设立信息管理部门（或称为信息中心），以确保信息管理工作的顺利进行；也有一些大型建设工程项目专门委托咨询公司从事项目信息动态跟踪和分析，以信息流指导物质流，从宏观上对项目的实施进行控制。

（3）信息工作流程。各项信息管理任务的工作流程，如：

1）信息管理手册编制和修订的工作流程。

2）为形成各类报表和报告，收集信息、录入信息、审核信息、加工信息、信息传输和发布的工作流程。

3）工程档案管理的工作流程等。

（4）应重视基于互联网的信息处理平台。由于建设工程项目大量数据处理的需要，在当今的时代应重视利用信息技术的手段进行信息管理。信息技术核心的手段是基于互联网的信息处理平台。

13.2 建设工程管理信息化及建设工程项目管理信息系统

13.2.1 工程管理信息化

信息化最初是从生产力发展的角度来描述社会形态演变的综合性概念，信息化和工业化一样，是人类社会生产力发展的新标志。

信息化的出现给人类带来新的资源、新的财富和新的社会生产力，形成了以创造型信息劳动者为主体，以计算机等新型工具体系为基本劳动手段，以再生性信息为主要劳动对象，以高技术型企业为骨干，以信息产业为主导产业的新一代信息生产力。在传统经济中，人们对资源的争夺主要表现为占有土地、矿产和石油等，而今天，信息资源日益成为争夺的重点，带来了国际社会新的竞争方式、竞争手段和竞争内容。在信息技术开发和应用领域尤其是网络技术方面存在的差距，导致信息获取和创新产生落差，于是就产生国与国、地区与地区、产业与产业之间的"数字鸿沟"。

在生产力各个领域应用信息技术的水平方面，不仅我国与工业发达国家相比存在较大的数字鸿沟，在国内各地区间也存在数字鸿沟。数字鸿沟造成的差别正在成为我国继城乡差别、工农差别、脑体差别"三大差别"之后的"第四大差别"。

在产业与产业之间，由于建筑业的特性，目前建筑业信息技术的开发和应用、信息资源的开发和利用效率较低，使建筑业相对其他产业也存在较大的数字鸿沟。

1. 工程管理信息化的含义

信息化指的是信息资源的开发和利用，以及信息技术的开发和应用。工程管理信息化指的是工程管理信息资源的开发和利用，以及信息技术在工程管理中的开发和应用。工程管理信息化属于领域信息化的范畴，它和企业信息化也有联系。

我国实施国家信息化的总体思路是：

1）以信息技术应用为导向。
2）以信息资源开发和利用为中心。
3）以制度创新和技术创新为动力。
4）以信息化带动工业化。
5）加快经济结构的战略性调整。
6）全面推动领域信息化、区域信息化、企业信息化和社会信息化进程。

我国建筑业和基本建设领域应用信息技术与工业发达国家相比，尚存在较大的数字鸿沟，它反映在信息技术在工程管理中应用的观念上，也反映在有关的知识管理上，还反映在有关技术的应用方面。

工程管理的信息资源包括：组织类工程信息，管理类工程信息，经济类工程信息，技术类工程信息，法规类信息等。在建设一个新的工程项目时，应重视开发和充分利用国内和国外同类或类似工程项目的有关信息资源。

信息技术在工程管理中的开发和应用，包括在项目决策阶段的开发管理、实施阶段的项目管理和使用阶段的设施管理中开发和应用信息技术。

自20世纪70年代开始，信息技术经历了一个迅速发展的过程，信息技术在建设工程管理中的应用也有一个相应的发展过程：

1）20世纪70年代，单项程序的应用，如工程网络计划的时间参数的计算程序，施工图预算程序等。

2）20世纪80年代，程序系统的应用，如项目管理信息系统、设施管理信息系统（Facility Management Information System，FMIS）等。

3）20世纪90年代，程序系统的集成，它是随着工程管理的集成而发展的。

4）20世纪90年代末期至今，基于网络平台的工程管理。

5）《国家信息化发展战略纲要》（简称《纲要》）是为了以信息化驱动现代化，加快建设网络强国而制定的。2016年7月，由中共中央办公厅、国务院办公厅印发，自2016年7月起实施。《纲要》是根据新形势对《2006—2020年国家信息化发展战略》的调整和发展，是规范和指导未来 10 年国家信息化发展的纲领性文件，是国家战略体系的重要组成部分，是信息化领域规划、政策制定的重要依据。

《纲要》指出：当今世界，信息技术创新日新月异，以数字化、网络化、智能化为特征的信息化浪潮蓬勃兴起。全球信息化进入全面渗透、跨界融合、加速创新、引领发展的新阶段。谁在信息化上占据制高点，谁就能够掌握先机、赢得优势、赢得安全、赢得未来。

2. 工程管理信息化的意义

工程管理信息化有利于提高建设工程项目的经济效益和社会效益，以达到为项目建设增值的目的。

工程管理信息资源的开发和信息资源的充分利用，可吸取类似项目的正反两方面的经验和教训，许多有价值的组织信息、管理信息、经济信息、技术信息和法规信息将有助于项目决策期多种可能方案的选择，有利于项目实施期的项目目标控制，也有利于项目建成后的运行。

通过信息技术在工程管理中的开发和应用能实现：

1) 信息存储数字化和存储相对集中，如图 13-2 所示。

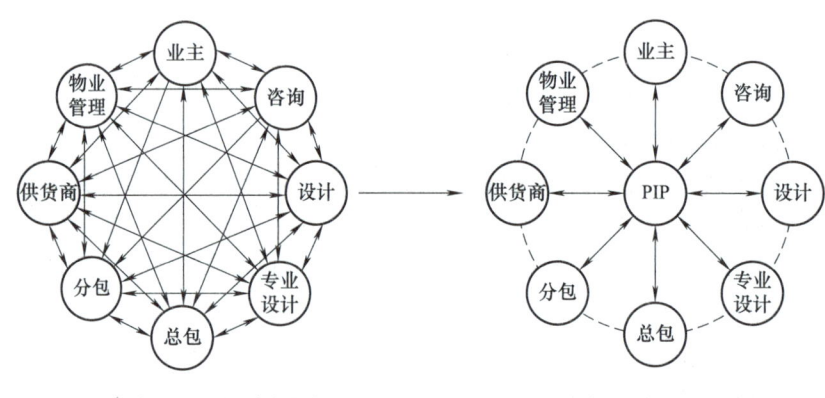

图 13-2 信息存储方式

2) 信息处理和变换的程序化。
3) 信息传输的数字化和电子化。
4) 信息获取便捷。
5) 信息透明度提高。
6) 信息流扁平化。

信息技术在工程管理中的开发和应用的意义在于：

1) "信息存储数字化和存储相对集中"有利于项目信息的检索和查询，有利于数据和文件版本的统一，并有利于项目的文档管理。

2) "信息处理和变换的程序化"有利于提高数据处理的准确性，并可提高数据处理的效率。

3) "信息传输的数字化和电子化"可提高数据传输的抗干扰能力，使数据传输不受距离限制并可提高数据传输的保真度和保密性。

4)"信息获取便捷""信息透明度提高"以及"信息流扁平化"有利于项目各参与方之间的信息交流和协同工作。

13.2.2 项目信息门户

项目信息门户（Project Information Portal，PIP）是基于互联网技术的为建设工程增值的重要管理工具，是当前在建设工程管理领域中信息化的重要标志。但是在工程界，对信息系统（Information System）、管理信息系统（Management Information System，MIS）、项目管理信息系统（Project Management Information System，PMIS）、一般的网页（Home Page）和项目信息门户的内涵尚有不少误解。应指出，项目管理信息系统是基于数据处理设备的，为项目管理服务的信息系统，主要用于项目的目标控制。由于业主方和承包方项目管理的目标和利益不同，因此它们都必须有各自的项目管理信息系统。管理信息系统是基于数据处理设备的信息系统，但主要用于企业的人、财、物、产、供、销的管理。项目管理信息系统与管理信息系统服务的对象和功能是不同的。项目信息门户既不同于项目管理信息系统，也不同于管理信息系统，如图13-3所示。

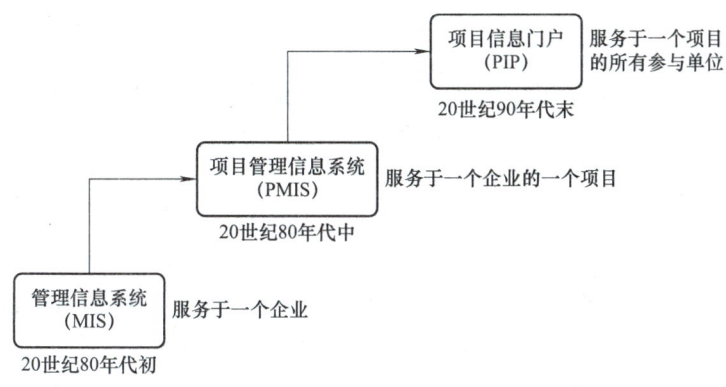

图13-3 项目信息门户与管理信息系统、项目管理信息系统

1. 项目信息门户的概念

这里所讨论的项目信息门户指的是建设工程的项目信息门户，它可用于各类建设工程的管理，如：

1) 民用建设工程。
2) 工业建设工程。
3) 土木工程建设工程（铁路、公路、桥梁、水坝等）等。

门户是一个网站，或称为互联网门户站（Internet Portal Site），它是进入万维网（World Wide Web）的入口。搜索引擎（Search Engine）属于门户，百度和360搜索也是门户，任何人都可以访问它们，以获取所需要的信息，这些是一般意义上的门户。但是，有些是为了专门的技术领域、专门的用户群或专门的对象而建立的门户，称为垂直门户（Vertical Portal）。项目信息门户属于垂直门户，不同于上述一般意义的门户。

项目信息门户是项目各参与方信息交流、共同工作、共同使用和互动的管理工具。

众多文献对项目信息门户的定义有不同的表述，综合有关研究成果，本书对项目信息门户做如下的解释：项目信息门户是在对项目全寿命过程中项目参与各方产生的信息和知识进行集中管理的基础上，为项目参与各方在互联网平台上提供一个获取个性化项目信息的单一入口，从而为项目参与各方提供一个高效率项目信息交流（Project Information Communication）和共同工作（Collaboration）的环境。

"项目全寿命过程"包括项目的决策期、实施期（设计准备阶段、设计阶段、施工阶段、动用前准备阶段和保修期）和运行期（或称使用期、运营期）。

"项目各参与方"包括政府主管部门和项目法人的上级部门、金融机构（银行、保险机构及融资咨询机构等）、业主方、工程管理和工程技术咨询方、设计方、施工方、供货方、设施管理方（其中包括物业管理方）等。

"信息和知识"包括以数字、文字、图像和语音表达的组织类信息、管理类信息、经济类信息、技术类信息及法律法规类信息。

"提供一个获取个性化项目信息的单一入口"指的是经过用户名和密码认定后而提供的入口。

2. 项目信息门户的类型和用户

（1）类型。项目信息门户按其运行模式分类，有如下两种类型。

PSWS 模式（Project Specific Website）：为一个项目的信息处理服务而专门建立的项目专用门户网站，也即专用门户。

ASP 模式（Application Service Provide）：由 ASP 服务商提供的为众多单位和众多项目服务的公用网站，也可称为公用门户。ASP 服务商有庞大的服务器群，一个大的 ASP 服务商可为数以万计的客户群提供门户的信息处理服务。

如采用 PSWS 模式，项目的主持单位应购买商品门户的使用许可证，或自行开发门户，并需购置供门户运行的服务器及有关硬件设施，申请门户的网址。

如采用 ASP 模式，项目的主持单位和项目的各参与方成为 ASP 服务商的客户，它们不需要购买商品门户产品，也不需要购置供门户运行的服务器及有关硬件设施，无须申请门户的网址。国际上项目信息门户应用的主流是 ASP 模式。

项目信息门户可以为一个建设工程的各参与方的信息交流和共同工作服务，也可以为一个建设工程群体的管理服务。前者侧重于一个建设工程（即 Project）各参与方内部的共同工作，而后者则侧重于对一个建设工程群体（Program）的总体和宏观的管理。可以把一个单体建筑物、一个工厂、一个机场视作一个建设工程，因为它们都有明确的项目目标。另外，整个北京奥运工程项目、整个上海世博会工程项目、一个城市的全部重点工程项目、一个电力集团公司的全部新建工程项目以及国家发展改革委主管的一定投资规模以上的全部建设工程都可视作一个建设工程群体。由于这两种类型的项目信息门户建立的目的不同，其具体的信息处理也有些差别。以下将重点讨论为一个建设工程服务的项目信息门户。

（2）用户。正如前述，项目参与各方包括政府主管部门和项目法人的上级部门、金融机构（银行、保险机构及融资咨询机构等）、业主方、工程管理和工程技术咨询方、设计方、施工方、供货方、设施管理方（其中包括物业管理方）等都是项目信息门户的用户。从严格的意义而言，以上各方使用项目信息门户的个人是项目信息门户的用户。每个用户有供门户登录用的用户名和密码。系统管理员将对每一个用户使用权限进行设置。

3. 项目信息门户实施的条件

项目信息门户的实施是一个系统工程，既应重视其技术问题，更应重视其与实施有关的组织和管理问题。应认识到，项目信息门户不仅是一种技术工具和手段，它的实施将会引起建设工程实施在信息时代进程中的重大组织变革。组织变革包括政府对建设工程管理的组织的变化、项目参与方的组织结构和管理职能分工的变化，以及项目各阶段工作流程的重组等。

项目信息门户实施的条件包括：①组织件；②教育件；③软件；④硬件。

组织件起着支撑和确保项目信息门户正常运行的作用，因此，组织件的创建和在项目实施过程中动态地完善组织件是项目信息门户实施最重要的条件。

4. 项目信息门户的价值和意义

据有关资料的统计：

1) 传统建设工程中 2/3 的问题都与信息交流有关。
2) 建设工程中 10%~33%的成本增加都与信息交流存在的问题有关。
3) 在大型建设工程中，信息交流问题导致的工程变更和错误约占工程总投资的 3%~5%。

5. 项目信息门户的应用

(1) 在项目决策期建设工程管理中的应用。项目决策期建设工程管理的主要任务是：
1) 建设环境和条件的调查与分析。
2) 项目建设目标论证（投资、进度和质量目标）与确定项目定义。
3) 项目结构分析。
4) 与项目决策有关的组织、管理和经济方面的论证与策划。
5) 与项目决策有关的技术方面的论证与策划。
6) 项目决策的风险分析等。

为完成以上任务，可能会有许多政府有关部门和国内外单位参与项目决策期的工作，如投资咨询、科研、规划、设计和施工单位等。各参与单位和个人往往处于不同的工作地点，在工作过程中有大量信息交流、文档管理和共同工作的任务，项目信息门户的应用会为项目决策期的建设工程管理增值。

(2) 在项目实施期建设工程管理中的应用。正如前述，项目实施期包括设计准备阶段、设计阶段、施工阶段、动用前准备阶段和保修期，在整个项目实施期往往有比项目决策期更多的政府有关部门和国内外单位参与工作，工作过程中有更多的信息交流、文档管理和共同工作的任务，项目信息门户的应用为项目实施期的建设工程管理增值无可置疑。

(3) 在项目运营期建设工程管理中的应用。项目运营期建设工程管理在国际上称为设施管理，它比我国现行的物业管理的工作范围深入和广泛得多。在整个设施管理中要利用大量项目实施期形成和积累的信息，设施管理过程中，设施管理单位需要和项目实施期的参与单位进行信息交流和共同工作，设施管理过程中也会形成大量工程文档。因此，项目信息门户不仅是项目决策期和实施期建设工程管理的有效手段和工具，也同样可为项目运营期的设施管理服务。

6. 项目信息门户的特征

(1) 项目信息门户的领域属性。电子商务（E-Business）有两个分支：
1) 电子商业/贸易（E-Commerce），如电子采购、供应链管理。
2) 电子共同工作（E-Collaboration），如项目信息门户、在线项目管理。

在以上两个分支中，电子商业/贸易已逐步得到应用和推广，而在互联网平台上的共同工作，即电子共同工作，人们对其意义尚未引起足够重视。应认识到，项目信息门户属于电子共同工作领域。

工程项目的业主方和项目其他参与各方往往分处在不同的地点，或不同的城市，或不同的国家，因此其信息处理应考虑充分利用远程数据通信的方式和远程数据通信的组织，这是电子共同工作的核心。

（2）项目信息的门户属性。如前述，项目信息门户是一种垂直门户，垂直门户也称为垂直社区（Vertical Community），此"社区"可以理解为专门的用户群，垂直门户是为专门的用户群服务的门户。项目信息门户的用户群就是所有与某项目有关的管理部门和某项目的参与方。

（3）项目信息门户运行的组织理论基础。远程学（Telematics）是一门新兴的组织学科，它已运用在很多领域，如：

1）远程通信（Telecommunication）。
2）远程银行/网上银行（Telebanking）。
3）远程商店/网上商店（Teleshopping）。
4）远程商业/贸易（Telecommerce）。
5）远程医疗（Telemedicine）。
6）远程教学（Telelearning）等。

远程学中的一个核心问题是远程合作（Telecooperation），其主要任务是研究和处理分散的各系统和网络服务的组织关系。应认识到项目信息门户的建立和运行的理论基础是远程合作理论。

（4）项目信息门户运行的周期。项目决策期的信息与项目实施期的管理和控制有关，项目决策期和项目实施期的信息与项目运营期的管理和控制也密切相关，为使项目保值和增值，项目信息门户应是为建设工程全寿命过程服务的门户，其运行的周期是建设工程的全寿命期。在项目信息门户上运行的信息包括项目决策期、实施期和运营期的全部信息。把项目信息门户的运行周期仅理解为项目的实施期，这是一种误解。

建设工程全寿命管理是集成化管理的思想和方法在建设工程管理中的应用。项目信息门户的建立和运行应与建设工程全寿命管理的组织、方法和手段相适应。

（5）项目信息门户的核心功能。国际上有许多不同的项目信息门户产品（品牌），其功能不尽一致，但其主要的核心功能是类似的，即：

1）项目各参与方的信息交流（Project Communication）。
2）项目文档管理（Document Management）。
3）项目各参与方的共同工作（Project Collaboration）。

（6）项目信息门户的主持者。对一个建设工程而言，业主方往往是建设工程的总组织者和总集成者，一般而言，它自然就是项目信息门户的主持者，当然，它也可以委托代表其利益的工程顾问公司作为项目信息门户的主持者。其他项目的参与方往往只参加一个建设工程的一个阶段，或一个方面的工作，并且建设工程的参与方和业主，以及项目参与方之间的利益不尽一致，甚至有冲突，因此，它们一般不宜作为项目信息门户的主持者。

应注意到，不但建设工程的业主方和各参与方可以利用项目信息门户进行高效的项目信息交流、项目文档管理和共同工作，政府的建设工程控制和管理的主管部门也可以利用项目信息门户实现众多项目的宏观管理，金融机构也可以利用项目信息门户对贷款客户进行相关的管理。因此，对不同性质、不同用途的项目信息门户而言，其门户的主持者是不相同的。

（7）项目信息门户的组织保证。不论采用何种运行模式，门户的主持者必须建立和动态地调整与完善有关项目信息门户运行必要的组织件，包括：

1）编制远程工作环境下共同工作的工作制度和信息管理制度。

2）项目参与各方的分类和权限定义。

3）项目用户组的建立。

4）项目决策期、实施期和运营期的文档分类和编码。

5）系统管理员的工作任务和职责。

6）各用户方的组织结构、任务分工和管理职能分工。

7）项目决策期、实施期和运营期建设工程管理的主要工作流程组织等。

（8）项目信息门户的安全保证。数据安全有多个层次，如制度安全、技术安全、运算安全、存储安全、传输安全、产品和服务安全等。这些不同层次的安全问题主要涉及：

1）硬件安全，如硬件的质量、使用、管理和环境等。

2）软件安全，如操作系统安全、应用软件安全、病毒和后门相关安全等。

3）网络安全，如黑客、保密和授权等。

4）数据资料安全，如误操作（如误删除、不当格式化）、恶意操作和泄密等。

项目信息门户的数据处理属远程数据处理，它的主要特点是：

1）用户量大，且其涉及的数据量大。

2）数据每天需要更新，且更新量很大，但旧数据必须保留，不可丢失。

3）数据需长期保存等。

因此对项目信息门户的数据安全保证必须予以足够的重视。

13.2.3　工程项目管理信息系统

1. 工程项目管理信息系统的内涵

工程项目管理信息系统是基于计算机的项目管理的信息系统，主要用于项目的目标控制。管理信息系统是基于计算机管理的信息系统，主要用于企业的人、财、物、产、供、销的管理。项目管理信息系统与管理信息系统服务的对象和功能不同。

工程项目管理信息系统的应用，主要是用计算机进行项目管理有关数据的收集、记录、存储、过滤和把数据处理的结果提供给项目管理班子的成员。它是项目进展的跟踪和控制系统，也是信息流的跟踪系统。

工程项目管理信息系统可以在局域网上或基于互联网的信息平台上运行。

2. 工程项目管理信息系统的功能

工程项目管理信息系统的功能：投资控制（业主方）、成本控制（施工方）、进度控制、合同管理。

有些工程项目管理信息系统还包括质量控制和一些办公自动化的功能。

（1）投资控制的功能。

1）项目的估算、概算、预算、标底、合同价、投资使用计划和实际投资的数据计算和分析。

2）进行项目的估算、概算、预算、标底、合同价、投资使用计划和实际投资的动态比较（如概算和预算的比较、概算和标底的比较、概算和合同价的比较、预算和合同价的比较等），并形成各种比较报表。

3）计划资金投入和实际资金投入的比较分析。

4）根据工程的进展进行投资预测等。

（2）成本控制的功能。

1）投标估算的数据计算和分析。

2）计划施工成本。

3）计算实际成本。

4）计划成本与实际成本的比较分析。

5）根据工程的进展进行施工成本预测等。

（3）进度控制的功能。

1）计算工程网络计划的时间参数，并确定关键工作和关键路线。

2）绘制网络图和计划横道图。

3）编制资源需求量计划。

4）进度计划执行情况的比较分析。

5）根据工程的进展进行工程进度预测。

（4）合同管理的功能。

1）合同基本数据查询。

2）合同执行情况的查询和统计分析。

3）标准合同文本查询和合同辅助起草等。

3. 工程项目管理信息系统的意义

20 世纪 70 年代末期和 80 年代初期，国际上已有工程项目管理信息系统的商业软件，工程项目管理信息系统现已被广泛地用于业主方和施工方的项目管理。应用工程项目管理信息系统的主要意义是：

1）实现项目管理数据的集中存储。

2）有利于项目管理数据的检索和查询。

3）提高项目管理数据处理的效率。

4）确保项目管理数据处理的准确性。

5）可方便地形成各种项目管理需要的报表。

13.3 BIM 技术下的工程项目信息管理

13.3.1 BIM 技术概述

1. BIM 理解

BIM 即建筑信息模型（Building Information Modeling），是通过数字信息仿真模拟建筑物所具有的真实信息，在这里，信息的内涵不仅仅是几何形状描述的视觉信息，还包含大量的非几何信息，如材料的耐火等级、材料的传热系数、构件的造价、采购信息等。实际上，BIM 就是通过数字化技术，在计算机中建立一座虚拟建筑，一个建筑信息模型就是提供了一个单一的、完整一致的、逻辑的建筑信息库。

BIM 的技术核心是一个由计算机三维模型所形成的数据库，不仅包含了建筑师的设计信息，而且可以容纳从设计到建成使用，甚至是使用周期终结的全过程信息，并且各种信息始终是建立在一个三维模型数据库中。

BIM 可以持续即时地提供项目设计范围、进度以及成本信息，这些信息完整可靠并且完全协调。BIM 能够在综合数字环境中保持信息不断更新并可提供访问，使建筑师、工程师、施工人员以及业主可以清楚全面地了解项目。这些信息在建筑设计、施工和管理的过程中能促使加快决策进度、提高决策质量，从而使项目质量提高，收益增加。

BIM 的应用不仅仅局限于设计阶段，而是贯穿于整个项目全寿命周期的各个阶段：设计、施工和运营管理。BIM 电子文件，可在参与项目的各建筑行业企业间共享。

建筑设计专业可以直接生成三维出图模型；结构专业则可取其中柱、梁、板、墙材料强度及墙上孔洞大小进行计算；设备专业可以据此进行建筑能量分析、声学分析、光学分析等；施工单位则可取其墙上混凝土类型、配筋、预制装配式构件、钢结构构件等信息进行材料的备料及下料；发展商则可取其中的造价、工程量等信息进行工程造价总预算、产品订货等；而物业单位也可以用 BIM 进行后期可视化物业管理。BIM 在整个建筑行业从上游到下游的各个企业间不断完善，从而实现项目全寿命周期的信息化管理，最大化地实现 BIM 的意义。BIM 核心建模软件如图 13-4 所示。

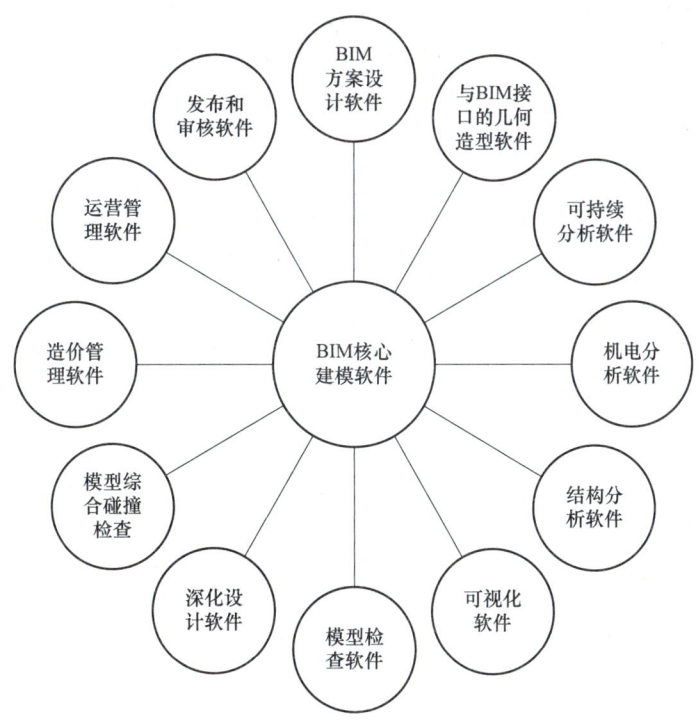

图 13-4　BIM 核心建模软件

2. BIM 技术的作用

（1）BIM 在设计阶段带来的益处。BIM 使建筑设计从二维走向了三维，并走向了数字化建造，这是建筑设计方法的一次重大转型。

一些特殊的、复杂的工程，用二维表达不清楚，例如上海中心大厦的外立面，使用 BIM 的软件系统，可以直观地看到"上海中心大厦"的三维模型，甚至可以使用这个模型通过计算机直接加工异型钢构件而实现无纸化建造。基于 BIM 的三维模型不同于通常效果图的所谓三维模型，而是包含了材料信息、工艺设备信息、进度及成本信息等，它是一个完整的建筑信息管理模型。

BIM 使建筑、结构、给排水、空调、电气等各个专业基于同一个模型进行工作，从而使真正意义上的三维集成协同设计成为可能，将整个设计整合到一个共享的建筑信息模型中，结构与设备、设备与设备间的冲突会直观地显现出来，工程师们可在三维模型中随意查看，且能准确查看可能存在问题的地方，并及时调整自己的设计，从而极大地避免了施工中的浪费。

BIM 使得设计修改更容易。只要对项目做出更改，由此产生的所有结果都会在整个项目中自动协调，各个视图中的平、立、剖面图自动修改。BIM 提供的自动协调更改功能可以消除协调错误，提高工作整体质量，使得设计团队创建关键项目交付文件（例如可视化文档和管理机构审批文档）更加省时省力，再也不会出现平面图、立面图、剖面图不一致之类的错误。

（2）BIM 在施工阶段带来的益处。在建筑生命周期的施工阶段，BIM 可以同步提供有关建筑质量、进度及成本的信息，可以方便地提供工程量清单、概预算、各阶段材料准备等施工过程中需要的信息，甚至可以帮助实现建筑构件的直接无纸化加工建造。利用 BIM，可以实现整个施工周期的可视化模拟与可视化管理。

BIM 可以帮助施工人员促进建筑的量化，以进行评估和工程估价，并生成最新评估与施工规划。施工人员可以为业主制定展示场平面布置情况或更新调整情况的规划，将施工过程对业主的运营和人员的影响降到最低。BIM 还能提高文档质量，改善施工规划，从而节省施工中在过程与管理问题上投入的时间与资金。最终结果就是，能将业主更多的施工资金投入建筑，而不是行政和管理中。

基于 BIM 技术的设计中，建筑物的所有信息是建立在带有各类信息的三维模型数据库中的，在这个庞大的数据库中，任何的"错漏碰缺"在计算机程序的"火眼金睛"下都将无处遁形，可以将设计师们有意无意中产生的各类设计错误或设计缺陷"扼杀"在萌芽状态。而这一点对于业主来说节省了数额庞大的变更费用。

（3）BIM 在运营管理阶段带来的益处。在建筑生命周期的运营管理阶段，BIM 可同步提供有关建筑、设备、管线使用情况或性能、入住人员与容量、建筑已用时间以及建筑财务方面的信息。BIM 可提供数字更新记录，并改善搬迁规划与管理。它还促进了标准建筑模型对商业场地条件（例如零售业场地，这些场地需要在许多不同地点建造相似的建筑）的适应。有关建筑的物理信息（例如完工情况、承租人或部门分配、家具和设备库存）和关于可出租面积、租赁收入或部门成本分配的重要财务数据都更加易于管理和使用。这些类型的信息可以提高建筑运营过程中的收益与成本管理水平。

（4）BIM 为开发商销售招商带来的益处。建立建筑信息模型后，可以很方便地引入虚拟现实（VR）、增强现实（AR）等虚拟现实技术，完成由 BIM 到 BIM+的发展，实现在虚拟建筑中的漫游。传统的房地产销售方式主要是通过平面户型图、建筑模型、效果图及各种媒体广告的形式来推出楼盘。销售人员与购房者或租户之间的交流比较困难。而借助基于 BIM 的虚拟漫游技术，可进入虚拟建筑中的任何一个空间，可在计算机的样板房中漫游，可带着购房者参观虚拟样板间、亲身感受居室空间、实时查询房间信息、实时布置家具、引导购房者或租户合理使用物业。购房者或租户可以在几年后才建成的虚拟小区中漫游，站在阳台上观看、感受小区建成后的优美环境；购房者或租户可以在虚拟的购物中心中漫游，身临其境地感受优美的购物环境和热烈的商业氛围。

13.3.2 基于 BIM 技术的建筑信息管理平台

1. 建筑信息管理平台概述

建筑信息管理平台以相似预制装配式住宅工程管理经验、建筑信息化管理框架为指导，基于工程总承包（PC）工程的 BIM 模型中心数据库，构建工程建筑信息管理系统，从工程设计、施工、材料、使用等全过程为工程提供全生命周期管理。建筑信息管理平台将建筑产业链各环节关联起来，进行集成化的管理，极大地提高了工作效率。针对预制装配式住宅的标准化构件生产、施工现场只需进行拼装工作的特点，提供模块化的设计和构件的零件库，与产业化住宅建造过程的信息管理需求契合，具有投入低、产出高的特点。

2. 建筑信息管理平台的功能及目标

建筑信息管理平台的功能主要包括深化设计数据库的提供，PC 构件生产阶段的进度、仓储、物流情况的模块化管理，现场施工阶段人员、材料、机具、工法、环境的一体化管理，施工进度的把控与矫正以及运维阶段数据库的移交等。建筑信息管理平台针对不同的客户对象，包括政府机构、设计院、施工企业、房屋业主等，面向全社会提供建筑信息管理服务，为预制装配式住宅建筑设计、施工提供指导，为预防施工事故提供借鉴，为房屋的安全使用提供技术支持。

建筑信息管理平台旨在通过 BIM 技术的应用，以工业化的生产方式、集成化的管理方式促进住宅产业化、生产现代化，在降低成本的同时提高建筑质量，减少能源排放。预制装配式住宅工程建筑的信息管理平台如图 13-5 所示。

3. 建筑信息管理平台整体架构

结合 BIM 技术的特点、预制装配式住宅的建造特点与需求以及建筑信息管理平台的目标，确定基于 BIM 的预制装配式住宅工程建筑信息管理平台架构（见图 13-6）。

预制装配式住宅工程建筑信息管理平台分为前台功能和后台功能。预制装配式住宅工程建筑信息管理平台的前台提供给大众浏览操作，核心目的是对后台存储的全部建筑信息、管理信息进行提取、分析与展示，包括深化设计节点选取功能、PC 构件检索功能、施工方案演示与施工进度浏览功能及运维阶段人员、资金、物流管理等功能。

预制装配式住宅工程建筑信息管理平台的后台功能，主要是建筑工程数据库管理功能、信息存储和信息分析功能。后台的作用：一是保证建筑信息表达得准确、合理，对建筑的关键信息进行有效提取；二是，结合科研成果，将总结的信息准确地用于工程分析，并向用户对象提出合理建议；三是具有自学习功能，即通过用户输入的信息学习新的案例并进行信息提取。

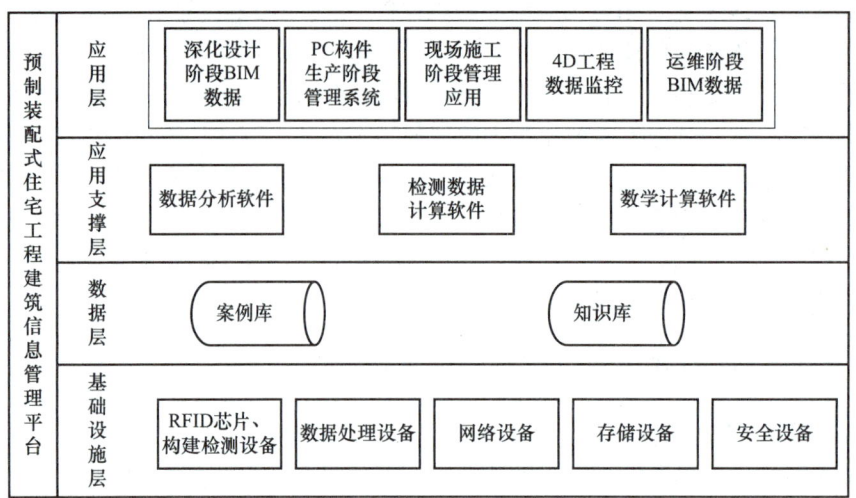

图 13-5 预制装配式住宅工程建筑的信息管理平台

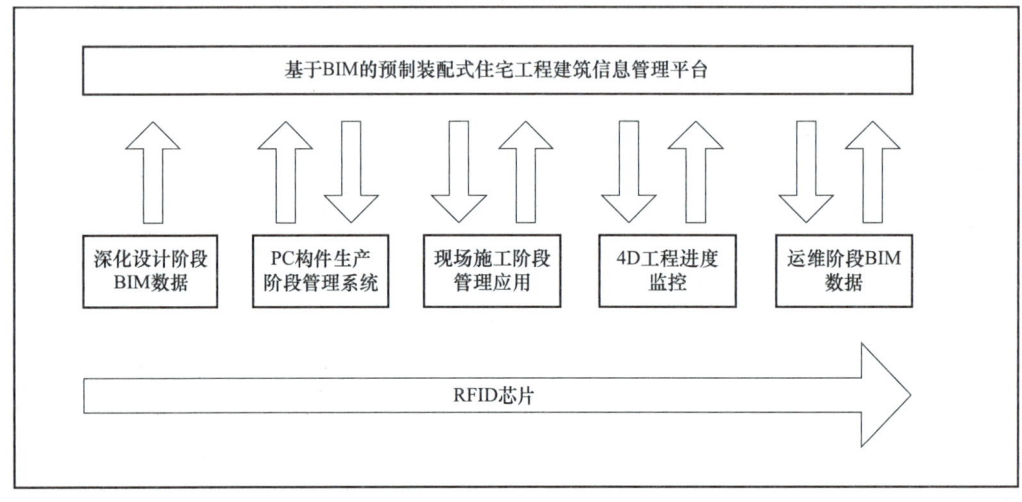

图 13-6 基于 BIM 的预制装配式住宅工程建筑信息管理平台架构

4. 建筑信息管理平台研发技术路线

平台的开发涉及多学科的交叉应用，融合了 BIM 技术、计算机编程技术、数据库开发技术及射频识别（Radio Frequency Identification，RFID）技术。根据制定的建筑信息管理平台整体架构，面向建筑结构项目数据实际应用确定建筑信息管理平台研发技术路线。

1）根据工程项目数据实际，结合 BIM 建模标准开发 BIM 族库与相应工程数据库。

2）整合相关工程标准，并根据特定规则与数据库相关联。

3）基于数据库和建筑信息管理平台架构，开发二次数据接口，进行信息管理平台开发。

4）配合工程实例验证应用效果。

5）完成平台开发。

思 考 题

1. 什么是建设工程项目信息？简述其分类。
2. 什么是工程项目信息资源？简述其三大要素及特征。
3. 简述项目实施的工作项编码应覆盖的内容。
4. 什么是工程项目信息管理？简述其分类。
5. 简述信息管理部门的主要工作任务。
6. 什么是工程管理信息化？简述我国实施国家信息化的总体思路。
7. 简述信息技术在工程管理中的开发和应用的意义。
8. 什么是项目信息门户？简述其类型。
9. 简述项目信息门户在项目决策期建设工程管理中的应用。
10. 什么是工程项目管理信息系统？简述其功能。
11. 简述应用工程项目管理信息系统的主要意义。
12. 简述建筑信息模型在施工阶段带来的益处。
13. 什么是建筑信息管理平台？简述其功能及目标。

二维码形式客观题

手机微信扫描二维码，可自行做客观题，提交后可查看答案。

第 14 章 工程项目智慧建造管理

> **本章重点内容**
> 精益建造方式与工程项目管理创新；装配化建造方式下的工程项目管理创新。

> **本章学习目标**
> 熟悉精益建造方式与项目管理创新，掌握装配化建造下的管理创新。通过本章学习，了解建筑行业先进的技术和管理理念、方式，培育对行业的认同感、归属感以及对行业未来发展的信心；培育工匠精神的价值观，树立家国情怀和民族自豪感。

14.1 智慧建造相关技术

14.1.1 智慧建造的支撑技术

1. BIM 技术

建筑信息模型（BIM）是在计算机辅助设计（CAD）等技术基础上发展起来的多维模型信息集成技术，它是对建筑工程物理特征和功能特性信息的数字化承载和可视化表达。BIM 能够支撑建筑全寿命周期各参与方之间的信息共享，支持对工程环境、能耗、经济、质量、安全等方面的分析、检查和模拟，可实现工程项目的虚拟建造和精细化管理，为建筑业的提质增效和产业升级提供技术保障。当前，我国工程建设行业正在开展 BIM 工程应用实践与推广。BIM 技术被广泛地应用在深化设计、管线综合、施工工作面管理、方案优化、物料追踪、精细算量、逆向工程、3D 打印、虚拟现实等场景。BIM 应用正逐渐融入工程建设的各个环节和阶段，成为工程建造一个不可或缺的重要手段。

2. 物联网

物联网（Internet of Things，IoT）是通过装置在各类物体上的各种信息传感设备，如射频识别（RFID）装置、二维码、红外感应器、全球定位系统、激光扫描器等装置与互联网或无线网络相连而成的一个巨大网络。其目的是让所有的物品都与网络连接在一起，方便智慧化识别、定位、跟踪、监控和管理。

物联网通过在建筑施工作业现场安装各种信息传感设备，按约定的协议，把任何与工程建设相关的物品与互联网连接起来，进行信息交换和通信，以实现智能化识别、定位、跟踪、监控和管理。物联网可有效弥补传统方法和技术在监管中的缺陷，实现对施工现场人、机、料、法、环的全方位实时监控，变被动"监督"为主动"监控"。物联网具备三大特征：一是全面感知，利用传感器、RFID、二维码等技术，随时随地获取用户或者产品信息；二是可靠传送，通过通信网与互联网，信息可以随时随地交互、共享；三是智能处理，利用云计算、模式识别等智能计算技术，对海量的信息数据进行分析与处理，并实现智能决策与控制。

3. 云计算

云计算是一种新的计算方法和商业模式，即通过虚拟化、分布式存储和并行计算以及宽带网络等技术，按照"即插即用"的方式，自助管理计算、存储等资源能力，形成高效、弹性的公共信息处理资源，使用者通过公众通信网络，以按需分配的服务形式，获得动态可扩展信息处理能力和应用服务。

云计算是一种新的互联网应用模式，它基于互联网的相关服务的增加、使用和交付而建立，其资源具有动态易扩展及虚拟化的特点，云计算依赖互联网实现；云计算是交付和使用模式的服务，这种基于互联网、采用按需和易于扩展的方式获得所需资源的服务，可以让软件和互联网以及其他服务相关，标志着计算能力作为商品在互联网的正式流通。

在工程建设过程中，云计算作为基础应用技术是不可或缺的，物联网、移动应用、大数据等技术的应用过程中，普遍搭建云服务平台，实现终端设备的协同、数据的处理和资源的共享。传统信息化基于企业服务器部署的模式逐渐被基于公有云或私有云的信息化架构模式所取代，特别是一些移动应用提供了公有云，用户只需要在手机上安装 APP，注册后就可以使用，避免了施工现场部署网络服务器，简化了现场互联网应用，有利于现场信息化的推广。

4. 移动互联网

移动互联网（Mobile Internet，MI）是一种通过智能移动终端，采用移动无线通信方式获取业务和服务的新兴业态，包含终端、软件和应用三个层面。终端层包括智能手机、平板计算机、电子书、移动互联网设备（MID）等；软件包括操作系统、中间件、数据库和安全软件等。应用层包括休闲娱乐类、工具媒体类、商务财经类等不同应用与服务。

移动互联网整合了互联网与移动通信技术，将各类网站和企业的大量信息及各种各样的业务引入移动互联网之中，搭建了一个适合业务和管理需要的移动信息化应用平台，能够满足用户需要，并能够提供有竞争力的服务。其特点包括：①更大数据吞吐量，并且低时延；②更低的建设和运行维护成本；③与现有网络的可兼容性；④更高的鉴权能力和安全能力；⑤高品质互动操作。

移动应用对于建筑施工现场管理有着天然的符合度，施工现场人员的主要工作职责和日常工作发生地点一般在施工生产现场，而不是办公区的固定办公室。基于个人计算机的信息化系统难以满足走动式办公的需求，移动应用解决了信息化应用"最后一公里"的尴尬。通过项目现场移动 APP 的应用，实现项目施工现场一线管理人员的碎片化时间整合利用，现场移动应用被广泛地应用在现场即时沟通协同、现场质量安全检查、规范资料的实时查询等方面。同时移动应用与物联网技术、云技术和 BIM 技术的集成，在手机视频监控、二维码扫描跟踪、模型现场检查、多方图档协同工作上得到深度应用，产生了极大的价值。

5. 大数据

大数据是指无法在一定时间内用常规软件工具对其内容进行抓取、管理和处理的数据集合。大数据分析是指对大量结构化和非结构化的数据进行分析处理，从中获得新的价值，具有数据量大、数据类型多、处理要求快等特点，需要用到大量的存储设备和计算资源。

大数据遍布智慧交通、智慧医疗、智慧教育等智慧城市建设的各个领域。对大数据进行分类、重组分析、再利用等一系列的智慧化处理后，其结果将为智慧城市建设的决策者提供参考。从政府决策到人们的衣食住行，从创建节约型社会到以人为本，科技惠民，都将在大数据的支撑下走向"智慧化"，大数据真正成为智慧城市的智慧引擎。

14.1.2 智慧建造的建造技术

1. 钢结构深化设计与物联网应用

钢结构深化设计是以设计院的施工网、计算书及其他相关资料为依据，依托专业深化设计软件平台，建立三维实体模型，开展施工过程仿真分析，进行施工过程安全验算，计算节点坐标定位调整值，并生成结构安装布置图、零构件图、报表清单等的过程。钢结构深化设计与BIM结合，实现了模型信息化共享，由传统的"放样出图"延伸到施工全过程。在钢结构施工过程中应用物联网技术，从根本上打破了原有数据价值链的围墙，改善施工数据的采集、传递、存储、处理、使用等各个环节，将人员、材料、机器、产品等与施工管理、决策建立更为密切的关系，并可进一步将信息与BIM模型进行关联，提高施工效率、产品质量和企业创新能力，提升产品制造和企业管理的信息化水平。

2. 预制构件工厂化生产加工

预制构件工厂化生产加工指采用自动化流水线、机组流水线、长线台座生产线生产标准定型预制构件并兼顾异型预制构件，采用固定台模线生产市政和公路工程预制构件，满足预制构件的批量生产加工和集中供应要求。

工厂化生产加工包括预制构件工厂规划设计、各类预制构件生产工艺设计、预制构件模具方案设计及其加工技术、钢筋制品机械化加工和成型技术、预制构件机械化成型技术、预制构件节能养护技术、预制构件生产质量控制技术。

3. 钢结构虚拟预拼装

用三维设计软件，将钢结构分段构件控制点的实测三维坐标，在计算机中模拟拼装形成分段构件的轮廓模型，与深化设计的理论模型拟合比对，检查分析加工拼装精度，得到所需修改的调整信息，经过必要的反复加工修改与模拟拼装，直至满足精度要求。虚拟预拼装技术主要包括：①根据设计图文资料和加工安装方案等技术文件，在构件分段与胎架设置等安装措施可保证自重受力变形不致影响安装精度的前提下，建立设计、制造、安装全部信息的拼装工艺三维几何模型，完全整合形成一致的输入文件，通过模型导出分段构件和相关零件的加工制作详图。②构件制作验收后，利用全站仪实测外轮廓控制点三维坐标。③计算机模拟拼装，形成实体构件的轮廓模型。④将理论模型导入三维图形软件，合理地插入实测整体预拼装坐标系。⑤采用拟合方法，将构件实测模拟拼装模型与拼装工艺图的理论模型比对，得到分段构件和端口的加工误差以及构件间的连接误差。⑥统计分析相关数据记录，对于不符合规范允许公差和现场安装精度的分段构件或零件，修改校正后重新测量、拼装、比对，直至符合精度要求。

4. 钢结构滑移、顶（提）升施工

滑移技术是在建筑物的一侧搭设一条施工平台，在建筑物两边或跨中铺设滑道，所有构件都在施工平台上组装，分条组装后用牵引设备向前牵引滑移（可用分条滑移或整体累积滑移）。结构整体安装完毕并滑移到位后，拆除滑道实现就位。滑移可分为结构直接滑移、结构和胎架一起滑移、胎架滑移等多种方式。牵引系统由卷扬机牵引、液压千斤顶牵引与顶进系统等组成。结构滑移设计时要对滑移工况进行受力性能验算，保证结构的杆件内力与变形符合规范和设计要求。

整体顶升与提升是一项成熟的钢结构与大型设备安装技术，它集机械、液压、计算机控制、传感器监测等技术于一体，解决了传统吊装工艺和大型起重机械在起重高度、起重量、结构面积、作业场地等方面无法克服的难题。顶（提）升方案的确定，必须同时考虑承载结构（永久的或临时的）和被顶（提）升钢结构或设备本身的强度、刚度和稳定性。

5. 钢结构智能焊接技术

智能焊接指在焊接加工过程中对相关机器与构件进行智能化、信息化升级。智能焊接仍以"传感-决策执行"为着眼点，对焊接过程参数进行监测与控制。一方面，智能焊接强调在加工过程中引入信息流，通过安装多种传感器的方式，更全面、更具体地获取加工过程信息，从而认识加工过程；另一方面，智能焊接强调信息与人之间的转换与融合，从而实现智能焊接加工系统与系统操作者无缝人机交互。该技术的重要组成部分就是机器人焊接技术，它是智能技术与传统焊接工艺的深度融合。

6. 钢结构智能测量

钢结构智能测量技术是指在钢结构施工的不同阶段，采用基于全站仪、电子水准仪、全球定位系统、北斗卫星导航系统、三维激光扫描仪、数字摄影测量、物联网、无线数据传输、多源信息融合等多种智能测量技术，解决特大型、异型、大跨径和超高层等钢结构工程中传统测量方法难以解决的测量速度、精度、变形等技术难题，实现对钢结构安装精度、质量、安全、施工进度的有效控制。钢结构智能测量主要包括：高精度三维测量控制网布设、钢结构地面拼装智能测量、钢结构精准空中智能化快速定位、基于三维激光扫描的高精度钢结构质量检测及变形监测、基于数字近景摄影测量的高精度钢结构性能检测及变形监测、基于物联网和无线传输的变形监测。

7. 智能模架系统

智能模架系统的典型应用主要包括：智能整体顶升平台、智能液压爬升模板系统。智能整体顶升平台采用长行程油缸和智能控制系统，顶升模板和整个操作平台装置，具有操作平台在高位、支撑系在低处的特点，适应复杂多变的核心筒结构施工，满足平均3天一层的工期要求，保证全过程施工安全和施工质量，并形成整套综合施工技术。智能液压爬升模板是通过承载体附着或支承在混凝土结构上，当新浇筑的混凝土脱模后，以液压油缸为动力，以导轨为爬升轨道，将爬模装置向上爬升一层，反复循环作业的施工工艺，简称爬模。目前我国的爬模技术在工程质量、安全生产、施工进度、降低成本、提高工效和经济效益等方面均有良好的效果。

8. 基于BIM的管线综合

机电工程施工中，水、暖、电、智能化、通信等各种管线错综复杂，管路走向密集交

错，若在施工中发生碰撞情况，则会出现拆除返工现象，甚至会导致设计方案的重新修改，不仅浪费材料、延误工期，还会增加项目成本。基于 BIM 技术的管线综合技术可将建筑、结构、机电等专业模型整合，再根据各专业要求及净高要求将综合模型导入相关软件进行碰撞检查，根据碰撞报告结果对管线进行调整、避让，对设备和管线进行综合布置，从而在工程开始施工前发现问题，通过深化设计进行优化和解决问题。

9. 机电管线及设备工厂模块化预制

工厂模块化预制技术是将建筑给水排水、采暖、电气、智能化、通风与空调工程等领域的建筑机电产品按照模块化、集成化的思想，从设计、生产到安装和调试深度结合集成，通过这种模块化及集成技术对机电产品进行规模化的预加工，工厂化流水线制作生产，从而实现建筑机电安装标准化、产品模块化及集成化。利用此技术，不仅能提高生产效率和质量水平，降低建筑机电工程建造成本，还能减少现场施工工程量、缩短工期、减少污染、实现建筑机电安装全过程绿色施工。

14.1.3 建筑设计信息物理交互技术

信息物理融合系统（Cyber Physical Systems，CPS）是一个综合计算、网络和物理的多维复杂系统，通过 3C（Communication，Computer，Control）技术的有机融合与深度协作，实现大型工程系统的实时感知、动态控制和信息服务。

建筑设计信息物理交互系统是借鉴制造业的理念而提出的，针对建筑全寿命周期过程中形成的信息，运用计算机、信息模型及网络系统等技术手段，实现信息模型的高效管理以及与物理实体的无障碍交互。有的学者将其命名为"建筑信息物理交互系统"（BIPIS）。一方面，它打破建筑项目各参与方在全寿命周期的信息传递障碍，实现建筑信息实时、准确高效的交互协同；另一方面，它有助于形成大数据基础，进一步向大数据管理发展，并通过机器交互来实现建筑全过程的智慧化、弹性化、自治化。

该系统的最终目的是实现建筑全过程中信息世界和物理世界的有机融合，作为一种新型智慧系统，具有如下特点：实时性强、通信能力强、自治性高、异构性好、容错性强。

建筑设计信息物理交互系统在建筑业还属于新兴的技术手段，仅个别企业和高校开展了相应的研究工作，归纳起来，现阶段的重点研究方向有接口标准、系统建设和应用三个方面。

14.2 不同智慧建造方式下的工程项目管理创新

14.2.1 精益建造方式与工程项目管理创新

1. 精益建造方式对建筑产业现代化的推进作用

精益建造是在建筑业中应用精益理念及其技术手段，比较制造业与建筑业的不同，注重"精益思想"与建筑业的实际结合，以便实现浪费最小化，同时为客户创造最大的价值。建筑业与制造业的各个方面都有着很大的不同，要想对项目的全寿命周期进行管理控制，达到项目预期目标，精益理念及其技术手段必须与建筑业融合。精益建造是以 TFV（Transfer，转换；Flow，流动；Value，价值）理论以及精益生产的原则为基础，通过准时生产制度

（JIT）、全面质量管理（TQM）、并行工程（CE）、末位计划系统（LPS）等应用技术，达到浪费最小化和客户价值最大化。其理论及技术框架如图14-1所示。

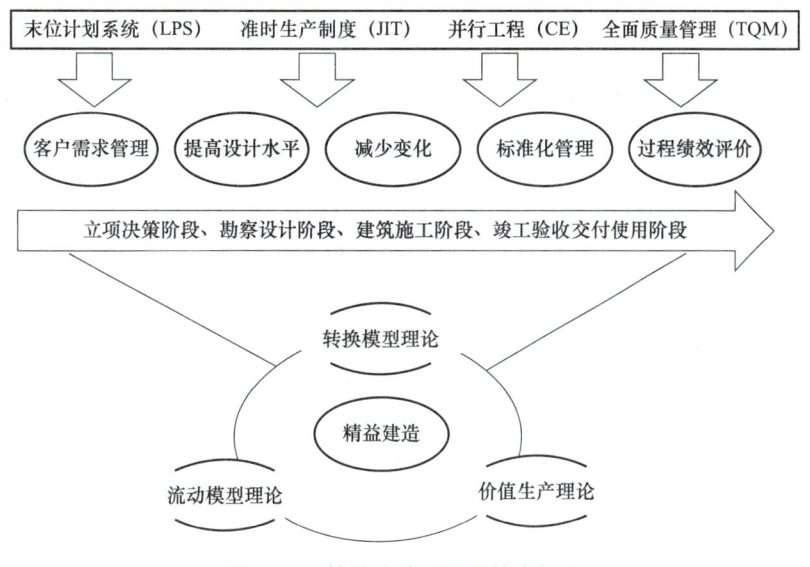

图14-1 精益建造理论及技术框架

TVF理论是精益建造的基础理论。转换理论模型是将整个生产过程看作是原材料经过一定的时间、空间的变化，转换为半成品，最终转换为产品，主要为了消除浪费；流动理论模型认为在整个生产过程中包括信息和物的流动，流动过程通过反馈系统使之达到预期目标，主要提高转换效率，同时减少不增值活动；价值生产理论是以顾客为中心，在产品设计阶段，就把顾客的各项需求最大化考虑进去，主要实现顾客价值最大化。精益建造具有如下管理特点：客户需求管理、设计模式革新、减少可变性提高绩效、标准化管理、项目过程绩效评价。

2. 精益建造的技术体系

（1）并行工程。并行工程（Concurrent Engineering，CE）是指将产品生产的各个阶段工作并行，即设计、制造以及其他生产过程并行实施，在产品的设计阶段将全寿命周期内的生产因素考虑进去，目的是缩短产品开发周期，降低产品成本，提高产品的质量。应用于建筑业的并行工程主要是指设计施工一体化的建造模式。并行工程要求在项目的投资策划阶段对顾客的需求进行全面分析，在设计阶段充分考虑顾客的需求和施工可建造性，力求实现顾客价值最大化，减少由于设计不合理而返工所造成的浪费。并行工程对建造过程组织结构形式和信息共享提出了更高的要求，因此并行工程技术的实施必须建立在一个扁平化的组织和高效的信息共享平台的基础上。

（2）价值工程。价值工程（Value Engineering，VE），是指以产品或作业的功能分析为核心，以提高产品或作业的价值为目的，力求以最低寿命周期成本实现产品或作业使用所要求的必要功能的一项有组织的创造性活动，有些人也称其为功能成本分析。由于工程项目投资一般都比较大，开展价值工程活动所产生的经济效益也是十分巨大的。所以在工程项目中推广价值工程活动前景十分广阔。在项目的设计阶段、招投标阶段、施工阶段以及项目建成投产阶段都可以开展价值工程活动。并且，研究和实践经验证明，尽管在项目实施和运营的全寿命过程中都可以进行价值工程研究，但是就其效益和效果来说，价值工程研究越早越好。

（3）末位计划者方法。计划是为了确定项目目标标准。控制是当施工过程与计划有所偏差时，进行研究并重新计划。精益建造采用循环的计划控制体系来进行生产，强调计划和控制同时并循环出现。建筑产品生产过程是动态的，建造系统非常复杂，计划与控制并行可以提高施工的可靠性，减少浪费。末位计划者技术通过工作流上最后施工作业人员来拉动计划的制订，运用长期计划和短期计划相结合来共同控制工作的完成，可以有效地缩短施工作业人员等待作业的时间，增加工作流的可靠性与稳定性，是精益建造的核心技术。

末位计划者方法通常包含三层计划：面向项目的主控计划，面向工序的周计划以及面向阶段的前瞻性计划。三者相互结合，相辅相成，可以最大限度地减少计划的不确定性，充分调动参与项目的上层计划者至底层操作者的积极性，减少项目执行过程中的变化，保证工作流的稳定性。末位计划者方法的实施步骤如图14-2所示。

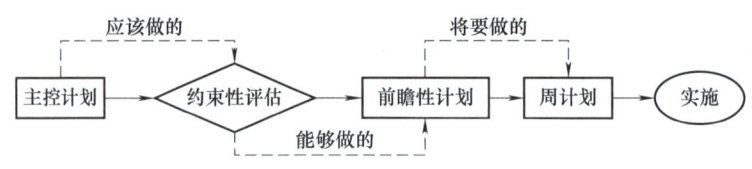

图14-2　末位计划者方法的实施步骤

（4）6S现场管理。6S指整理、整顿、清扫、清洁、素养及安全，是一种生产现场中对人员、机器、材料、环境等生产要素进行有效管理的方法。通过对现场的不断整理、整顿、清扫、清洁，使管理人员和施工作业人员养成良好习惯，最终达成全员品质的提升，体现了企业管理中"以人为本"思想。6S现场管理的推行步骤如图14-3所示，其实施过程是一个提出问题、分析问题、解决问题的闭合循环。以前期决策阶段的目标为导向，实施阶段为主要环节，其中培训主要以说明和教育为主，结合课程向全体人员解释说明实施6S管理的必要性以及相应的内容。考核与纠偏阶段必须以科学、可操作的考核标准为依据，是提高管理水平的基础。

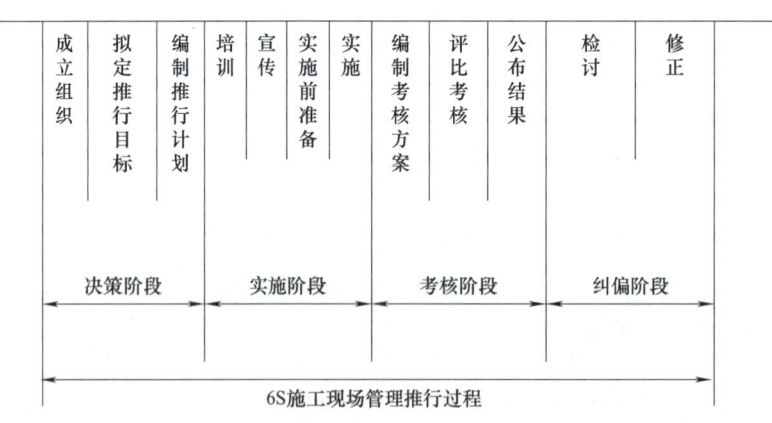

图14-3　6S现场管理的推行步骤

（5）看板管理。看板管理是一种可视化管理模式，可以将施工过程各种信息简洁明了地传递给信息接收者。其实质是一种传递信息的载体，即将与施工项目和施工工序有关的信息通过看板传递给施工作业人员和现场管理人员。看板可以实现对施工过程的事前和事后控制，实现信息的快速传递，显著提升建筑生产效率和管理水平，尤其是在流水施工作业过程中，这种优势更加明显。施工现场的看板包括总看板、阶段看板、周看板、工序看板。不同类型的看板需要根据项目的进展情况进行变更。通常总看板会展示项目的总体概况信息，一般不会变更。阶段看板每月更新一次，主要展示项目阶段的进度、成本、质量信息。周看板会展示近一周的进度、成本、质量等信息，同时也会展示下周施工目标。工序看板随着施工工序变化而灵活变化，主要展示施工指令、关键技术操作指令、工序物料信息等。

目前，施工现场的看板不仅包括实物看板，还可以采用电子信息技术将看板信息置于电子设备中，管理人员可以通过现场预先设置的二维码获取施工信息。

（6）TPM设备保全。建立良好的设备保全方式是实施精益建设的重要基础。TPM设备保全是指在施工过程中树立全方位的设备维护观念，同时全员参与设备保护。全方位预防维护和设备保全分担是TPM设备保全的核心。全方位预防维护观念要求做好定期保全、预知保全、事后保全、改良保全。设备保全分担要求不仅仅是机械管理部门要做好设备的保养维护，施工作业部的操作人员也需要参与设备的维护。实践表明，对一线作业人员进行一定的教育培训，可以事先排除大部分设备故障，从而减少等待作业的时间，降低施工项目成本，减少安全事故的发生。

除了以上常用的辅助技术外，精益建造辅助技术还有模块化建设、标准化作业流程等。模块化建设方法是指在建筑生产过程中将建筑物分成若干可以组装的模块，尽可能地减少施工现场的湿作业，现场主要完成各模块的组装，这样可以简化建设过程，降低成本，提高生产率，降低安全事故发生率，缩短工期。标准化作业流程是指对于施工过程中重复的作业活动建立标准化操作规程，如施工作业方法及顺序，完成每项施工作业所需的合理时间，每项施工作业活动所需的机械设备以及材料库存要求等。

3. 精益建造与项目管理创新

（1）基于精益建造的工程项目成本管理创新。基于精益建造的工程项目成本管理重点考虑工程项目质量目标、工期目标、安全目标、环境保护目标和技术创新目标等对成本的影响，采用一定技术手段减少这些目标对成本的影响，实现质量、工期、安全、环境保护、技术创新与成本的最佳组合模式。

1）基于精益建造的工程项目成本管理的特征。精益成本管理具有成本管理目标的全局性、多主体参与成本管理、多目标集成管理、面向工程项目全寿命期和以精益建造方法为技术基础五个特征。

2）基于精益建造的工程项目成本管理的模式。工程项目精益成本管理关系到各个相关方的利益，是一个整体，需要在各参与方的共同努力下才能更好地发挥作用，因此需要建设单位、设计单位、监理单位、总承包商、分包商、供应商及其他涉及的单位组成一个跨功能团队，形成精益成本管理的组织体系。所有参与单位建立长期稳定、相互信任的密切伙伴关系，来实现系统的最佳运行。

精益建造模式建立信息共享平台，一方面可以使各个参与方及时准确获取关于施工项目的信息，确保成本管理工作有效进行，另一方面有利于项目部对已经发生的成本进行核算，及时调整费用偏差。精益成本管理信息平台与精益建造方法体系共同构成实施精益成本管理的支撑体系。

精益成本管理必须在精益思想的指导下，运用精益建造方法对工程项目成本进行精益预测、精益计划、精益控制、精益核算和精益考核，才能实现对成本的有效控制。

3）基于精益建造的工程项目成本管理的优势。第一基于精益建造的工程项目成本管理模式以丰富的精益建造技术作为其支撑体系，可以帮助企业实现对成本的精益预测、精益计划、精益控制、精益核算和精益考核。第二基于精益建造的工程项目成本管理模式建立了精益成本管理信息平台，使所有参与项目建设的单位通过该平台及时准确地获取成本管理相关信息，及时发现成本管理中的问题，并对成本管理问题进行交流，确保成本管理工作的有效进行。第三基于精益建造的工程项目成本管理模式中组成精益组织的所有参与单位在项目寿命期的早期阶段均介入成本目标的制定，并且在项目的实施过程中一起致力于项目成本控制活动，形成相互信任、风险共担的利益共同体，更有助于成本的控制。

（2）基于精益建造的工程项目进度管理创新。

1）基于精益建造的工程项目计划与流程控制。精益建造实现施工现场流程控制的主要手段就是"看板管理"和"拉式"生产模式。所谓拉式生产模式，就是对施工过程中的各个工序，每个工序所需要加工（生产）的产品（工件）数量要根据与其相邻的下一个工序所需求的产品（工件）的数量来决定，某个工序的需求决定了与之相邻的上一个工序的生产，这样依次推之，决定最终的生产量。而看板管理通过类似卡片等的传递工具在施工工序内或是施工工序间进行信息、物料的流动指示，起到了工序之间信息传递的作用，它连接着施工过程中不同的相邻工序。这样，施工项目通过"看板"的方式，逐步分解到每一个施工工序，相应工序的人员根据看板能够知道工序所需的各项资源量（也包括前道工序生产量）及该工序生产量，能有效避免产能过剩、多次无效搬运，通过这种信息的传递，达到精益的目的。由此"看板"就起到了对施工过程的计划与控制的作用。

在建筑施工管理中的各种计划实际上也是一种信息传递的工具，计划的生成需要以外在或内在的各种信息为基础，长期计划笼统地规定了生成过程的基本约束，短期计划则详细加入了各种因素的临时变动，随时指导建筑施工过程的进度控制、成本控制等，因此各种计划，尤其是各种短期计划，实质上担当了精益生产中"看板"的角色。

2）基于精益建造的工程项目计划的任务与层次。在建筑产品的生产过程中（尤其是在其施工中），由于受各种外界因素的制约，通常会发生变更。但要有效地管理可能会发生的变更，依靠传统的长期计划很难实现。基于精益建造的工程项目计划的基本任务就是为施工过程中的控制提供一系列的基准数据和要求。精益化施工项目进度计划是有层次的，对应于组织中的三个层次，即战略层、管理层和运作层，可以产生三个层次的计划，即战略计划、管理计划和作业计划。根据各个层次所在组织中的位置，所产生的计划的属性也有所区别。战略计划会过多地着眼于宏观，管理计划和作业计划则可能会更多地关注具体工作的执行；在运作层上，可以更有效地做到控制与突破有效结合。

3）基于精益建造的工程项目进度计划方法。最后计划者（Last Planner，LP）方法是精益化施工项目进度计划控制的主要方法。LP就是尽量将计划做到最底层，从而彻底改变从上到下的计划方法，如图14-4所示。

在公司的不同组织层次上，计划者所面向的计划对象不同。在最后计划者（LP）的层次上，计划者要面向基本的作业。在公司内部，为完成（或达到）其公司目标，需要将其整个目标按照公司层次，在每个层次上都制订相应的计划。

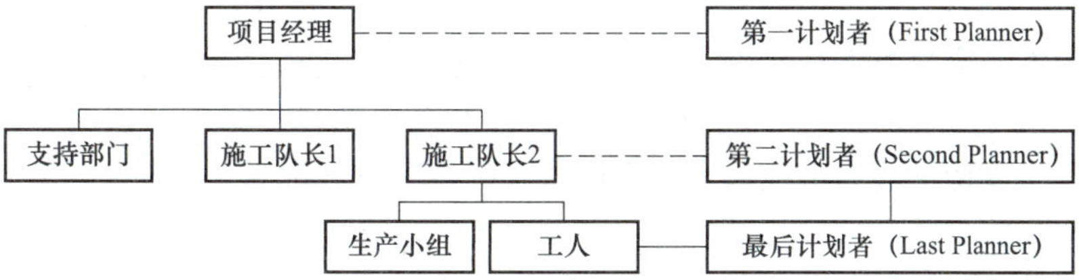

图 14-4 LP 示意图

LP 方法是基于一种对组织的合理分解基础之上的，它需要结合 WBS 中对工作的分解。在 LP 计划系统中，组织中最终计划的制订者需要正好面向 WBS 中的最底端的工作包。因此，WBS 与 OBS（组织分解）的有效对应是实现 LP 的基础工作。

(3) 基于精益建造的工程项目质量管理创新。

1) 基于精益建造的工程项目质量管理内涵。基于精益建造的工程项目质量管理就是结合工程项目的特点，把精益思想应用到工程项目质量管理中，在建筑产品生产过程中消除浪费，创造价值，以此来不断地改善建筑工程项目质量的管理过程。精益建造质量管理认为施工项目的质量是通过设计施工过程等建造出来的而不是通过外部的监督检查来实现的。工程项目部尽可能少设专职的质量检查员，把保证工程项目质量职能转移到操作员，尽可能实行各主体工序、辅助工序和各工艺工序的质量控制。

2) 基于精益建造的工程项目质量管理特征。

① 以客户为中心的质量经营观。精益质量管理强调以客户为中心的质量经营观，要求从产品质量的策划、功能设计、生产制造到交付整个过程都站在客户的角度去思考产品的价值。只有产品质量为客户所认可和接受，针对质量管理和作业的过程中所采取的各项活动才是有用功。

② 基于价值流观点的质量管理流程。精益建造思想将价值流上的活动分为增值活动、必要的非增值活动、不必要的非增值活动三类。基于价值流的观点重新构建质量管理流程，保持和提高增益活动的效率，同时努力消除不增值活动，有助于提高质量管理的效率。

③ 持续改进。在质量管理的过程中，每次发现问题都要进行深入分析，提出改进措施以及新的操作标准，不但可以提升质量管理的效率还可以促进整个企业持有精益求精的精神，长期指导全体员工自觉、习惯性地持续改进工作方式。

(4) 基于精益建造的工程项目安全管理创新。

1) 基于精益建造的工程项目安全管理内涵。施工项目精益化安全管理是将精益建造思想和精益建造辅助技术工具应用到施工项目安全管理中，是建立在现有的安全管理体系的基础之上并与之有机地融合的一种安全管理创新模式。施工项目精益化安全生产管理创新模式把非增值活动定义为浪费，产生非增值活动的行为或者状态即为浪费源，施工现场存在着许多浪费源，安全隐患寄生在这些浪费源中，使安全隐患的存在具有隐蔽性和不可预知性。通过在施工过程中合理地应用精益管理思想和管理方法对传统的施工过程进行优化管理，可以减少现场杂乱和施工人员闲散等现象的发生，使其能够更好地预防安全隐患，并且有效地改进以往安全管理的不足。在保证工程项目施工正常的情况下，分清增值活动和非增值活动，对增值活动进行重点管理，对协调增值的必要工作进行精简，从而提高工作效率，使增值活动更为完善，进而减少安全隐患的寄生源。

2) 基于精益建造的工程项目安全管理模式。基于精益建造的工程项目安全管理应该始终坚持以人为本、全员参与、持续改进以及标准化管理的精益安全生产管理原则，同时将5S现场管理、最后计划者技术、可视化管理、标准操作规程及团队合作法等精益建造技术作为方法手段，期望形成施工项目安全生产管理的持续改进机制，并使安全管理的水平不断提升，最终达到施工项目"零事故"的效果。

3) 基于精益建造的工程项目安全管理原则。

① 以人为本。建立以人为本的精益安全文化，尊重员工在项目安全管理中的重要作用，形成支撑员工与企业生命的一种精神力量，培养员工精益求精、尽善尽美的精神，提升面对应急事件处置时的快速反应能力。

② 全员参与。施工项目精益安全生产管理要求项目的全体成员在项目实施的全过程中参与到安全管理的各个方面中。项目部全体员工从上层的项目经理、一直到施工现场操作工人都有义务和责任参与安全生产管理活动中，而且应该根据不同的职务承担不同的安全管理职责，每个员工都应该具有高度的责任感。

③ 持续改进。持续改进作为精益安全生产管理模式的精髓，旨在通过精益管理中的"工作标准"到"标准工作"的持续交替过程，不断解决施工过程中出现的安全问题，优化安全生产管理流程，从而提升项目安全管理水平，达到持续改进的目标。

④ 标准化管理。精益安全生产管理坚持以标准化管理为原则，一方面通过制定标准化的管理流程，不断修订和完善应急预案，可以在发生安全事故时提升管理人员的应急处理能力；另一方面通过实施作业标准化，使施工人员执行标准化的作业和使用机械设备时执行标准化的规程，可以减少安全隐患，降低安全事故发生的频率。

4) 基于精益建造的工程项目安全管理模式的运行。结合精益建造模式下的安全生产管理的内涵以及构建的精益建造体系下的安全管理创新模式，从施工工序连续性、施工现场动态性、施工环境的不确定性以及建筑工程并行集成的三个域，即执行域、支撑域和管理域，来运行精益安全生产管理创新模式。执行域是对施工过程的集成，应用现场管理的各种方法对与安全相关的所有人力、物资、设备的安排、定位、开始（结束）时间的分配过程进行集成。支撑域主要是指运行精益安全生产管理的精益组织体系、安全管理团队以及安全生产管理制度。管理域是对执行域进行有效的监督和管理。通过对人员的集成，减少事故发生，对与安全相关的人员进行集成，筛选符合要求的人员。

14.2.2 装配化建造方式下的工程项目管理创新

1. 与装配化建造方式相适应的产业链体系

装配化建造方式是采用系统化设计、模块化拆分、工业化制造、现场化装配的建造模式，在建造过程中能将社会化大生产的产业组织模式、制造业的生产方式和信息技术加以融合，对建筑设计—主体施工—专用设备供应—部品部件生产—设备管线安装等环节的集成化提出了较高的要求，必将影响目前建筑产业的组织方式、结构体系、技术创新、产品质量和市场定位。产业链的合理构建与完善是推动建筑工业化的前提，装配化建造方式的产业链是以各个利益相关单位为载体，服务于装配式建筑的一条动态增值链条，该链条上的上中下游企业利润共享、风险共担、互相影响、互相依存。产业链组织方式不合理、集成化程度低是造成装配式建筑成本过高、推广不力的重要原因。

装配化混凝土建筑产业链包括房地产企业、规划设计单位、预制构件加工企业和施工企业四大内部主体，以及政府和技术研究机构两大外部主体。新型装配化建筑产业链对产业链上各参与方的集成度和协同度要求更高，需要各参与方的有机协调。首先由规划设计单位根据现行的装配式建筑设计标准进行建模，然后建材商根据建筑产品的设计要求提供原材料，预制构件加工厂则根据规划设计单位提供的构件模型投入原材料以工厂化方式大规模生产预制构件，中间委托物流公司根据现场施工进度和预制构件加工厂构件生产进度进行预制构件的运输，施工企业通过高度机械化的施工工艺完成现场预制构件的装配来完成建筑的施工，最后由专业服务团队完善产品的销售运营管理等。各个参与企业通过共同培育集开发、产品策划、规划、科研、设计、构配件生产、新型建材与产品制造、建筑工程总承包、装饰装修、物业运营管理于一体的项目协同平台，调整产业结构，整合工业化设计、构件及部品生产制造、装配施工、全过程信息管理的全产业链资源，带动上下游企业共同参与，形成"一条龙"式的建筑项目管理模式，形成完善的产业链，促进装配式建筑的良性发展。

建造产业链市场主体在项目各阶段有不同的协作模式。在项目开发准备阶段，装配式建筑建设单位在整个产业链中起着引领性作用，对建筑的类型、规模、建设方案等进行协调管理，明确不同主体所应承担的协作责任，同时促使不同主体间建立有效的信息沟通平台，改变传统建筑模式中多方主体信息资源难以整合利用的状态，以解决主体间内部协作动力不足的问题。在整个装配式建筑生命周期中，项目设计阶段起着至关重要的作用。传统建筑设计模式是面向现场施工的，很多问题到施工阶段才能暴露出来，而装配式建筑则将施工阶段的问题提前至设计、生产阶段解决，将设计由面向现场施工，转变为面向工厂加工和现场装配。在这一阶段，设计单位需要充分考虑到下游主体的工厂化生产、装配化施工、一体化装修，通过与生产企业、施工企业、装修企业的密切配合，构建贯彻项目全寿命周期的信息平台，为下游主体的项目建设提供技术平台与信息支持。

在部品部件生产阶段，生产企业通过设计单位建立的标准化部品部件库，开展规模化生产作业。在协作模式中，生产企业需将生产的部品部件嵌入 RFID（射频识别）标签，并将 RFID 标签中的信息传输到 BIM 系统中进行判断和处理，以便于产业链下游主体安排构件运输的顺序、车次、路线，并协助施工企业合理安排施工顺序。生产企业再根据现场反馈来的施工进度信息调整部品部件生产计划。通过与施工企业间的信息沟通与协作，生产企业将调整生产计划的信息通过 BIM 系统传递给施工现场，实现信息共享，推动工程顺利进行。

在项目施工阶段，施工企业根据前期设计单位在信息系统中提供的设计方案，进行部品部件的装配化施工。项目施工前，施工企业通过 RFID 与 BIM 系统提取标准化的部品部件信息、设计方案信息、生产进度等信息，并将现场的部品部件信息及时反馈至设计单位、生产企业。在施工过程中，施工企业运用信息技术建立项目仿真动态模型，模拟装配化施工，同时录入项目进展实时信息，对建模仿真与施工过程中出现的问题，通过信息共享平台反馈给建设单位、设计单位、生产企业等相关方，以便于多主体共同协作解决装配施工中所产生的问题。

项目运营维护阶段处于产业链的末端，物业运营企业根据设计单位建立的部品部件标准库、生产企业嵌入的数字标签信息、施工企业建立的仿真模型和建造信息等，利用物联网终端设备进行数据分析和处理，实时掌握建筑物中所有构件和各种设备的运行情况，发现和处理损坏的建筑构件。在运营维护过程中，运营企业通过物业管理系统监测建筑物使用和维护情况，并将上述信息通过互联网传至共享数据库，为后期建筑物改扩建，提供必要的信息。

2. 与装配化建造方式相适应的 EPC 组织模式

装配化建筑全产业链的建造活动是一项复杂的系统工程，需要系统化的工程项目管理模式与之相匹配。EPC（Engineering Procurement Construction）工程总承包管理模式是现阶段推进建筑产业现代化、发展装配式建筑的有效途径，可以有效推进建筑行业的升级转型，促进建筑产业现代化、专业化、集成化的发展，推动建立科学完善、合理高效的项目管理综合体系，建立先进的技术体系和高效的管理体系，打通产业链壁垒，实现产业链集成，有效解决建筑行业目前存在的各阶段间、各专业间、技术与管理间衔接困难等众多问题，将工程建设的全过程联结为一体化的完整产业链，实现技术体系与管理模式相适应、全产业链上资源优化配置、整体成本最低化，进而解决工程建设切块分割、碎片化管理的问题。

将 EPC 模式应用于装配式建筑，特点是以构件的加工和安装代替采购阶段，并纳入设计阶段，通过有效连接前期设计与现场施工，使施工单位配合支持前期设计，以保证设计结果与现场要求高度契合，以此降低施工成本和资源消耗。

EPC 模式与装配式建筑技术相结合的优势明显，具体可以在项目组织结构、设计优化与资源整合、工期控制、成本控制和专业化管理等方面得到体现。

EPC 模式有助于实现装配化建筑系统化。装配式建筑一般由建筑、结构、机电、装修 4 个子系统组成，这 4 个子系统既是一个完整独立存在的系统，又共同构成一个完整系统。EPC 工程总承包管理的优势正在于系统性的管理。EPC 模式通过全过程多专业的技术策划与优化，在产品的设计阶段，即开始统筹分析建筑、结构、机电、装修各子系统的制造和装配环节，将各阶段、各专业技术和管理信息前置化，进行全过程系统性策划，设计出模数化协调、标准化接口、精细化预留预埋的系统性装配式建筑产品，实现产品标准化、制造工艺标准化、装配工艺标准化、配套工装系统标准化、管理流程标准化，实现设计、加工、装配一体化，满足一体化、系统化的设计、制造、装配要求，实现规模化制造和高效精益化装配，便于规模化制造和现场高效精细化装配，发挥装配式建筑的综合优势。

EPC 有助于促进装配式建筑的技术创新。装配式建筑是设计、制造、装配的系统集成，只有各系统之间深度协同融合才能发挥装配式建筑的整体优势。EPC 模式有利于建筑、结构、机电、装修一体化，设计、制造、装配一体化，从而实现装配式建筑的系统集成，以整体项目的效益为目标，明确集成技术研发方向，避免只从局部某一环节研究单一技术（如设计只研究设计技术、生产只研究加工技术、现场只研究装配技术），从而导致创新技术融合度低的问题。系统化的技术创新和技术集成，更加便于新技术落地应用，发挥技术体系优势。在 EPC 工程总承包管理实践过程中，应不断优化提升技术体系的先进性、系统性和科学性，实现技术与管理创新相辅相成的协同发展，从而提高建造效益。

EPC 与装配式建筑的结合有助于缩短工程建造工期。EPC 模式下，设计、制造、装配、采购的不同环节形成合理穿插、深度融合。传统项目管理模式采用的是设计方案确定后才开始启动采购方案、制定建造方案、制定装配方案的工作顺序，EPC 将这种线性作业转变为叠加型、融合性作业，经过总体策划，在设计阶段就开始制定采购方案、生产方案、装配方案等，使得后续工作前置交融，进而大幅度节约工期。EPC 模式下，装配式建筑现场施工分为工厂制造和现场装配两个板块，可以实现将原来同一现场空间的交叉性流水作业，转变成工厂和现场两个空间的部分同步作业和流水性装配作业，缩短了整体建造时间。EPC 模式下，各方工作均在统一的管控体系内开展，信息集中共享，规避了沟通不流畅的问题，减少了沟通协调工作量和时间，从而节约工期。

EPC 模式应用于装配化建造还将降低工程建造成本。工程材料成本在项目的成本构成中占有很大的比例，因此项目采购环节的成本降低具有十分重要意义。EPC 模式下，工业化建造将实现精细化、专业化、规模化、社会化的大生产，材料、部品的成本将趋于合理、透明，并限定在合理的市场化范围内；龙头企业与相关部件生产企业、分包企业间的长期战略性合作，将会进一步减少采购成本。EPC 模式能够实现设计、制造、装配、采购几个环节合理交叉、深度融合。EPC 模式中的"采购"不仅是为项目投入建造所需的系列材料、部品采购、分包商采购等，还包括系统性地分析工程项目建造资源需求，在设计阶段，就确定工程项目建造全过程中物料、部品件和分包供应商。随着深化设计的不断推进和技术策划的深入，EPC 模式中的"采购"可以更加精准地确定不同阶段的采购内容和采购数量等。由分批、分次、临时性、无序性的采购转变为精准化、规模化的集中采购，这可以实现分包商或材料商的合理化、规模化的有序生产，减少应急性集中生产成本、物料库存成本以及相关的间接成本，从而降低工程项目整体物料资源的采购成本。此外，EPC 模式下，在总承包方的统一协调、把控下，将各参建方的目标统一到项目整体目标中，以整体成本最低为目标，优化配置各方资源，实现设计、制造、装配资源的有效整合和节省，从而降低成本，避免了以往传统管理模式下，设计方、制造方、装配方各自利益诉求不同，都以各自利益最大化为目标，没有站在工程整体效益角度去实施，导致工程整体成本增加、效益降低的弊端。采用 EPC 模式的装配式建造将实现人工的节约，进一步降低建造过程中的人工成本和间接成本。

EPC 模式有助于实现工程建造精益化管理。EPC 模式下，工程总承包方对工程质量、安全、进度、效益负总责，在管理机制上保障了质量、安全管理体系的全覆盖和各方主体质量、安全责任的严格落实。EPC 工程总承包管理的组织化、系统化特征，保证了建筑、结构、机电、装修的一体化和设计、制造、装配的一体化。一体化的质量和安全控制体系，保证了制定体系的严谨性和质量安全责任的可追溯性；一体化的技术体系和管理体系也避免了工程建设过程中的"错漏碰缺"，有助于实现精益化、精细化作业。EPC 模式下的装配式建造，在设计阶段就系统考虑分析制造、装配的流程和质量控制点，制造、装配过程中支撑、吊装等细节，从设计开始规避质量和安全的风险点；通过工厂化的制造和现场机械化的作业大量替代人工手工作业，大大提高了制造、装配品质，减少并规避了人工技能的差异所带来的作业质量差异，以及由此产生产品质量下降和安全隐患的问题，从而全面提升工程质量、确保安全生产。

在项目管理不同阶段，EPC 模式与装配化建造过程融合应当有不同的关注点。

在设计阶段，EPC 总承包模式与装配式建筑的结合主要应当关注后续工作对设计优化的需求，发挥装配式结构的预制化和 EPC 模式全过程管理的优势。设计师在 BIM 框架下进行协同设计，预制厂通过预制构件信息进行分析，对设计提出模块的优化建议，施工工程师则从施工方案、工艺的角度对设计模型进行分析，提出可行性反馈。

在设计阶段，总承包商需要以集成管理的思维统筹考虑设计与采购、施工的相互关系，通过保证各流程的工作有效衔接，加强项目信息管理及信息化技术的应用，以缩短采购周期、降低采购成本、提高采购质量。在采购阶段，EPC 模式与装配式建筑的结合需要总承包商将采购工作向设计、施工阶段前后延伸,发挥采购集成管理作用,保证项目管理目标的实现。在施工阶段,装配式建筑施工的主要难点体现在对构件进行吊装的过程,其对吊装机械、定位和固定连接的要求较高,因此该阶段项目管理的重点是各专业之间的协调配合,及时有效地处理可能出现的各类问题。在施工策划阶段,设计单位可以通过 BIM 进行施工仿真与模拟,进行预装配,明确构件的安装流程、顺序与工艺要求,为施工交底提供便利。通过施工模拟,可以提前发现并解决可能出现的问题,同时为施工场地布置等提供参考。在原材料供应中,施工单位应当提前进行需求预测,结合工程的实际情况,与采购人员进行衔接。在施工过程中,首先应当与设计、构件供应商对构件的质量、尺寸等做最后的确定,争取一次吊装成功,避免出现返工等现象。

3. 信息技术推动装配化建造项目管理创新

全过程信息化应用是装配式建筑的一大特征,信息技术是推动从构件生产方式到装饰装修一体化建造方式的重要工具和手段。为实现"设计、生产、装配一体化",通过现代化的信息技术,建立信息化管理平台,实现项目各参与方基于信息共享的深度协同,是装配化建造方式成功的重要因素。

装配化建筑信息技术平台应当是融合多种技术、多方主体信息的平台。要实现装配式建筑价值最大化,就要求纵向主体间协同化作业,使节点主体能够对整个产业发展起到推动作用。但主体间协同作业往往面临多重障碍,如追求个体利益最大化、忽视整体利益、主体间业务衔接度差、建设单位协调能力不足等传统建筑产业链存在的问题,同时也存在着有别于传统建筑产业链的障碍,如主体间协作的驱动力不足、部品部件标准体系未完善、参与主体多,尤其是部品部件生产企业环节的新增,对整个产业提出更高的集成化作业要求,协作过程更加复杂。为解决产业链参与主体协同作业所面临的问题,需将信息技术应用于产业链协同和项目管理中,将三大技术,即 BIM 技术、RFID 技术、物联网技术结合应用于多方主体信息平台的搭建,改变以往信息技术单一的应用模式,确保协作能够有效运行。通过 BIM 技术可以很好地解决主体间信息沟通平台缺乏的问题,为多方主体的资源整合,尤其是信息资源的整合提供合适的技术平台;RFID 技术的应用,使生产企业对部品部件产品的管理更加精细化,同时与 BIM 平台、物联网结合应用,为下游主体提供产品信息、生产信息、存储信息,有效提升主体间业务的衔接度;通过物联网技术,将后期的运营管理纳入产业链核心环节,以更智能化、精细化的管理改变过去粗放式的运营管理。

装配化建筑项目组织模式为信息技术在项目管理中的深度应用创造了条件。BIM 为代表的信息技术的优势在于对装配式建筑全过程的海量信息进行系统集成,对装配式建筑建设全过程进行指导和服务。其应用的前提条件,就是要在统一的信息管理平台上,集成各专业软件和标准化接口,保证信息共享,实现协同工作。EPC 模式可以很好地发挥这类信息技术的"全过程应用信息共享"的优势,提升建造品质和效益。在 EPC 模式下,各参与方形成一个统一的有机整体,设计各专业之间、制造、装配各专业之间、设计与制造、装配之间数据信息共享、协同并进行设计和管理。EPC 模式利于建立企业级装配式建筑设计、制造、装配一体化的信息化管理平台,形成对装配式建筑一体化发展的支撑。实现建筑业信息化与工业化的深度融合,深入推进信息化技术在装配式建筑中的应用。

在 EPC 总承包模式下,装配化建筑对信息技术的应用,可以通过总承包单位在设计环节建立装配式建筑信息平台,使项目各参与方在设计、生产、施工等阶段都在同一个平台上进行协同工作和数据处理，有利于优化设计、减少变更和提高装配效率。设计单位运用BIM技术，可以设计二维图纸和三维图纸，便于工人现场施工，还可以通过碰撞检查，提高设计的准确性，减少设计变更，减少后期现场预埋件和钢筋的安装错误；预制构件厂提高工业化程度，可以减少资源的消耗，提高构件的精确度，使得构件部品能够批量生产；施工企业可以利用信息模拟技术进行施工模拟，减少不必要的经济损失和工期延误，并且现场实现高度机械化装配。各参与方运用BIM、RFID、物联网技术建立信息平台，提高信息传递正确率，提高项目管理效率，减少质量事故、安全事故和索赔纠纷。

思 考 题

1. 举例说明主要的智慧建造技术。
2. 简述精益建造方式对建筑产业现代化的推进作用。
3. 简述基于精益建造的工程项目成本管理模式。
4. 简述基于精益建造的工程项目成本管理的优势。
5. 简述基于精益建造的工程项目计划任务与层次。
6. 简述基于精益建造的工程项目质量管理内涵。
7. 简述基于精益建造的工程项目质量管理特征。
8. 简述基于精益建造的工程项目安全管理内涵。
9. 简述基于精益建造的工程项目安全管理原则。
10. 为什么说EPC模式有助于实现工程建造精益化管理？

二维码形式客观题

手机微信扫描二维码，可自行做客观题，提交后可查看答案。

参 考 文 献

[1] 杨晓庄. 工程项目管理 [M]. 3版. 武汉：华中科技大学出版社，2018.
[2] 张建新，杜亚丽，鞠蕾，等. 工程项目管理 [M]. 3版. 北京：清华大学出版社，2019.
[3] 曹明. 建设工程项目管理 [M]. 北京：清华大学出版社，2019.
[4] 刘伊生. 建设工程项目管理理论与实务 [M]. 2版. 北京：中国建筑工业出版社，2018.
[5] 封金财. 建设工程项目管理 [M]. 北京：中国建筑工业出版社，2018.
[6] 王卓甫，王文顺. 工程项目管理原理 [M]. 北京：机械工业出版社，2019.
[7] 侯祥朝. 工程项目管理案例教学 [M]. 北京：清华大学出版社，2020.
[8] 杨晓林. 工程项目管理 [M]. 北京：机械工业出版社，2021.
[9] 黄琨，张坚. 工程项目管理 [M]. 北京：清华大学出版社，2019.
[10] 杨毅刚，王泉，苏涛，等. 设计开发流程与工程项目管理的原理及运用 [M]. 北京：人民邮电出版社，2021.
[11] 项勇，卢立宇，徐姣姣. 现代工程项目管理 [M]. 北京：机械工业出版社，2020.
[12] 杨嘉玲，张宇帆. 施工项目成本管理 [M]. 北京：机械工业出版社，2020.
[13] 徐霞，叶彩霞. 工程项目管理 [M]. 北京：清华大学出版社，2021.
[14] 刘泽俊，周杰. 工程项目管理 [M]. 南京：东南大学出版社，2019.
[15] 邓铁军. 工程建设项目管理 [M]. 武汉：武汉理工大学出版社，2018.
[16] 彭麟. 工程招投标与合同管理 [M]. 武汉：华中科技大学出版社，2018.
[17] 廖劲松，邢霖. 建筑工程项目管理 [M]. 天津：天津大学出版社，2020.
[18] 胡英盛. 建筑工程项目施工管理 [M]. 北京：中国林业出版社，2018.
[19] 张伟. 工程项目管理 [M]. 武汉：华中科技大学出版社，2020.
[20] 陈云钢. 工程项目管理 [M]. 北京：机械工业出版社，2018.
[21] 中华人民共和国住房和城乡建设部. 建筑工程施工质量验收统一标准：GB 50300—2013 [S]. 北京：中国建筑工业出版社，2014.
[22] 中华人民共和国住房和城乡建设部. 工程建设施工企业质量管理规范：GB/T 50430—2017 [S]. 北京：中国建筑工业出版社，2017.
[23] 中华人民共和国住房和城乡建设部. 装配式建筑评价标准：GB/T 51129—2017 [S]. 北京：中国建筑工业出版社，2018.
[24] 中华人民共和国住房和城乡建设部. 建筑信息模型施工应用标准：GB/T 51235—2017 [S]. 北京：中国建筑工业出版社，2018.
[25] 中华人民共和国住房和城乡建设部. 建筑节能工程施工质量验收标准：GB 50411—2019 [S]. 北京：中国建筑工业出版社，2019.
[26] 中华人民共和国住房和城乡建设部. 建设工程项目管理规范：GB/T 50326—2017 [S]. 北京：中国建筑工业出版社，2017.
[27] 中华人民共和国住房和城乡建设部. 建设工程施工合同（示范文本）：GF—2017—0201 [S]. 北京：中国建筑工业出版社，2020.
[28] 中华人民共和国住房和城乡建设部. 建设项目工程总承包合同（示范文本）：GF—2020—0216 [S]. 北京：中国建筑工业出版社，2021.